官治与自治

20世纪上半期的中国县制

魏光奇◎著

SPM 南方传媒 | 广东人民出版社
·广州·

图书在版编目（CIP）数据

官治与自治：20世纪上半期的中国县制/魏光奇著.
广州：广东人民出版社，2024.9. -- ISBN 978-7-218
-17740-3

Ⅰ. D691.2

中国国家版本馆CIP数据核字第2024TP3457号

GUANZHI YU ZIZHI : 20 SHIJI SHANGBANQI DE ZHONGGUO XIANZHI

官治与自治：20世纪上半期的中国县制

魏光奇　著

版权所有　翻印必究

出 版 人：肖风华

策　　划：向继东　李　敏
责任编辑：李　敏　罗　丹
封面设计：WONDERLAND Book design 仙境
责任技编：吴彦斌　马　健

出版发行　广东人民出版社
地　　址：广州市越秀区大沙头四马路10号（邮政编码：510199）
电　　话：（020）85716809（总编室）
传　　真：（020）83289585
网　　址：http://www.gdpph.com
印　　刷：广州市豪威彩色印务有限公司
开　　本：787毫米×1092毫米　1/16
印　　张：31.25　　字　　数：480千
版　　次：2024年9月第1版
印　　次：2024年9月第1次印刷
定　　价：128.00元

再版前言

　　我的关于中国县制研究的两本著作——《官治与自治：20世纪上半期的中国县制》和《有法与无法：清代的州县制度及其运作》，分别于2004年和2010年由商务印书馆出版。这两部著作出版后，其学术价值得到海内外学界的肯定。近十几年，我在明清赋役制度与乡里制度研究过程中，发现这两部著作有个别历史事实的阐述欠清晰、欠准确，甚至错误，需要找机会予以修订改正。这次有幸得到广东人民出版社的鼎力相助，将这两部著作修订再版，使我这一愿望得以实现。

　　此次对于两部著作进行修订所解决的一个重要问题，是改正对于秦汉至隋唐时期"乡官"制度理解的偏差。关于秦汉至隋唐时期"乡官"制度的阐述，虽然并不属于这两部著作的主体内容，却与之存在重要关联，具有相当的重要性。

　　近人对于秦汉至隋唐时期"乡官"制度的理解出现偏差，始于清末地方自治的推行。自秦以后直至明清，国家置官设治止于（州）县（即时人所谓"皇权不下县"），各县县域虽然存在乡、里、都、保等各种形式的区划，但却不在其中设置职能全面的政府行政官员和机构。不过，这并不意味着作为社会基层的城邑、乡里完全处于无序状态，也不意味着国家对它们的统治完全缺位，相反，（州）县之下的城邑乡里存在着各种承担管理本地事务和下达国家"政教"的职能人员。这个群体有一个共同特征，即全都属于本籍人士，而不像国家所置地方行政长官那样均为外籍人士。此外，这个群体内部也存在着"历时态"与"共时态"之差异。

所谓"历时态差异",是说大致以唐中叶为界,这个群体的社会地位发生了一种根本性变化。宋元间人马端临编纂《文献通考》设"职役"一门,区分"职"与"役"。他指出:在隋唐以前,在乡里承担各种公共职能的人员——如两汉魏晋汉之三老、有秩、啬夫、游徼,北魏之三长,隋唐之党正、里正等——都属于"乡职",社会地位较高,属于统治者的范畴。"天子"与"里胥"虽然贵贱悬殊,但在"任长人之责"这一点上是相同的。当时担任这种乡职乃是一种荣耀,而绝不会成为负担,两汉以来,即使是在各王朝末期或乱世,人们也不会"以任乡亭之职为苦"。但隋唐以后,情况发生了变化,官吏对乡职人员肆意压迫勒索,使得他们较之身服"军旅土木之徭役"的人夫还要"困苦卑贱",这已经完全背离了古人"置比闾族党之官之本意"。于是,"乡职"无人愿意承担,只好"轮差",沦落为一种与军旅劳作同样性质的徭役。由于这种徭役不是一种体力劳作,而是通过担任某种为官府服务的职务来服役,所以被称为"职役"。同是在乡里充任某种公职,隋唐以前社会地位较尊,属于"乡大夫",隋唐以后卑贱,属于"民"。对此《清朝文献通考》归纳说:"大抵以士大夫治其乡之事为职,以民供事于官为役。"

所谓"共时态差异",是说这个群体在隋唐以前虽然都属于地位较尊的"乡职",但其职务性质却有不同。有些职务,任其职者擢选于民,属于城邑乡里的地方首领,而不属于官府行政系统的人员,非官非吏,国家不给俸禄(或不时有赏赐),如两汉魏晋之三老、北魏之三长、隋之党正、唐前期之里正等,就属于这种情况。另外有些职务,其任职者则属于官府行政系统的人员,属于县府派出到乡里任职的吏,国家给其俸禄(尽管很低),如两汉之亭长、有秩、啬夫、游徼等就属于这种情况。

上述"乡职"人员的"历时态差异",经马端临强调指出后得到了人们的重视,但主要存在于隋唐以前的"共时态差异"却为人们所忽视。对于两汉以至唐中期各种在乡里充任公职的人员,人们往往统称之为"乡官",而没有注意到他们之中有些属于官府擢于民的"乡官",有些则属于县府派出到乡里任职的"乡吏"。考"乡官"一词,汉代文献用以指乡职人员办公之地,至隋唐时期,开始用"乡官"来指称各种"乡职"人员,既包括三老、三长、党正等官府擢选于民的乡里首领,也包括由本籍人士充任的、仅履行某种单一政府职能的官府属吏（乡吏）。如严耕望先生指出，史称隋文帝废乡官，"非废乡里之官"，而是废除"秦汉以来地方长官自辟属吏"制度。

至清末西方地方自治思潮传入中国，开明人士尝试从中国传统政制中寻找资源来响应。他们据《周礼》说：周制之下，存在"乡遂之官"三万七千八百多名，"与民相亲而事无不举"，"汉之三老、啬夫，犹存古意"。但自隋以后尽废乡官，将一县数百里之地的统治责任付诸县令长一人，结果导致胥吏徇私舞弊，政治因此堕落。此种议论，批评了近世中国政制国家置官设治仅及于（州）县而没有乡政的弊病，但却将隋唐以前的"乡里之官"与县府属吏相混淆，这是一个错误。对此，严耕望先生指出"汉世，县、乡有三老，郡亦时有之，昔称乡官，即乡里民官率民参政者也。近人恒与有秩、啬夫、游徼、亭长并论，失之远矣。有秩、啬夫、游徼、亭长等乃郡县属吏分部乡亭者，纯为地方政府之行政属吏"，"乡官虽亦由政府擢任，然其性质与属吏绝殊"。

严耕望先生强调对于秦汉至隋唐时期县域政制中的"乡官"与"县吏"应加以区分，这个意见非常重要。从清代和民国县制研究的角度看，这种区分不仅关系到对中国古代乡官、乡吏制度的正确把握，而且还涉及清末、民国县制中"官治"与"自治"的关系，涉及清代州县佐贰分防制度、清末"区官"制度和国民政府时期"分区设署制度"的历史渊源，甚至还涉及现代中国地方行政体制建设应如何从历史中吸取经验的问题。我在撰著《官治与自治》《有法与无法》两书时没有注意到严先生的见解，沿用了人们常用的说法，将秦汉至隋唐时期的各种乡职笼统视为"乡官"。此次对这两部著作进行修订，着重改正了两书在这一重要问题上所持观点和具体阐述的偏差。

此外，我还吸收自己近年来对明清赋役制度研究的收获。此次修订对清代州县政府的赋税征收职能、清代州县财政定制等问题也进行了调整、补充和改写。

新版面世之际，再次感谢广东人民出版社。

魏光奇

2023 年 3 月于北京

自 序

  中国古代的地方初级政区，自秦汉至唐宋统称"县"；至元代，有些设于省、路、府之下的"州"没有属县，因此也属于地方初级政区。明、清承元制，在少数地方设"州"和"直隶州"，与"县"同为地方初级政区，并称"州县"。至清代，除州、县外又在边远地区设"厅"和"直隶厅"，而极少数作为二级地方政区的"府"除管辖州、县外也有自己的直辖区境。于是，清代的地方初级政区就有府、厅、州、县等四种形式。入民国后，将有直辖区境的府、直隶厅、直隶州和其他散州、散厅一律改为"县"，地方初级政区再次统一为"县"。国民政府时期，少数繁庶县份改为"市"，省以下的地方二级政区因此又有县、市两种。不过，中国的初级地方政区形式无论怎样变化，却始终是以"县"为主要形式。此外，清末以来改变古代在县以下不设治的传统而开始建立的各种区乡行政，也全都隶属于县（市）。鉴于这种情况，人们就完全有理由用"县制"一词来指称中国各个历史时期的初级政区行政制度。如20世纪40年代胡次威著《民国县制史》，其所述内容就同时包括主题时期的县行政制度和区乡制度。本书主题中所使用的"县制"概念，其内涵与外延也同于此。至于"官治"与"自治"，是20世纪上半期在"县制"问题领域中为人们所熟悉的话语，前者是指由国家自上而下任命官员运作的国家行政，后者是指由地方社会自下而上推选本地人士运作的地方自治。我认为，这两种基本模式的相互排斥与结合，构成了20世纪上半期中国县制改革和演变的主轴。

20世纪60年代末至70年代初，我曾经在晋东南地区的一个山村插队，本本分分地做了四年的农民。这一经历，使得我对农民产生了很深的感情，对农村问题产生了很浓的兴趣。在这种情感和兴趣的基础上，我在后来的专业学习中逐渐确立了一种观念：以县乡一体的社会、行政系统为基础层面和基本单元，是中国社会结构不同于其他社会文明的一个重要特点，这种特点即使在今后可以预见的现代化进程中，也不会发生根本改变。因此，有社会责任心的学人应该从历史学、政治学、社会学等各种角度对中国的县制问题进行研究，以期在填补有关学术领域空白的同时，为当代的地方行政体制改革和基层制度建设提供借鉴。基于这种认识，80年代我在河北大学历史系任教时，曾组织部分学生利用假期回各自原籍对县制问题进行社会调查，但因各种原因没有能够取得成果。90年代初，我开始了对中国近代县制问题的研究工作。当时，我读硕士研究生时期的导师山西大学乔志强先生主持国家社科基金项目"近代华北农村社会变迁"，命我就清末民初华北地区的地方自治推行情况进行研究，并撰写结题书稿中的有关章节。我性格本来拘谨，受命之后不敢怠慢，在图书馆苦苦蹲了近一年的时间，动手收集抄录了数十万字的资料，按时完成了老师布置的任务，同时也对近代县制问题产生了浓厚兴趣。

此后几年间，我继续进行有关的研究工作，并开始有关于清末民初直隶地方自治问题和清代乡里制度问题的论文发表。1999年，我申报的"20世纪前期中国县乡行政制度研究"通过国家社科基金立项，在同事和学生们的帮助下，经过两年多的努力，于2001年秋以50万字的书稿形式结题，并通过专家鉴定。不过，我自己深知结题书稿中尚存在各种层次的缺陷和问题，因此不敢即时谋求出版。此后又经过两年多的修改、补充和删节，终于以现在这种面貌付梓，而绝非自谦地说，我自己对这一稿仍不满意。不过，由于以我浅陋的学识无力在短时间内进一步做全面、深入的修改，在各种现实因素的作用下，只好让"丑媳妇"先去"见公婆"，以冀问世后得到师友、专家和读者的批评指正。

在我看来，这部书作或许能够在以下几个方面对学术界的相关研究有所贡献：对近代县制范畴内各种制度的沿革进行了探讨，力求其"通"；在阐述各有关制度之初始设计的同时，力求探讨其实际实行情况；对清代至国民政府时期县制的财政层面进行了初步探讨;对蕴藏于县制演变背后的社会势力兴衰,做了初步探讨。这部书作存在许多缺憾也是不言而喻的,就我所见主要表现在以下几个方面:由于自己理论素养较低,且事先抱定以"述"为主、争取寓"论"于"述"的宗旨,所以理论分析较为薄弱;中国近代县制问题涉及面极广,不少本应探讨的问题未能进入自己的视野,例如,清末至国民政府时期各种县乡行政组织的施政活动乃是当时县制的动态表现,但由于精力有限,在这部书作中没有能够进行深入探讨;近代县制问题研究的相关资料十分丰富,自己虽然下了很大气力进行收集整理,但不仅谈不上穷尽,恐怕对于某些基本资料也难免有遗漏。此外,对于各种具体问题的阐述,更是难免存在片面和错误之处。所有这些,都诚恳希望方家、同行和读者的批评指正。

魏光奇

2003 年 11 月

目 录

序 论

　　梁启超曾说，"欧洲国家积市而成，中国国家积乡而成"，一语概括了传统中国社会结构之不同于西方国家的基本特点。梁启超这里所说的"乡"是指乡村，而从社会和政治的双重角度看问题，中国国家的基本单元应该说是县。中国的县，是一个中心城市和周边乡村的有机结合体，用孙中山的话说，中国好比一座大厦，而两三千个县就是这座大厦的一块块础石。正因为如此，自秦在全国普遍实行郡县制后至今，中国的地方制度虽屡经变化，但县制却历行而不废。今天，中国的社会结构在现代化进程中已经发生了很大变化，出现了众多现代化的大中城市，小城镇建设也正以很快的速度推进。然而可以预言，以一个城市和周边农村地区有机结合而成的县（市），仍将会继续构成中国社会政治实体的基本单元。

　　作为中国传统社会政治实体基本单元的县，是一个既具有封闭性又具有开放性的复杂而有序的结构。它有边界明确的地域和一定数量的人口；它的人口可分为士、农、工、商等各个阶层；它的经济既包括作为当时主体性产业的农业，同时又包括手工业和商业；它是国家的初级行政区域，同时内部又存在各种形式的乡里组织；作为社会区域，它是儒学的初级教育区、科举考试初试区以及救灾赈济和地方自卫的基层区域；它的政权公署作为国家行政体系的初级单位，是当时主要税收的征收机关和司法的初级判决机关。在两千多年的历史发展中，许多县的区域已经大致固定，其内部的结构和功能体系，也日益得到整合。本研究所说的"县制"，是指这种县的行政层面，它既包括县级政府的行政组织和制度，也包括在县级政府管辖下的区乡行政组织和制度。19世纪中叶以后西风东渐，中国开始了近代化进程，其社会结构逐渐发生变化。与此相适应，县制也不可避免地出现了各方面的改革和演变。这种改革与演变发端于清末，中经北洋政府时期和国民政府时期，直至1949年以后的人民政府时期，延续不断，有因有革，经历了一个循序渐进的过程，至今尚未终结。清末至20世纪40年代中国县制改革和演变的主轴，是"官治"与"自治"两种基本模式的相互排斥与结合。所谓"官治"，即将县和区乡作为统一国家行政体系的基层层面，由国家派官设治；所谓自治，即在县和区乡实行地方自治，由地方人民选举公共机构治理本地公共事务。

中国县制的近代化改革和演进，使得它呈现出一种与传统形态极不相同的新面貌，引起了人们的关注。大致说来，清末以来人们对于县制问题的关注和研究系出于两种宗旨：一是学术的、理论的，注重考察近代以来县制演变的实况；二是致用的、实践的，注重总结经验以为进行中的改革提供借鉴。而就学术研究而言，县制问题又往往是同其他许多问题（如近代地方经济、近代教育制度、近代司法制度、近代保甲制度、近代警察制度、近代财税制度、乡村建设运动、近代社会结构和社会生活等）互相渗透和交叉在一起的。

在清末民初，随着各项"新政"和地方自治的推行，中国县制的近代化改革实际上已经开始。但是，当时人往往只是将这种改革视为一时权宜，尚不能意识到这同办洋务一样，是"二千年来一大变局"，不能意识到中国的地方制度从此走上了一条"世纪之路"。在这种情况下，县制问题在清末和北洋政府时期没有能够成为学术研究的对象，仅有极少数研究地方自治的论著问世（如陈顾远《地方自治通论》，上海泰东图书局1922年版）。

国民政府统治时期，中国近代县制问题开始进入学术研究者的视野。实行县地方自治，是孙中山先生的一项重要建国主张，根据这一主张，国民政府定都南京后颁布了《县组织法》等一系列有关县和区、乡（镇）制度的法规，推行各级地方自治。20世纪30年代，始于鄂、豫、皖等"剿匪区"省份的保甲制度推行全国，地方自治陷于停顿。1939年，国民政府在重庆颁布《县各级组织纲要》，开始推行"新县制"，但直到1949年在大陆统治覆亡时也未能完全落实。这样，国民政府的县制改革和建设，就贯穿于它统治中国大陆的整个历史时期。正是在这种情况下，不少人开始了对于中国近代县制的研究。

国民政府时期关于中国近代县制的研究存在以下几个特点：

第一，学术研究与政治、政策宣传混一。20世纪30至40年代，各种关于地方自治、县政改革和保甲制度的出版物不下数百种，其中相当一部分属于政策宣传性质的书刊，但编撰者也往往同时发表自己对于有关问题的见解和主张。

第二，学术研究者具有极强的现实意识。由于县制改革在当时是一个十分重要的现实政治问题，所以即使是较为严肃的学术著作，在力图反映近代县制发展实况的同时，也往往对当时正在进行中的县制改革提出批评和建议，努力表达自己在地方自治、保甲制度等问题上的见解和主张。

第三，地方自治、保甲制度、乡村建设构成了人们研究近代县制的几个主要视角。由于推行地方自治和实行保甲制度是国民政府当时的政策，以及由于乡村建设运动在当时具有较大的社会影响，所以人们对于近代县制的研究往往选取这几个角度进行；相反，对近代县制所进行的整体性研究则较为薄弱。

这一时期在制度研究方面，以下两种著作有较大的参考价值：

1. 程方《中国县政概论》。该书成稿于1937年，1939年由商务印书馆出版，除对中国的县政制度史作简要追述外，记述了至1937年国民政府的县行政制度，包括省县行政关系、县行政组织、县政建设实验、县吏治、县财政、县教育、警政、保甲和经济社会建设等问题。这部著作的一个重要特点在于，作者在其论及的每一个问题上，都针对时弊提出了自己的批评和主张。从近代县制研究的角度看，本书的缺点第一在于对清末和北洋政府时期的县制基本没有叙述，对国民政府时期县制实况的研究也比较简略，且断限于20世纪30年代中期，没有涉及"新县制"。

2. 胡次威《民国县制史》，1948年大东书局出版。本书从对清代县制和清末地方自治的简要介绍开始，对北洋政府时期和国民政府时期的县制发展史，进行了扼要而清晰的叙述。本书的特点在于"通"，作者系由蒋介石兼任校长的国民党中央政治学校教授，1933年国民政府将江苏的江宁和浙江的兰溪开办为自治实验县，他被委任为兰溪县县长；抗日战争期间，他又担任四川省民政厅厅长，负责推行"新县制"，对于国民政府县制的演变极为熟悉，因此能够做到"通"。本书的缺点在于简略，基本上是对国民政府有关制度设计的叙述，很少涉及实际实行情况。

除以上两部著作外，李景汉主编《定县社会概况调查》（大学出版社1933年版）、闻钧天《中国保甲制度》（商务印书馆1935年版）、黎文辉编著《中国地方自治问题之实际与理论》（1936年初版、1946年7月再版）、董修甲编著《中国地方自治问题》（商务印书馆1936年版）、陈柏心撰《中国县政改造》（重庆国民图书出版社1942年版）、陈之迈《中国政府》（商务印书馆1945年版）、钱端升、萨师炯等合著《民国政制史》（商务印书馆1946年版），也从不同角度对县制问题进行了探讨。

中华人民共和国成立后，大陆学术界对近代县制问题的研究较为薄弱，尚无通论性著作问世。1984年，中华书局出版了钱实甫先生的遗稿《北洋政府时期的政治制度》（上下册），其第十一、第十二、第十三章分别名为"县立法机关""县行政机关"和"县的下级组织"，记述了北洋政府时期有关县制的各种制度设计。该书附录二《重要法规目录》和附录三《主要参考书籍所载有关资料目录》，详细整理了当时北洋政府、南京临时政府、护国军军政府、护法军政府以及其他政权机构有关政治制度的各种法规，并列出处，为后人的相关研究提供了极大方便。本书为其编辑宗旨所限，只探讨制度设计而不涉及其实行情况。除这部著作外，80年代以后出版的数种中国近代政治制度史著作，关于近代县制或不予记述，或极为简略地转述当时有关法规的内容，缺乏研究性成果。自80年代后期始，社会史研究在国内兴起，并取得了很大成绩，其中对于清末民初地方自治的研究往往涉及县制问题。此外，对于近代保甲制度、警察制度的研究也均有很大成绩，其内容也涉及同时期的县制。在这些方面，从翰香先生主编的《近代冀鲁豫乡村》（中国社会科学出版社1995年版）、乔志强先生主编的《近代华北农村社会变迁》（人民出版社1998年版），都是很有力度的著作。王奇生先生对于国民政府时期县长群体所进行的研究（《民国时期县长的群体构成与人事嬗递——以1927年至1949年长江流域省份为中心》，载《历史研究》1999年第2期），也属于近代县制研究的一个侧面。

对于中国的县制问题，海外学者也从不同角度进行过研究，其中直接、间接地涉及近代县制问题，如严耕望的《中国地方行政制度史》（荣泰印书馆1961年版）、廖从云的《中国历代县制考》（台湾中华书局1969年版）和［日］和田清的《中国地方自治发展史》（东京汲古书院1975年版）都属于这方面的著作。需要一提的是，西方学者从独特角度对中国近代县制的研究做出了贡献。西方的中国近代史研究十分重视清末以来中国社会结构的变化对于地方政治运作的影响，这就必然会涉及这一时期的县制问题。如美国著名学者孔飞力（Kuhn,Philip A.）教授甚至认为，辛亥革命以后的地方社会"名流"阶层适应变化了的中国社会环境，通过地方自治等方式而对县级行政及农村事务进行干预和控制，构成了近代中国社会史研究的中心问题。他的《中华帝国晚期的叛乱及其敌人：1796—1864年的军事化与社会结构》、《民国时期的地方自治政府：关于控制、自治和动员问题》和杜赞奇（Duara,Prasenjit）的《文化、权力与国家：1910—1942年的华北农村》，都属于在这方面有影响的论著。此外，日本学者在清代和民国时期中国农村社会组织的研究领域，也有论著问世。

总之，近几十年来国内外学术界所从事的中国近代政治史和社会史研究，曾从不同角度涉及中国近代县制问题，这为我们的研究提供了十分有利的条件。但总体看来，有关研究基本局限于清政府、北洋政府和国民政府有关县制的制度设计和政令，而对于其实际运作情况以及这种运作背后的社会政治势力依托等重要问题，尚未能做出深入探讨。这样，作为20世纪上半期中国现代化进程一个重要侧面的县制问题，就仍然有待我们作进一步的探讨。本研究尝试在前人研究的基础上，对中国20世纪上半期（1901—1949年）的县制演变情况，按照时间顺序进行梳理，探讨各种有关制度的沿革和实际实行情况；其主体内容又可以分为四个横截面：其一，县行政组织和职能的沿革；其二，区乡（镇）制度的沿革；其三，县财政制度的沿革；其四，县制沿革背后的社会变动。

本研究主要采用历史学的研究方法，而作为一种政治制度史研究，又存在如下一些特点和局限：

1. 对于清末以来各个历史时期的县制，一方面探讨各有关制度的设计，另一方面探讨其实际实行情况。

2. 20世纪上半期中国历次县制改革的背景，一方面系于各有关制度的自身沿革损益，另一方面又同各种时局性政治因素、人事关系有关，本研究对后者基本不做探讨。

3. 在20世纪上半期的各个历史时期，各地对于当时所颁县制的实施，既存在"大同"的一面，又存在"小异"的一面，后者纷纭复杂，不可能一一举证。为了注意典型性，在阐述清末和北洋政府时期的有关问题时，引用直隶等华北地区的材料较多；在阐述国民政府时期的有关问题时，引用长江流域和东南各省的材料较多。

4. 严格说来，区乡以下的村庄组织及其运作，也属于县制的一个层面。但由于这一问题较为复杂，且有学者做专门研究，本研究也基本不再涉及。

本研究所使用的资料主要为以下几类：

1. 各种官方文书、档案，如《政府公报》、《中华民国政府公报》、北洋政府和国民政府有关机构的历史档案、各省编辑的县政报告等。这些资料的局限在于不能直接作为研究各个时期县制实况的依据，但也具有以下重要价值：（1）对于研究各个时期有关县制的官方制度设计具有权威性；（2）可以为各个时期县制的实行情况提供一般性统计和描述；（3）其中保存有少量县制实际实行情况的实例，或可以折射出某些制度的实行情况与其法律法令规定之间的差异；（4）可以为判别其他资料（尤其是当时当事人回忆）的真伪、矫正其中的错误提供参照。

2. 各个时期的地方志。地方志在反映各个时期县制的实际情况方面，一般较为真实可靠，但其修纂质量高下差别很大，也存在失真和简单抄录其他志书等问题，利用时需进行分析考辨。

3. 当时、当事人的回忆。20世纪80年代以来，各地县（市）政协编辑的"文史资料选辑"收录有大量关于近代县制的回忆。这些资料有一部分系根据本县（市）地方志的有关内容整理而成，其他则为当时、当事人对亲身经历的回忆（有些系根据采访整理），能够较为真切地反映历史情况。但是，由于年代久远等原因，其中也存在不确之处，需要依据其他资料进行考辨。

第一章

中国古代的县制和乡里组织

自清末"新政"至国民政府时期的县制改革和重建，在很大程度上固然出于对地方自治等西方地方制度的借鉴，但更为重要的，则是基于对中国古代特别是清代州县和乡里制度的因革。只有对这种因革有一个大致了解，才能够把握20世纪上半期中国县制的基本特征和改革走势。

第一节　清代以前的县制和乡里组织

一、地方行政层次和县等制度

在中国历史上，作为国家政区的县起源于春秋。春秋初期，楚、晋、秦等国在攻灭他国的土地和开边戎地上置县，或为卿大夫之采邑，或为国君所直属；其后者往往由国君派贵族治理，有民无土，具有采邑和国家政区的双重性质。至春秋中期，一些诸侯国纷纷在灭国、边地和内地置县，其中部分属于封建采邑性质，但也有一些由国君委派不世袭的贵族官吏治理，成为国君的直接属地。这后一种情况，即是作为国家政区之县的早期形态。例如，公元前514年（晋顷公十二年），晋国韩、赵、魏、知、范、中行氏六家大夫联合灭祁氏与羊舌氏两家，"分祁氏之田以为七县，分羊舌氏之田以为三县"，任命十人为县大夫。[①]在这十人当中，有四人属于韩、赵、魏、知四家贵族的余子，而另外六人则系因功因德而任命。他们全都不属食采之贵族，而是具有官僚性质。

秦统一后建立君主专制的中央集权国家，在全国统一实行郡县制。此后直至明代，地方行政体制经历了一个从二级制逐渐走向三级制的演变过程，但始终以县为初级政区。

秦代地方行政以郡为一级政区，县为二级政区。汉承秦制，地方行政仍实行郡—县二级制，与郡同属地方一级政区的还有封国。由于郡国的数目多达103个，不便统辖，汉武帝时在郡国之上设立了14个部，京畿周围各郡属司隶校尉部，其他郡国分属13个刺史部（也称州），每部置刺

---

① 《左传·昭公二十八年》，《十三经注疏》本。

史一人。刺史之职责，仅仅在于对郡国长官进行监察，而不号令和管理其行政，所以这种刺史部的性质属监察区而非行政区，有人称之为"虚三级制"。至东汉末年黄巾起义爆发后，朝廷委派中央高级官员出任州牧，授予兵权、财权和行政权。于是，州在无形之中演变为了一级行政区，地方行政体制由"郡—县"二级制变为"州—郡—县"三级制。

两晋南北朝时期，州、郡的数目不断增多，导致地方行政混乱，故当时已有人酝酿合并州郡。隋灭陈后，废郡而以州辖县，地方行政又重新回到二级制。隋炀帝大业三年（607年），改州为郡，以郡辖县，郡置刺史。隋唐之际群雄并起，滥置刺史，郡的数目急剧膨胀。至李唐建国，又加以省并，并改郡为州，仍为二级制。

唐初因州的数目过多，不易管理，乃向地方派遣巡察使、巡抚史等监察官员；巡察使后改为按察使，并由临时差遣改为常置。当时监察官员按照交通路线分区巡察，故这些区域被称为道。唐玄宗开元二十二年（734年），将唐初所划分的十道改为十五道，各置采访使。天宝末年，采访使兼任黜陟使，掌握了地方官吏的任免权。安史之乱爆发后，原来仅设于边地的节度使广泛设置，他们集军事行政大权于一身，凌驾于州之上。唐肃宗乾元元年（758年），改采访使为观察使，并使之兼任节度使，于是作为观察使之监察区的道，与作为节度使之军管区的方镇合而为一，形成了"道—州—县"三级行政。

北宋惩五代藩镇割据之弊削夺节度使政权、兵权和财权，派中央官员直接管理州的军事行政事务和县的行政事务，称"权知军州事""知某县事"，州级行政区为中央所直辖。后来，又在州之上设置转运使、提刑按察使、安抚使和提举常平使，这些官员并非在一定区域内负行政全责，而只是履行某种单一的行政或监察职能。他们的管辖区域称为路，但各种路的管辖区域并非完全相互统一，有人称为"复路制"。这种"条块结合"的地方行政体制，也有人称之为"二级半制"。

元代在今河北、山东、山西等"腹地"之外设立十个"行中书省"，简称"行省"，均有固定的管辖区域。在省之下，置路、府、州、县等各级行政，各地情况不一。其层次最多者为"省—路—府—州—县"五级；最简者或以省领路，或以省领府，或以省领州，只有二级；而实行较为普遍的是

"省—路（府）—（州）县"三级。这种体制后为明清两代所沿袭。

明代地方行政体制实行省—府（直隶州）—县（州）三级制。明初采用宋代"条条专政"的制度，在地方设"三司"，即都指挥使司、布政使司和按察使司，分别执掌地方军事、行政和司法事务。就布政使司制度而言，系承袭元代行省制。明政府将大约相当于元代南部九省的疆域划分为两京、十三布政使司，俗称十五省，成为地方最高行政机构和行政区。除少数情况外，都指挥使司和按察使司的职能管辖区域与布政使司基本一致。遇有军事政治事务，中央临时派出巡抚、总督到各地监察、指挥、协调，中叶以后成为常设官员。从制度上讲，巡抚、总督系中央派出的使节而不是地方行政官员，但由于他们手握"节制文武"、考察官吏的大权，实际上成为地方最高行政长官；由都察院派往十三省的巡按御史在处理、决断各省行政事务方面也有很大的权力。省之下的地方二级行政区为府和直隶州，直隶州知州的品级低于知府；属州与县同为三级行政区，知州的品级高于知县。

由于各县人口多寡、疆域广狭差别甚大，所以中国历代大多实行县等制度。所谓县等制度，即是依照户口数目、赋税数额、地理位置重要程度及事务繁简、民风强弱等情况，将各县划分为若干等级，使之在官员的设置、品秩和任用方式等方面有所差别。

秦代和汉代将县按人口多寡分为两等，户口在万户以上者置县令，万户以下者置县长，前者秩千石至六百石，后者秩五百石至三百石。[1]东汉将县分为三等，大者置县令，秩千石；其次者置县长，秩四百石；小者置县长，秩三百石。[2]北齐将县分为上中下三等，"每等又有上中下之差，自上上县至下下县凡九等"。隋代县长官"有令有长，炀帝以大兴、长安、河南、洛阳四县令并增正五品，诸县皆以所管闲剧及冲要之处以为等级"。唐代将县分为京、赤、畿、望、紧、上、中、下八等。宋代开国伊始，即将天下诸县分为赤、畿、望、紧、上、中、下七等。唐宋赤县为

①　《文献通考》卷六十三，职官十七，浙江古籍出版社，2000；《汉书》，百官公卿表，中华书局点校本。

②　《后汉书》，百官志，中华书局点校本。

京内之县，畿县为京都附近之县，其划分系以地理位置为依据；此外望、紧、上、中、下等县，其划分系以户口多寡为依据。如宋代县等"四千户为望，三千户以上为紧，二千户以上为上，千户以上为中，不满千户为中下，五百户以下为下"①。金代县等，大兴、宛平曰赤县，户口在二万五千以上者曰次赤县（亦称剧县），二万户以上者曰次剧县；"在诸京依郭者"曰京县；京县以下，万户以上为上县，三千户以上为中县，不满三千户为下县。元代县等分上、中、下，不同地区标准有所不同，如江北六千户以上者为上县，二千户以上者为中县，不满二千户者为下县；而江淮以南，三万户以上者为上县，一万户以上者为中县，一万户以上者为下县。②明代依据赋税数额分各县为上中下三等，"税粮十万石之下者为上县"，"六万石之下者为中县"，"三万石之下者为下县"；③此外，还有级别与县相同、隶属于府或直隶州的属州。

从县制史研究的角度看问题，秦代至明代的地方行政体制有几点值得注意：其一，尽管当时的地方行政体制在二级和三级（有时甚至是四级乃至五级）之间往复更替，但始终都是以县作为最低一级的地方行政组织和区划。其二，这一时期郡、州、省等高级地方行政机构和区划的数目，少则十数、数十，多则数百，变动盈缩幅度极大，但县的数目变动不大，自秦汉至明清，大致在一千多之数。（汉代县级行政区1587个，隋代1255个，唐代1573个，北宋中叶1381县，明代234州、1171县）。其三，尽管历代经常通过设置职能性官员的办法来分解地方高级行政组织的职权，但县行政却始终集财赋、司法、治安、教化为一体，权力比较完整。其四，对县行政和职官的建置因地制宜，不拘一格。

二、县行政的治理结构

秦代至明代，县署行政人员分为三部分：一为县令、县长、知事、知

---

① 《文献通考》卷六十三，职官十七。
② 金、元县等情况均见《续文献通考》卷六十一，职官十一，浙江古籍出版社，2000。
③ 《明太祖实录》卷二十八（下），吴元年十二月，台湾"中研院"史语所1962年影印校勘"红格本"。

县等主管官员；二为县丞、县尉、主簿等佐贰；三为掾、史、佐等掾属和吏员。这三部分人员的职能和相互关系，即体现了县行政的治理结构。

（一）主管官员。历代诸县均置主管官员一员。秦、两汉和魏晋南北朝，大县置县令，小县置县长。隋、唐、两宋、辽、金，诸县皆置县令。元代各县均置由蒙古人担任的达鲁花赤，此外置县尹。明代以属州和县作为基层政区，分别置知州和知县。作为一县主管官员的县令、县长、知县，对其辖境内的民政、财赋、司法、治安、教化负全责。《后汉书》记，汉代县令县长"掌治民，显善劝义，禁奸罚恶，理讼平贼，恤民时务，秋冬集课上计于所属郡国"[1]，其他朝代与此大致相同。

除这种经制制度外，宋代还曾以京朝官出任县地方官员，称"以某官知某县事"。顾炎武认为，"知县与县令不同，以京朝官知某县事，非外吏也"[2]，强调知县的基本政治身份是京朝官。但也须看到，宋代知县已属专职，毕竟不同于唐代"佐官摄令"的代理制度。宋代以京朝官知县事制度的真正意义在于重视县官的人选。南北朝以降，县令"用人滥杂，至于士流耻居之"。北齐武成帝时即设法扭转此风，曾"密令搜扬世胄子弟"任为县令，"自此县令始以士人为之"[3]。至五代大乱，县令卑鄙之风又起，"凡曹掾簿尉龌龊无能，以至昏老不任驱策者，始注县令"[4]。有宋一代，县令地位卑下人不愿为的风气始终不绝。仁宗天圣间"令选尤猥下，贪庸耄懦，为清流所不与，而久不得调，乃为县令"；徽宗政和以来，"人皆重内轻外，士大夫皆轻县令之选，吏部两选不注者甚多"[5]。针对这种情况，宋室不时采取措施予以匡正，其中即包括遣派京朝官知县事。

（二）佐贰官员。历代诸县均置佐贰官员一至数员。秦、汉各县均置县丞、县尉，两晋、南北朝大部时期仅置县尉而不置县丞，隋、唐复置县丞、县尉，唐且添置主簿。五代时期不置县尉，而将捕盗职责"属镇将"。宋、辽、金、元均在各县置县丞、主簿、县尉（宋、金、元小县不

① 《后汉书》卷三十八，百官志。

② 顾炎武著、黄汝成集释：《日知录集释》卷九，知县，岳麓书社，1994。

③ 《文献通考》卷六十三，职官十七。

④ 顾炎武著、黄汝成集释：《日知录集释》卷九，知县。

⑤ 《文献通考》卷六十三，职官十七。

置县尉，而以主簿兼其职），明代置县丞、主簿而不置县尉。县丞、县尉始终属于国家正式职官，有自己的印绶。主簿"起于汉"，"皆令长自调用"，没有印绶，非正式职官而属于县令、县长的秘书人员，至隋唐"始自上置"。唐初主簿以流外官充任，高宗时"始以为品官，吏部选授"，位次在县尉之上。①宋、元仍其制。

作为"县佐"官员，县丞、县尉、主簿分别负责某些职能性工作。如汉代县丞"署文书，典知仓狱"，县尉"主盗贼"②；唐代主簿"掌付事句稽，省署钞目，纠正县内非违"③。自秦至元，县丞、县尉、主簿在负责各种职能性工作的同时，也作为佐治官员参与县整体性政务。隋唐县丞"兼通判县事"；唐代县尉"判诸司事"④；宋代四百户小县甚至不置县令，而由主簿兼其职责；元代各县遇有政事，县尹与县丞"相与可否议论，然后白之达鲁花赤"，甚至实行圆署制度，县尹、县丞、主簿均可圆坐连署，"遇有狱讼，公议完署而后决遣之"⑤。也正是从元代开始，出现了一种在明清时期发展为州县正印官"独任制"的新倾向，即佐贰官仅执掌单一性县政而不参与县整体性事务，并因此而淡出州县主干行政系统。这种变化当时主要发生于县尉制度上。元初县尉"得与令、长连署，常治其邑中"；至元以后，"不令县尉与本县署押文字"，"止令专一巡捕勾当"⑥。至明代，"县丞、主簿分掌粮马、巡捕之事"，各县设置与否，视这些单一性事务的繁简而定。各县或有丞无簿，或有簿无丞，"编户不及二十里者并裁"，由典史兼其职。⑦

县丞、主簿等佐贰官员不普设的历史现象十分重要，它从两方面导致或强化了县正印官的独任制。第一，它说明佐贰官员已经完全失去了辅助正印官筹划、办理州县整体行政的职能，换言之，正印官因此成为县行

---

① 《通志》卷五十六，职官六；《文献通考》卷六十三，职官十七。

② 《后汉书》卷三十八，百官志。

③ 《文献通考》卷六十三，职官十七。

④ 《通志》卷五十六，职官六。

⑤ 《东维子集》卷四；《元典章》卷一二，《续文献通考》；《师山集》卷三。转引自张金铣：《元代地方行政制度研究》，安徽大学出版社，2001，第260—261页。

⑥ 《文献集》卷七上，转引自张金铣：《元代地方行政制度研究》，第260页。

⑦ 《续文献通考》卷六十一，职官十一。

政的唯一责任者；第二，它说明佐贰官员所掌管者，属于那些只有在少数地方才存在或较为繁重的事务，而不是那些各县统一的、主干性政务。于是，县治理结构就无形之中发生了这样的变化：各县统一的主干性行政事务由正印官负全责，由隶属于他的一个人员系统来承担；佐贰官员则独立地负责某一项或几项只有在该地才存在或繁重的特殊事务。就制度而言，佐贰官员所执掌的这些特殊性事务也须由正印官稽核①，但由于佐贰官员本来就与正印官一样同属朝廷命官而并非后者的属员，他们所执掌的特殊性事务又不能构成县主干行政的有机组成部分，因此被淡出县主干行政系统，与此同时也取得了相对于正印官的独立性。但一般说来，如果佐贰官员的职能与正印官的主要执掌重复，那么他就很可能沦为闲职。

（三）掾史和吏员。秦汉至隋唐，各县在县令、县长、县丞、县尉之下分设曹、司等具体办事机构，办事人员有掾、史、佐等名目，统称掾史。西汉各县设给俸禄百石以下的"斗食佐史"；东汉县丞、县尉"各署诸曹掾史"。②晋代各县则有主簿、录事史、主记室史、门下书佐干、游徼议生、循行功曹史、小史、廷掾功曹史、小史书佐干、户曹掾史干、法曹门干、金仓、贼曹掾史、兵曹史、吏曹史、狱小史、狱门亭长、贼捕掾等员③；北齐上上县有中正、光初功曹、光初主簿、功曹主簿、录事及西曹、户曹、金曹、租曹、兵曹等掾史，合计54人，上中县以下至下下县递减各有差；隋代有光初功曹、光初主簿、功曹主簿、西曹、金、户、兵、法、士等曹佐及市令等掾史，合计上上县99人，上中县95人，上下县90人，中上县80人，中中县75人，中下县70人，下上县58人，下中县52人，下下县47人；唐代长安、洛阳、奉先、晋阳等赤、畿大县有录事、司功佐、司功史、司仓佐、司仓史、司户佐、司户史、司兵佐、司兵史、司法佐、司法史、司士佐、司士史、典狱、问事、白直等掾史114人，其他上、中、下等各县或置或不置，各有差别。上县这类人员的设置为59—69人。④

---

① 例如："明知府掌一府之政……若籍帐、军匠、驿递、马政、盗贼、仓库、河渠、沟防、道路之事，虽有专官，皆总领而稽核之。"见《续文献通考》卷六十一，职官十一。

② 孙逢吉：《职官分纪》卷四十二，中华书局，1988，第786页。

③ 《晋书》卷二十五，职官志。

④ 孙逢吉：《职官分纪》卷四十二，第786—787页。

秦汉至隋唐的这种县掾史与明清时期的胥吏相比较，有两个特点：其一，身份郑重。这一时期的掾史虽然一般不属职官，没有品级，但编制、职称载入典籍，与县令、县长、县丞、县尉、主簿等主官、佐贰同属国家正式行政人员，其薪酬由国家财政保障。西汉各县的"斗食佐史"，食俸百石以下，相对于县令、长、丞、尉等"长吏"而被称为"少吏"；主簿一职汉、晋本为掾史，而唐代升为职官，且位在县尉之上；唐代的录事在上、中、下县属于掾史，无品级，但在赤县却属从九品下的职官。所有这些，都是这一时期县掾史作为国家正式行政人员而身份郑重的明证。其二，随主官进退。汉代州、郡、县掾属皆由主官自行征辟，"多以本郡人为之"；魏、晋以后州郡掾属改归吏部选任，县曹掾至隋仍由主官自行征辟，但"尽用他郡人"。①

县掾史制度至宋而一变。《宋史》记载，各县曹司的押录、孔目、杂职、虞侯、拣掏等"各以乡户等第定差"②。换言之，宋代各县的一般行政人员，不再是身份郑重、随主官进退的掾属，而是地位卑贱的民役。元代对于宋的这种制度有所匡正。其具体措施是：第一，在各县设司吏，"上县六员，中县五员，下县四员"，其身份当较宋代民役郑重；③第二，置典史以统领司吏。以佐贰统领掾史的制度汉、唐已有之。汉代县丞"主文书，典仓狱，署诸曹掾史"；唐代以县尉"分理诸曹录事"④。宋代各县曹司人员是否由县丞、主簿统领，尚不得详。元代袭用汉、唐以流官统领曹掾的制度，各县置典史二员，由行省任命，秩为从九品下。典史号称"案牍官"，其职责是统领吏员，执掌文书案牍事务，一般由"勾当年深、通晓刑名、练达公事、廉慎行止、不作过犯"的路府州司吏充任。⑤明承元制，各县置典史一人作为县令的属吏，"典文移出纳"⑥。

大致说来，自秦汉至隋唐，国家任命县主官、佐贰，共同掌理县政，

---

① 《通志》卷五十六，职官六；顾炎武著、黄汝成集释：《日知录集释》卷八，掾属。
② 《宋史》卷一一七，食货志上五，中华书局点校本。
③ 《元典章》卷一二，吏部六。
④ 《通志》卷五十六，职官六。
⑤ 《元典章》卷十二，吏部六。
⑥ 《续文献通考》卷六十一，职官十一。

县设正式办事机构曹司，由县主官自辟掾属作为正式行政人员。这种制度使得主官、佐贰和掾史能够连为一体，县行政因此而具有较为统一和完整的形态。宋代以后，县行政开始出现被割裂的倾向：一方面是主管县政的正式官员，他们由国家任命，均系外籍人，地位郑重而进退频繁；另一方面是具体办理行政事务的胥吏，他们大多数属于国家征用的民役，都是本地人，盘踞衙署而不随主官进退，其地位低而操守差。而且佐贰官员也逐步淡出县主干行政系统，独立执掌某些职能性事务。县行政的这种割裂倾向，至清代发展到极端。

三、乡里组织

中国古代的乡里组织，有人说最早可以追溯至商代的"邑"，而西周存在"里"的基层社会组织，则大致可以确定。商、周的邑和里是地缘与血缘相为表里的社会组织，它们有明确的区划，但"同里者大率同氏"[①]，其居民系血缘族聚群体。春秋时期，党、里、社、州、县、乡等各种名目的基层组织在各诸侯国出现，并更多地呈现出地域性行政组织的性质。至战国中后期，各国基层组织由血缘性向行政性的转化大体完成，并且逐步实现了科层化。当时各国大都不同程度地存在县、乡、里三级的地方区划，《史记·老子列传》记老子系"楚苦县厉乡曲仁里人"，就是楚国实行三级地方制度的一个典型例证。

秦汉至明清国家设治止于县，但历代在县之下均存在系统的乡里组织。史籍记载和近人研究均表明，中国古代乡里组织的发展演变经历了两大阶段。自秦汉至隋唐，"以士大夫治其乡之事"，在郡县以下设立擢举于民的"乡官"和由郡县官署派出分管乡里事务的"乡（里）吏"，均由本籍人充任，可统称为"乡职"。秦与西汉以"里"为基层编民组织，十

---

① 李学勤：《战国题铭》，《文物》1959年第7期。

里一亭，十亭一乡，每县分为若干乡。①东汉县分为乡，乡之下有亭，基层编民组织为"里"，百家为里。西汉各乡置"三老"一人，"举民年五十以上有修行、能帅众为善"者充任，掌教化。东汉各乡"三老""掌教化，凡有孝子、顺孙、正女、义妇、逊财救患及学士为民法式者，皆扁表其门闾，以兴善行"。"三老"由政府擢任，属于乡官，承担本乡教化之责，而不在县廷某部门中承担行政职掌。"三老"地位尊崇，可以平等地与县令（长）、县丞、县尉等官员"以事相教"，可以代表地方吏民向中央呈诉、申请事关本县地方的各种事务。"三老"有位无禄，但免徭役，且历朝皇帝往往赐帛、赐酒肉。两汉时期，还存在由郡县官府擢举于"民"的孝、弟、力田，置"孝弟"以敦风俗，置"力田"以励生产，他们也同"三老"一样属于乡官，但地位较低，是否在各乡普遍设置似难考定。除"三老"外，秦汉乡里还存在由本籍人充任的其他"乡职"人员，即各亭的亭长和置于各乡的有秩、啬夫、游徼。亭长的主要职责是"求捕盗贼"，"啬夫职听讼、收赋税，游徼徼循禁贼盗"。"有秩"与"啬夫"职守相同，"皆主知民善恶，为役先后，知民贫富，为赋多少，平其差品"，两者的区别仅在于前者系"郡所置，秩百石"，置于大乡，"乡户五千则有秩"；啬夫系县所置，置于小乡。基层组织"里"之下还编"什""伍"，"里魁掌一里百家，什主十家，伍主五家"，职能是互相检察"善事恶事，以告监官"。亭长、有秩、啬夫、游徼，均属于县吏，即郡县官署派驻各乡亭的属吏、乡吏，而不像"三老"那样属于乡官。不过，这些职务同样由本籍人充任，所掌皆为本乡事务，办公处所也设立于

---

① 严耕望先生的研究表明：秦汉的"亭"有三种。一为"亭舍之亭"，是建筑在交通线上的公共建筑，供交通之用，设有亭长职禁盗贼。二为"城聚之亭"。亭舍由于交通便利，常成为"会市之所""乡野商业中心"，再加上有亭长之设，乃成为"地方一小行政中心"，"是以人民亦群聚而居之"，遂形成"城聚之亭"。三为"部城之亭"。这种"亭"具有"部辖区域"，称"亭部"，属于"诸乡分辖单位"；亭长管辖区域内之民（部民）。《后汉书》《文献通考》等典籍记"亭"，言"十里一亭，亭有长"，其"里"当为道里之里，"亭"当为"亭舍之亭"和（或）"城聚之亭"；言"十亭一乡"，"亭"当为"部城之亭"。盖"亭"从"亭舍之亭"演变为"城聚之亭""部城之亭"，需要一个过程。见《中国地方行政制度史·秦汉地方行政制度》，上海古籍出版社，2007，第60—66页。

本乡，所以可与"三老"等乡官一起统称"乡职"。①

晋代乡里制度大体与汉代相同，各县根据户口多寡置一至四乡，每乡置啬夫一人；此外千户以下者置治书吏一人，千户以上者置史、佐、正各一人，5500户以上者置史一人，佐二人；基层每百户置里吏一人（土广人稀的地方50户以上即可置里吏）。北魏孝文帝时开始实行"三长制"，以五家为一邻，立邻长；五邻为一里，立里长；五里为一党，立党长。北齐以10家为邻比，50家为闾里，百家为族党。一党之内，有党正1人，党副1人，闾正2人，邻长10人，14人"共领百家"。隋文帝受禅后建立新的基层制度，以五家为保，置保正；五保为闾（里），置闾（里）正；四闾（里）为族（党），置族（党）正。唐代在县以下实行乡里制，以百户为一里，五里为一乡，"每里设正一人，掌按比户口，课植农桑，检察非为，催驱赋役"。县治城邑称"坊"，置坊正一人，"掌坊门管匙，督察奸非"。②

秦汉至唐中叶的上述乡里组织首领均属于乡职。乡职具有政府基层官员和"乡大夫"的双重性质，其委任方式和职掌对此均有体现：一方面，乡职作为国家基层的官或吏须由政府自上而下委任，免其徭役，有些且有禄秩，如西汉之亭长、啬夫、游徼等，皆食百石以下禄秩，相对于县令、县长、县丞、县尉等"长吏"而称"少吏"；须执行税收、徭役、捕盗等政府行政职能。另一方面，乡职作为"乡大夫"必须是有一定声望和地位的本籍人士，其担任乡官（如秦汉的"三老"）须得到地方社会的认可；他们的职掌既包括国家下于乡里的各种政务，也包括劝农、教化、民事调解、公益建设等乡里"自治"性质的事务。

至唐代中叶，乡里制度出现一大变局，开始从乡职制度转变为职役制度。《文献通考》有"职役"一门，对其语义可作两个角度的理解。第一，"职"与"役"的集合体。"职"与"役"属于两种不同的事物，"大抵以士大夫治其乡之事为职，以民供事于官为役"③。这里的"职"

① 《汉书》卷十九上，百官公卿表第七上；《后汉书》，志第二十八，百官五；《文献通考》卷十二，职役一。

② 《文献通考》卷十二，职役一。

③ 《清朝文献通考》卷二十一，职役一，浙江古籍出版社，2000。

是指乡官、乡吏，"役"是徭役。第二，与"夫役"相对应的一种徭役形式。中国古代的徭役是臣民向国家无偿提供的劳务（在实行募役制度后，即转变为财物、货币），服役方式有两种：一是无偿提供体力劳动；二是在官署或乡里担任某种为官府服务的职务。其前者可以称为"夫役"，其后者即是所谓"职役"。

在隋唐以前，徭役无"职役"与"夫役"的区分，彼时的徭役完全是指夫役。即如马端临所说："古之所谓役者，或以起军旅则执干戈、胄锋镝，而后谓之役；或以营土木则亲备畚锸、疲筋力，然后谓之役。"而当时大致相当于明清时代老人、里长等"职役"的三老、里正等，称"乡职"，不属于民役而属于统治者的范畴，即所谓"天子之与里胥，其贵贱虽不侔，而其任长人之责则一也"。当时担任这种乡职乃是一种荣耀，而绝不会成为负担，对此马端临指出："自汉以来，虽叔季昏乱之世，亦未闻有以任乡亭之职为苦者也。"

然而至唐中叶，情况却发生了变化。由于官吏对乡职进行压迫勒索，导致人们不愿承担，只好"轮差"，"乡职"于是沦落为与军旅、劳作等夫役同样性质的工作，称"职役"。对于乡官或乡职向职役的沦落马端临记述说：

> 至唐睿宗时，观监察使韩琬之疏，然后知乡职之不愿为，故有避免之人……唐宣宗时，观大中九年之诏，然后知乡职之不易为，故有轮差之举……自是以后，所谓乡亭之职至困至贱，贪官污吏非理征求，极意凌蔑，故虽足迹不离里闾之间，奉行不过文书之事，而期会追呼答捶，比较其困踣无聊之状，则与以身任军旅土木之徭役之祸，反不至此。然则差役之民，盖后世以其困苦卑贱同于徭役而称之，而非古人所以置比闾族党之官之本意也。[①]

乡职在唐中叶以后沦为职役，有着深刻的历史原因。秦汉中央集权的君主官僚制度，从一开始就是作为先秦宗法贵族制度的对立物而产生的，它具有一种自身不断膨胀、不断吞噬国家组织之外其他一切社会机体的本性。秦汉以后，首先被这种中央集权国家组织加以吞噬的，是各种血缘性

---

① 《文献通考》卷十三，职役二。

的社会机体，如西汉时期的六国贵族、东汉时期的豪强地主、魏晋南北朝直至隋唐时期的门阀世族，以及这一时期各少数民族政权中的旧贵族等均属之。而继门阀世族之后遭中央集权国家组织吞噬的，就是乡职。由于乡职中的乡官具有某种"地方自治"性质，因此难以完全为中央集权的国家组织所认同。隋初苏威"奏置五百家乡正，即令理民间词讼"，遭到李德林等许多官员的反对，他们说"乡官判事为其闾里亲戚，剖断不平，今令乡正专治五百家，恐为害更甚"。后来，其他官员也抨击乡正制度"不便于民，党与爱憎，公行货贿"，文帝遂令废止①。

宋代乡里组织人员是典型的"役"。北宋初期循五代旧制，乡里有衙前、里正、户长、乡书手、耆长等名目，"衙前以主官物，里正、户长、乡书手以课督赋税，耆长、弓手、壮丁以逐捕盗贼"，"各以乡户等第差充"②。神宗熙宁三年（1070年）开始推行"保甲法"，"以五家相邻者为一保，五保为一大保，十大保为一都保，但及二百户以上并为一都保"，"户不及二百者，各随近便并隶别保"。保和大保均设长，都保设都保正、都副保正；正常编制所余，够三保即可设一大保长，够五大保即可设置都保正。③此外，宋代还产生了两种新的乡里组织，即以治安为主要职能的保甲和以教化为主要职能的乡约。

金代在汉人地区仿唐制实行"保伍法"，"五家为邻，五邻为保，以相检察"。城郭置"坊正"，"村社则随户众寡为乡，置里正，以按比户口，催督赋役，劝课农桑"。此外设"主首"，"以佐里正禁察非违"，村社三百户以上设四名，二百户以上设三名，五十户以上设二名，五十户以下设一名；"置壮丁，以佐主首巡警盗贼"④。根据这一记载，村社为自然聚落，在照顾各村社户口多寡的基础上，合数村社为一乡，每乡设一里正，各村社设主首。各村社所管户数多寡不一，各乡里所管村社也数目不一，只是各村社主首的名额因其户数多寡而有差别。职役人员的职能，以

---

① 《隋书》卷四十二，李德林传，中华书局点校本；《文献通考》职役二。
② 《文献通考》卷十二，职役一。
③ 《宋史》食货志上五，役法下，第4334、4229页。
④ 《金史》食货志一，户口，中华书局点校本，第1031—1032页。

里正催督赋役，主首维持治安。①

元代承袭金代制度，每乡（都）设里正一名，"每都主首，上等都分拟设四名，中等都分拟设三名，下等都分拟设二名"。里正、主首的职责是"催差办集"，"诸村主首，使佐里正催督差税，禁止违法"②。除在乡都设立里正、主首外，还于至元七年（1270年）规定在"县邑所属村疃"立"社"。社之编户以五十家为基本规制，但遵循地域原则，"凡五十家立一社"，"增至百家者"别立一社，"不及五十家者，与近村合为一社。地远人稀，不能相合，各自为社者听"。每社立社长一人，择选"年高晓农事者"充任。社长的基本职责是"教督农民"，此外还履行教化、救济等职能："凡种田者，立牌橛于田侧，书某社某人于其上，社长以时点视劝诫。不率教者，籍其姓名，以授提点官责之。其有不敬父兄及凶恶者，亦然。仍大书其所犯于门，俟其改过自新乃毁，如终岁不改，罚其代充本社夫役。社中有疾病凶丧之家不能耕种者，众为合力助之。一社之中灾病多者，两社助之。凡为长者，复其身，郡县官不得以社长与科差事。"③颁布于至元二十八年（1291年）的《至元新格》还赋予社长惩戒游手、维持治安、管理义仓和调解婚姻、财产、田宅、债务等民事纠纷的广泛职责。这种对于社制的设计，蕴含着恢复乡官制度的出发点。为了防止社长沦为差役，元政府三令五申，"催差办集"由里正和各村主首承担，而不得差占干扰社长，否则就"大失元立社之意"④。然而，社制在有些地方从一开始就流于形式，差占社长催差征税的事更是始终不能杜绝，有些地方甚至取消了主首，则里正只能依靠社长催征，恢复乡官制度的努力最终并未成功。据杨讷先生研究，元代的社制与征调赋役的里制在实行

① 《金史》食货志一记，"大定二十九年，章宗尝欲罢坊正、里正，复以主首远，入城应代，妨农不便，乃以有物力谨愿者二年一更代"，是坊正、里正日常办理公事当在县城，似为县役；不过，里正职责包括"劝课农桑"，三年一次登记本里户口，须按期限"以实数报县"，则身份仍为乡役。县役与乡役同为"以民供事于官"的职役，身份原没有本质区别。宋代"乡书手"可以补充县吏缺额，可证明其县役身份，而金代里正一年一替、二年一替，似无这种资格。

② 《元典章》卷二十三，户部卷九，农桑，"立社"；方龄贵校注：《通制条格校注》，中华书局，2001，第451页。

③ 《元史》食货志一，农桑，中华书局点校本，第2354—2355页。

④ 方龄贵校注：《通制条格校注》，第451—452页。

过程中已经混而为一。①

　　明初改革元代社制，在全国编定里甲，以110户为1里，推人丁、资产最多之10户为里长；其余100户分为10甲，每甲10户；每年由里长一人率一甲应役。明代赋役黄册，每里编为一册，册首总为一图。所以不少地方的里也称图。此外河北地方有"社"，也与"里"名异实同。②里甲虽然是一种以赋役为主要职能的职役组织，但明政府也曾试图使它承担古代乡官的某些职能，如和睦邻里关系、调节民事纠纷、实施互助保障、维持村社治安和督劝农桑等。这主要是通过举行社祭、乡饮以及与此相关的制度来实现的。对此史籍记载说：

> 凡各处乡村人民，每里一百户内立坛一所，祀五土五谷之神，专为祈祷雨旸时若，五谷丰登。每岁一户轮当会首，常川洁清坛场，遇春秋二社，预期举办祭物。至日，约聚祭祀……祭毕，就行会饮。会中先令一人读抑强扶弱之誓。其词曰："凡我同里之人，各遵守礼法，毋恃力凌弱，违者先共制之，然后经官。或贫无可瞻，周给其家，三年不立，不使与会。其婚姻丧葬有乏，随力相助。如不从众及犯奸盗诈伪一切非为之人，并不许入会。"读誓词毕，长幼以次就坐，尽欢而退。务在恭敬神明，和睦乡里，以厚风俗。③

各里社祭由里长主祭，明初统一颁布社祭祝文和乡厉祭文，其前者的抬头词为"某府某州某县某乡某里等，议致祭于五土之神、五谷之神"；后者的抬头词为"某县某乡某村某里某社里长某人……谨设坛于本里，领率某人等"④。这意味着作为职役人员的里长同时也是乡村"自治"的首领人员。此外，各里又设"老人"，基本上也属于乡村"自治"机制中的首领人员。老人"选年高为众所服者"充任，其职责，一是道德教化和民事调

---

　　① 杨讷：《元代农村社制研究》，《历史研究》1965年第4期。

　　② 对此有人指出，"元明以来之社亦名为里"，而里之所以被称为社，则是因为各里均要"立社以祀五土五谷之神"；"里必有社，故亦称社"；"社有社首，与里长同"。见民国《南宫县志》，法制志，建置篇；道光《内丘县志》，卷三；民国《清苑县志》，地理志，乡社。

　　③ 《明会典》卷九十四，群祀四，有司祀典下，里社，《万有文库》本。

　　④ 《明会典》卷九十四，里社，乡厉。

节，即史籍所谓"导民善，平乡里争讼"；二是督劝农桑①。明代以里甲兼行赋役与乡村"自治"职能，实际上是将元代里与社在事实上的混一从制度上正式确定下来。然而由于赋役征调受硬约束而各种"自治"职能只受软约束，后者因而逐渐废弛而沦为前者的附庸。明代的里甲是基层乡里组织，里甲之上还有都、乡等区划，基本没有实体组织。此外，明代一些地方也存在以治安为主要职能的保甲组织。

还须一提的是，秦汉至元明的乡里组织基本上都以若干户（如5户、10户、25户、50户、百户、千户等）为一单位（乡、里、邻、闾、族、党、团、社、牌、甲等）；换言之，这些组织的建置主要是以户口管理而不是以地域管理为原则。它们虽然全都具有一定的地域基础，但这种地域不可能具有固定而明确的界限。在这种情况下，现代行政组织和区划的地缘原则不可能得到彻底贯彻。在中国后来的历史发展中，随着人口流动的加大，地域管理取代人口管理是一个趋势。在这方面，唐代设置村正具有重要的革新意义。唐代在建置以户口为管理对象的乡、里、邻、保组织的同时，在城邑和乡村另外分别设置坊正、村正，坊、村所辖户口多少不一：各村在里正之外别置村正一人，"其村满百甲增置一人"，"其村居如满十家者，隶入大村，不须别置村正"，这种坊、村系统属于一种地域性组织②。里正与村正的并设，意味着一种实行人口管理和地域管理双轨制的乡里制度开始出现。

---

① 《明史》卷七十七，食货志一；《明会典》卷十七记："每村置鼓一面，凡遇农种时月，五更擂鼓，众人闻鼓下田，该管老人点闸。若有懒惰不下田者，许老人责决，务要严切督并见丁著业，毋容惰夫游食。若是老人不肯督勤，农民穷窘为非，犯法到官，本乡老人有罪。"

② 《文献通考》卷十二，职役一。

第二节　清代的州县行政

一、地方行政体制

清代疆域广阔，内地和边疆地区民族成分、宗教信仰和社会发展情况差异甚大。针对这种情况，清政府在各地区实行不同的地方行政制度。在人口构成以满族为主的东北地区，设盛京将军、吉林将军、黑龙江将军各一人统辖东北全境，对满族人口实行八旗制度，而对汉人较为集中的区域则实行州县制度。对于漠南蒙古各旗实行旗盟制度，各旗联为六盟。对漠北蒙古和青海、新疆等地的蒙古部族，则设乌里雅苏台将军和参赞大臣、科布多参赞大臣和办事大臣、库仑办事大臣和帮办大臣以及西宁办事大臣进行统辖。他们所辖地区，可以视为与内地各省平行的地方一级行政区，内蒙古各盟可视为地方二级行政区。在新疆，设伊犁将军管辖天山南北路，即新疆全境，下设乌鲁木齐都统，伊犁、塔城、喀什噶尔参赞大臣，以及南北疆各重镇的办事大臣、协办大臣、领队大臣等。其基层行政则实行几种不同的制度：其一是实行于蒙古各部和哈密、吐鲁番地区的札萨克制；其二是实行于南疆维吾尔族地区的伯克制；其三是实行于北疆汉族、回族人口集中地区的州县制，在巴里坤设镇西府，在乌鲁木齐设迪化州，总隶于镇迪道，民政系统属甘肃省管辖。在西藏，设西藏办事大臣进行管辖。在西南少数民族聚集的地区，实行世袭的土官、土司制度。在内地汉族人口集中的地区，则设置省和州县。

清代将内地划分为顺天、奉天两个直辖府和直隶、山东、河南、山西、江西、安徽、江苏、浙江、福建、广东、广西、湖北、湖南、云南、贵州、四川、陕西、甘肃等18个省。顺天府置府尹一人，府丞一人，辖大兴、宛平两个京县和京畿四路厅20个州县。奉天府辖承德县，置满缺府尹一人，汉缺府丞一人。各省置总督、巡抚作为最高军政长官。如前文所述，巡抚和总督在明代本为中央临时派往各地督察军政事务的官员，后常设于三边地区，但清代督抚则为常设地方军事行政长官。清代典制述总督职权为"掌厘治军民，综制文武，察举官吏，修饬封疆"，因节制绿营和监察官吏，所以加兵部尚书衔、都察院右都御使衔，从一品。清代大部时期置直隶、四川、两江、闽浙、两广、湖广、云贵和陕甘等八员封疆总督。此外尚有非地方长官而专办某项事务的总督，如漕运总督、南河河道总督、东河河道总督等。清代典制记巡抚"掌宣布德意，抚安齐民，修明政刑，兴革利弊，考核群吏，会总督以诏废置"，因有节制绿营、监察官吏之职权，所以加兵部侍郎衔、都察院右副都御使衔，从二品。其品级虽低于总督，但与总督不相统属。清代大部时期置山东、河南、山西、安徽、江西、江苏、浙江、福建、广东、广西、云南、贵州、陕西、湖北和湖南等15员巡抚。①各省总督和巡抚，虽有品级之差而互不统属；两者的职责究竟有何区别，有关典制规定相当含混，在实际运作中更是难以明确划分，咸同以后尤其如此。

各省置承宣布政使司和提刑按察使司，协助督抚处理本省政务。布政、按察两司"其印为方，其名曰使，于例可专折奏事"，依典制本系朝廷派往各省的使节，而非省一级职能官员，但在实际上早已沦为督抚属员。布政使司每省一人（江苏省分设江宁、江苏布政使两人），从二品，负责一省财赋、民政。按典制规定，省内地方官员的委署由布政使负责，但实际上这一权力渐为督抚所据有。按察使司每省一人，正三品，主管一省刑名案件。各省还设提督学政一员，为中央的差遣官员，三年一任，不隶于督抚。

布政、按察"两司"之外又有道员（道台）。清代道员情况较为复杂。清初，布、按二司均置正、副官，不久布政使正、副官改为左右参议，即分守道；按察使正、副官改为副使、佥事，即分巡道。由此而论，

---

① 1884年新疆设省，置巡抚；1885年裁福建巡抚，置台湾巡抚；1904—1905年，裁督抚同城之湖北、云南、广东巡抚；1907年置东三省总督和奉天、吉林、黑龙江巡抚。

清代道员属于省级职能性官员而不是省以下二级政区的地方官，当时司道并称也可以说明这一点。道员最初"省置无恒，衔额靡定，均视其升补本职为差"①，如由京堂等官补授者为参政道，由掌印给事中、知府补授者为副使道，由科道补授者为参议道，由郎中、员外郎、主事、同知补授者为佥事道。乾隆十八年（1753年）取消参政、参议、副使、佥事诸衔，一律正四品。此后，道员可分两种：其一是在一省范围内分管某一项事务的职能性官员，如盐法道、粮道、海关道、河道；其二是拥有一定辖区的地区性官员，即分守道和分巡道，均冠以地区名称，如直隶霸昌道、江苏苏松太道等，全国共92人。以上两类道员在职能上往往是互兼的，分守道、分巡道大多兼水利、驿传、海关、屯田、河务等职能，如专职海关道仅有津海关道一缺，其他均由分守、分巡道兼任。反之，粮、盐道也有兼分守道、分巡道者。道员除履行本职外，还协助"两司"办理本省各项事务，监察府、州、县官吏。

清代以府、直隶厅和直隶州作为行省之下的二级行政区。各府置知府一人，佐贰有同知、通判，均无定员。知府总领属州、属县、属厅，掌一府行政、司法，监察下级官吏；同知、通判分掌粮盐督捕、江海防务、河工水利、抚绥民夷等。全国共置185府，或隶属于布政使，或隶属于道员，也有隶属于驻防将军者。直隶州置知州一人，属官有吏目一人；此外置州同、州判等佐贰，均无定员。直隶州执掌同府，但没有附郭县，即知州须自己执掌一个三级行政区的事务。直隶厅置于云、贵、川、桂等省的少数民族区域，所辖者多为土州、土县、土司，间亦有辖县者，其长官为同知或通判，其属员有经历、知事、照磨、司狱等。

清代以隶属于各府的属州、属厅和隶属于府、直隶州、直隶厅的州、县为地方三级行政区。各属州置知州一人，州同、州判、吏目等佐杂的设置与直隶州相同；各属厅置同知、通判及经历、知事、照磨、司狱等属员，与直隶厅相同；各县置知县一人，佐贰有县丞、主簿，均无定员。此外，各县均置典史一人，为知县属员，"掌稽检狱囚"；州县有关津险要则置巡检，掌捕盗贼，诘奸宄。

———————

① 《清史稿》卷九十一，职官志三。

各府学、州学、县学置儒学教官，其中府学置教授、训导，州学置学正、训导，县学置教谕、训导。

清代同样实行县等制度，这种制度同州县正印官的任命方式紧密联系，后文再作阐述。

二、州县的治理结构

宋、元以来县行政被割裂的倾向，在清代被发展到极致。一方面，佐贰、学官等国家正式官员不被纳入州县主干行政系统；另一方面，国家官员也失去了对于吏胥的直接统率，州县主干行政系统由大量不属于国家正式官吏的人员组成。

清代州县的佐贰杂职（简称佐杂），包括各直隶州、属州的州同、州判、巡检和各县的县丞、主簿、巡检，其性质均不是正印官的副职和下属职能性官员，全都不隶属于以正印官为首的州县主干行政系统。这从以下两个事实可以得到充分反映：第一，清代州县的佐贰杂职并不普设，而只是根据实际需要设置于少数州县。清代全国共有直隶州和散州149个，而州同设置仅45员，州判设置仅50员；全国共有县1302个，而县丞设置仅350员，主簿设置仅85员，巡检设置904员（见表1.1）。第二，州县佐贰和学官均各有自己的衙署和独立职能，与正印官不相统属。其中佐贰独立地负责本州县因地区特点而具有的特殊政务，如州同、州判分掌粮务、水利、防海、管河等，县丞、主簿分掌粮马、征税、户籍、缉捕等；学官则"掌训迪学校生徒，课艺业勤惰，评品性优劣，以听于学政"①。有人指出，当时州县佐贰杂职除典史"尚有专司"外，其他人对州县行政"皆不得与闻"②；"既不准擅受民事，又初无一定责成，虽号分防，几同虚设"③。吏目、典史称首领官，为各州县所普遍设立，负责监狱和治安事务，品秩低微，为正印官的属员。但他们也有自己的衙署，就体制而言也

---

① 《清史稿》卷九十一，职官志三，中华书局点校本。

② 宜今室主人：《皇朝经济文编》，吏治卷六，用佐杂为幕宾议，上海宜今室石印本。

③ 故宫博物院明清档案部编：《清末筹备立宪档案史料》上册，中华书局，1979，第505页。

属于对朝廷负责的职官。①

表1.1　清代州县官佐数目

省别	属州				县				
	知州	州同	州判	吏目	知县	县丞	主簿	典史	巡检
直隶	17	3	10	19	122	18	22	117	46
奉天	4		1	4	8			8	6
山东	9	7	3	9	96	30	13	96	28
山西	6			6	88	5		88	44
河南	6	2	4	6	98	15	14	98	17
江苏	3	3	3	3	62	30	17	62	82
安徽	4	3	1	4	51	16	5	51	62
江西	1	1	1	1	75	48		75	92
浙江	1		1	1	76	45	11	76	39
福建					62	29		62	74
湖北	8	3	5	8	60	21	1	60	74
湖南	3	1	2	3	64	13		64	57
陕西	5	2		5	77	19		77	11
甘肃	7	1	3	7	52	7	1	52	2
四川	11	1	2	11	111	18		111	26
广东	7		1	7	80	19	1	80	148
广西	16	13	6	23	47	6		48	63
云南	27	3	4	27	39	3		39	25
贵州	14	2	3	14	34	8		34	8
合计	149	45	50	158	1302	350	85	1298	904

资料来源：《清朝文献通考》卷八十五，职官九。

在佐贰被淡出州县主干行政系统的情况下，正印官只能依靠其他人员

---

①　如民国山东馆陶县清代"典史署（亦称捕厅）典史一员，为知事之属员，主具狱及捕盗之事。下置书办一名，门子1名，皂隶4名，马夫1名"（见民国《馆陶县志》，政治志）。直隶广平县清代典史署有门子5人，皂隶20人，马夫5人（见民国《广平县志》，卷七）。

承担内外事务。这些人员可以分为三个部分：其一是由州县官私人雇用并随其进退的幕友、家丁；第二是盘踞州县的各房书吏，即所谓州县衙署的"六房"；第三是以"三班"为主的各种差役。兹对州县主干行政系统中各类人员的设置情况和职能分述如下：

1. 幕友。州县官大多"以书生初仕，罔谙科条，赀郎入官，不深文墨"①，加上政务繁多，因此只能自行延聘幕友辅助。州县官对于幕友以宾师相待，使之住于衙署之内，负责钱粮会计稽核、诉讼公文批答等事务，并朝夕相随，咨询顾问各种政务。各州县官聘用的幕友数目不一，视政务繁简为转移。关于幕友的职责种类有记载说：

> 内幕先生有刑名、有钱谷固矣，乃有案总，复有钱粮总；有钱谷，复有征比；有书禀、号件，有红、墨笔。

> 幕友如刑名、钱谷、发审、书启、征收、挂号、朱墨、帐房及一切杂务之属，皆佐官治事者也。②

因聘用幕友均需州县官自己出资，所以一般州县只聘用一二名，使之"兼摄"各种事务，"不能全备也"。幕友的人品和能力高下不一，"其素砺操行者，固善助理庶政；而行检有亏者，每亦易滋弊端"③。

2. 家丁、常随。家丁、长随也属于州县官的私人，或出于州县官自己雇用，或出于亲朋故旧和上司同僚的推荐。他们随州县官住于衙署之内，办理重要性具体事务，如管理印信、充当门丁、管理内务、看守仓库、充当跟班等。家丁、常随有各种名目，"宅门内用事者，司阍曰门上，司印曰签押，司庖曰管厨；宅门外则仓有司仓，驿有办差，皆重任也。跟班一役，在署侍左右，出门供使令，介乎内外之间……有稽察家人出入之责，不止行宣命令而已"④。

3. 书吏。清代州县设有吏、户、礼、兵、刑、工"六房"，作为办理文牍、保存文书档案的机构。这类机构一般设于县署大堂之外两侧，没

---

① 王植：《署规》，见徐栋辑：《牧令书》卷四，用人，道光二十八年刻本。

② 谢金銮：《居官致用》；何士祁：《幕友宜待之以礼》，见徐栋辑：《牧令书》卷四，用人。

③ 民国《馆陶县志》卷二，政治志。

④ 汪辉祖：《用人》，见徐栋辑：《牧令书》卷四，用人。

有统一规制，由各州县根据自己政务的实际情况自行设置，往往不止六个。对此有的地方志记载说，州县"六房""比于朝廷六部，其后各房以事繁，自立名目，如（直隶）广宗户房有库房、仓房、粮房、总算房、户南房、户北房之分；礼房分为柬房，刑房有刑南、刑北、承发房、招房之分。或以事分，或以区村分，官不过问也"①。直隶青县设礼、兵、户、仓、租粮、刑、吏、承发、盐、柬等十房。②清代废除了元、明两代以典史统领司吏、"典文移出纳"的制度，这样吏胥就不再由国家官员直接统率。在这种情况下，"六房"各设正式吏员一至二人作为首领，称典史、经承；其下属一般胥吏称书办、清书，有传统性编制，编内者或称经书，编外者或称散书，各地不同。山东《馆陶县志》记清代该县六房书办的设置和职责说：

> 幕友以下"分置吏、户、礼、兵、刑、工六房，各房均置经承一名，承县知事及各主管刑名、钱谷之指挥，分办该管事件及拟例行文稿。吏房复置经书一名，散书二名；户房复置经书十名，散书十二名；礼房复置经书二名，散书二名；兵房复置经书一名，散书二名；刑房复置经书六名，散书八名；工房复置经书一名，散书一名。各房经书等各承该房经承之指导，分办该管事件及承缮文件。外复置仓库房，司仓库储存米物事项，经承一名，经书三名，散书四名。嗣因户房事繁，增置粮房，司漕粮征收事项，经承一名，经书八名，散书十二名"③。以上各房经承、经书、散书共83名。

此外如直隶盐山县清代"向有房书百余人"④。

4. 差役。以壮、快、皂"三班"为主，负责办理催征赋税、指传人证、缉捕盗贼等外勤性事务。对此有的文献记载说，"壮班以传差催粮"，"快班以缉捕盗寇"，"皂班以供役使奔走"。各州县的壮、快、皂差役，其班数往往也不止三个，有些地方可达四至八个。例如山东馆陶

---

①　民国《广宗县志》，法制略。
②　民国《青县志》经制志，时政篇。
③　民国《馆陶县志》卷二，政治志。
④　民国《盐山县志》法制略，新政篇。

县的壮、快、皂三班每班之中又分为头班和二班，此外还有一个马快班，也称捕班；直隶景县差役分为皂班、壮班、快头班和快二班，共四班；直隶藁城县差役分为七班，即两个壮班、两个皂班、两个快班和一个马快班。①除"三班"外，州县衙署中的门卒、库子、轿夫、火夫、看监的禁卒、验尸的仵作等也属于差役。"三班"及其他差役例有定额，例如：

> 直隶栾城县按定制共180余人，其中包括门子2名，皂隶13名，仵作3名，马快8名，民壮50名，禁卒8名，轿夫扇夫7名，库子4名，斗级4名，农夫2名，吹手8名，铺司兵40名，更夫4名，火夫10名；典史衙门皂隶4名，门子1名，马夫1名；儒学斋夫6名，膳夫2名，门斗5名，防夫4名。②

但由于人手不过，或"民间游手之徒"为谋利而挂名当差，各州县于定额之外均有编外人员，称白役、黑役、散役，导致差役人数"倍蓰于原额"。如山东馆陶县除被称为"头役"的在编人员外，头壮班、二壮班各置散役六名，头快班、二快班各置散役八名，头皂班、二皂班各置散役十名，马快班（捕班）置散役十名。嘉庆年间，四川"各州县粮快两班多至千人"；道光年间，该省各州县的编外白役"动以千计，下至丞、簿、典史各署，亦多挂名滥设"；同时期，"山东州县差役，大县多至一千余，小县亦多至数百名"。咸丰年间，四川"著名繁剧之缺，差役多至数千名，即事简缺分亦皆有数百名之多"；光绪年间，该省"各属衙役，繁缺者多至数千，即简缺者亦不下数百"。③

从行政现代化的角度看，上述以正印官为首，而由幕友、家丁、房吏、差役组成的清代州县治理结构具有极大的落后性，其主要体现的是公共权力的私人化，即以私人势力承担国家公共职能。

清代州县的幕友相当于民国时期的县署秘书或民政、财政等科的科

---

① 民国《广宗县志》法制略；民国《馆陶县志》卷二，政治志；民国《景县志》，政治志上；林翰儒：《藁城县乡土地理》下册，县公署。

② 同治《栾城县志》卷四，录自该县道光志。

③ 李荣忠：《清代巴县衙门书吏与差役》，载《历史档案》1989年第1期；祝庆祺：《刑案汇览》卷七，转引自吴吉远：《清代地方政府的司法职能研究》，中国社会科学出版社，1998，第86页。

长，而这样一种重要职务在清代却完全由知州、州县私人雇用，而且"向不详报上级官署备案"①。他们以"宾师"身份被安置于办公场所与州县官私人家庭合一的衙署之内，主持钱粮会计、民刑诉讼及公文批答等重要政务。家丁为州县官监管印信、管理内务、看守仓库，在现代行政体制中属于机要人员，但也全由州县官自己雇用。这些人员，或属州县官本人的亲朋裙带，或出于上司同僚的推荐嘱托，"忽去忽来，事无常主，里居姓氏，俱不可凭，忠诚足信百无一二"②。家丁之外，州县官还经常任用兄弟、子侄、内亲、女婿等亲戚办理各项重要公务，"或以手足而充奴隶之事，托以腹心；或以子弟作内幕之宾，任其喜怒；甚至女婿娇客也，无事不管；郎舅内亲也，无恶不为。更有封翁而下侵子权，嘱贪教诮；夫人而外兼官政，雷厉风行"③。负责文书档案和日常公务的"六房"典吏，按制度任期五年，不随正印官进退，代表着州县行政中制度化、法制化的一面。但实际上，由于这些人任满后须经州县官考察合格方能连任，而州县官也可以凭个人意志另行选用他人。这样，典吏就没有现代公务员所享有的公职保障，他们必须依附于各级官员个人。据当时人记载，典吏"多以营求得之"，他们为了谋求连任或顶补，必须向州县官馈送，或向上级官员行贿请求推荐，其数额"如粤中东莞、顺德，少者数百金，多者至二千余金。或本官自入橐囊，或大宪公文檄送"④。至于一般书办则更是由本房典吏、经承进退，就连州县官也只是偶尔对之加以考察和革黜。清代州县差役就其法律地位来说属于"以民供事于官"的徭役，只是由于募役法的实行，才实现了职业化。换句话说，差役是"民"，而不是属于"官"之范畴的国家行政人员。正因为如此，各级官府对于差役的佥募十分轻率。清政府规定各种差役须从良民中佥募，需要本人投充，他人具保，官府审查批准；服役以五年为期。但实际上，这些制度并没有被认真执行。差役

---

① 民国《馆陶县志》卷二，政治志。
② 汪辉祖：《用人》，见徐栋辑：《牧令书》卷四，用人。
③ 田文镜：《为再行严饬事》，见徐栋辑：《牧令书》卷八，屏恶。
④ 王僼：《胥吏》，见徐栋辑：《牧令书》卷四，用人。

往往"师徒相承""根株蟠结，党羽繁滋"①。他们一经获得正身差役资格，除非自愿辞退或犯罪缺出，一般都是终身供役。顾炎武指出，明清州县差役不过是一群"恃讼烦刑苛""吓射人钱"的黑恶势力。②

清代州县的幕友、家丁、房吏、差役取得薪酬的方式，集中地表现出他们虽然承担国家行政职能但却属于私人势力的性质。州县官幕友的薪银，全由州县官个人支给。家丁、长随也是由州县官个人按差事给予工食银，此外就是从六房陋规中分润（每年"六房"都要将部分陋规送交州县衙署，其中部分在家丁、长随中分配）和直接勒索受贿。"六房"书办则根本没有法定的薪水和办公费，"惟借陋规以资生活（如考试及狱讼当事人均有应纳费用，余可类推）"③。这类陋规往往漫无节制，重征滥收，"有一事而两三费者，如税契过割本一事也，而印税归一房，过割与副单又归一房；渔课等类造册征比本一事也，而造册归一房，征比又另一房"④。壮、快、皂三班差役按制度应从州县财政存留中给以工食银，但实际上州县官往往不予发给，他们"惟借鱼肉乡民以自肥"⑤。在公务人员没有法定薪酬的情况下，房吏、差役的这种贪污受贿、敲诈勒索被视为理所当然。人们认为，"房吏皆不廪于官，又有纸笔之需、人口之累，欲其枵腹从事，实所不能"；"书吏本无禄入，其相仍陋规不得不资以为生；差役工食无多，自养己家亦患不足。苟船饭之资，尚非出于索诈，亦可不予深究"⑥。

由于作为私人势力来承担州县衙署内外行政职能的幕友、家丁、胥吏、差役既不具有正式庄重的公职身份，也不享有合法薪饷、津贴等公职保障，又受不到国家制度的有效监督和约束，因此势必导致贪污、受贿、勒索的合法化或半合法化，必然导致州县行政的人治化、黑社会化。例如

---

① 中华民国史事纪要编辑委员会编：《中华民国史事纪要》（初稿），中华民国纪元前十一年册，台湾中华民国史料研究中心印本，第745—746、748页。

② 顾炎武著、黄汝成集释：《日知录集释》，第293页。

③ 民国《广宗县志》，法制略。

④ 王侦：《胥吏》，见徐栋辑：《牧令书》卷四，用人。

⑤ 民国《广宗县志》，法制略。

⑥ 王侦：《胥吏》、《吏役》，见徐栋辑：《牧令书》卷四，用人。

有当时人论述州县六房胥吏之弊，其实讲的就是这种道理：

> 《周礼》府吏胥徒，皆有职名，有廪禄，禄足以代其耕，故皆廉平自好。后世不然，县有六房，房有典史，皆市民之黠者充之，以冀膺冠带，其实未尝在官任事。在官任事者，书办也。书办大率贪猾无赖，窜身于官，既无职名，又无廪给。赤手在官，势难枵腹从事，惟以作奸剥民为饮食衣履仰事俯给之计。是胥吏无田，以剥民为田；胥吏无所，以作奸为所，缓之则百计营私，急之则一纸告退。①

在这种以官与吏、主官与佐贰相互割裂和由私人势力履行公权为基本特征的治理结构下，清代州县官"视衙门为传舍"，房吏、差役"视官长为过客"；利用职权勒索钱财则成为各类人员办理行政的第一目的，公务履行之正误与迟速，完全以牟利为转移。这就必然导致吏治的严重腐败，必然导致行政效率的极大降低，甚至导致行政职能的完全废弛。

三、州县官员及其职责

清代选官制度，以进士、举人、贡生出身者为正途，捐纳、保举、吏员出身者为杂途，而知州、知县正杂途均有。大致说来，清代知县由以下出身者除授：

1. 进士。清代进士一甲三名直接除翰林院修撰、编修，二、三甲均须参加朝考。根据朝考成绩，选择部分优秀者入翰林院学习，即所谓馆选庶吉士；其余或分发六部、内阁等衙门见习，或归进士班到吏部候选，或除知县、教官。其中除知县者称"榜下即用"，分发各省候补。庶吉士在翰林院肄业称散馆，除留用为编修外，可以任知县，由吏部以实缺任用，带缺出京，而不须再到各省候补，时称"老虎班"。

2. 举人。清代对于会试三科不中的举人，或拣选其貌、言、书、判优秀者为知县，或单纯凭资历"截取"为知县，归吏部铨选。乾隆十七年（1752年）又定举人"大挑"制度，举人参加正科会试三科（闽、粤、

---

① 袁守定：《民得自言其情则不畏吏》，见徐栋辑：《牧令书》卷四，用人。

川、贵、滇、湘等边远省份一科）不中者后，允许参加每六年举行一次的"大挑"。吏部堂官对于参加大挑的举人先行察验，再请旨选派王公大臣数名共同挑选，选取形貌和应对较好者任用为知县、府经历、州同、州判、县丞、教谕、训导等，分发各省候补。其中知县为最优者。

3. 贡生。清代贡生（岁贡、恩贡、优贡、拔贡、副贡）送国子监肄业后经吏部考职可以除官，其中拔贡、副贡可以知县任用。此外，清前期还曾对优贡、拔贡实行朝考，择其优者除为知县。

4. 捐纳、保举人员。部分捐纳、保举人员以知县任用，分发各省候补。

直隶州和属州知州，由相应资历的官员升调、补用、铨选。

清代州县官的任用有法定的制度和程序。它将各省所有州县官缺分别定为拣缺、题缺、调缺、留缺和选缺等五类，各类缺位空出时，分别按不同方式任命不同资历的人员就任。拣缺缺位极少，其缺空出时，由吏部按照有关规定在具有"京察一等"等资历的小京官中拣选，引见补授；题缺空出时，由该省督抚在应升、应调官员中题补；调缺空出时，由督抚在本省现任官员中拣调；留缺空出时，准许督抚在分发本省候补人员（包括进士即用知县，拣选、截取、大挑举人，告病告养起复、降革开复、钱粮开复人员，捐班分发人员）中任用；选缺空出时，先由各省督抚任命合格人员署理，然后再由吏部铨选确定有关人员前往接替。督抚委任调缺、提缺、留缺人员，均为署理，报部批准后方为实缺。按照经制，对候补州县官的委署权本属布政使司，各类缺位不得参差混淆。然而清代后期督抚专权，州县官的任用权实际上已为督抚所掌握，布政使惟听命挂牌而已（挂牌即宣布任用名单）；各类缺位的任用规则也遭破坏，史记"光绪间，督抚违例更调州县官，视同传舍"①。

清代的县等制度是同州县官任用制度结合在一起的。清代的州县缺，以"冲、繁、疲、难"四字为标准而分为简、中、要、最要四等。冲者地方冲要，繁者事务繁重，疲者民性疲玩，难者民风强悍难治。其冲、繁、疲、难四字俱占者（如直隶天津县）为最要缺；其占据三字者（如直隶正

---

① 《清史稿》卷九十一，职官志三。

定县占冲、繁、难)为要缺；其占据二字者(如直隶盐山县占繁、难)为中缺；其仅占一字或四字俱不占者(如直隶庆云县)为简缺。一般说来，最要缺、要缺和中缺为题缺、调缺，简缺为留缺、选缺。县等的划分会随各州县政治、经济、社会情况的变迁而改变。与县同属于第三级地方政区的属州和直隶州知州的直辖州域，一般说来均属要缺，其中不少系由县和属州升置。例如，直隶沧州初隶河间府，雍正三年(1725年)升为直隶州；易州初隶保定府，雍正十一年(1733年)升直隶州①。1903年，因卢汉铁路即将贯通，原来隶于开封府的郑州遂改为直隶州，"定为冲繁疲难外调要缺"②；江苏省江浦县"本系冲字简缺"，1909年因津浦铁路修建而成为交通要冲，遂改为"冲繁二字调缺"，同时将"本属冲繁难三字调缺"、而现在已非交通要道且"民风朴实，讼狱无多"的桃源县改为"难字简缺"③。

州县等级不同，其正印官的养廉银数额也因之而有差别，且各省互不相同，少者每年数百两，多者2000余两。见表1.2：

表1.2 清代州县官养廉银数额(单位：两)

省份	直隶州知州	属州知州	知县
直隶			1200—600
盛京		427—281	424—135
江南	2000	1500—1200	1800—1000
安徽		1000—800	1000—600
江西	1400		1900—800
浙江		800	1800—500
福建		1200	1600—600
湖北		1000—800	1600—600

① 《清朝通志》卷二十八，地理略，浙江古籍出版社，2000。
② 《清朝续文献通考》卷一三五，职官二十一，浙江古籍出版社，2000。
③ 同上。

续表

省份	直隶州知州	属州知州	知县
湖南	1300	900	1200—600
山东		2000—1000	2000—1000
山西	1500	1000—800	1000—800
河南	1800		2000—1000
四川		1200—600	1200—600
陕西	1000	600	600
甘肃	800	600	600
广东		1200—600	1200—600
广西	1756	2265—705	2265—705
云南		2000—700	2000—700
贵州		800—500	800—400

资料来源：《清朝文献通考》卷四十二，国用四。

　　清代分发各省的候补知州、知县，多为科举或捐纳出身，没有行政经验。候补期间，督抚有时委以临时差事，一方面可以使之取得收入，另一方面也借资锻炼。州县官补缺，无论实授还是署理，均由布政使司给予文凭，作为接印的凭据。前后任"交代印信，各处规矩不同。有前官送府库，新官亲自见府尊领者，有差官吏送至前途者，有公座时当堂交送者"①。新官入境后首先要进行礼节性应酬，对于前来迎接的同僚、绅士要"下轿叙谢"，要令"吏房开具上任参谒先后起数，以便临时酬答，并问上任旧规，接人恒礼"。正式上任前一日，要到城隍庙斋宿，次日行祭宣誓。到任第三日早上，谒拜文庙和殿堂两庑的贤人祠、名宦乡贤祠，然后升明伦堂抽签讲书，也有不升堂讲书的，即往各坛行香，并查看养济院，或看望乡宦，回访同僚。在这期间，还要查看监狱狱囚和狱舍情况。所有这些活动均具有象征意义，象征着州县官在教化、教育、祭祀、救济、刑

---

　　① 潘杓灿：《筮仕》，见徐栋辑：《牧令书》卷二，政略。

狱等方面负全面责任。到任三日后申缴文凭，由本府知府转缴布政使司，说明已顺利接任。

清代知州、知县全面负责一州县的财赋、刑罚、教化、农桑、贡士、祭祀等各种事务，与前代无不同。如山东《馆陶县志》记，知县"总治民政，劝课农桑，兼平决狱讼，凡户口、赋役、钱谷、赈济、给纳之事皆掌之。县民男女有孝悌、行义、公忠、节烈闻于乡间者，申请奖恤以昭激劝而励风俗。地方有警，则躬督属员及驻防官兵，率民壮干捕上紧防剿以保无虞"①。在所有这些职能中，最主要者系财赋和诉讼刑狱。

四、州县的财政

清代实行中央集权的财政体制，没有中央与地方之间的财政划分，因而也就没有独立的省一级或州县一级地方财政。所谓州县财政，就制度设计而言其实只是国家统一财政的一个不可分割的层面。这种州县财政是当时州县行政的一个有机组成部分，也是后者赖以运行的基础。可以说，清代州县行政之所以存在种种弊端，一个十分重要的原因就在于财政制度的落后。

清制，田赋和杂税由州县经手征收，然而却"非一县所得而私"，全部属于国家财政收入（即所谓"正项"）。为了避免上解下拨之繁难，清政府实行州县存留（或留支）制度，即由州县官在其经手的赋税中坐支性质属于国家财政支出的官俸、养廉以及差役工食、祭祀、礼仪、驿站、科举等公费，其余上解。据有些文献记载，明代国家财政留给各州县的办公经费相对宽裕，大县每年一二万两，小县每年数千两。而入清以后，州县存留的数额屡遭核减，"顺治时两次会议裁去十之四五，康熙时三藩作乱，又裁留支以交饷，于州县存留之款，或去其半，或去三分之二"，致使"官吏之薄俸，公费之奇廉，直等儿戏"②。如直隶鸡泽县留支银原额

---

① 民国《馆陶县志》卷二，政治志。
② 民国《定县志》，政典制，赋役篇中。

为5274两余，而至乾隆中叶，实际已减为1753两余。①

由于州县存留数额过少，致使各州县大量必不可少的支出没有合法来源，即当时人所谓不能"作正开销"。这些支出可归为以下几类：

1. 州县衙署人员的薪水工食和日常办公费。清制，州县官俸银、养廉和定额内差役的工食银由州县存留支出，而除此之外，幕友薪水、家丁长随工食、六房书吏和额外班役的工食津贴以及衙署的办公费用，全无合法来源。

2. 官差、兵差、皇差等各种临时性差役费用。清代大小官员因公外出，不论道路远近和随行人员多少，均准许驰驿前往。各州县每遇钦差大臣、外放各省学政和乡试主考以及本省督抚藩臬道府过境、学政按临院试、官吏递解犯人及文武举人乡试卷箱过境，均需支应官差，为之预备馆驿、伙食、车马、柴草。而这些费用也均无合法来源。

3. 各级上宪每年的固定摊派。清代地方督、抚、藩、臬、道、府等各级官厅办公经费同州县一样拮据，因此往往巧立名目向所属州县进行摊派，名目繁多，数额巨大，而且形成定例。据民国《东明县续志》记载，该县这类被称为"例差"的定额摊派共计88项，每年合计银166两2钱5分，附加"随封钱"35缗。②

4. 馈赠上宪各官个人的陋规。清代州县存在着一种制度化的行贿受贿，即州县官每谒见上宪各官及逢藩臬道府"三节两寿"，均须有所馈赠并惠及其属吏，时间既久，其名目和数额均形成定例，书之于簿册，由州县官幕友任任相传。据民国《东明县续志》记载，该县这类贿赂性陋规，合计每年需银1829两7钱，钱67.3千文。

由于上述各种费用没有合法来源，所以清代州县官普遍不能恪守国家颁定的赋役制度，千方百计通过各种途径攫取法外收入。这些法外收入可以归纳为以下几项：

1. 地丁、耗羡的浮收及瞒报。清代田赋征收历来就存在火耗等名目的浮收，雍正年间实行"耗羡归公"后，各地仍不断在倾熔、火耗、平余、

① 乾隆《鸡泽县志》卷十，田赋。
② 民国《东明县续志》卷四，附记。

办公、书差、耗银等名目下出台新的浮收。据笔者估算，清代地丁、耗羡的浮收率一般不会少于40%。①除浮收外，清代州县官还往往以丰报荒，以完报欠，从而取得法外收入。

2. 杂税瞒报。清代田房契税、牲畜税、当税等项杂税由州县征收，虽然规定"尽征尽解"，但实际上只能实行定额管理。当时各州县杂税的实征数额都远远高于上解定额。如直隶定州每年实征杂税银数百两、钱五六千缗，而"每岁上解者，约在四百余两上下"②；四川三台县，历任县官行将卸任时对田房契税实行突击性减额征收，除上解外"官之所得可及万余两"③。

3. 差徭。雍正初年实行"摊丁入亩"后，除地丁外本不应再有其他任何徭役。然而每遇临时兴作或事故，所需人力、物料和经费，各州县往往仍向民间摊派，久而久之遂成为一项固定收入，称"差徭"，北方地区尤重。

4. 其他陋规。清代州县在办理包括税收和诉讼在内的各种公务活动中，普遍存在各种制度化的贪污、受贿和勒索，它们也构成了一种重要法外收入。

上述大量法外支出和法外收入的存在，使得清代州县财政的实际运作与制度规定严重背离，与州县财政有关的各种制度形同虚设。大致说来，清代州县财政实际实行的乃是一种由州县官个人"大包干"的制度，即在一州一县之中，不论是地丁杂税等合法税收还是各种法外的浮收、摊派、陋规，全部作为州县官自己的收入而归其个人所有；与此同时，额定的本州县公费开支、上解藩库款项和各种法外的办差费用、上司摊派、馈赠陋规以及雇用幕友、豢养家丁等费用，也全都由州县官个人负责支解开销。而以上收支相抵之剩余，便是州县官的净收入。一位州县官谈到他计算自己盈亏的方法说，（除将正额地丁杂税征收和上解视为一个常数外）"初到任须详察此缺每年中钱粮出息若干，杂项出息若干，合廉俸若干，为入

① 参见魏光奇：《清代州县财政探析》，《首都师范大学学报》2000年第6期、2001年第1期。

② 民国《定县志》，政典制，赋役篇中。

③ 民国《三台县志》，食货志，田赋。

数。又细察每年各项酬应若干，差使坐派若干，幕宾束脩若干，家计食用若干，共为出数"①。清代州县财政的这样一种运作情况，可以一言以蔽之为封建性的家产制财政，它体现在以下几个方面：

首先，清政府对于当时的州县财政，完全责成于州县官一人，而这种责成又仅仅意味着要求他们按定额上解地丁杂税（即所谓钱粮）而不能发生"亏空"。清制，州县官在离任时，须将自己任期内的钱粮收支情况造具"四柱清册"，向继任官员办理"交代"。清册内容分旧管、新收、开除、实在四项，其"旧管"项下开列前任移交历年钱粮欠征欠解数额、粮银库存数额和本任历年应征应解数额；"新收"项下开列在任期间对历年积欠和本任期内扣除存留后的实际征收数额；"开除"项下开列历次上解藩库的数额；"实在"项下开列本任移交下任的欠征、欠解和库存粮银数额。库存粮银数额如果不足以抵补欠解藩库数额，谓之"亏空"，从制度上讲须由州县官个人赔补。据道光年间曾在山西担任朔平知府的张集馨记载，尽管山西许多州县因土地贫瘠、丰少歉多而钱粮常常欠征，然而由于"地方官顾惜考成"，奏销"向以完全造报，从无以民欠附参之案"。为掩盖虚报，这些官员在任期间"不免挖肉补疮，挪新掩旧"，而"迨至交卸，民欠不能照数全抵"，亏空才被暴露出来。②

其次，州县官办理财政事务完全依靠私人雇员——钱粮催缴有衙役，征收有书吏，总汇有幕友。所有这些人，全都只对州县官个人负责，而不对其他任何官员或机构负责，也不对国家制度负责。一切会计和库藏事务，全都秉承州县官个人命令运作。州县银粮仓库一般设立于州县衙署之内，其会计（一般称账房）和保管、出纳人员均由亲信家丁或亲属担任。仓库所存银两、粮食全都公私不分，赋税收入存储于斯，收受贿赂、陋规也存储于斯；上解藩库、公费开支取之于斯，馈送陋规取之于斯，衙署内家庭日常生活用度也取之于斯。例如湖南宁远县，乾隆以前"无库"，知县汪祖辉"以为非制，创设库房三间，命库书司管匙"，但所储款项公私不分，只是建立四种账簿分别记账："正入簿"记国家正式财政收入，即

①　谢金銮：《居官致用》，见徐栋辑：《牧令书》卷三，持家。
②　张集馨：《道咸宦海见闻录》，中华书局，1981，第33页。

"银谷应征之数及契税、杂税、耗羡等项"；"正出簿"记国家正式财政支出，即"钱谷之应解、应支、应放、应垫之数，及廉俸、幕修等项"；"杂入簿"记各种法外收入，即"银之平余、谷之斛面及每岁额有之陋规等项应入己者"；"杂出簿"记各种法外支出，即"应赠及日用应费各项"①。有时州县官在卸任时将库存银两"席卷""自盗"而去，"上司亦无如何"②。

再者，钱粮的征收额几乎全由州县官自定，正税与浮收混为一体，地丁杂税之外且可以自立名目摊派。由于清政府深悉州县存留不敷支出，所以对于钱粮的浮收和额外摊派实际上有意纵容、撒手不管。有人揭露抨击这种情况说，州县"存留之额既已奇廉，实事以求，其不足以自赡者十之居八九。上以虚名相市，下以诡道相应，于是官吏例外苛索，视为固然……上虽知之，而莫能诘，此亦清代之秕政也"③。上文所列清代州县的大量法外支出和收入，就是在这种背景下发生的。

清代州县的这种封建家产制财政，是与正印官独任制密切相关的。从行政学的角度看，法制化行政制度的落实需要一种与之相适应的组织载体；换言之，它必须由一种主要是对这种制度负责（而不是对某个个人负责）的职能机构来履行，否则就只能是形同具文。然而在清代州县的正印官独任制下，却恰恰缺乏这种机制。在佐贰官员被淡出州县主体行政的情况下，全能的正印官对于州县行政"靡所不综"，俨然一方诸侯。以州县官的私人雇员和奴仆身份来具体承办各项政务的幕友、胥吏、民役和家丁，惟主人之命是从，而不对任何国家制度负责。于是，州县行政俨然如正印官之家务，州县财政俨然如正印官之家产。

---

① 汪辉祖：《家属》，见徐栋辑：《牧令书》卷三，持家。
② 张集馨：《道咸宦海见闻录》，第51页。
③ 民国《盐山县志》法制略，赋役篇。

第三节 清代的乡里组织

一、里甲

清初承明制，于顺治十七年（1660年）"令民间设立里社，则有里长社长之名"。其制"以一百一十户为里，推丁多者十人为长，余百户为十甲，凡甲十人。岁役里长一人，管摄一里之事"①。根据这一规定，各州县均沿袭了明代的里甲制度。里甲组织的名称各地不同，一般来说，北方称里甲、里社者居多，以里（社）领甲。如，直隶容城县分为6里，宁津县分25里，邢台县分为23社，邯郸县分为32社。②东南地区称都图者为多③，如浙江萧山县明末划分24都，清康熙四年（1665年）清丈都图，"名数一如其旧"，各都冠以顺序和名称，如由化一都、由夏二都、夏孝三都，各都领图。④福建顺昌县清初承明制，城厢分6坊，四乡分28都，共编户34里，统58图。⑤其他地区也有称里都、都甲者。如湖北各县分县境为乡，以乡辖里（亦称都），以里（都）编户，如咸宁县分四乡，编户16里，各里（都）以数序编列，如金城乡辖五里，名为一都、二都、三都、六都、十二都；宣化乡辖四里，名为下五都、上七都、下七都、八

---

① 《清朝文献通考》卷二十一，职役一。

② 光绪《容城县志》卷一，里社；光绪《邢台县志》，舆地志；民国《邯郸县志》，疆域志；光绪《宁津县志》，舆地志下。

③ 顾炎武引《萧山县志》《嘉定县志》说，"改乡为都，改里为图，自元始"，"图即里也，不曰里而曰图者，以每里册籍首一图，故名曰图"。见顾炎武著、黄汝成集释：《日知录集释》，第784—785页。

④ 民国《萧山县志稿》，疆域志。

⑤ 民国《顺昌县志》，城市志，乡都图。

都；丰乐乡辖二里，名为四都、上五都；长乐乡辖五里，名为九都、十都、十一都、上十三都、下十三都。^①广东大埔县分靖（远）、滦（洲）两都，每都分若干社，每社分若干甲，社甲"迭有分并"，"清初称24社，及后社改甲，或甲并为社，社与甲并列，不相统属"^②。

里甲的主要职能是征调赋役。明嘉靖、隆庆以后实行"一条鞭"法，甲役、徭役及各种"杂泛"均随同两税一起编征，以应役为其主要职能的里甲按说已经因此而失去了存在的基本依据。然而，由于官府催征条鞭、摊派杂役仍需借助于它，所以"名罢实存"^③。清初役法沿袭明后期制度，"计丁授役"^④，不存在明前期那种"以户计"而十年一轮的甲役。于是，清代里甲（社）之设，其在赋役方面的职能就完全在于编审户口、催征田赋丁徭。

清代田赋丁徭（雍正初年"摊丁入亩"后合称"地丁"）的征缴自康熙三十九年（1700年）明确规定官征官解，州县设柜征收，粮户自封投柜，而在此前后，各地还存在着县差催征、里长族长包收、设立乡柜等其他形式。不过，无论采用上述哪一种形式，地丁征收的基础全都根植于里甲（社）。首先，户口的统计编审系以里甲为单位；其次，作为田赋征收依据的土地簿册，其编制和保管系由里社中的里书、书手经手；第三，在官征制度中，州县衙署下达滚单按户滚催，其催征事务系由里长、社长、老人等里甲人员承担。关于里甲在田赋征收中所承担的这些职能，一些地方志有明确的记述："每里设书手一人，专司每年造报官簿；老人一名，专司向各花户催纳钱粮。""各里有老人专司地丁钱粮之务，有书手承管

---

①　民国《湖北通志》卷三十三，建置上，乡镇一。

②　民国《大埔县志》，经政志上。

③　《明史》卷七十八，食货志二。

④　清初丁徭"有分三等九则者，有一条鞭者，有丁随地派者，有丁随丁派者。其后改随地派，十居其七"。见《清史稿》，食货志二。

地亩丁户之数。"①里书、手书作为户口和土地册籍的保管者，须对因人口迁徙和土地产权变动等原因而造成的地丁数额流失负责；老人、里长、社长作为催征人员，则须对在册地丁的实际欠缴负责。

清代里甲单纯催征田赋、丁徭而不应户役，使得各里户数之多寡因此而无关紧要。雍正初年实行"摊丁入亩"后，丁徭作为一个税种被彻底取消，里甲开始趋于废弛和衰落。"摊丁入亩"实行后，"丁口多寡几视与国家不相休戚，户籍档册日益棼乱不可核"②。至乾隆三十七年（1772年）户口编审正式停止，户籍制度彻底废弛，此后"虽有照常造报之说，上下皆目以具文"，至有"滋生丁数，岁岁一律之笑柄"③。在这种情况下，人口迁移流动便很少再受到行政限制，而土地买卖也随之更加频繁。于是，里甲制度赖以维系的户籍、居所和田产所在地三者的统一日益遭到破坏。就户籍与居所关系而言，"社有定而居处无定"，由于"生齿日众，迁徙靡常，往往一村而分隶数社。且有社甲系本境，而其人久徙他境者，胶葛寫隔，汗漫无纪"④；就户籍、居所与田产、田赋的关系而言，往往是"里有定而田之买卖出入无定，故粮亦无定"，"有社名在东而地在西者，社名在北而地在南者"，"有人同甲而粮附他里者，有粮寄远乡而人居近市者，棋市星罗，非其旧矣"⑤。在这种情况下，里社为履行催纳地丁的职能，便只得采取以下几种变通办法：其一是"推收"和"打兑"，即各里（社）之间彼此将土地属于本里（社）而田主居住他里（社）地界的税粮委托对方征收或等额互抵；其二是"过割"，即将原

---

① 民国《安次县志》，地理志；民国《蓟县志》卷三，乡镇。关于里社在赋役方面的这种职责不少地方志均有记载，如民国《南宫县志》记"社本以里长、甲长,司各乡之丁赋"（法制志，建置篇）；光绪《井陉县志》记"每社设一里长，统催一社地丁粮银"（卷九，里社）；光绪《安国县新志稿》记18社"各有社书，以司粮册，清察丁粮"（舆图志）；乾隆《南和县志》记各社地亩田赋"里书掌之，官为核之"（地理志下）；民国《大名县志》记"里设里书一名，掌其册籍，应征粮银若干，按户备载"（卷八，田赋）。

② 民国《满城县志略》卷五，县政志。

③ 民国《盐山县志》法制略，赋役篇。

④ 民国《元氏县志》，疆域志，区域；光绪《雄县乡土志》，地理第十。

⑤ 道光《内丘县志》卷三，常纪，补里社；民国《邯郸县志》，疆域志；民国《大名县志》卷八，田赋。

属本里（社）的土地依田主的现在居住地而划归他里（社），以便利田赋的征收；其三是调整里甲（社），目的在于使社民的户籍注册地与实际居住地得到统一；其四是新建里甲（社）来管辖因迁居而散居于其他各里社的民户及其田赋；其五是以乡地组织取代里社而承担赋役职能。雍正六年（1728年）以后清政府在有些地方实行"顺庄编里"，实际上就是自上而下地将上述第二和第三条系统推行。

这样几种变通办法的实行，无不以牺牲里甲（社）制度的基础——封闭固定的户籍田籍为代价，因此势必会导致它的废弛。终清之世，里甲（社）制度并未被明令废除，但中叶以后却日益失去其生命力。光绪年间，有些地方对于里、社、屯等建置"以昔日之名诘之乡人"，已有"不悉所谓者"[①]。同光以后修纂的地方志在谈到里社、社长时，也多有"半不可考""其详已不可考"之语。至清末，里甲（社）制度仅有两种职能残存下来。一是用于科举士人注册籍贯。"清科举凡应试注册书结，皆以里甲为凭，系沿明制"，但也是"仅循故事，童子应试所书某里某甲，证之旧有门牌，已多不合"[②]；二是用于田赋征收过程中的造册登记，但往往"仅沿社甲之空名，其实已不可考"[③]。

从制度上讲，源于元代社制和明代里甲的清代里甲（社），还应在劝农、教化、治安、互助等方面履行乡村自治职能，但实际上这些职能已经十分弱化，除征收地丁外，"无复缉暴劝农之事"[④]。清初曾规定在乡村设置"耆老"，负责"宣谕王化，无地方之责"，规定耆老"于本乡年高有德、众从所推服之人内选充，不许罢闲吏卒及有过之人充应"，"例有顶带，亦与闻乡里之事"[⑤]，个别地方志也有"旧制以里长老人主一社之事"的说法[⑥]，这样一种"耆老"具有乡官的性质。然而，"耆老"在乡村事务

---

① 光绪《乐亭县志》，地理志中。
② 民国《顺义县志》，疆域志；民国《交河县志》，舆地志。
③ 民国《满城县志略》，建置志。又如民国《元氏县志》记该县"田赋簿册令各村自造，社名只用于分订簿册"（疆域志，区域）。直隶完县、定县、威县、南宫等县的情况也如此。
④ 光绪《安国县新志稿》，舆图志。
⑤ 《清朝文献通考》卷二十一，职役一。
⑥ 民国《任县志》，地理志。

方面究竟起过何种作用，我们却不得而知。相反，前文已经提到，一些地方志记载较多的，倒是老人负催征田赋之责。此外还有记载说，"老人之名称后已鲜有知者，则不裁之裁也"①。

二、乡地

关于清代的乡里组织，学术界存在一种似是而非的说法，即清初为里甲制，后来转变为保甲制。这种说法存在两点错误：第一，没有看到保甲是一种治安组织，它一方面在有清一代各个时期均存在，另一方面又具有临时性、地区性，因此不可能履行里甲那种准行政性编民组织的职能。对此，后文再作论述。第二，没有注意到当里社衰落蜕变之时，各地在雍乾以后陆续出现了一种新的职役系统，它同里甲一样具有常设性、普设性特征，因而能够取代里甲而成为一种新的准行政性编民组织。对于这种新的职役系统，我们称之为乡地。乡地组织在少数地区采用了保、甲、牌等保甲组织常用的名称，这或许是有人将之与保甲组织混为一谈的主要原因。但稍加注意就可以知道，乡地不论在组织结构、制度起源还是在功能执掌方面，均与保甲不同，其组织和首领人员的名称在大多数情况下也与保甲不同。

关于乡地组织产生的背景和组织特点，一家地方志记载说：

> 原夫里甲之制，期在野无旷土，人无游民，举凡田赋户役之数、保受比伍之法，靡不条贯其中。洎后地乏常姓，民鲜恒居，或此里之地，属之别里之人，或此里之人，迁居别里之地。故里仅能制其田赋，不能限其居民，所有征发、勾摄、保甲不得不以现在之村庄为断。然村庄之上，大都更置一级，为里、为屯、为铺、为乡、为区，以并散为整，便于统摄。②

由此可见，乡地组织结构的基本特点在于以自然村为基本单位，同时在自

---

① 民国《蓟县志》卷三，乡镇。

② 民国《沧县志》，方舆志，疆域。这种记述还可见民国《青县志》舆地志，疆域篇；民国《宁晋县志》，封域志，里社。

然村与州县之间设置一级中间组织和区划。这种中间组织和区划的名称，除里、屯、铺、乡、区之外，还有地方、官村、镇、疃、庄、路、厂、约、支、墟、社、团、店、都、保、牌等，因地而异，我们统称之为地方。地方与村庄两级组织均设有负责人员，称地方、乡约、保正、保长、地保、厂正、社董、墟长、团长、总大户、牌头、乡长、村正、村长、村副、村佐、门户等，名目繁多，各地不一。

乡地组织以自然村为基层单位、以地方为高一级单位的组织形态，较充分地体现了近代行政的地缘原则。前文已经述及，中国古代的乡官制度和乡村职役制度，往往不是以一定的地域为单位，而是以一定数额的户口为单位，而地域仅仅被视为这些户口的耕地和居住地。这样的组织不可能彻底贯彻近代行政的地缘原则。以明清里社为例，其"属地"只是其所辖户口的耕地和租田，因此可以因户口的迁移而在各里社之间互相"过割"，有些里社甚至只管理散居之户，没有"专属之地"。这样，就形成了在近代行政中所不可能存在的里社"壤地交错"的局面。然而乡地却不同，它的两级区划——自然村和地方——是一种边界大致明确的地域，虽然可以通过一定程序重新划分，但却不随其管辖户口的迁徙和土地产权的变动而变更。换言之，乡地同样也对户口进行管理，但这种管理是建立在地域原则基础之上的。它所管辖的人口是行政意义上的"居民"，而不是土地所有者；只依其现在居住地进行管理，而不问其原来户籍和所占耕地在何地，"按里而稽尺地，一民靡得漏也"①。这样一种组织和区划，基本上具备了近代行政的地缘化特点。

上文所引《沧县志》的记载也十分清楚地表明，乡地组织的制度起源在于：里甲制度因人口迁徙和土地买卖频繁而废弛，从而使得以自然村为单位支应官差成为最便利的方式。至于乡地组织究竟产生于何时，它与里社的关系究竟属共时态之并存，还是历时态之沿革，则较为复杂。

乡地组织的建立不是出于清政府的统一政令，以直隶为例，它在各地出现的时间先后不同。较早者如盐山县，康熙初年就已于15里之外存在

① 乾隆《宝坻县志》卷六，方间。

着负责分派差徭的30铺①；再者如井陉县，雍正初年"分为十四社，又即十四社之地而分为三十一庄"②。其稍晚者如广宗县，乾隆初年尚只有里社而无乡地，后来才又将各村分为32厂，而"厂名未详始于何时"③；其更晚者如雄县，直至光绪二十五年（1899年）才分全境为6铺4路，编定乡地组织④。根据这类记载和乡地以村庄为基层组织的特点，我们可以推断它的普遍出现当在雍正六年（1728年）实行顺庄编里之后。顺庄编里法的根本特点在于打破地亩版籍，将所有乡民按其现在居住村庄重编里甲，而不问其田产坐于何里何地，在此基础上实行"就人问赋"。清朝典籍记录这一制度的内容说：

> 顺庄编里，开造的名，如一人有数甲数都之田，分立数名者，并为一户；或原一户而实系数人之产，即分立的户花名；若田亩未卖，而移住他所者，于收粮时举报改正。田坐彼县而人居此县者，就本籍名色别立限单催轮。⑤

这种新的里甲虽然仍以催征田赋为主要职能，但就其以村庄为基层单位这一点而言，与乡地组织无不同。因此，这种自上而下普遍推行的顺庄编里，很可能促使乡地组织普遍产生，有些新编里甲如果除催征田赋之外，在官府处理民刑案件和摊派差役时也承担某些职能，则自身就演变成为了乡地组织。

各地乡地组织产生后，其与里社的关系在各地也极不相同。在有些州县，两者曾在一定时期并存，同时发挥作用。如直隶灵寿县同治年间"既分为十二社，又即十二社之地而分为十五牌。社则里甲长主之，而丁赋出焉；牌则地方、乡长、保长主之，地方管杂务，乡长、保长管保甲"⑥。在另外一些州县或另外一些时期，乡地一枝独秀，里社则仅存遗迹。还有

---

① 民国《盐山县志》法制略，建置篇："考旧志载康熙九年黄贞麟请裁差徭十项，其差徭有按三十铺者，有按十五里者。"

② 雍正《井陉县志》，建置志，里社；政事志，兵防。

③ 民国《广宗县志》，地舆略。

④ 光绪《雄县乡土志》，地理第十。

⑤ 《清朝文献通考》卷三，田赋三。

⑥ 同治《灵寿县志》，地理志。

些地方，很可能顺庄法的实行即意味着里社被乡地所取代。如前揭民国《盐山县志》便有"里本旧制，铺属后起"、雍正以后"里名乃渐隐"的记载；井陉县"摊丁入亩"后"革去里长"，"各村择公正殷实之人，设一乡长，花户不论何社，皆乡长一人催收粮银到柜，分社投纳"①；宝坻县乾隆初年曾将20里各分为数保，每保辖若干自然村②，大概均属于这种情况。

关于乡地组织的职能，清代典籍记载说："凡一州县分地若干，一地方管村庄若干，其管内税粮完欠、田宅争辨、词讼曲直、盗贼生发、命案审理，一切皆与有责。遇有差役，所需器物责令催办，所有人夫，责令摄管。"③这种说法也可以从地方性资料中得到旁证。道光年间定州知州颁发《谕阖境里正乡地条规》，开列里正、乡长、地方、催领等乡地职役人员的职责，其中包括催纳钱粮、摊派差徭、发觉报告偷窃、聚赌、窝娼等治安事件、筹办乡村防卫、捉拿伤杀人犯、递送传票、指送人证等④。在这些庞杂的事务中，除属于协助官府办理民事刑事案件者可归为一类外，催征田赋和摊派差徭构成了乡地组织的另外两大职能。

在里甲废弛消亡或为乡地所取代的地方，催征田赋的职能自然落在了乡地组织身上。如直隶栾城县最初里社与乡地组织"牌"并存，"社有里长，主丁赋；牌有地方，管杂务"，但后来里社制度由于土地互相过割而紊乱，"于是里长裁而丁赋与杂务责在地方矣"⑤；大名县乡地组织建立后，田赋征收"改按村庄，分为各路"，"或有玩户，则惟乡地是问，不责之里甲矣"⑥；无极县14社改为6路后，"社书之制固为革"，就连田册掌管的职责也归为乡地组织⑦。摊派差徭是乡地组织的另一个重要职能。如直隶满城县除存在里社外，"差徭则析为南北20约"⑧；南宫县除以24社

① 雍正《井陉县志》卷九，里社。
② 乾隆《宝坻县志》卷六，方间。
③ 《清朝文献通考》，职役一。
④ 道光《定州志》卷六，地理志。
⑤ 同治《栾城县志》，舆地志。
⑥ 民国《大名县志》卷八，田赋。
⑦ 民国《无极县志》，疆域志，村镇。
⑧ 民国《满城县志略》，建置志。

"司各乡之丁赋"外又分为43牌，"司各乡之徭役"①；新乐县清中叶将13社"并为28牌，一切差徭以28牌为率，周而复始"②。

三、保甲

清代各地存在两类以保、甲命名的乡里组织，它们名同而实异：一类单纯履行治安职能，属于经典意义上的保甲，时兴时废；另一类在赋役催征、民刑诉讼、治安保卫等各方面办理官差，属于我们称之为乡地的州县之下准行政组织，清中叶里甲制度废弛以后在各地普遍存在。然而对于这两类组织之间的差别，有些作者却未遑深察，因而提出了清中叶后里甲制度为保甲制度所取代的错误观点。另有些作者认为，保甲在其发展过程中兼容了里甲的许多职能，扩大成为清中叶以后州县以下的行政区划，这同样是将乡地组织误当作保甲，也属于误解。③

保甲制度的基本职能在于维持治安，其基础在于系统的人口登记，其基本特点在于邻里之间的连带法律责任。清初为稳定乡村秩序，曾颁布诏令在全国范围内统一实行这种制度。史记：

> 世祖入关，有编置户口牌甲之令。其法，州县城乡十户立一牌长，十牌立一甲长，十甲立一保长。户给印牌，书其姓名丁口，出则注所往，入则稽所来。其寺观亦一律颁给，以稽僧道之出入。其客店另各立一簿，书旅客姓名行李，以便稽查。④

又记：

> 顺治元年，置各州县甲长总甲之役，遇盗贼、逃人、奸宄、窃发事件，邻佑即报知甲长，甲长报知总甲，总甲报知府、州、县、卫核实。申解兵部。若一家隐匿，其邻佑九家、甲长、总甲

---

① 民国《南宫县志》，法制志，建置篇，村镇。

② 光绪《新乐县志》卷一，城池。

③ 如从翰香主编的《近代冀鲁豫乡村》提出："保的单位扩大，特别是里甲编审停废以后，保、里在许多职能上混为一体，使保的单位超出村界而成为一行政区划。"中国社会科学出版社，1995，第12—15页。

④ 《清史稿》卷一百二十，食货志一。

不行首告，俱治以罪。①

乾隆二十二年（1757年），清政府更定章程十五条，要求在内地和少数民族居住区以及其他各类居民居住地普遍实行保甲制度，其主要职能是：

> 凡甲内有盗窃、邪教、赌博、赌具、窝逃、奸拐、私铸、私销、私盐、踩曲、贩卖硝磺，并私立名色敛财聚会等事，及面生可疑之徒，责令专司查报。户口迁移登耗，随时报明，门牌内改换填给。②

由此不难看出，保甲组织的根本特征不在于以保、甲命名，而在于通过系统的人口登记和相互监视来履行治安职能。清代里甲和保甲均具有编审户口的功能，然而两者又有不同。里甲制度的户口编审是为赋役征调服务的，其编审对象主要是成年男丁。在"摊丁入亩"之前，这种户口编审对于清政府及其各级官员来说是个"硬任务"，没有它就无法完成赋役征调。正因为如此，里甲制度在"摊丁入亩"前能够长期而普遍地得到实行。保甲制度则不然，它的户口登记只是同治安问题相联系，对象是全体民人。对于各级地方官员来说，这往往是一种负担，因此难以长期坚持实行。正因为如此，保甲在清代并没有能够成为普遍化、经常化的编民组织，各地对于编制保甲的命令"率视为具文，诏书宪檄络绎旁午，而卒不行，间行之亦无效"③；"时作时辍，视地方之安危以为断"④。

终清之世，清廷和各省督抚以及各府厅州县地方官不断有整顿保甲的政令下达，一些官员和士人也经常有这类建议提出，这恰可以说明保甲"时作时辍"的特点。如康熙四十七年（1708年），下诏指责各级地方官员对保甲"奉行不力"，命重新申行；上文述及的乾隆二十二年《章程》也是一次对保甲制度的重新整顿。嘉庆十九年（1814年），清廷再次颁发谕旨推行保甲法；直至光绪二十五年（1899年），湖广总督张之洞仍有奏

---

① 《清朝文献通考》卷二十一，职役一。
② 《清史稿》卷一百二十，食货志一。
③ 冯桂芬：《校邠庐抗议》，中州古籍出版社，1998，第92页。
④ 民国《南皮县志》，政治志上。

议上达，要求整顿保甲。①显然，这种旨在维持治安而且"时作时辍"的保甲，不可能起到乡地组织那种全面支应官差的作用。乡地与保甲的真正联系在于，当各级官府为维持治安而需要建立保甲及联庄、团练等制度时，要将之作为一项"官差"通过乡地组织自上而下推行，但乡地组织本身却决不等于保甲、联庄和团练。如前引直隶《沧县志》已明确谈到这一点。其他事例也可以说明这一点，如道光末年直隶定州推行联庄法，系以乡地组织"约"为基础（"以约为联"），新河县组织团练，以乡地组织"各官村保长为团首，地方公安得维系"②。清中叶在浙江嘉兴做过地方官的王凤生，在平湖县城乡推行保甲制度，方法是委员"亲历各乡督同地保"进行编查。③所有这些都可以证明，清代的乡地与保甲完全是不同的两种乡里组织。

清政府虽然设立过保甲章程，但不同时期、不同地方，实行保甲制度的具体做法都不尽相同。一些地方志对于当时本地实行保甲制度的情况作过具体而直观的记载。如直隶鸡泽县在乾隆年间推行保甲制，具体做法是"各村自为保甲，每村有保长一名，亦称练总，专管巡查稽查之事。十家为牌，牌头一名，拨夫巡警，绅衿及鳏寡余户不在应役内"。乾隆十六年（1751年），该县颁发保甲门牌，每十家共为一牌，其牌式为：

> 鸡泽县正堂王为严查保甲事：照得保甲之法最为善政，十家为牌，守望相助，稽察匪类，保护良民。兹编总牌，上列圣谕，中载户口，下摘律例，给发张挂。凡尔百姓，触目惊心，交相劝勉，凛遵条约，勿犯刑章，早挂晚收，毋致损坏。[下列十户姓名、男女丁口和"生理"（职业）情况]

每户于门前悬挂门牌，其牌式如下：

> 鸡泽县正堂王为严查保甲事：据×乡×村地方查造烟户前

---

① 《清朝文献通考》卷二十二，职役二；《清史稿》卷一百二十，食货志一；《龚自珍全集》，上海人民出版社，1975，第96页；《清朝续文献通考》卷二十八，职役二；卷二百十六，兵十五。

② 见民国《沧县志》，方舆志，疆域；道光《定州志》，地理志；民国《新河县志》，地方考，经政考。

③ 王凤生：《保结事宜》，见徐栋辑：《保甲书》卷二，成规，道光二十八年刻本。

来给牌须至牌者一户×，年×岁，×生理；妻×氏；地×亩；父
×，年×岁；母×氏，年×岁；长子×，媳×氏；次子×，媳×
氏；三子×，媳×氏；四子×，媳×氏；兄×，嫂×氏；弟×，
妇×氏；侄×，媳×氏；孙×，孙媳×氏。共男×口，女×口。
左邻×，右邻×，牌长×。乾隆×年×月×日给。①

又，道光四年（1824年）直隶武强县知县曾颁布保甲告示，其中对于推行
保甲的宗旨、保甲的编查办法、保甲长的选任、职权和奖惩以及保甲制度
的功能等叙述甚详，史料价值很高，转录如下：

为叠奉宪檄并蒙督宪发给告示，饬令各地方官力行保甲，
弭盗安民，晓谕各村各乡，公保殷实之绅士耆民，以充乡长、
保长、牌长事：窃照保甲之设，所以卫民者无微不至，其良法美
意尽人而知。无如行之已久，怠忽生焉。……除刊刷门牌、循环
各册式俟查明户口，另行填写发给、分别悬挂收掌外，合急出示
晓谕为此示，仰阖邑绅士耆民人等知悉。自示之后，无论通衢大
市，僻壤荒陬之大小村庄，立即公保朴诚公正老成之人，充当保
正、甲长、牌长，分司其责，以求力行保甲而期盗弭民安，庶使
户户享升平之福，人人蒙乐利之庥……至其保甲之法，遵照向例
间有推广，开列如左：

一、以十家为一牌，牌立牌长，十日一充，按日轮当，以均
劳逸。日则巡查事故，夜则侦缉盗贼，如有不孝不弟不公不法及
命盗案件，并形迹可疑之人，或密告甲长、保正，协拿送究。一
家有事，十家共保；一家有犯，十家共发，毋得大意疏忽干咎。

一、百家为甲，甲立甲长，一季一充，或一年一换，各按公
保之名次轮当。凡有习教、传徒、敛钱、聚众以及窝赌、窝贼、私
铸、私枭等类，大干法纪，贻害地方，责成查实，密禀协拿，送候
究办。至口角争吵，并无关斗殴情形，准其立刻解劝理处禀核，毋
得徇情偏袒干咎，并于朔望之日，宣讲《圣谕广训》，教化村民。
临充之日，给予姓名花押戳记一方，以专责任而示权衡。

① 乾隆《鸡泽县志》，武备志。

一、以千家为保，保立保正，一年一充，或三年一换，亦以公保之名轮当。所管十保（甲）之内户口，凡有前项重大事故，准其查报密禀，会拿送案究办。如因口角细事，许其就近理处禀核，毋得徇情偏袒干咎。其谨慎小心、行之无误，或已历一年，或留管三载，事有成效，并无过犯，可合向例，即为详请优叙，分别给予顶戴匾额花红等项，以昭优礼而示劝勉。亦于充当之日，给以姓名花押戳记，倘又有紧事不能禀报自到，准其将禀函封固，用其戳记，遣人投署，候批遵行，均毋违延。……尚有门牌一面，上载某社某甲某户某口某人，年若干岁，作何生理，母若妻某氏及弟、子、孙、侄妻女名□，奴仆雇工年岁，男女大小几丁口，左右邻某某，分写清晰，悬之门首，以便稽查。如有面生可疑，行踪诡秘之人，准其盘诘。及习教、传徒、敛钱、聚众、窝赌、窝贼、私铸、私枭大干法纪等事件，即指名鸣官拿究。如此则奸诡无所容留，盗贼焉能藏匿。纵有屑小潜行窃发，又于村中头尾设立窝铺，按十甲牌轮流支更，设有响动，鸣锣捉拿，送官究办，何患盗贼不闻风敛迹，同里不安枕无忧也哉？①

上述鸡泽县和武强县在实行保甲制度时，做法互有异同，有几点值得注意：

1. 两县均通过各村各乡，即通过乡地组织来实行保甲制度，这进一步证明乡地与保甲为二。

2. 鸡泽县保甲以村为基本单位，每村一保，当然也不能排除有若干小村共为一保的可能；武强县保甲则仍以一千户为一保，必然在大多数情况下若干村庄共为一保。

3. 鸡泽县保甲制度之实行在乾隆初，将保长、牌头定位为"役"，地位较低，士绅不与；武强县保甲制度之实行在道光初，已由直隶总督等地方大吏明确发布明令，推举"殷实之绅士耆民"充当乡长、保长、牌长，地位较崇，由官府给以姓名花押戳记，可以同官府公文往来；表现出色者给予顶戴匾额花红等奖叙。

---

① 道光《武强县新志》，杂稽志。

4. 与前条相应，鸡泽县保甲的职能较窄，基本在于维持治安；而武强县保甲的职能较广，除治安外，还包括监察乡里风化、调解民事纠纷，并有权同官府一起"会拿嫌犯"，但总体说来，保甲的职能仍不出乡里秩序的维持，而没有乡地那种催征赋税、征发差徭和"勾摄公事"的职能。近代社会绅权兴起和士绅参与乡政的制度化，在此已露端倪。

四、其他乡里组织

除上述里甲、乡地和保甲三种组织外，清政府还曾做出努力试图在农村建立其他组织，以承担教化、教育、社会救济和地方自卫等方面的职能。这些组织包括：

1. 乡约。顺治九年（1652年），清政府颁行《六谕卧碑文》："孝顺父母，恭敬长上，和睦乡里，教训子孙，各安生理，无作非为。"顺治十六年（1659年），令各省各府州县"皆举行乡约，各地方官责成乡约人等，每月朔望聚集公所宣讲"。至康熙九年（1670年）又颁行著名的《圣谕广训》十六条，作为道德教化宣讲的基本内容和要求：

> 敦孝弟以重人伦，笃宗族以昭雍睦，和乡党以息争讼，重农桑以足衣食，尚节俭以惜财用，隆学校以端士习，黜异端以崇正学，讲法律以警愚顽，明礼让以厚风俗，务本业以定民志，训子弟以禁非为，息诬告以全良善，诫匿逃以免株连，完钱粮以省催科，联保甲以弭盗贼，解雠忿以重身命。

不久，就有人为之作"直解"上奏，名曰《乡约全书》，刊刻分发。至雍正二年（1724年），清廷正式颁发了《圣谕广训万言》，令各省通行讲读。[①]在此过程中，各地纷纷设立乡约所和约正、约副（也称乡约），定期进行宣讲。如康熙年间，直隶东明县某知县倡讲乡约，城中以隆兴寺为乡约所，四厢以庙庵为所，"以朔望为期，四路保长地方俱集听讲。各乡村仍以初二、十六为期，即于各处宽敞神庙设台宣讲，民有听讲垂泪者，习

---

① 《清朝文献通考》卷二十一，职役一。

俗一新"①。《沧州志》记载了乡村宣讲乡约活动的具体程序和内容：

> 每乡置乡约所，设约正一人，约副三人，以年高有德者充
> 之；一司鼓，二司铎；约赞一名，唱礼。每月朔望日集一乡之父
> 老子弟高宣《圣谕》，敷衍讲解，以警劝之。复制善恶簿各一，
> 讲毕，地方保甲等人，将一乡善恶之人，从公举报登簿，每月终
> 送地方官申报，以为赏罚。约正免其杂差，地方有户婚田图争
> 斗，务令劝解释讼。②

2. 社学。顺治九年（1652年），清政府"令直省州县置社学、社师，
每乡置社学一区，择其文义通晓、行谊谨厚者充补社师，免其差徭，量给
饩廪，令提学考核之。雍正元年，复申明其制"③。遵从这一诏令，各州县
均设置了数所至数十所不等的社学。

3. 社仓。康熙十八年（1679年），清廷"令天下社仓、义仓以本乡
之人管理其事。时议整饬常平仓法，劝谕官绅士民捐输谷石，于乡村立
社仓，街市镇立义仓，公举本乡敦重善良之人，管理出陈入新。春日借
贷，秋收偿还，每石取息一斗。储谷多者，管仓之人给予顶戴"④。考诸
方志，各州县均曾建有地方仓廒多处，大抵以官督绅办者为社仓，以私人
自办者为义仓。清代兴建义仓成绩最为突出的是方观承担任总督期间的直
隶。方观承在担任直隶布政使期间，于乾隆十一年（1746年）会同总督那
图苏制定章程，令各地兴建义仓。两年多以后他就任直隶总督，继续推广
义仓，至乾隆十八年（1753年），全省各地义仓普遍建立，"直隶凡村集
三万九千六百八十有七，为仓凡一千有五……选乡耆之诚谨殷实者一人为
仓正，谷多处所添设仓副以助之。其劝捐之法，每年秋成后，州县设立印
簿，令绅衿耆老数人转相劝谕，听捐户自登姓名谷数，无抑勒，无假手，
出借时量乡之宽狭与谷之多寡，以按户支给，一听仓正副主之，州县官惟
核实转报而已"⑤。

---

① 乾隆《东明县志》，建置志一。
② 乾隆《沧州志》，礼制志。
③ 《清朝文献通考》卷二十一，职役一。
④ 《清朝文献通考》卷二十二，职役二。
⑤ 德保：《义仓图说序》，见徐栋辑：《牧令书》卷十二，筹荒上。

4. 乡兵。清初有些州县还曾建立过旨在地方自卫的乡兵制度。如直隶藁城县康熙年间曾将全境划为24营"以团练乡兵，无事则为农，有事则为兵"[①]。

上述乡约、社学、社仓和乡兵制度，在清代均没有得到持久而普遍的实行，在从康熙到光绪年间纂修的地方志中，关于这类组织和制度"久废""久圮""房舍虽存，鞠为茂草"以及"遇警则临时举办，事过则懈怠废弛而不可复用"的记载比比皆是。

五、"地方精英"与乡村社会公共职能

清代的里甲、乡地和保甲人员均属于职役而不属于乡官，不可能成为地方社会的领袖。他们的职能，一般仅仅限于在赋役、诉讼、治安等方面应付官差，此外不可能承担乡村社会公共建设、道德教化、文化教育、民事纠纷调解、赈灾救济、地方保卫等建设性职能。而部分负有这类社会功能的乡约、社学、社仓、乡兵、保甲等制度，又全都没有能够持久、普遍地实行。这样，清代乡村社会的各种建设性职能就始终没有被纳入制度化的行政范围，没有由科层化的组织机构来承担。有人描述这种情况说：

> 有清一代乡制未改。惟日久生弊，专司钱粮老人之名称，后已鲜有知者，则不裁之裁矣。保正复名乡保，揆其名义，何等郑重，乃传达州署功令于各村之外，并不知乡政为何事，自侪吏胥，人亦以吏胥视之矣。……谓之无乡政时期可也。[②]

在这种情况下，乡村社会的各种建设性功能在很大程度上就只能由"地方精英"——士绅、宗族首领和其他有威望的人士——以私人身份去承担。兹就各方面情况分述如下：[③]

1. 地方公益事业。各地乡村筑桥铺路、修葺祠堂庙宇、修补水利和村防设施，官府与里甲、乡地、保甲组织均无责任，一般由私人捐资进行。

---

① 康熙《藁城县志》，封域志。

② 民国《蓟县志》，乡镇志。

③ 有关这一问题各地情况基本同一，然而资料繁多琐碎，所以只能通过列举具体事例进行论证，虽属管窥一斑，亦可了解全豹。

例如直隶《南宫县志》记该县高凤山"同治三年筑村寨，首出巨款，且捐地十亩备岁修费"；李宗惠"家小康好义，村墟屡年积水，为农人患……独建长桥，乡里有慈航之颂"；刘士魁"修圣庙及其他各祠宇，各捐数百金"。①

2. 社会保障和救济。乡里鳏寡孤独贫弱之生计、水旱虫灾时期之灾民救济，也经常由乡贤义士出资承担。如直隶固安县人士高钊，大旱之年"前后出谷数百石，倡义赈，并设粥厂于所居渠沟镇之通衢，近镇十数村，贫困老弱者皆就食，凡两载，存活者无算"；李仲瑄，与其父先后捐腴田41亩，"代村人纳一切差徭费"，"家有负郭田千数百亩，以十之八九佃与里人之贫无产者，每岁租谷比他富者率减一倍，且秋后方始收纳……每岁时令节，凡里中笃好者、贫乏者、孀孤者，酒食殽果纷然投赠，历久不衰"。②青县宗世福，经商致富，"念本宗尤笃，置田千亩于大兴口，以其入设宗氏义仓。故宅数十楹，畀族人居之，贫者赖以存活"③。

3. 民事纠纷调解和社会风气维系。在清代，一般民人非遇盗窃伤杀事件，轻易不赴官衙诉讼。因此，一些有威望的宗族、乡里人士往往出面调解各种民事纠纷。如直隶固安王茂才，"性笃厚而爱人……赴人急难不待请，为人决曲直，皆心悦诚服。有争论者，辄于先生取决而不闻于官，乡里有事，为设方略，或倡为之，事罔不济"；石蕴芳，"里有纷争者，为之分辨曲直，勿使涉讼"。有些人还凭借自己的威望来维系乡里良好风俗和秩序。如固安李培源，所居村庄同治初年"最贫瘠，诸屑小结党滋扰，良善不得，先生力与相持，将尤桀骜者逐之远村，严禁赌博"，此后60余年间，"乡人守其成规，无敢以蒲博相戏者，而风俗蒸蒸，男务农商，女佐内职，勤劳朴实，家给人足，群推为远近各村之冠"。④

4. 教育。社学不立，农村教育全在私塾，然而房舍、延师等处处需费，为贫者力所不能及，一些地方人士因此捐地捐屋捐资兴办本乡私塾，资助贫寒子弟入学。如直隶霸县孟友龙，"间里中有力不能读者，为设义

① 民国《南宫县志》，文献志，人物篇。
② 民国《固安文献志》，耆旧事汇。
③ 民国《青县志》，文献志，人物篇。
④ 民国《固安文献志》，耆旧事汇。

塾教之"；香河县张龄九，"设家塾，村中幼童因贫废学者，劝令入塾，亲自课读"；青县宋世福除为本县书院捐资购田16顷外，"复于青县兴济、大兴口各创义学一所"。①

5. 地方自卫。由于里甲、乡地、保甲组织几乎完全是国家权力的附庸，所以当地方利益受到来自官府方面的侵害时，就需要靠地方人士挺身而出与之抗争。如直隶霸州在嘉庆初年"官地加租太重，最为累民，承佃者欲推不能，倘拖延官租，不惟本人受累，并累及无辜之人，盖本人无力完纳，即严责戚属为之偿还，由是因种官地而破产者甚多，因亲戚拖延官租而连带破产者亦复不少。故州俗凡为子女议婚者，必以其家有无承种官地而决"。士绅孟友龙乃草疏数千言设法上达嘉庆皇帝，结果使霸县等51州县的官租正额得以减收四成。②又如同治六年（1867年）青县知县勒捐修城，将无力纳捐的庠生××逮捕下狱，该县恩贡生郑梦珠"怜其无辜，星夜奔波数十里，遍告邑诸生，公诉督辕及学台"，得以昭雪。③当外来武装侵入农村地方时，一些地方人士往往出面倡办团练、联庄会加以抵抗。咸同年间，太平军北伐进入山西、直隶，及后来西捻军在直隶流动作战时，均遭到各地由地方名流所办团练的抵抗。如固安赵锡纯、刘炳文等人，同治初"创办南乡团练，制枪械刀矛数百件，炮数十尊，合众排演"，使得外来"枭匪"绕道而行，"县西南诸村得无恙"。④19世纪中叶以后，面对外国侵略者的入侵，地方人士也往往出面与之周旋，以求维护地方利益。如英法联军之役，"夷船由北运河赴通县，两岸村民多遭蹂躏"，香河县庠生李坊"乃只身冒险，躬诣洋酋，侃侃而谈，痛陈居民被扰之苦，由舌人代为译述，洋酋依之，允为严禁，附近居民，咸得安抚"。⑤义和团运动中，直隶南宫县教堂遭焚毁，事后法国教会势力"要求赔款甚巨，民众抗拒，祸且不测"，当地人士李寿朋将自己房屋百余间捐

---

① 民国《霸县新志》，人物传，义行；民国《香河县志》卷六，耆善。
② 民国《霸县新志》，人物传，义行。
③ 民国《青县志》，文献志，人物篇。
④ 民国《固安文献志》，耆旧事汇。
⑤ 民国《香河县志》卷六，耆善。

给教堂，"祸乃寝"。①

上述以私人身份出面履行各种农村社会职能的人士中，科举士人占相当大的比例。例如前引《霸县新志》人物传的义行部分，列清代人物75人，其中举人、贡生、庠生、监生占41人，此外便是在籍绅士、地主、商人和急公好义的一般人士。

最后需要提及的是，在不少地方还存在各种自发组成的团会，它们也同样承担着某些农村社会职能。如直隶《南皮县志》记：

> 境内农民为保护生命财产计，每联合数村成立会社，其内容组织均具有悠久之历史。专为看守禾稼而成者曰青苗会，专为长年看守树木而成者曰农林会，为防御外匪联合数村而成立之会社，名曰练庄会，兼戒赌者名曰练庄戒赌会，亦有包括青苗、林木、防匪、戒赌等事合为一会，则统其名曰练庄。其实际进行办法，须择中设公议局，公推会首及各项执事若干人，共订约章，凡看守惩罚诸规定及一切财政上之关系，尽行载入，一致遵守。②

其他如水会、救火会、老人会、堤工局等，均属同一性质的农村会社。

---

① 民国《南宫县志》，文献志，人物。
② 民国《南皮县志》，风土志上。

第四节　清代县制的落后性

通观前三节所述，清代州县制度存在的主要问题在于行政组织和机制的不健全。其主要表现，第一在于州县主干行政系统不设职能性官员和机构，而是任用幕友、家丁、胥吏、差役等私人势力履行公权；第二在于国家在州县之下不设治，依靠职役人员和士绅等地方人士办理地方公共事务。这种体制即使是在当时也暴露出诸多弊病，至20世纪初、地方社会的近代化开始启动时，就更加显得不能适应时代的要求。

第一，在由正印官独任制所导致的家长制、家产制州县行政体制下，州县官俨然一方诸侯，行政随意，予取予夺，贪污索贿，收取陋规，甚至草菅人命；履行公权的幕友、家丁、胥吏、差役不属于国家正式行政人员，既不对地方社会负责，也不对国家制度负责，盘根错节，朋比为奸。这种极端腐败的吏治久为人们所痛恨，当19世纪末20世纪初中国人逐渐接受近代民主、法治观念时，就更加感到对之难以容忍。在这种情况下，县制的近代化改革势在必行。

第二，中国自19世纪中叶以来开始的近代化历程，主要不是源于自身文明的逻辑发展，而是源于外部异质文明的输入，而中国又缺乏自组织能力很强的公民社会来作为这种现代化的主体。在这种情况下，现代化只能依靠政府主导，只能实行"官督商办""官督绅办""官督民办"甚至直接"官办"。对于（州）县行政来说，这意味着它必须在政治、经济、文化、社会改革和建设等方面履行诸多职能，显然清代传统的县制不能适应这一要求。

今天，当人们面对县行政职能繁杂、机构人员臃肿的问题时，往往赞叹清代县制的"官少政简"。但实际上，这种"官少政简"的县制只是传统农业社会、封闭社会的产物，根本不能适应现代化、尤其是中国这种政府主导型现代化的需要。

前文已经述及，清代典制对于州县官职责的规定十分全面，不仅包括狱讼司法和赋役征调这两项主要政治职能，同时也包括劝课农桑、教化教育和赈灾救济等社会职能。然而实际上，唯有狱讼和赋税才被纳入政绩考核。清制对州县田赋杂税的征收每年考核成数，而三年一次的"大计"，主要考核内容仍是田赋征收情况、刑狱案件是否积压和境内治安情况。这种制度必然导致"为守令者""仅以钱谷、狱讼为职务，民间利病漠不相关"①。在州县以下的农村社会不设科层化行政而由士绅等非组织化的私人势力履行公共事务职能，则势必导致"人存政兴""人亡政息"的弊病。一家地方志谈到这种情况说，各种"古之良法"，"行之一县一乡，非得有数十贤人君子维持奉公，不能如期以收美利"，如社仓积谷，"其始也，数十君子筹之而不足；其终也，非侵欺为奸，即借词清耗。利民要政，反究其弊"②。而当地方社会的近代化开始启动时，这种"官少政简"的州县行政就更加不能适应。

在传统经济结构中，中国农民"日出而作，日入而息，凿井而饮，耕田而食"，依靠自发生产和简单交换就可以维持其自然经济；然而现代的农业商品经济却需要市场信息，需要社会化的生产、技术组织和服务。科举时代的教育"无非借科举为国家选拔官吏人才"，它以读经为主要内容，仅靠私塾、书院和自学就可以完成；而现代教育却旨在提高全体国民的文化素质，须"注意为一般国民谋生活知识技能"，这种教育"洵非专恃三五奇才硕学者之所能支持"③，需要全社会统一的学制、教材和教学。在道德教化和民事调解方面，中国传统社会实行"礼治"，抹煞"情"与"法"、道德与法律的界限，抹煞社会成员的个人权利，片面强调忠、孝、节、义之类的宗法性社会义务，用非法治、反法治的手段处理道德问题和田土户婚等民事纠纷。显然，在人们越来越多地取得政治和经济独立

---

① 故宫博物院明清档案部编：《清末筹备立宪档案史料》下册，第725页。

② 民国《盐山县志》，法治略，建置篇。

③ 民国《景县志》，教育志。

地位的近代社会，这种"礼治"已经渐失其效力。在社会公益事业方面，传统社会仅限于小规模的筑桥修路等乡里建设，而现代社会的开放特点却要求建设社会化的经济和文化设施。在社会福利和救济方面，传统社会仅限于承担灾民救济和鳏寡孤独者的生老病死救助，而现代社会则于此之外还要承担社会性的疾病防治、灾害预防救治和由工业化所带来的诸如土地减少、环境污染、就业安置、失业救济等各种社会问题。在社会治安方面，传统社会的主要任务在于监视封闭区域中的外来人员和防止盗窃、斗殴和杀伤事件，而现代社会除此之外还要面对大量的流动人口，防治由他们所带来的治安问题。而上述所有这些为地方社会现代化所必需的经济、教育、文化和社会机制，在中国缺乏成熟的社会机制的情况下，都只能由国家或地方自治的行政组织来承担。

于是，建立科层化的县乡行政，健全县乡行政组织，实现县乡行政的法治化、民主化，就构成了20世纪上半期中国县制改革和建设的主题。

第二章

近代县制改革的酝酿

中国县制的近代化改革开始于20世纪初，但在此之前已经经历了一个酝酿过程。这个酝酿过程可以分为两个方面：其一是人们对于清代州县行政的弊病不断提出批评和改革建议；其二是州县地方制度中出现了某些具有近代意义的细微变化。

第一节 改革州县行政的呼声

一、顾炎武——县政改革的思想先驱

自秦建立中央集权的政治体制后，君主专制、官僚专制和国家专制均趋于不断加强。所谓君主专制的加强，是指君主千方百计加强对于官僚系统的控制、监视，力图削弱其权力，其措施包括前文已经提到的取消官僚自辟掾属的制度，而将之归吏部铨选，实行回避制度等；所谓官僚专制的加强，是指君主依靠官僚加强对地方社会的控制，其措施主要体现为乡官制度的取消和职役制度的实行；所谓国家专制的加强，是指由君、官、吏合为一体的国家不断加强对人民的控制，其措施主要体现为国家依靠盘踞地方、熟悉地方的史胥办理行政事务，不惜以吏治的腐败为代价来维护自己的统治。至宋、明时期，这种君主、官僚、国家专制的弊病已充分暴露，一些有识之士起而抨击并提出改革建议，其内容往往涉及县制的改革。在这方面，明末清初的思想家顾炎武提出过十分重要的意见。

顾炎武对于当时县制弊端的批评大致在于以下三点：

其一，州县官员缺乏充分的施政权力。专制君主为了防止官员营私舞弊、结党擅权，采取各种措施限制、削弱其权力，结果不可避免地造成官员行政效能的低下。对于这一问题，宋代思想家叶适已经提出。他说，朝廷为了"操制州郡"而设监司，结果自己还要费精力"操制监司"，而"监司之不法不义，反胜于州县"。①顾炎武则进一步指出，通过密布科条、设置监司等措施来对地方官进行防范，只能导致后者行政废弛，民贫

---

① 叶适：《水心集》卷三，奏议，监司，上海中华书局《四部备要》本。

国弱。他说：

> 封建之失，其专在下；郡县之失，其专在上。古之圣人以
> 公心待天下之人，胙之土而分之国；今之君人者尽四海之内为我
> 郡县犹不足也。人人而疑之，事事而制之，科条文簿，日多于一
> 日。而又设之监司，设之督抚，以为如此，守令不得以残害其民
> 矣。不知有司之官凛凛焉，救过之不给，以得代为幸，而无肯为
> 其民行一日之利者，民乌得而不穷，国乌得而不弱？[①]

他引用元代吴渊颖《欧阳氏急就章解·后序》中的批评意见说，当时的地
方官权力太小，辟官、莅政、理财、治军等"郡县之四权""皆不得以专
之"，"用人不得专辟，临事不得专议，钱粮悉拘于官而不得专用，军卒
弗出于民而不得与闻"。其结果是，办理公务不能自辟掾属而只能依靠
胥吏，"吏或因以为奸"；财政"不留赢余，常俸至不能自给，故多赃
吏"；驻军"各有统帅"，但食郡县租税而不与地方保卫。而综其整体效
应就是政务废弛，甚至"水旱洊至，闾里萧然，农民菜色，而郡县且不能
以振救，而坐至流亡"，"富国裕民之道"根本无从谈起。[②]

其二，吏胥把持州县行政。专制君主为了防止官员营私舞弊而制定各
种烦琐的"文法"科则，但能够了解掌握这些"文法"科则者，不是迁转
不定的官员而是盘踞一地的胥吏，于是，州县行政权力便落于胥吏之手，
"官治"变成了"吏治"。对于这一问题，叶适也早已尖锐地提出过。他
说，宋代的官员对于最基本的行政知识也"不复修治"，而专门"从事于
奔走进取，其簿书期会一切惟吏胥之听"，结果导致吏胥"根固窟穴，权
势熏炙，滥恩横赐"，"官无封建而吏有封建"，整个国家成了"公人世
界"。[③]顾炎武也强调了这一问题的严重性。他说：君主为了"尽天下一切
之权而收之在上"，制定唯有胥吏才能掌握的烦琐文法来防范百官，"虽
大奸有所不能逾"。但另一方面，"贤智之臣亦无能效尺寸于法之外，相
与兢兢奉法，以求无过而已。于是天子之权不寄之人臣，而寄之吏胥"。

---

① 《顾亭林诗文集》，《文集》卷一，郡县论一，中华书局，1983。
② 顾炎武著、黄汝成集释：《日知录集释》卷九，守令。
③ 叶适：《水心集》卷三，奏议，吏胥。

顾炎武进一步指出，这一问题在州县行政中的体现，就是"守令日轻，而胥吏日重"。吏胥"窟穴"于州县，"父以是传子，兄以是传弟，而其尤桀黠者，则进而为司院之书吏，以掣州县之权"。①顾炎武还揭露差役制度的弊病，说："一邑之中……食利于官（的差役）亡虑数千人。恃讼烦刑苛，则得以吓射人钱。故一役而恒六七人共之，若不生事端，何以自活？"②

其三，乡村社会散弱。前文已经述及，秦以来的中央集权君主官僚制度在其延续过程中不断吞噬国家组织之外的各种社会机体，其中包括西汉时期的六国贵族、东汉时期的豪强地主、魏晋南北朝直至隋唐时期的门阀世族，乡官制度也因其介于国家政权与乡村社会之间的性质而最终于隋文帝时被废除。国家组织在侵摧这些具有封建宗法性社会机体的同时，并没有培植新的健康的社会机体，因此乡村社会必然陷于散弱状态。顾炎武通过阐述宋明时期中原社会面对内外战乱的反应，表达了他的这种看法。他说，在十六国和南北朝时期，北方一些氏族大户对于抵抗少数民族政权入侵起到了积极作用，而氏族消亡后的北宋，面对靖康之变"无一家能相统帅以自保者"；明末农民战争爆发后，山东、河北"州县之能不至于残破者，多得之豪家大姓之力，而不尽恃乎其长吏"。③

至于如何消除这种弊病，顾炎武认为，虽然不可能从现行的郡县制退回到封建制，但应该"寓封建之意于郡县之中"，具体办法包括这样几点：1. 提高地方官地位，扩大其权力，具体措施包括允许他们自辟掾属，放宽其回避限制，延长其任期，增加其俸禄，给予其用人、施政、理财、治军等权力；2. 简除文法，从而改变胥吏把持地方政事的局面，使地方官能够亲理政事；3. 精简州县公务，裁减差役；4. 实行世官制度，在乡村社会恢复和强化宗法组织。这些主张散见于以下文字之中：

> 尊令长之秩，而予之以生财治人之权，罢监司之任，设世官
> 之奖，行辟属之法，所谓寓封建之意于郡县之中，而二千年以来

---

① 《顾亭林诗文集》，《文集》卷一，郡县论八；顾炎武著、黄汝成集释：《日知录集释》，卷九，守令。

② 顾炎武著、黄汝成集释：《日知录集释》卷八，吏胥。

③ 《顾亭林诗文集》，《文集》卷五，裴村记。

之敝可以复振，后之君苟欲厚民生、强国势，则必用吾言矣。①

削考功之繁科，循久任之成效，必得其人，而与之以权，庶乎守令贤而民事理，此今日之急务也。……必也复四者之权（按：辟官、莅政、理财、治军）归于郡县，则守令必称其职，国可富，民可裕，而兵农各得其业矣。②

使官皆千里以内之人，习其民事，而又终其身任之，则上下辨而民志定矣，文法除而吏事简矣。官之力足以御吏而有余；吏无所把持其官，而自循其法。昔人所谓养百万虎狼于民间者，将一旦而尽驱。③

（对于州县各种差役）宜每役只留一正、副供使，余并罢遣，令自便营业。而大要又在省事，省事则无所售其射吓。即勒之应役，将有不愿而逃去者，尤安民之急务也。④

夫不能复封建之治，而欲借士大夫之势以立其国者，其在重氏族哉，其在重氏族哉！⑤

在顾炎武生活的时代，西方近代政治思想尚未传入中国，所以面对君主专制制度下县制日趋严重的弊病，他只能是"药方只贩古时丹"，尝试从中国以往的制度中寻找改良方法。今天看来，这些办法或许存在很大局限性。例如，君主专制制度靠繁密的"文法"来防止官员舞弊，这虽然严重妨碍了官员的施政主动性并导致胥吏上下其手、以"例"谋"利"，但却蕴含有行政法制化的意义。而顾炎武等人主张废除"文法"、解除对官员施政权的限制，虽然有矫正时弊的意义，但却是一种推崇"人治"的主张，势必会使"吏"的专制变为"官"的专制。又如，顾炎武关于复世官、重氏族的主张，虽然有改革中央集权郡县制弊端的意义，但在当时中国的社会环境中，也势必会导致宗法势力、土豪劣绅横行乡里。

---

① 《顾亭林诗文集》，《文集》卷一，郡县论一。

② 顾炎武著、黄汝成集释：《日知录集释》卷九，守令，引吴渊颖《欧阳氏急就章解·后序》。

③ 《顾亭林诗文集》，《文集》卷一，郡县论八。

④ 顾炎武著、黄汝成集释：《日知录集释》卷八，吏胥。

⑤ 《顾亭林诗文集》，《文集》卷五，裴村记。

不过需要指出的是，顾炎武等人为诊治时弊而开出的"古方"虽然未必能有好的疗效，但他们对于当时县制弊病的把握还是十分准确的。20世纪上半期，中国县制的近代化改革和建设有两个重心，一是健全县乡行政组织和职能；二是实现地方社会的政治有序。可以说，上述顾炎武对于当时县制的批评和改革建议，实际上就是围绕着这两方面进行的。他的这些思想主张，为近代的改革家们提供了思想营养，可以说，顾炎武是中国近代县制改革的思想先驱。

二、晚清县制改革思潮

19世纪中叶以后，随着西风东渐，人们在政治社会问题上的视野更加开阔，一些有识之士对于州县制度也不断提出批评意见和改革建议。这些意见和建议，有些基本上与顾炎武的有关主张相同，有些则借鉴了近代西方与日本的政治思想。其主要内容包括以下四个方面：

（一）改革州县官人事制度

1. 注重州县官人选，提高其品秩和素质。康有为指出，由于实行捐纳制度等原因，清朝州县官选任"不择人望"，且"俸禄太薄"。他建议将知县升为四品，任用给事中、御史、编修、检讨、郎中、员外郎等有清望的京官和"道府之爱民者"担任。[1]

2. 实现州县行政人员的专业化。清代的知州、知县无论正途、杂途，一个共同的缺点是没有经过专门的学习和训练，就任时缺乏应有的行政知识、能力和经验，往往不能胜任州县行政工作。对此一位署名纯常子的人指出："今之知县事者，或起自科目，或出于世家，或由于捐纳保举，一旦南面临民，责之以治赋税、审刑罚、正士习、除盗贼，凡国家六部之所有事，悉丛于县令之一身，虽有明哲之才，不能为理。"他认为，"吏道"本属一专门学问，对于行政工作来说，不仅"窃取名誉侥幸科目者"无法胜任，即使德行、才艺出众者也未必能够承担，因为"虽孝如曾、

---

① 《康有为全集》第二集，中国人民大学出版社，2007，第43页。

闵，未必真知国之宪法也"，"虽文如班、扬，未必能通民之利弊也"。他因此提出，应设立学堂来培养"深通吏学"的专门人才从事州县行政。他说："必先有学堂而后有人材，有人材而后有政治。理财者通算术，治狱者明律令，诘盗者知警察之戒，治外者习条约之款，夫然后举而措之裕如也。"① 作为封疆大吏的刘坤一、张之洞也主张对即将担任州县官的人员进行行政知识方面的培训，他们建议在京城设立"仕学院"，在各省设立"教吏馆"，传习各种实用政治知识。各省候补官员均令入教吏馆"分门讲习，严定课程，切实考核，进功者给予凭照，量才任用；昏惰者惩儆留学，不可教者，勒令回籍，其实缺各官愿入馆讨论求益者，亦听自便"②。

3. 改革州县官铨选制度。前文已经述及，清代将州县正印官的职位分为题缺、留缺、调缺、选缺等几类，就职资格和任命程序各不相同。题缺、调缺、留缺空出时，由该省督抚在本省应升、应调的现任官员和候补人员中任用，选缺空出时先由督抚任命合格人员署理，然后再由吏部铨选人员前往接替。上述第一类人员虽然出身各异，但其中有些人曾实授或试署过州县官，有些人则在候补期间办理过各种公务，一般来说在州县行政方面具有一定的实践经验。而第二类部选人员则或系刚刚取得功名的科举士人，或系捐纳和军功保举人员，他们凭年资铨选得官，往往缺乏州县行政方面的实践经验。对此刘坤一、张之洞指出："选缺到省，必令赴任，间有留省学习不过一年数月，其中多有纨绔子弟，乡僻寒儒，罕能通晓吏事，至本省情形则更茫然。"他们因此提出州县官取消吏部铨选一途，选缺由督抚在候补人员中挑选任命；"无论正途、保举、捐纳，皆令分发到省，补用试用，令其学习政治，上官亦得以考核其才识之短长。遇有缺出，按照部章应补何班，即于本班内通加酌量拟补，不必拘定名次"③。

4. 取消州县官回避本籍制度。清代实行州县官任职回避本籍省份和邻省的制度，意在避免地方官曲意乡闾、结党营私。对于这种制度的得失利弊，历来有不同观点。晚清时期，包括梁启超、谭嗣同在内的一些开明人

---

① 夏东元编：《郑观应集》上册，上海人民出版社，1982，第370—373页。
② 中华民国史事纪要编辑委员会编：《中华民国史事纪要》（初稿），中华民国纪元前十一年册，第745—746页。
③ 同上书，中华民国纪元前十一年册，第746页。

士多对之提出批评，主张改革①，而对此论述最为充分的莫若冯桂芬。他认为，州县官回避本籍而远仕他乡，"舟车驴马人夫之费，其给之也，非斥产即揭债；其偿之也，非国帑即民膏。到官之后，言语之不通，风土之不谙，利弊则咨访无从，狱讼则词听无术，不得不倚奸胥为耳目，循宿弊以步趋"。也就是说，回避制度必然会导致官员的贪污和行政效率低下。冯桂芬说，当时实行回避制度的理由"不过曰官于本地，关说之径路熟，恩怨之嫌疑多，囊橐之取携便而已"，然而人们却没有看到问题的另一个方面，即官员在本籍任职，"营私固易，举发亦倍易；阿比固多，责备亦倍多。祖宗丘墓之所在，子孙室家之所托，立身一败，万事瓦裂，非一官传舍之比，乡评之可畏甚于舆论"，有利于强化对他们的社会和舆论监督。相反，在外籍任职，虽然"关说之径路难通"，但却会因此而出现许多"因缘之辈"；虽然"恩怨之嫌疑不涉"，但同时也会缺乏对乡评的"忌惮之心"；虽然"囊橐之取携不便"，但却会有更多"赍送之费"式的贪污。因此他主张，"府厅州县各官……无论有亲无亲，皆选近省。县丞以下不出省，复古乡亭之职"②。

5. 抨击州县官考核制度的弊病。这一时期的有识之士同样严厉批评利用"文法"来束缚州县官员事权的制度。他们指出，在严密烦琐的"文法"下，各级官员害怕因越职违例而受到处分，大多倾向于因循苟且、敷衍塞责。例如龚自珍说，用繁密律例科条束缚官员处理政务的主动性和自主性，就好比为善于解牛的庖丁立下戒条说："多一割亦笞汝，少一割亦笞汝。"又好比对于患染疥癣而浑身痛痒的人，将其四肢捆绑起来而不准其搔摩，结果使得他"虽甚痒且甚痛，而亦冥心息虑以置之"，奄奄无生气。他描绘说，在"文法"的"约束""羁縻"下，当时的"府州县官，左顾则罚俸至，右顾则降级至，左右顾则革职至"，几乎失去了理政的能力。③清代对包括州县官在内的地方官员的考核制度，就是这种"文法"的一种表现。清代每三年对地方官员进行一次考核由各省督抚进行，称"大

① 梁启超：《饮冰室合集》，文集之一，中华书局，1989，第97页；《谭嗣同全集》，中华书局，1981，第439页。
② 冯桂芬：《校邠庐抗议》，第82—83页。
③ 《龚自珍全集》，第34—35页。

计"，往往只是出具大同小异的考语，流于形式。而此外对于州县官征收地丁杂税、办理狱讼等事务，还各有考成。这种考成由上级衙署的吏员依照烦琐的则例进行，而"吏"借"例"谋"利"，上下其手，乘机勒索陋规，遂其意者即准，不遂其意即驳，并给以严厉处分。清末"新政"出台伊始，刘坤一、张之洞即上奏指出，对州县官过分严苛的考核处分，会妨碍他们认真负责地办理政务。例如，"承审之例限处分太严，而命盗案之报少，必俟犯已认供，而后详报；盗案之例限开参太严，且必获犯过半，兼获盗首，方予免议，而讳盗之事，多讳有为无，讳劫为窃，讳多为少，各省从无一实报人数者。命案罕报罕结，则多私和人命及拖弊证人之事，民冤所以不伸也。盗案不早报、不实报，而萑苻已起，而上官不知寇乱所以潜伏也"①。

（二）改革正印官独任制的治理结构

前文已经述及，清代在州县实行正印官独任制，正印官之下不设职能性行政官员或行政机构，具体行政事务由州县官私聘幕友、家丁和依靠盘踞地方的胥吏、差役来承担，这就不能不导致职能的缺位和吏治的腐败。晚清时期，有识之士纷纷对此提出批评，建议改变州县正印官独任制，在州县衙署设立正式的职能性行政官员和由科举士人任职的办事机构。例如康有为说，在正印官独任制下，对知县"任之兼责以六曹，下则巡检典史一二人，皆出杂流"，难任"民牧"。他建议在"知县之下，分设功曹、决曹、贼曹、金曹，以州县进士分补其缺。其余诸吏，皆听诸生考充"②。当时人关于对幕友、胥吏、差役制度进行改革的主张，也往往蕴含着改变正印官独任制、将各类实际履行州县行政职能的人员正式纳入国家行政系统的基本宗旨。

当时有人批评州县幕友制度说，幕友"权重分尊，佐官出治……然其人无职位，无考成，仅为官经理案牍，一出一入官任之，于彼无异；一

---

① 中华民国史事纪要编辑委员会编：《中华民国史事纪要》（初稿），中华民国纪元前十一年册，第749页。

② 《康有为全集》第二集，第43页。

功一过亦官任之，于彼无异。责极专而势仍隔，欲其视官事如己事，不能也。若一二不肖者流，且恃其无职位、无考成之故，徇情通贿，无所不为"①。显然，这种批评的矛头所向，恰恰是幕友不被正式纳入国家行政系统的弊病。批评者们为消除这一弊病提出了各种建议。其一，对幕友和主官一并进行国家正式考核。有人提出，各省应将"各州县所延之幕友"姓名登记备案，在每三年进行一次的地方官"大计"中，"即以本官之考成为幕友之考成，优者奖留，贬者黜退"②。其二，任用身为国家官员的佐贰杂职人员为幕友。有人指出，州同、州判、吏目、县丞、主簿、典史等州县佐杂本来"莫不任有专归，责无旁贷"，但实际上却大多"尸位素餐，无所事事"，因此可以任用为幕友。他们认为，佐杂为了在考成中取得好成绩而"顾惜声闻，矜持身分"，因此"假令佐杂而袭幕宾，诸情弊则律有明条，其不敢以身试法也可知"。至于具体办法，这位作者建议"以延请幕宾之资酌提公之费，以作佐杂之薪水"，"刑钱二席，州使同、判分主之，县使丞、簿分主之，使其办案，且试其审案，牧令则综其成以定谳"。③这两种办法，前者试图将本来属于州县主干行政系统之内的幕友纳入国家行政人员管理系统，后者试图将本属国家正式行政人员但实际却处于赋闲状态的佐杂纳入以正印官为首的州县主干行政系统，其意均在于整合州县行政。

对于州县胥吏制度的弊病，有清一代人们指摘甚多，而晚清时期的有关批评建议，其特点也在于试图将胥吏整合于正式的国家系统。如冯桂芬指出，清代胥吏作为实际承担州县行政职能的人员权势熏天，然而却流品低下，这是一种十分荒谬的现象。他说："后世流品，莫贱于吏，至今日而等于奴隶矣。后世权势，又莫贵于吏，至今日而驾于公卿矣。"他指出，用这种流品低下的胥吏承担国家行政职能，等于"以国计民生全付之奴隶盗贼"。④当时人普遍看到，胥吏虽然卑劣，但他们所实际承担的职能却为州县行政所必不可少，因此改革的基本思路只能是设法将这些职能

---

① 宜今室主人：《皇朝经济文编》，吏治卷六，用佐杂为幕宾议。
② 同上书，吏治卷六，用佐杂为幕宾议。
③ 同上书，吏治卷六，用佐杂为幕宾议、用佐杂为幕宾续议。
④ 冯桂芬：《校邠庐抗议》，易吏胥议。

的承担者正式纳入国家行政管理系统。为此，人们纷纷提出用科举士人来取代胥吏的主张。如冯桂芬建议，应将州县胥吏所承担的工作并于幕僚，"而名之曰幕职"；张謇也提出"胥吏必用士人"。刘坤一、张之洞则提出，应任用生员为州县衙门办理文稿，"如生员不敷，则监生童生亦可"；负责缮写的清书"另雇读书安分之书手为之"。在他们看来，以士人取代胥吏承担州县行政工作之所以会起到整合州县行政的作用，有两个原因：第一，士人具有为国家行政人员所必需的受人尊重的社会地位。对此冯桂芬指出，既然胥吏所承担的职能为州县行政所必不可少，那么就应该"有以尊之"。然而，"今日吏之贱中于人心"，骤然提高其地位是不可能的，所以只能任用士人。刘坤一、张之洞也认为，书吏"久已为世诟病，人既视为不足重，吏亦遂不自重，而轻于犯法"，因此只有"一律改用士人，优其名目"，才能使之"有顾惜廉耻之心，化去恪法营私之习"。第二，士人承担州县行政工作须通过国家官员选任，而不能像胥吏那样父子兄弟世代盘踞。冯桂芬主张，取代胥吏承担州县行政工作的"幕职"，应"由郡县学山长择诸生中有才有行，而文学中平，历三试不中式者，送郡县充选"①。张謇则提出，"现在府州县学诸生年三四十以上，素行谨愿而文学平常不能入学堂者"，可由"各学学官、院长就近择送各衙门"，经各衙门主官择选，承担行政工作。②

清代州县差役制度之弊，第一在于人员杂劣，多游手好闲、地痞无赖之流；第二在于额外滥充的白役、"黑役""散役"人数众多；第三在于没有合法收入。显然，这三种弊病的产生，归根结底是由于差役未被正式纳入国家行政人员的管理系统。有清一代，对差役制度上述弊病的揭露抨击和改革建议屡见不鲜，然而囿于时代限制，尚不能提出将差役正式纳入国家行政系统的问题。当时人们所提消除差役制度弊病的办法，无非省简政务、禁用白役、限期销差、相互具保等。即使对历史和政治有真知灼见者如顾炎武，也不过如此。晚清时期，人们开始对西方的理性化行政和警察制度等有所了解，在改革差役制度方面也开始提出了新的思路。

---

① 冯桂芬：《校邠庐抗议》，第100页。
② 《变法评议》，《张季子九录·政闻录》卷二。

1901年，刘坤一、张之洞在《江楚会奏三折》中建议"去差役"。他们指出，差役制度的弊病之所以屡经整顿而不能杜绝，其根本原因就在于差役"师徒相承""根株蟠结，党羽繁滋"，属于一种社会上的黑恶势力。有鉴于此，他们提出"令州县自行募勇"以取代差役的改革建议。这一办法虽然还不能说是全新的现代化改革，但它强调勇由官募，其实质是要将州县的办事人员正式纳入国家行政系统，因此在一定程度上已经摆脱了传统整顿吏治的窠臼。对此刘、张说："此勇既由官选募，必自择妥实可信之人，去留在官，自然不能把持；习气未深，作弊不能甚巧，但使本官约束严明，即可不为民害。"[1]

（三）改革州县的家产制财政制度

清代州县的家产制财政与官员俸廉过低、办公经费无保障有极大关系，对此晚清时期不少有识之士也给以批评，建议通过增加养廉、陋规归公、核定公费等措施加以改革。冯桂芬提出，可以用古代给职田的方法增加州县官的养廉银，每县置田若干亩作为职田，"绅士征其租，供本州县养廉，次上司，次本籍京官"[2]。1901年刘坤一和张之洞在为清政府策划新政时，也提出了同样问题。他们指出，知府作为州县官的上司，本来对后者有"表率之责"，然而却由于没有办公费而向州县摊捐和索取陋规，数额"多少不一，往往借端挑剔，格外诛求"。而州县官为了应付这些开支，"瘠区则科派鬻狱而病民，冲繁则亏挪库款而病国"。督抚为了能使州县官在肥瘠官缺之间得到调剂，"调署之策则传舍无常，而国民交病"。而"号称优缺者，不过隐匿契税杂税，减削驿站经费，甚至捏报例灾"，无非意味着州县官在财政方面违法操作的机会较多而已。刘、张指出，造成这一系列不正常现象的根本原因在于州县官"官卑事繁"，收入太低而支出过巨，"科场考棚之摊捐，招解缉捕之繁费，驿路大差之供亿，委员例差之应酬，其养廉万不足以给用，不得不迫而出此。故州县多

① 中华民国史事纪要编辑委员会编：《中华民国史事纪要》（初稿），中华民国纪元前十一年册，第748页。

② 冯桂芬：《校邠庐抗议》，第86页。

一分之繁费，则国帑暗伤一分之进款"。因此他们认为应进行州县财政方面的改革，"府州县皆须令其办公有资，然后能尽心于国事民事。应请敕下各省体察本省情形，省州县之繁费，禁上司之需索，其办公不敷者，拟为拨给职田一法"①。冯桂芬和刘坤一、张之洞主张用给职田的办法增加州县官养廉，在实际中无法操作，因为不能保证各地都有足够数量"私垦官荒"和"充公之田"用来当作职田，但其增加州县官的养廉银的主张则具有合理性。

同一年，张謇也提出"优官吏俸禄"的问题。张謇的着眼点不在于简单增加官员廉俸的数额，而是试图改革各官署公私不分的财政制度，故较刘坤一和张之洞的主张更为深刻。他举清政府佐杂官员的收入为例，说他们的合法俸禄不如日本的最下级官员，但这些人"以官为市"，"其地腴而取贪者，何啻十倍于俸"？他主张"合暗于明"，化私为公，从制度上增加官员俸禄，从一等官至十八等官，每月给俸3000元至50元不等，胥吏薪水也同时增加，每月30至10元不等。俸薪增加之后，取消一切制度外收支，"凡当官所入不在俸之列者，皆入公；凡因公之用，皆定额以取给诸公"。②

（四）改革地方行政体制

清代在州县官之上设置督、抚、藩、臬、道、府等多层官员，干扰和制约着州县官的施政主动性，这一点在晚清也受到批评。如郑观应指出，当时州县官"僻远之地则暇若无事，望紧之治则专以其身服事上官，如此谓之能吏。而上官则有府、有道、有按察、有布政，复有督、抚以临莅之，层累而上有六七级。其所以有事于县者，为善为恶未易达于朝廷也。故不必专心于所治，而必屈意于所事"。他认为，要消除这种弊病，就必须改革地方行政体制，"分每省为数道，每道不过四五郡。知府以上仅有道员，道员之权比于今之巡抚，得专达于朝廷。而凡督、抚、藩、臬之职

---

① 中华民国史事纪要编辑委员会编：《中华民国史事纪要》（初稿），中华民国纪元前十一年册，第746页。

② 《变法评议》，《张季子九录·政闻录》，卷二。

一概裁革",使州县官之上"长官不过一二,则无趋承不给之虞"。^①康有为也持大致相同的看法,他认为清朝"官制太冗",州县官之上设"藩臬道府,徒增冗员",于吏治毫无益处,建议"用汉世太守领令长之制,唐代节度兼观察之条",将全国分为若干道,"每道设一巡抚,上通奏章,下领知县,以四五品京堂及藩臬之才望者充之",而将各省总督和藩臬道府一律裁撤。^②梁启超更是直接指出,地方官员设置冗滥的原因在于君主专制制度,结果必然导致行政职能废弛和政治腐败。他说:"(专制君主)惧亲民之官权力过重也,于是为监司以防之;又虑监司之专权也,为巡抚巡按等以防之;又虑巡按之专权也,为节制总督以防之。防之诚密矣,然而守令竭其心力以奉长官,犹惧不得当,无暇及民事也;朘万姓脂膏为长官苞苴,虽厉万民而位则固也。"^③

三、晚清地方自治思潮

前文已经述及,清代国家在州县之下不设治,依靠乡地、保甲等地位低下的职役组织办理官差,通过宗族、士绅等私人势力办理地方公共事务,乡村社会因此处于散漫、孱弱状态。为了应对这种社会弊病,晚清时期的有识之士首先提出恢复乡官的主张,进而吸取国外政治思想,提出实行地方自治。

在清代后期主张设立乡官的人们中,以冯桂芬最为著名,他在19世纪60年代初即撰有《复乡职议》。冯桂芬指出,乡地和保甲组织由于首领人员身份地位低下,因此没有能力对乡村社会实行有效的治理。他说,各地都图等乡地组织"有地保、地总司民事,其流品在平民之下,论者亦知其不足为治也";保甲法则往往被"视为具文,诏书宪檄络绎旁午而卒不行,间行之亦无效"。他认为,乡地、保甲组织无效的根本原因就在于其首领人员属于地位低下的职役:"地保等贱役也,甲长等犹之贱役也,皆

①　夏东元编:《郑观应集》上册,第370—373页。

②　《康有为全集》第二集,第43页。

③　梁启超:《饮冰室合集》,文集之一,第97页。

非官也。……惟官能治民，不官何以能治民？"基于这种认识，冯桂芬提出在各州县设立乡官，负责调解民事纠纷，指引缉捕，劝导赋税征收和办理保甲、团练，其具体做法是：

> 县留一丞或簿为副，驻城。各图满百家公举一副董，满千家公举一正董，里中人各以片楮书姓名保举一人，交公所汇核，择其得举最多者用之。皆以诸生以下为限，不为官，不立署，不设仪仗，以本地土地祠为公所。民有争讼，副董会里中耆老于神前环而听其辞，副董折中公论而断焉。理曲者责之罚之，不服则送正董，会同两造族正，公听如前；又不服，送巡检；罪至五刑送县。其不由董而达巡检或县者，皆谓之越诉……不与理。缉捕关正副董指引，而不与责成；征收由正副董劝导，而不与涉手。满五千家……设一巡检，全乎为官，如今制。惟以邻郡二三百里内无山川间阻之地诸生幕职荐举者为之。丞、簿由巡检升除。丞、簿月给养廉三五十金，巡检半之；正董薪水月十金，副董半之。正副董皆三年一易。其有异绩殊誉、功德在同里者，许入荐举；有过者随时黜之。见令、丞、簿、尉，用绅士礼，文用照会，有罪即与凡民同。如是则真能亲民，真能治民。大小相维，远近相联，无事而行保甲，必有循名责实之功；有事而行团练，更得偕作同仇之力，风俗有不日新，教化有不日上哉！①

冯桂芬设计的这种制度，其要旨不仅在于乡官的设立，且涉及整个县政体制，其主要内容和特征包括：

1. 乡官不属于国家自上任命的职官，而属于由地方选举产生的自治首领，主要办理本地公共事务。

2. 乡官不同于凭借无形声望领袖乡里的士绅和宗族首领，它由法定程序产生，有统一职称，有固定薪水，履行法定职能，属于科层化组织的首领人员。

3. 乡官实行正董（辖千户以上）、副董（辖百户以上）二级制。

4. 乡官及其负责领导的两级组织虽不具有国家行政性质，但是同以知

---

① 冯桂芬：《校邠庐抗议》，复乡职议。

县、县丞、主簿、巡检等职官为首领的国家行政相衔接。

5. 乡官由具有生员以上功名的本地人士担任。

6. 乡官地位尊崇，与地方官往来用平行礼，不应付贱役所承担的催征和缉捕等官差。[①]

7. 在人口较多的县，于乡里自治组织之上设置巡检，作为区一级国家职官。

所有这些，对于20世纪上半期中国县制的近代化改革和建设来说，都具有前导意义。此外还值得一提的是，中国历史上的乡官和职役人员号称为地方所推举，实际上是由绅士等强势族群所举荐，而冯桂芬建议乡官由乡里人民票选产生，具有现代性。在冯桂芬之后，郑观应也曾提出过设立由士绅组成的乡镇议事机构的建议，即"每乡每镇皆设一议绅之局，举本地之利弊，详查确论而后达之县令，达之府道，以告于朝廷"[②]。

戊戌维新期间，维新派也提出了自己改革州县制度的主张，其基本思路是"兴绅权"。梁启超认为，乡里事务如果由"数千里外渺不相属"的外地人来代理，"虽不世出之才"也不可能有大作为。所以"三代以上，悉用乡官；两汉郡守，得以本郡人为之，而功曹掾史皆不得用它郡人"。他认为这种制度"最善"，"今之西人，莫不如是"。然而唐宋以来为了加强君主专制而废除乡官，地方事务均由国家职官执掌，结果导致"民之视地方公事，如秦越人之肥瘠"。为了"通上下之情"以"更新百度"，必须"复古意，采西法、重乡权"。谭嗣同也指出，清代的官员回避本籍制度使得他们同辖境人民的关系不可能融洽，也不可能搞好地方的行政管理。他说，清代律令地方官不得在本籍五百里之内任职，结果导致"疆域回隔，风俗攸殊，地非素习，人无旧识，贸贸而来，匆匆而去。无怪乎官之视民如驿卒，民之视官如路人也"。

出于这样的考虑，梁启超、谭嗣同都主张"兴绅权"。而所谓"兴绅权"，并非要像传统习惯那样使士绅以个人身份办理地方公共事务，而是

---

① 规定乡官对催征和缉捕仅予"指引"和"劝导"而不负执行责任，这意味着说官府不能像对待里长、地保那样，因赋役不能如数征收或盗贼未能按期缉捕而对他们"追呼笞棰"。

② 夏东元编：《郑观应集》上册，第370—373页。

要建立由士绅组成的团体或机构，对地方事务实行制度化管理，这其实也就是后来所谓的地方自治。谭嗣同提出，应成立由地方绅士组成的学会以"平"地方官之权，"熟议其是非得失，晓然与众共之"。关于学会的组织和活动方式，谭嗣同的设计是在各省设立总学会，在各府厅州县设立分学会，"悉以其地之绅士领之……官欲举某事、兴某学，先与学会议之，议定而后行。议不合，择其说多者从之。民欲举某事、兴某学，先上于分学会，分学会上总学会，总学会可而行之"。谭嗣同认为，这种制度一经实行，"乡官之制不复而复"，"无议院之名而有议院之实"。梁启超和谭嗣同都强调地方自治具有议决与执行机制分立的特点。梁启超指出，在执掌地方公共事务方面，士绅只是"议事之人，有定章之权，而无办理之权"；"将办一事，则议员集而议其可否；既可，乃议其章程"，"及其办之也，仍责成于有司"；"至于狱讼等事，则更一委之于官，乡绅只能为和解，或为陪审人员，而不能断其谳"。谭嗣同也说，"兴绅权""平官权"并非是由绅士代替地方官行使行政权，而只是"平其议事之权而已，办事之权仍官操之，无官令，民不敢干也"。①

19世纪末20世纪初，中国人对西方和日本的地方行政制度日益了解，在改革州县行政方面也开始有了新的思路。清末新政和预备立宪期间，统治集团内部一些思想较为开放的人士纷纷正面提出实行地方自治问题。

地方自治一词，译自英文Local Self Government，即地方自我管理，其在各国的制度形态不尽相同。在英美，地方自治权力在法理上被认为源于个人的"自然权利"，其制度形态则是由一定地区的公民直接组织立法、行政和司法机关来管理本地事务，仅受全国性立法的限制而不受中央行政机关的直接干预，后者仅对之有监督权。在以"国家本体论"为主流意识形态的德国和日本，地方自治权力在法理上被认为源于国家，即被视为是国家统一权力结构对于地方的一种让渡，因此其实施受到国家行政和立法机构较多的支配和限制。

清末中国人关于地方自治的概念没有如此刻板，当时人一般认为，

---

① 以上两段文字中所引梁启超语均见《饮冰室合集》，文集之三，第43—44页；所引谭嗣同语均见《谭嗣同全集》，第438—439页。

所谓地方自治就是"以本乡之人办本乡之事""使地方人任地方之事"或
"以本地之绅民,集本地之款项,图本地之公益"①,其内容既包括改革州
县一级行政,也包括建立区乡一级行政。当时人们认为,地方自治制度就
其任用本地人来管理本地事务这一点而言,与历史上的乡官制度是一脉相
承的。他们说:

> 地方自治之名,虽近沿于泰西,而其实则早已根荄于中古,
> 《周礼》比闾、族党、州乡之制,即名为有地治者,实为地方自
> 治之权舆。下逮两汉三老、啬夫,历代保甲、乡约,相沿未绝。
> 即今京外各处水会、善堂、积谷、保甲诸事,以及新设之教育
> 会、商会等,皆无非使人民各就地方聚谋公益……②

但也有人更强调地方自治应借鉴外国的有关制度。例如,张謇在1901年就
向人们介绍日本的地方议会制度,提出中国应予效法③;南书房翰林吴士
鉴则于1906年上疏赞扬日本式的地方自治:"凡郡县町村悉举明练公正之
士以充议长,综赋税、学校、讼狱、巡警诸大政,各视其所擅长者任之,
分曹治事,而受监督于长官。其人之不称职,事之不合法者,地方长官得
随时黜禁之。遇有重大事件,则报告于中央政府,以行其赏罚。"④他建
议清政府效法这种制度,在财政、教育、司法和警政等四个方面实行地方
自治。

20世纪初的地方自治提倡者们认为,当时中国之所以应该实行地方自
治制度,是因为传统的州县行政制度不能适应近代化的需要。他们从以下
几个角度进行了论证:

第一,州县机构过于简单,而且州县官又仅注意履行国家政治统治职
能,结果导致社会职能缺位和吏治腐败。他们说:

> 中国幅员辽阔,户口殷繁,一省之中,州县数十,大或千
> 里,小亦数百里,统治之权,仅委诸一二守令;为守令者,又仅
> 以钱谷、狱讼为职务,民间利病漠不相关,重以更调频仍,事权

① 故宫博物院明清档案部编:《清末筹备立宪档案史料》下册,第727、717、718页。
② 故宫博物院明清档案部编:《清末筹备立宪档案史料》下册,第724—725页。
③ 《变法评议》,《张季子九录·政闻录》卷二。
④ 故宫博物院明清档案部编:《清末筹备立宪档案史料》下册,第711—712页。

牵掣，虽有循吏，治绩难期。

自隋以后，尽废乡官，以数百里之地寄诸牧令一人之身，遂使猾吏奸胥因缘舞弊，治道之隳脊由于此。①

第二，州县行政的上述弊端，不可能通过强化传统"绅治"（即士绅以个人身份办理地方事务）得到解决。对此有人指出：

至于编户齐民，散而不群，各务私图，遑知公益，为之代表者，不过数绅士，又复贤愚参半。其出入官署因缘为奸者无论矣，即有一二缙绅，表率乡里，或由望族科名之殊众，非必才能学识之过人，以故府县之中，遇有应兴应革事宜，守令以一纸公文移知绅士，绅士以数人武断对付守令，转辗相蒙，而事终不举。②

第三，州县行政的上述弊端，也不可能通过强化"官治"——增设国家官员、国家包揽一切——得到矫正，原因是地方政务繁细，且各地经济社会情况复杂各异。对此有人指出：

民生所需，经纬万端，国家设官董治，仅挈大纲，非独政体宜然，实亦有所不逮。若必下涉纤悉，悉为小民代谋，设官少则虞其丛脞，设官多则必至于烦扰。况山国泽国，利害不必悉同，好雨好风，嗜欲尤多殊异，强以官府之力行一切之法，意本出于爱民，而受之者或反以为不便……③

概言之，"官治"有常设化、制度化的优点，但却过于划一，过于僵硬，不能发挥地方人民的参政积极性，不能照顾各地的特殊性；传统"绅治"则相反，虽然能发挥地方人士的积极性并照顾各地的特殊性，但却是凭借私人威望和能力办理公共事务，不能做到现代行政所要求的常设化、制度化。20世纪初的地方自治倡导者们认为，近代行政需要履行的社会职能既复杂又系统，"官治"与"绅治"均无力承担，唯一的出路就是实行现代的地方自治制度。一位官员对此论证说：

---

① 故宫博物院明清档案部编：《清末筹备立宪档案史料》下册，第715、719—720页。

② 同上书，第719—720页。

③ 同上书，第725页。

今欲上下一心，更张百废，所有地方种种事宜，咸待整理。举要言之，如小学教育所以造就国民，民间子女皆须就学，以户口计之，一县之中当有小学校数十处，造就教员，又当有师范学校。而建筑校舍，则当相度地形，稽查学龄，则当编订户籍。又如水陆道路所以便利交通，近岁内地杂民、外人日众，每讥我国道路秽塞，行旅艰难。此后工商繁兴，学校林立，市廛罗市，车马骈阗，在在与道路有密切之关系。他如卫生事宜，所以图国民身体之健全，则当清洁市衢，修建病院。积储事宜，所以备社会不时之灾歉，则当收敛米谷，存蓄金钱。自余庶务，至纤至细，更仆难终，断非守令一二人所可独担，亦非绅士数人所能分任。使无地方团体实行自治制度，图功程效，其道无由。①

显然，在地方自治的倡导者们看来，地方自治制度一方面具有传统"绅治"的地方化特征，另一方面又具有"官治"的常设化、制度化特征，能够扬两者之所长而避其所短。

---

① 故宫博物院明清档案部编：《清末筹备立宪档案史料》下册，第715页。

第二节　近代县制的萌芽

一、清末颁行的县制改革措施

在1901年后的"新政"和"预备立宪"期间，清政府开始颁行若干州县行政改革措施。这些措施一方面尚属于传统意义的吏治整顿，另一方面也是对维新人士州县制度改革主张的回应，蕴含着近代县制的萌芽。由于清统治不久后即在辛亥革命中覆亡，这些措施大多没有来得及广泛而深入地推行，但中国县制的近代化改革已经由此而开启。清末颁行的州县行政改革措施主要有以下几项：

1. 裁汰胥吏和差役。1901年"新政"刚一开始，清廷就发布了裁汰胥吏和差役的上谕：

> 近因整顿部务，特谕各部院堂官督饬司员清厘案卷，躬视办事，将从前蠹吏尽行裁汰，以除积弊。惟闻各省院司书吏亦多与部吏勾通，其府州县衙门书吏，又往往勾通省吏，舞文弄法，朋比为奸，若非大加整顿，不能弊绝风情。至差役索扰，尤为地方之害。其上司之承差，则借公需索州县；州县之差役，更百般扰害闾阎，甚至一县白役多至数百余名，种种弊端，亟应一律革除。著各该督抚通饬所属，将例行档案一并清厘，妥定章程，仿照部章，删繁就简。嗣后无论大小衙门，事必躬亲，书吏专供钞缮，不准假以事权，严禁把持积压、串通牟利诸弊。其各衙门额设书吏均分别裁汰，差役尤当痛加裁革，以期除弊安民，毋得因循徇隐……①

---

① 政学社印行：《大清法规大全》，吏政部，卷首，谕旨，台湾考正出版社，1972。

这道上谕要求裁汰州县书吏，但也看到书吏在州县行政中承担着依照律例处理某些具体行政事务的职能，其弊端的革除绝非简单裁汰可以解决。因此上谕承认州县衙署还需要保留"专供钞缮"的人员，同时要求简化州县办事章程，要求州县官躬亲政事，试图以此作为裁汰书吏后某些行政职能缺位的补救措施。但实际上，让"独任制"的州县官兼理以往由各房书吏承办的繁杂行政事务是不现实的。至1907年清政府在《直省官制通则》中规定各州县设置"佐治各官"，以及1913年北洋政府在《划一现行各县地方行政官厅组织令》中规定各县公署设置科层机构，这一问题才在制度设计层面得到解决。至于差役问题，这道上谕只是命令"痛加裁革"，而对于差役裁革后其所承担的行政外勤工作由谁来承担，则没有提出任何补救措施。至1907年，清政府下令裁汰州县"民壮捕役"，而以"增给饷薪"和经过训练的巡警来替代其职能，才算是找到了解决这一问题的办法。①

2. 裁革陋规，核定公费。1902年，直隶总督袁世凯提出一个以裁革陋规、核定公费为主要内容的州县财政改革方案，报请清政府批准。他说，当时各省官员普遍向所属州县官索要陋规，"明目张胆，昌言不讳，与之而俨然成例，取之而不觉其非"。究其原因，是因为"道府厅除廉俸外别无进款，禄入既甚微薄，而办公用度又甚浩繁，乃不得不取给于属吏。于是订为规礼，到任有费，节寿有费，查灾、查保甲有费，甚或车马薪水莫不有费。此等风气大抵各省皆然"。袁世凯指出，这种收受陋规的现象虽然"不同暮夜苞苴"，但同样会导致吏治腐败。因为上级官员"平时既受陋规，则遇事不无瞻顾，设一旦有不肖之属吏，为上司者欲破除情面，据实纠参，或往往为其下所挟持，转不克径行其志"。袁世凯认为，陋规公行的原因既然在于各级官员廉俸微薄，那么单纯对之采取禁止措施就不能解决问题，"必须先有以养人之廉，而后可以止人之贪，使举所有各项陋规荡而廓清之而不筹给办公之费，则一切应用均无所出，势难责其治理"。他提出的解决办法是将陋规化私为公，即各州县原来私相馈赠上司的陋规，一律直接解交布政使司库，专款存储，用以支付道府公费。而道府公费的核定办法是："道府厅州各将每年应得属员规费据实开报，和盘

①　朱寿朋编：《光绪朝东华录》（四），中华书局，1958，总第5645—5646页。

托出"，按其向来所得陋规之多寡明定公费等差，每月各道350—1000两不等，各府500—600两不等，各直隶州50—100两不等；此项制度一旦实行，"道府厅直隶州不准与所属州县有分毫私相授受，倘敢巧立名目，借端敛派，及不肖州县设计馈献，尝试逢迎，均应随时据实禀揭，查实后按赃私例严参治罪。其别经发觉者，与受同科"。①袁世凯的这一改革方案得到了清廷的批准，通令各省"仿照直隶奏定章程"一律实行。②

裁革陋规、核定公费，意味着州县财政摆脱家产制而走向法制化、合理化，具有进步意义。这一改革在清末的具体实行情况究竟如何，尚且有待研究，但它在民国改元后得到落实是可以肯定的。

3. 改革对州县官的考核制度。前文已经述及，清代对州县官员每三年进行一次的"大计"和在征收地丁杂税、办理狱讼等事务方面的考成，或流于形式，或过于烦苛。在重"除弊"而不重"兴利"的治理思想影响下，对于州县官在建设性事务方面的考核，更是不加重视。清末新政开始后，清廷发布上谕，要求加强和改善对州县官的考核。上谕说：

> 中国官民隔绝，痼习已深，颇闻各州县官多有深居简出，玩视民瘼，一切公事漫不经意，以致幕友官亲蒙蔽用事，家丁胥吏狼狈为奸；公款则舞弊浮收，刑案则拖累凌虐，种种鱼肉，为害无穷……嗣后责成各督抚，考查州县必以为守俱优，下无苛扰，听断明允，缉捕勤能，为地方兴利除害，于学校农工诸要政悉心经划，教养兼资，方为克尽厥职。著自本年为始，年终该督抚将各州县胪列衔名、年岁、籍贯清单，注明何年月日补署到任，经征钱粮完欠分数，及有无命盗各案，词讼已结未结若干起，监禁羁押各若干名，均令据实开报。其寻常公罪处分，准予宽免，不准讳饰。任内兴建学堂几所，种植、公益、巡警诸要政是否举办，一并分别优劣，开列简明事实，不准出笼统宽泛考语。奏到后着交政务处详加查核，分起具奏，请旨劝惩。并著将各省奏单

---

① 袁世凯：《道府厅州所有各项陋规一律酌改公费折》，政学社印行：《大清法规大全》，财政部，卷十二。

② 政学社印行：《大清法规大全》，财政部，卷首，谕旨。

刊入官报，与众共知，以通下情而伸公论。①

这道上谕宣布宽免"寻常公罪处分"（即一般行政过失），要求考核事项必须具体而不准笼统出具考语，用意在于纠正以往州县官考核制度敷衍、烦苛的弊端。而其他一些规定则明显具有时代色彩，例如强调考察州县官在办理实业、教育、警察等"新政"方面的政绩；规定考核结果除上报政务处外，刊入官报公布"以通下情而伸公论"。此外，强调州县官任职合格的标准在于"为守俱优"，即不仅要廉洁公正，而且还须在地方治理和建设方面有所作为，用意也在于要对"兴利不如除弊"的传统治理理念加以矫正。

4. 改革州县官任用制度。清廷于1908年发布上谕，宣布改革州县官任命制度，并建立候补州县官的学习培训制度。上谕说：

> （州县官）责任最为重要，凡抚字催科、听断缉捕，悉萃于牧令之身，一邑数十万生灵于斯托命。加以各项新政待举，备极繁难，非才力优长，素经历练，不足以副是任。（然而吏部铨选）仅以班次资格为定衡，大失量能授官之本意。迩来保举捐纳冗滥甚多，治理民情多未明达，检查法律，亦不能通解。即系正途出身，于吏治亦尚乏体验，岂能措置裕如？此等人员专凭年资入选，一旦任事，大率听命幕友，纵容丁胥，百弊丛生，小民深受其害。闻各省选缺州县，骤应外任，不谙吏事者十居七八……及到官偾事，虽加撤参，地方元气已伤，其为害于国计民生者甚巨。②

因此上谕命令：停止州县官吏部铨选，将符合参选资格的人员全部分发各省，另编为"改选班"，候补选缺。不久后颁布的《州县改选章程》进一步规定，今后"改选班"人员也同其他候补班次的人员一样，初次任职时必须先行经过一定时期的试署，"试署果能称职，再奏请补授。如不称职，即撤回作为过班，另以其次之员如前递署"③。这是中国县级行政官员

---

① 政学社印行：《大清法规大全》，吏政部，卷首，谕旨。

② 同上书，吏政部，卷首，谕旨。

③ 同上书，吏政部，卷四，选补。

任命制度的重要变更，州县官部分由中央直接任命的制度至此终结，全部改为由各省任命试署，而报部批准，实际任命权在各省。

针对候补州县官大多缺乏行政知识的问题，清政府在改革州县官任命制度的同时还着手建立相关的学习培训制度，而学习内容包括各种近代性质的行政知识。清廷规定：州县官的吏部铨选停止后，凡"改选班"人员分发到省后，"督抚率同三司，量其才性，试以吏事，或派入政法学堂，分门肄业，并须勤加考察，除有差人员随时接见外，其余各员每两个月必须传见一次，三司按月传见一次，详细考询其才识学业，能否造就，有无进益。如有糊涂谬劣、不通文理，或沾染嗜好，或年力就衰等情，均即咨回原籍，扣除本班"①。

二、地方自治制度的萌芽

19世纪末20世纪初，地方自治不仅成为一种政治思潮，而且在个别地方开始酝酿实行，戊戌维新时期湖南的南学会和保卫局就属于这种情况。

戊戌变法时期全国各地成立了不少学会，但大多都属于提倡某种政治社会主张或在某些社会领域进行联络的"志缘""业缘"组织，而不是地缘组织。例如，湖南即有不缠足会、学战会、公法学会、法律学会、舆算学会等这类学会。有些学会虽然被冠以地域性名称（如关学会、陕学会等），但实际上也只是客寄异地者的同乡组织，归根结底仍是一种"志缘"团体。但湖南的南学会却不同，它是一个纯粹的地缘组织。南学会筹议于1897年冬，而正式成立于1898年2月，是年10月被取缔。南学会成立之初，即设想使之"兼地方议会之规模"，后来虽然未能做到，但还是有地方议会之"意"。它除在省会长沙成立总会外，还曾试图在湖南各府厅州县普遍建立分会。按照有关章程，南学会的重要活动方式之一就是讨论地方兴革事件，在地方风俗、利病、兵马、钱粮、厘金、矿务、法律、刑狱等方面提出改革方案，经总会讨论后禀请巡抚批准实行。这可以说是在酝酿实行地方自治。

---

① 政学社印行：《大清法规大全》，吏政部，卷首，谕旨。

1898 年成立的湖南警政机构保卫局，也具有一定地方自治的性质。湖南保卫局与传统的"官治"不同，实行官绅合办，其总局、分局和小分局的首领人员，全都既有国家行政官员，又有地方士绅。如总局设总办一人，由司道担任（初办时由按察使黄遵宪担任），其下由官员担任的职务还有会办一人，负责文书和审案的委员四人。总局还设由绅士担任的会办一人，另有绅士二人辅助其工作，负责各种具体事务；此外还有由地方士绅担任的"议员"十余人。参与保卫局事务的绅士均由推举产生，甚至参与保卫局事务的官员，也不是自上而下任命，而是由各官员自下而上推举。保卫局的议员实际上组成了它的决策机构，《湖南保卫局章程》规定："一切章程由议员议定，禀请抚宪核准，交局中照行。其抚宪批驳不行者，应由议员再议，或抚宪拟办之事，亦饬交议定禀行。"其议事规则和程序，"以本局总办主席，凡议事均以人数之多寡定事之从违。凡议定之后，必须遵行，苟有不善，可以随时商请再议"[①]。这样一种组织机构和运作规则，同清末预备立宪中推行的地方自治，基本相同。

三、区乡行政区划和组织的萌芽

前文已经述及，清代的乡村公共事务职能系统事实上分裂为各具利弊的两种机制：一方面是乡地、保甲等，它们由政府统一督建，具有现代行政那种普遍化、科层化的特点，然而其首领人员却地位低贱，"流品在平民之下""不足为治"；另一方面是士绅和宗族领袖，他们有"乡望"，但却系私人势力，没有被纳入（或联为）普遍性的组织机构。而近代性质的区乡行政要求对上述两种机制各取其利而去其弊。换言之，近代区乡行政应一方面具有普遍化、科层化特征，另一方面须具有较高的声望和地位。19 世纪中叶以后，这样一种区乡一级行政的萌芽在一些地区开始出现。

19 世纪中叶以后，由于太平天国战争和列强入侵，地方社会日趋动

---

①　见韩延龙、苏亦工等：《中国近代警察史》（上），社会科学文献出版社，2000，第 38 页。

荡，各地乡里组织数量增加，形态、职能、产生办法以及人员流品全都趋于复杂，并开始出现某些新因素、新特点。对此 1907 年清政府民政部的一份调查说：

> 伏查《会典》，保正、甲长、乡约等，本愚之功令。自咸丰、同治以来，地方多事，举凡办防集捐、供支兵差、清理奸宄诸事，各牧令又无不借乡社之力。于是边腹各地推择各殊，有曰乡正、乡耆、里正者，有曰寨长、圩长者，有曰团总、练团者，有曰公正、公直者，有曰镇董、村董者，有曰社首、会首者，羼杂离奇，不可胜举。近年推行警政，如奉天等省则各乡社又多称巡长等名，此名目之不同也。其经理之地有仅止一村者，有多至数村、数十村者。边远州县，乡保且有管至百十里者，此地势广狭之不同也。其更代之法有一年一易者，有数年一易者，有轮流充当者，有由地方官札谕委派者，而以公众推举者为多。所遴用者，或为生贡，或为职衔军功人员，或为平人。地方官待遇之者，或贵之如缙绅，或贱之如皂隶，而要之官民相通，又皆以乡社为枢纽。是以细故之裁判，公用之科摊，案证之传质，护田防盗之计，新政旧章之颁布，隐多以乡社司之，且有牧令依以收赋税、集团练者。大约如古之王烈、田畴者，固不乏人，而猾贪虎冠，为地方之患者，亦在所不免，几有为者不善，善者不为之势。近年海口通商之处，亦多有研究自治、组织会所者，较之相沿乡社办法已有进步。①

这些情况表明，19 世纪中叶以后，清代传统乡里组织的性质正在发生变化。第一，乡里职役组织人员的身份和社会地位发生了变化。前文已经述及，里社、乡地组织的首领属于民役，绅士不与其事，而此时"所遴用者"已包括生员、贡生和具有职衔的军功人员；地方官对乡里组织人员的态度，有时也"贵之如缙绅"。第二，传统里社、乡地组织的职能主要是应付官差，而不与地方建设，而此时的乡里组织首领除应付各种官差外，已经广泛介入民事纠纷调解、地方治安保卫和"新政旧章之颁布"，甚至

---

① 朱寿朋编：《光绪朝东华录》（五），第 5639—5640 页。

负责征收赋税和办理团练武装。第三，里社、乡地组织的首领人员作为"役"，主要是"由官佥派"或轮流担当，而此时已经是"以公众推举者为多"。第四，在沿海商埠地区，已出现完全不同于传统乡里组织、具有近代地方自治性质的各种会所。

在19世纪中叶以后出现的各种具有新特点的乡里组织中，团练组织最为重要，它在有些地方直接成为了近代区乡行政的先驱。太平天国战争爆发后，清政府下令各地办理团练。团练的一个基本特点在于，它只能以士绅为首领，而不可能像里甲、乡地那样以贱役为首领。在有些州县，这种团练机构具有系统化特征，即不是零散地设立于某些特定地点，而是将全境划为若干地域，普遍设立。这样一种"团"因此同时成为一种准行政区域，并在以后沿袭下来。例如广东顺德县，"县属十区之划，萌芽于光绪十年甲申，时法攻越南，筹办团防，因创意分县属为十团，募勇以时训练"。第二年战争结束后，团勇裁撤，团局解散，但十区之制却沿袭下来，至清末推行地方自治，正式成为自治区域。①江苏上海县的情况也与此类似。该县民国县志记载说："县境共二百一十七图，分隶各保，自咸丰团练至今地方行政区划，取办事之便利分为城局一，乡局二十有二。兹即以二十二乡局定为二十二区。"又记："吾邑全境区划起于咸丰末之团练，当时城厢内外分十六段，直辖于总局，乡则设局二十二处，就近匀配分领各图，撤防后地方办事仍沿段董、局董名义。"②美国学者孔飞力指出，咸同年间一些地方的团练"就军事组织方面来说，它与其说是作战单位，不如说是行政单位"，因为它"是与设防据点相联系的地方管理编制"。他还注意到，这种团练机构有时还被赋予征收赋税等非军事职能，据此他认为，19世纪后期出现了"绅士领导的团转变为地方政府的正式机构的过程"。③

在有的地方，乡地组织自身虽然没有出现明显变化，但被置于士绅的领导之下，并开始承担地方公共职能。如直隶广宗县旧有乡地组织32厂，

① 民国《顺德县志》，舆地志，建置志，1929年。
② 民国《上海县续志》，疆域志，乡保，1918年。
③ ［美］孔飞力：《中华帝国的晚期叛乱及其敌人：1796—1864年的军事化与社会结构》，中国社会科学出版社，1990，第107、225页。

"每厂辖村多寡不等，置厂正一人。清同治四年（1865年），因修城举乡绅八人办理城工，名曰首事。嗣后事关全县者，知县与首事商议，由首事通知各厂厂正，由厂正再通知各村"①。这样一种组织系统初步具备了区乡行政组织的性质。

---

①　民国《广宗县志》，法制略。

第三节　官治与自治：清末县制改革方案

一、《直省官制通则》的"官治"方案

上节所述1901年以后的州县制度改革措施，虽然已经触及到了清代州县制度的诸多弊端，但同时仍属于传统性整顿吏治的分散措施。至"预备立宪"开始后，清政府开始对州县行政进行整体性制度改革。这种改革的基本宗旨，是要克服唐宋以后县政制度中所存在的、并在清代达到极致的根本性缺陷——行政组织和机制不健全；而改革的基本思路有两条：一是"官治"，二是"自治"。所谓"官治"，就是由国家派官设治，一方面扩充和健全州县国家行政，另一方面建立乡镇一级国家行政，从而将地方社会各种经济、文化、社会事务的兴办和管理纳入国家行政的轨道；所谓"自治"，就是在国家行政之外，或在国家行政的基本框架之下另外建立一个相对独立的"以本地人、本地财办本地事"的行政系统。

1907年，清政府颁布了《直省官制通则》，"官治"的州县制度改革方案首先推出。当时总司核定官制大臣奕劻指出，这次地方官制改革有两个着眼点：其一是"分设审判各厅以为司法独立之基础"，其二是"增易佐治各员，以为地方自治之基础"。据奕劻的解释，前者既包括省和府独立审判机构的设立，也包括州县初级审判厅的设立；而后者则完全是指州县行政机构的改革。根据清政府的计划，州县在"增易佐治各员"后，下一步还要"次第组织议事董事各会"，实行地方自治。但是，就这个方案的本身内容来说，尚全然属于"官治"范围。

这个方案首先对于原来较为含混的地方行政制度进行了厘清，从而明确了州县行政在地方行政系统中的位置。前文已经述及，清代地方行政

存在州县以上行政官员设置层次多，司、道等官员性质、职责不清晰，以及府、厅、州、县等二、三级行政隶属关系、官职名称混乱等非理性化问题，这些均反映了清代州县行政的前近代性质。《直省官制通则》在纠正这些问题方面作出了努力，其内容包括：

1. 明确原有省级官员的地位和性质，增设新的省级职能官员，建立以督抚为首的省级行政系统。1905年科举制度废除后，原由中央差遣的各省提督学政已改置为常设的提学使司。《直省官制通则》进一步规定，将各省按察使司改为提法使司，布政使司、提法使司和提学使司均"受本管督抚节制"。这样，就明确了"三司"的性质不属于中央派出官员，而属于以督抚为首的省行政系统中的职能性官员。"三司"的职能也有变化。提学使司因与科举乡试脱钩，不再限定三年一任；提法使不再兼审判职能，而只负责司法行政。除"三司"外，还增设了其他省级职能官员：一为劝业道，"专管全省农工商及各项交通事务"；二为巡警道，"专管全省巡警消防户籍营缮卫生事务"。除布政使、提法使、提学使三司和劝业、巡警两道之外，可根据地方情形设盐运司、盐法道（或盐茶道）、督粮道（或粮储道）、海关道和河道等职能性官员，均不得兼管地方行政事务。

2. 明确规定地方行政体制为省、府（直隶州）和州县三级。《直省官制通则》规定，将因有地方辖境而导致性质不清的分巡道、分守道一律裁撤，"道"之不构成地方一级行政至此而确定无疑；各府原设同知、通判，其有辖境者一律改为统辖三级行政区的知州、知县，没有辖境而仅仅分管河防、海防、粮捕等职能性事务者，一律称同知，性质为府一级职能性官员；直隶厅中有属县者一律改称直隶州，无属县者设同知一员，承督抚司道之命处理境内各项行政，成为省直辖的基层政区。

除以上两点外，《直省官制通则》中涉及州县以上各级行政改革的内容还包括为各级行政官员建立正式的下属机构，"分科治事"，从而将幕僚、书吏正式纳入行政系统；省级行政实行官员集体议事制度，督抚须定期传集司道以下官员会议紧要事件。这些都含有改变主官家长制而实现行政法制化的意义。

《直省官制通则》关于州县自身行政改革的内容主要有两点：

其一，在各初级政区设置由国家任命的职能性官员。"通则"规定，在各直隶州、直隶厅和各州县设立以下佐治各官：

　　　　警务长一员，掌理消防、户籍、巡警、营缮及卫生事宜。

　　　　视学员一员，掌理教育事宜。

　　　　劝业员一员，掌理农工商务及交通事宜。

　　　　典狱员一员，掌理监狱事宜。

　　　　主计员一员，掌理收税事宜。

上述佐治官员"如因地小事简，不必备设者，得以一人兼任二职。但警务长及视学员，不得以他员兼任，亦不得兼任他职"。在设立以上佐治官员的同时，"通则"规定将从前各州县所设州同、州判、县丞、主簿、典史等大多处于州县主干行政之外的佐贰杂职，一律裁撤。关于佐治各官的选任，"通则"规定"由司道各就本科考取国文通畅，科学谙习人员（凡佐贰等官，举人、五贡及中学以上毕业生，均可与考），详请督抚委用。视学、劝业二员，并可参用本地士绅，由州县采访舆论，举其贤能端正者，一律详请与考委用，仍分咨各部存案"[①]。简言之，佐治各官的任用程序为限定资格、司道考录、督抚委任、各部备案，其作为国家正式职官的性质十分明显。

　　这样一种方案对于矫正清代州县行政的弊病来说有重要意义：第一，设置作为国家正式职官的佐治各官，意味着正印官独任制得到改变；第二，佐治各官同以往游离于州县主干行政系统之外的佐贰不同，他们属于州县行政中的职能性官员，这意味着过去处于割裂状态的州县行政得到了整合；第三，佐治各官不同于幕僚，他们不是由州县官个人聘用的雇员，而是由司道督抚择选委任的国家正式官员，这意味着以私人势力承担州县行政的制度得到改变；第四，佐治官员的职能不再仅仅局限于收税、听讼，而是包括教育、实业，这意味着传统州县行政主要履行政治统治职能而很少履行社会职能的情况开始得到改变。

　　其二，在基层政区之下设立区官。"通则"规定："各直隶州、直隶厅及各州县，应将所管地方酌分若干区，各置区官一员，承本管长官之命，掌理本区巡警事务。其原设之分司巡检，应即一律裁撤，酌量改

---

　　① 故宫博物院明清档案部编：《清末筹备立宪档案史料》上册，第503—510页。

用。"①这里，"通则"虽然没有对区官的性质作正面规定，但这种区官系自上而"置"，以州县官为"本管长官"，被视为是巡检的替代物，因此可以肯定属于国家正式职官。它的设置意味着，州县以下不设治而仅以职役组织应付官差的传统体制开始得到改变，国家要将行政的触角深入到县以下的乡村社会。

"通则"规定，视学员、劝业员可以由本地士绅担任，这体现了清政府要将这种官制改革同地方自治衔接、将官治与自治融为一体的意向。但就其基本内容来说，这一方案所设计的州县行政体制属于一种官治模式，是毋庸置疑的。

二、两个"地方自治章程"的"自治"方案

清末"预备立宪"出台前后，地方自治问题已经开始酝酿。至1909年1月，清政府颁布了《城镇乡地方自治章程》，次年1月又颁布《府厅州县地方自治章程》，这标志着"自治"的县制改革方案正式推出。

同"官治"方案一样，县制改革的"自治"方案宗旨也在于健全州县和区乡一级的行政组织和机制；而它不同于"官治"模式的特点在于，它所建立的行政系统分为议决与执行两种机制，其首领人员主要不是出于国家自上而下的任命，而是出于地方自下而上的选举。清末这种"自治"模式的县制改革，其基本制度是：

1. 在州县之下建立乡镇一级行政。在州县划分基层政区，治所城厢地方称"城"，其余市、镇、村、庄、屯、集等，人口在五万以上者称"镇"，人口不满五万者称"乡"。各城、镇、乡设立自治议决机构议事会，其议员由合格选民互选产生；各议事会设议长一名，副议长一名，由议员互选产生。城、镇设立自治执行机构董事会，由总董1名、董事1—3名、名誉董事4—12名组成。其总董由议事会选举正、陪各一名，呈由本州县行政长官申请本省督抚遴选任用；董事由议事会选举产生，呈请本州县行政长官核准任用；名誉董事由议事会选举产生。各乡设自治执行人员

---

① 故宫博物院明清档案部编：《清末筹备立宪档案史料》上册，第510页。

乡董、乡佐各一名，由议事会选举产生，呈请本州县行政长官核准任用。城、镇董事会成员和乡董、乡佐均不得由议事会议员兼任。①

2. 在州县建立自治行政机制。各州县设立议事会作为自治议决机构，其议员由以城、镇、乡为基础的选区选举产生；议事会设议长一名，副议长一名，由议员互选产生。各州县设立参事会作为常务议决机构，参事员由议员互选产生，会长由州县行政长官兼任（清末民初往往称州县议事会、参事会为"议参两会"）。以州县行政长官作为自治执行机制的首领，并由他任用自治委员若干名办理各种自治事宜。

必须注意，上述自治机制并不能构成一个独立和完整的系统。清末"自治"模式的州县行政改革，并非要以上述自治机制取代原有的"官治"行政，也并非要使之与后者并存并行。准确说来，所谓"自治"模式的州县行政，其实只是以上述自治机制来补充原来的"官治"，或者说只是在原来"官治"基础之上所进行的一种改革。对此，宪政编查馆在奏报《城镇乡地方自治章程》的核议情况时有明确定位。它认同德国和日本的"国家本体论"法理，确定地方自治是国家统一权力结构对于地方的一种让渡，说"自治之事渊源于国权，国权所许，而自治之基乃立""地方自治既所以辅官治之不及"②。根据这种法理，地方自治的实施就被置于"官治"的统率之下，这表现在三个方面：

其一，自治须受到国家行政的严格监督。宪政编查馆的上述奏折说：自治"乃与官治并行不悖之事，绝非离官治而孤行不顾之词"，"不得抗违官府之监督"，"不得牴牾国家之法律"。这种监督表现在各个方面，例如，地方官有权检查、纠正自治机构的违章过失，有权令自治机构报告其成绩，有权检查其财务预算、决算执行情况，有权请求督抚解散城、镇、乡各自治机构、撤销自治人员职务。州县议事会、参事会的召集及开会、闭会由州县官负责；地方官对于同级议事会、参事会的决议有否决权；督抚有权调阅州县自治的各种公牍文件、检查其财务账目、削减其预算，有权咨请民政部解散州县议事会。

---

① 故宫博物院明清档案部编：《清末筹备立宪档案史料》下册，第731—735页。
② 同上书，第725—727页。

　　其二，自治事务不得触及国家行政范围。宪政编查馆的《奏折》说，"地方自治既所以辅官治之不及，则凡属官治之事，自不在自治范围之中"。它明确将地方自治的范围划定为传统上由地方士绅通过各种局所及以个人身份所经理的地方公益事务。对此《城镇乡地方自治章程》作出了具体规定：地方自治专办"地方公益事宜"，其范围为本自治区域的教育文化、医疗卫生、道路交通、农工商实业、慈善救济、公共营业和款项筹集等事务。

　　其三，实行官治与自治合为一体的体制，这一点最为重要。两个"地方自治章程"在县制改革方面作出一种制度设计，以使"官治"与"自治"合而为一。根据这种设计，在州县一级对原来"官治"的州县公署实行改造，使之同时成为"自治"的执行机构：知州、知县一方面作为州县国家行政首领，由国家任命，另一方面又作为地方自治系统的首领，担任州县参事会的当然会长；州县公署一方面办理属于"官职权内的事件"，另一方面执行议、参两会的决议。在城镇乡一级，赋予新建立的自治执行机构（或人员）以某种国家行政机构的性质：城、镇董事会总董、董事和乡董、乡佐一方面由议事会选举产生，另一方面其任用又须经州县行政长官甚至督抚核准；这些机构和人员一方面办理议事会议决各事以履行自治执行职能，另一方面办理"以律例章程或地方官示谕委任办理各事"，以履行部分国家行政职能。

　　上述清末州县行政改革的"官治"与"自治"两种方案，以健全县乡行政组织和机制为基本宗旨，代表了中国近代县制改革和建设的基本方向。此后在北洋政府和国民政府统治时期的几十年中，中国的县制改革和建设始终没有脱离这一基本方向，各种有关的制度设计也大致没有超越"官治"与"自治"这两种模式。

第三章

清末至北洋政府时期的县制

清末县制改革的"官治"方案和"自治"方案，均未能照其原样付诸实行，清政府试图将"官治"与"自治"融为一体的设想因此也没有能够实现。但是在北洋政府时期，这两种改革方案中所蕴含的基本取向却仍然以不同形式得到贯彻。一方面，北洋政府坚持实行"官治"县政，县公署仅履行国家行政职能而不承担地方自治行政职能，但却继续推进县行政组织的健全和整合；另一方面，县议、参两会于1914年被袁世凯政府下令取消后，各地形成了由地方人士组成、专以办理地方公益事务为职能的各种局所，它们构成了"官治"县政之外的另一个县政系统。这两个系统并存并行而又互相有所关联，是清末和北洋政府时期中国县制的基本特征。与此同时，形式繁多的区乡行政区划和组织在各地先后产生，它们尽管缺乏划一性和连续性，然而却大致具备了管辖区域明确、具有常设管理机构等近代化行政的特点。

第一节　北洋政府时期的"官治"县政

一、县公署组织的制度设计

1907年清政府在颁布《直省官制通则》时规定，这一文件设计的"官治"模式县政改革首先在东三省试行，"直隶、江苏两省交通较便，风气已开，亦宜及时举办，其余各省，分年分地逐渐推行"，最终在十五年内全国各地一律推行。但几年后清统治覆亡，这个文件的各项规定鲜见实行。民国初年，也只有个别省份的县公署机构在一定时期与《直省官制通则》模式相仿①。在这种情况下北洋政府颁行法令，对"官治"的县公署制度进行重新设计，其主要内容仍在于充实和整合县公署组织、增加其社会管理和建设职能。

民国改元后，各地县级行政机关较为纷乱，其官名也不一致。大致说来，在受到辛亥革命冲击较小的地区，尚沿袭前清制度，而受到革命冲击较大的地区则有所变更。如浙江常山县1912年1月光复后，"身穿军装，腰佩指挥刀"的吴介平"率领随员抵达常山"，召集本城绅、商学界代表开会，改组县公署，成立了一套"三驾马车"式的机构，以吴介平为军政

---

① 例如，山西省1918年开始实施《县公署组织条例》，在各县行政公署设立了承政员、承审员、主计员、管狱员、实业技士、宣讲员、视学等"掾属"。见山西日报馆：《山西用民政治述略》，山西日报馆印刷部，1919，第4页；民国《临晋县志》；民国《陵川县志》；民国《太古县志》。

部长，前清知县瞿××为民政部长，本县商人周××为参谋部长。①又如江苏南通光复后，设立了民政分府作为县行政机构，由本地人孙××、张×、田××先后担任民政长，至1913年1月，才改称县行政公署，民政长改为县知事②。针对这种混乱情况，1912年11月袁世凯发布"大总统令"划一官吏名称：

> 民国成立以来，各省府厅州县分职设官，率皆自为风气，或早改从知事之新名，或尚沿袭牧令之旧制……（在地方官制制定之前）各县及凡府、直隶厅、州之有直辖地方者，所有长官官名，一律先行改为知事，一应管辖区域，暨办事权限，悉依现制办理。③

1913年1月，北洋政府正式颁布了《划一现行各县地方行政官厅组织令》④，其中关于县公署组织和职责的主要内容包括：

第一，划一县地方行政长官名称，统称"知事"；划一地方县级行政区划名称，规定除现设各县仍称"县"外，现在有直辖区境的府和直隶厅、直隶州，以及现在各散州、厅，名称一律改为"县"。这种规定，继清末《直省官制通则》之后进一步划一了初级政区的行政级别和名称，使得中国的地方行政体制在科层化的道路上前进了一大步。

第二，规定县知事"依现行法规之例，各办理其行政事务及该省行政长官委任之事务"；此外，"各县地方彼此关系事件应互为法律上之协助"。这种规定，否定了清末地方自治要使州县官具有国家行政官员和地方自治行政首领双重性质的制度设计，明确了县知事单纯属于国家行政官员，其职责仅仅在于办理国家

---

① 政协浙江省常山县委员会文史资料研究委员会编：《常山文史资料》第1辑，第3页。以下所引用的文献其名称为"××文史资料"的各地"文史资料"，均为政协该县（市）委员会文史资料研究委员会编，对于文献编者不再赘注。另外这类文献均为县（市）政协文史资料研究委员会自行刊印，故也不注出版单位。

② 《南通县文史资料》第2辑，第194—195页。

③ 中华民国史事纪要编辑委员会编：《中华民国史事纪要》（初稿），民国元年册，第626页。

④ 同上书，民国二年册，第21页。

行政事务。对于县知事性质的这种定位，1914年5月公布的《县官制》进一步加以明确，详见后文。

第三，规定了县行政公署的内部组织结构。各县知事公署可以设置两种"佐治员"，即科长和科员；此外还可以"酌设技士办理技术事务"。各县知事公署分设各科办理行政事务，各根据本县事务繁简设2至4科，以数序命名，称第一科、第二科等。各科人员编制，科员为2至4人，技士至多不得超过3人。为"缮写文件、办理庶务"，各县公署可以"酌用雇员"。就制度而言，县公署科长、科员和技士属于公职人员，"由该省行政长官委任"，而不像清代州县的幕僚和胥吏那样属于官员的私人雇员或游离于国家职官队伍之外的地方势力。因此，这种规定对于清代州县以私人履行公权的制度是一种否定。但1914年5月公布的《县官制》在这方面有所后退，详见后文。

第四，规定未设审判厅各县，可以酌设帮审员1至3人，管狱员1人。清末"预备立宪"曾规定要在各州县衙署之外设立独立的初级审判厅，这不是轻而易举之事。这里规定在县公署内设置帮审员、管狱员，简便易行，旨在渐进推行行政与司法的分离。

1914年5月，北洋政府公布《省官制》《道官制》和《县官制》[1]，其中关于县行政制度的主要内容包括：

第一，规定地方行政体制实行省、道、县三级，县置知事，隶属于道。

第二，规定县知事"为一县行政长官，依法律命令执行一县内行政事务"，这进一步明确了县知事属于国家行政官员而不兼地方自治行政首领的性质。

第三，规定了县知事的行政权力。这些权力包括：发布县令[2]，停止或撤销本县警务、管狱官员和佐治各员的行政举措，调

---

① 张坚石等编：《地方政府的职能和组织机构》上册，华夏出版社，1994，第279—284页。

② 1914年9月，北洋政府又命令对这一点进行修正，规定"县知事为执行法律、教令、省道章程，或依法律、教令、省道章程之委任，得发布县单行章程"。见中国第二历史档案馆整理编辑：《政府公报》第841号，1914年9月6日，上海书店，1988。

用驻扎本县的警备队，发生非常事变时请求调用邻近驻军，以及自委掾属。

《县官制》发布于袁世凯酝酿复辟帝制之时，它规定县知事可以自委掾属，对于《划一现行各县地方行政官厅组织令》的有关规定来说是一种倒退。前文已经述及，后者沿袭清末《直省官制通则》的设计，称科长、科员等为"佐治员"，由省行政长官任命，其性质属于国家公职人员；而《县官制》称这些人为掾属，规定可由县知事自委，从而使得他们的性质介于私人雇员与国家公职人员之间，变得模糊起来。

1913年3月，北洋政府还发布《各县知事公署暂行办事章程》，对县行政的范围和内容作出了具体规定。"章程"规定，县行政公署各科负责办理以下具体事项：选举、监督下级自治团体及其他公共团体、赈恤救济及其他慈善、道路及其他土木工程、宗教及礼俗、征兵征发、人口户籍、警察卫生、土地调查和收用、本县行政经费收支、委任关税征收、文化教育、农林工商、官产官物和地方交通行政等。这种规定，改变了清代州县行政以赋税征收和刑法诉讼等政治统治职能为主的传统，明显增加了县行政的社会管理和建设职能，具有行政近代化改革的性质。①

二、实际运行中的县公署组织

北洋政府时期各地县公署组织的实况与其制度设计之间存在较大差异。从长时段的角度看，在中国县政组织从传统走向现代的道路上，北洋政府时期处于一种过渡阶段。在这一时期，清代那种任用幕友、家丁、胥吏、差役办理县政的做法作为一种实行了数百年的政治和社会制度，虽然没有能够彻底废除，但开始出现不同程度的变化，为后来国民政府更为彻底地改造县政府组织机构准备了条件。大致说来，北洋政府时期各地的县公署组织情况可以分为几种类型：

其一，较为彻底地废除了任用幕友、家丁、胥吏、差役办理县政的制度，这种情况只是极少数。例如：

① 中国第二历史档案馆整理编辑：《政府公报》第321号，1913年3月29日。

直隶广宗县1913年奉省令改组县公署，"裁去六房及三班名目，内分为内务、财政、教育、实业四科"；不久"以县小复并为二科，置科长二人，科员四人，书记十人，缮拟文书；设政务警察传案催粮，免除各项陋规。自科长以下，均支给薪水工食，其纸张笔墨亦由县署支领，数百年积弊为之一清"。①

直隶望都县1912年改组县署，分设行政、司法、教育、实业等四科，各设科长一人，"其下六房四班如故"。至1913年，"废六房改为行政、司法两科，设书记；废四班，属于行政者改为承发吏八人，旋改为政务警察；属于司法者改为司法警察，仵作改为检验吏"。②

甘肃天水县在清代为秦州直隶州，州衙设六房和快、捕、皂等四班差役，1913年取消六房，设立总务科管司法教育，经征局管理田赋粮款；撤销吏目、典史，设管狱员；四班衙役只留少数人，供总务科差遣。③

其二，县公署组织虽未发生根本变化，但有所损益，进行了部分改革。例如：

直隶青县1913年进行县署改组，书吏"十房"改组为两科，刑名、钱谷幕友分别改为第一、第二科科长，"各科书记若干人，多以旧吏充之"。但四班差役被取消，改组为承发吏和司法巡警，并另组游击队（后改为警备队）以缉捕盗贼。此外还另设征收处和契税处，分别负责征收粮赋和田房契税。④

陕西陇县差役"三班"仍旧，但六房改为三科：第一科管总务，第二科掌管地丁钱粮，第三科掌管民刑诉讼，另设仓科管理仓储。⑤

甘肃武都县1913年"改聘用幕僚人员——书启、刑名、钱

① 民国《广宗县志》，法制略。
② 民国《望都县志》，政治志。
③ 《天水文史资料》第2辑，第53—57页。
④ 民国《青县志》经制志，时政篇。
⑤ 《陇县文史资料选辑》第1辑，第39—40页。

谷各员为县公署正额职员,仍称'师爷',在县署经费预算内支薪。县知事公出,改由书启师爷代拆代行"。①

其三,县公署组织在形式上得到改变,但实际上是换汤不换药,房吏和差役仍是县政的实际执行者。例如:

> 直隶沧县1913年奉令改组行政公署,"幕僚改为科长、科员,从前之稿案房班等名目,一律取消。其初规定内务、财政、教育、实业四科,嗣因经费支绌,奉省令并为两科……第一科……管理内务、财政;第二科……管理教育、实业。又设书记若干人,分为行政、地粮、租粮、契税等股,各自任事,不相混合。其供应差遣奔走者,另设承发吏若干人,即旧时四班头役之改充也"。②

> 湖北汉阳县民国初年"废除三班六房旧制,改设第一、二两科……旧时书吏、书办改称为科员、司事等职称,但名变而未(未字衍)实未变。所有传案、催粮仍由旧日差役承办。从1912年直到1926年秋北伐军攻克武汉以前,历任汉阳县知事一到任,依然是坐堂点卯,吏役大多也是父死子继,兄终弟及,可见县衙门三班六房、旧习陋规,始终沿袭未改。如世袭下来的卯首吴××、舒×等,在1926年以前,一直出入衙门,横行乡里,道路侧目,人莫敢言。差头如蔡×、余××、段×、徐××等,在县城各自家里设立歇家,包揽民间词讼……"。③

有些地方,"三班六房"没有被取消,只是在其上设置县公署各科以进行管理,也同属这种类型。例如:

> 陕西千阳县存在八房书吏和四班差役;民国改元后"改设三科,其它延用旧制,仍管八房四班"。④

> 河南临颍县1913年奉省令县公署设总务、内务、财政三科,各设科长一人,科员一人。但仍沿用清代的十房和七班。直

① 《武都行政体制沿革》,《武都文史资料选辑》第2辑,第4页。
② 民国《沧县志》,经制志,行政。
③ 《汉阳文史资料》第2辑,第104—105页。
④ 《千阳文史资料选辑》第2辑,第108页。

至1927年6月，才"取消十房，成立书记处，负责缮写公文；成
立经征处，负责征粮。撤消七班衙役，成立政务警察队，保卫县
政府，传官司户"。①

其四，县公署组织沿袭清代旧制，几乎连形式变化都没有发生。
例如：

京兆通县民国初年的县政一直由六房胥吏和八班差役运作，
直至1925年才改设行政、财政、司法三科和政务警室。②

河南巩县"民国建元以后，地方一切行政，仍沿用清制，无
大改变"。至1927年"北伐军到达巩县后，才把吏、户、礼、
兵、刑、工六房改为书记处；八班衙皂改为政务警察等"。③

陕西南郑县"1912年至1927年仍按清制设六房四班"，六
房胥吏"分掌日常公事"；四班差役站堂、行刑并分四乡"承办
催、捕传递差役"。④

在有些地方，县公署废除胥吏和差役的改革经历了反复的过程。如直
隶东明县，1913年在县公署设两科，"将前清旧制之六班六房统改为书记
及雇员，隶属各科办事"，不久改称科长、科员名义；"未几，郑××任
知事，仍行旧制，各科人员无形解散"⑤。

这一时期，各地县公署组织的改革之所以难以顺利推行，主要原因在
于旧势力的阻挠。沿自清代的各级衙署书吏和差役是旧行政制度的既得利
益阶层，他们人数众多，根深蒂固，盘枝错节，是一股对地方行政和社会
影响极大的势力。民国初年实行的各级地方行政公署组织改革，势必会触
及这一阶层的既得利益，甚至威胁到他们的生存，因此不可能不引起他们
的剧烈反抗。对此民国《盐山县志》记述说：

①　《临颍文史资料》第6辑，第43、46页。
②　《文史选刊》（北京通县），第2期，第7页。
③　《巩县文史资料》第7辑，第92页。另据刘慎言《回忆巩县旧政权的两三事》：河南巩
县清代设十三房胥吏和八班差役，民国初年只是将十三房并为十房，直到1928年才废除胥吏十房
而改为科。见《巩县文史资料》第6辑。
④　《汉中市文史资料》第5辑，第116页。
⑤　民国《东明县新志》卷八，县政府。

> 民国二年一月，政府下划一地方行政之令，举历代因袭成格，几于一扫而空……凡与此项章程抵触，或局或所，或官或吏，一切罢除，其立法简易，实为亘古所无，而局促苟且之弊亦因之而起，所除之各机关员役其损失更不可以亿计。……（县公署改革）大略仿省制，废从前六科房书及新设之劝学所，组一公署，以县知事为长，各设二科（原定繁者可设四科，旋又划一为二科），亦设科长、科员，以六房书吏为书记，作为雇员……公布之日，虽云即须施行，而千年习惯未易骤革，或敷衍塞责，或卤莽灭裂，或诿难不变，严催数月而实行寥寥。①

改革在有些地方甚至引起公开反抗。如直隶景县 1913 年冬奉令裁汰书役，"以县议参会促之过急，几酿不测，以致欲速不达，仅改吏胥为书记，改差役为警吏。因循粉饰，蒙蔽有年，虽迭令剔除，卒未果行"②。

县公署分科治事后办事人员偏少，因而不能正常履行县政职能，也是县公署组织改革难以顺利实行的一个重要原因。如直隶南宫县公署 1913 年实行分科治事后设二科，除数名科长、科员外，"改向日六房书吏为书记，向日之班役为公役，定额皆不过昔之十一二，以故局役苟且，废时失事之弊日有所闻"。③盐山县的情况也与此类似。该县在清代"向有房书百余人，班役二百人"；而 1914 年春成立县公署后，仅设 2 名科长、3 名科员、18 名书记和 14 名公役，因此"废时失事之弊时有所闻，不得已改组其名而旧贯其实者十居八九"。④1915 年 9 月，署贵州巡按使龙建章在一份呈文中，也谈到该省各县普遍存在这类情况。他说：贵州各县公署组织改革后，"分职设员多所参差，书吏虽裁，有名无实，甚至一县之中只设科员一二人，徒省公费入己，积案累累，贻误公务，实非浅鲜"⑤。

北洋政府时期也实行县等制度。1913 年 9 月北洋政府发布教令，令

---

① 民国《盐山县志》，法制略，设官篇。
② 民国《景县志》，政治志上。
③ 民国《南宫县志》，法制志，新政篇。
④ 民国《盐山县志》，法制略，设官篇。
⑤ 《署贵州巡按使龙建章呈文并批令》，中国第二历史档案馆整理编辑：《政府公报》第 1226 号，1915 年 10 月 6 日。

各省将属县划分为不同等级，各省相继实行。直隶将全省119县划分为七等，其中"特别大缺"7县，一等缺13县，二等缺21县，三等缺26县，四等缺22县，五等缺21县，六等缺8县，此外还有一个"特别小缺"（新镇县）；①京兆特别行政区与直隶相同，所属20县"按县缺繁简，别为七级"；②贵州将各县分为一、二、三等，以前清府治和直隶州、巡道所在地为一等县，后来又申请"就政治经济事实各方面互为比较，略予升降"；③福建省全省62县，也分为三等；④安徽省将所属各县"就缺分繁简列为甲、乙、丙、丁、戊五级"⑤。

清代将州县划分为简、中、要、最要四个等级，但各等州县的财政存留和州县官养廉银没有统一标准，各视实际情况而定。当时州县等级差别的一个重要表现，在于正印官的任用程序有不同。北洋政府时期，县知事的任用权已统归各省，县等的差别主要表现在经费数额方面。北洋政府于1913年令各省分别实行的划分县等，是直接与核定各县公费联系在一起的。如直隶划分县等时规定，"特别大缺"每月公费1900—1400元，一等县1300元，二等县1100元，三等县950元，四等县850元，五等县750元，六等县600元，"特别小缺"400元。⑥安徽省甲级县月支公费1000元，以次递减百元，至戊级月支600元。这里顺便补充一点，有些县公署组织改革之所以推行不力，同经费拮据有很大关系。如直隶盐山县每月公费750元，除去县知事、科长、科员、书记、工役等县署人员的薪

① 《直隶省各县公署现行暂定经费等级数目单》，中国第二历史档案馆藏：北洋政府内务部档案，全宗1001，案卷5712。

② 《顺天府府尹沈金鉴呈文》，中国第二历史档案馆整理编辑：《政府公报》793号，1914年7月21日。

③ 《署贵州巡按使龙建章呈文并批令》，中国第二历史档案馆整理编辑：《政府公报》第1255号，1915年11月5日。

④ 《内务部财政部呈文并批令》，中国第二历史档案馆整理编辑：《政府公报》1220号，1915年9月30日。

⑤ 《安徽巡按使韩国钧呈文》，中国第二历史档案馆整理编辑：《政府公报》第1149号，1915年7月20日。

⑥ 《直隶省各县公署现行暂定经费等级数目单》，北洋政府内务部档案，全宗1001；案卷5712。

金外，仅剩办公费251元。由于经费拮据，至1916年"员役各制""已近具文"，"六科三班之属""已规复旧制"。①

三、县知事兼理司法制度

在清代，审理民刑诉讼与征收赋税并为州县官的两项主要职能，前者更是常年不断的工作。在清末"预备立宪"过程中，人们对州县官兼理行政和司法提出批评，指出这既不利于他们集中精力于行政事务和地方建设，也不符合当时正从西方传入中国的权力制约原则。因此，1907年的地方官制改革将"分设审判各厅以为司法独立之基础"作为重点之一，规定在各省"分期设立高等审判厅、地方审判厅、初级审判厅"。同年，清政府颁布《各级审判厅试办章程》，1909年颁布《法院编制法》，对于在各州县设立独立的初级审判厅作出了规定。

民国改元后，临时参议院于1912年4月通过决议，规定清末颁行的《法院编制法》继续适用。此后在北洋政府统治时期，又曾颁布过两项与县司法独立有关的文件：

其一，1917年4月公布的《暂行各县地方分厅组织法》。这个文件规定："凡已设地方审判厅地方，得于附近各县设立地方分厅，即称为某处地方审判厅某县分厅。"这种各县地方分厅，可以设于县知事公署之内，其司法管辖区域与所在县的行政区域相同，但基本属于独立的司法审判机关。因为按照这一文件的规定，地方分厅"受各该本厅之监督"，而不是隶属于县知事；其推事官、检察官和书记官均为国家荐任、委任官员。此外，地方分厅还设承发吏、司法警察、检验吏，可以使用雇员。②

其二，1917年5月公布的《县司法公署组织章程》（若干条款于1923年4月修正）。《暂行各县地方分厅组织法》规定"凡

---

① 民国《盐山县志》，法制略，新政篇。
② 中华民国史事纪要编辑委员会编：《中华民国史事纪要》（初稿），民国六年册，第280—281页。

未设地方厅及地方分厅各县，应设立县司法公署"，《县司法公署组织章程》即据此而颁行。按照这一文件的规定，县司法公署在司法职权方面没有同县行政系统截然分立。首先，司法公署设在县公署内，"以审判官及县知事组织之"，其书记官"由审判官遴员会同县知事派充"。其次，除审判外，其他"关于检举、缉捕、勘验、递解、刑事执行等事项，概由县知事办理，并由县知事完全负责"。但另一方面，县司法公署在行使司法职权方面又具有很大的独立性。首先，县司法公署的主要官员审判官、书记官由省司法机关任命。其次，"审判事务，概由审判官完全负责，县知事不得干预"。第三，不仅审判官须受高等审判厅长之监督，就是县知事在司法事务方面，也同样受高等检察厅厅长监督。县司法公署还设承发吏、检验吏、法警等人员，可以使用雇员。①

但从实际情况看，清末民初司法管辖范围为一（州）县的地方审判分厅，仅仅曾在少数地方设立；至1914年4月，索性由大总统袁世凯发布命令"概予废除"，理由是"经费人才两俱缺乏"②。上述两个文件颁布后，全国各地设立地方分厅和县司法公署者也寥寥无几，至1926年，前者只有23所，后者只有46所，其他1700余县均没有设立这两种机构。③在这种情况下，北洋政府统治时期全国绝大多数县份在司法方面实行的是县知事兼理司法制度，可分为两个阶段：

第一阶段自1913年1月至1914年4月，县司法事务由县知事与帮审员共同负责。在清末"预备立宪"中，司法独立呼声甚高，民国改元之初其余波犹盛，所以当时县司法制度的建设尚以司法独立为基本取向。1913年1月，北洋政府颁布的《划一现行各县地方行政官厅组织令》规定"各县地方之未设有审判厅者，除依现行法律办理外，得酌设帮审员一至三人，管狱员一人"；各县帮审员由县知事提名，省司法筹备处任命，司

① 中华民国史事纪要编辑委员会编：《中华民国史事纪要》（初稿），民国六年册，第299—300页。
② 同上书，民国六年册，第697页。
③ 同上书，民国十五年册，第836页；《司法部呈文》，中国第二历史档案馆整理编辑：《政府公报》第3251号，1925年4月20日。

法部备案，具有相当的独立性。①实际实行情况也是如此。例如，直隶省于1913年令各县设立了审检所，置帮审员掌理司法审判事务，县知事任检察官，在县公署内部形成了一个相对独立的司法系统。山东的情况也与此类似：

> 直隶青县1913年县署改组"遂将司法一部分划出，别立机关，名曰审检所，如管狱员、司法科、检验吏、承发吏、司法巡警皆属司法一部分"，以上级派来的法官恽××为主任，以县长兼任检察官。②

> 景县1913年"于县署设立审检所，以县知事为检察官，以帮审员为审判官"。③

> 文安县"民国二年设审检所，所设帮审员由高等审判厅委任。设司法股，书记10人，司法巡警18人，检验吏1人"；司法经费也单独列支，全年3840元。④

> 山东馆陶县于"民国元年冬，奉令颁《县公署暂行分科治事章程》，乃设有司法专科，掌理民刑诉讼、批判、预审等事件。旋奉令改设帮审员，承办审判民刑诉讼案件，县知事仍有兼理事务之权"。⑤

在设立帮审员各县，司法系统虽然具有相对独立性，但归根结底属于以县知事为长官的县公署的一部分，因此司法系统与行政系统难以完全划清界限。以直隶文安县情况为例，其"司法巡警均由行政警察兼之"，司法书记也属于行政系统；司法经费虽单独列支，但"承审员薪俸，检验吏及书记、司法巡警各工食，皆在行政经费项下开支"。有些县则根本不设帮审员，司法审判完全由县知事负责，直隶望都县就属这种情况。⑥

---

① 中华民国史事纪要编辑委员会编：《中华民国史事纪要》（初稿），民国二年册，第21页。

② 民国《青县志》，经制志，时政篇。

③ 民国《景县志》，政治志。

④ 民国《文安县志》，法治志。

⑤ 民国《馆陶县志》，政治志，制度。

⑥ 民国《望都县志》，政治志。

第二阶段始于1914年4月北洋政府公布《县知事兼理司法事务暂行条例》和《县知事审理诉讼暂行章程》①。1913年1月以后实行的以县知事任检察、帮审员任审判的县司法制度，在当时人看来存在两个缺点：一是帮审员多由法政专业毕业的学生担任，他们缺乏实践经验；二是司法权过于独立。对此直隶《广宗县志》记载说：1913年后"充帮审员者多系政法学校毕业学生，成绩甚寡"；②《南宫县志》则记载说：1913年"始派法政学生于各县"任帮审员，他们"经验幼稚，为世诟病"；"且三权之理论虽充，及征诸事实，其窒碍亦殊多端"。③当此之时，专制思想严重的袁世凯又正在准备复辟帝制，县司法改革的取向于是发生转变，由强调司法与行政分立转为强调两者的合一。上述"暂行条例"和"暂行章程"就是在这种背景下颁布的。

"暂行条例"规定，"凡未设法院各县之司法事务，委任县知事处理之"，明确了县知事兼理司法的原则。同时又规定，各县可以设立承审员"助理"县知事。

关于县知事审理诉讼事务的范围，"暂行章程"规定："凡未设审检厅各县，第一审应属初级或地方厅管辖之民刑诉讼，均由县知事审理。"与前一阶段的帮审员相比，承审员的独立性明显减弱，处于依附县知事的地位。"暂行条例"规定，"承审员审理案件，由承审员与县知事同负其责任"；承审员由县知事在合格人员内提名，"呈请高等审判厅长审定任用之"，"地方事简"各县可以不设；承审员办理司法事务"受县知事之监督"；县司法系统的书记员、录事、承发吏、检验吏均由县知事根据需要设置，司法警察以县知事公署巡警兼充。④这两个文件颁布后得到落实，各地帮审员及其他相对独立的县司法机构均撤销，实行县知事兼理司法而以承审员"助理"的制度。例如：

直隶广宗县1914年"审检所裁撤，司法仍归县知事兼理，

① 《县知事审理诉讼暂行章程》于1921年1月、1921年3月和1923年3月三次进行修正。
② 民国《广宗县志》，法制略。
③ 民国《南宫县志》，法制志，新政篇。
④ 中华民国史事纪要编辑委员会编：《中华民国史事纪要》（初稿），民国三年册，第591—592页。

改设承审员"①；青县1914年秋"帮审员改为承审员，一受成于县长，名为独立，实则仍混合为一，莫由分别，于昔时殆无少殊"②；南宫县帮审员改为承审员后，除经费方面司法与行政仍有划分外，司法事务"一秉承于县知事，检察审判之权，知事仍兼之"③；广东大埔县1912年曾设立职权完全独立的司法机构"专审所"，"直隶地方审判厅，由省司法派专审员一人，专办民刑诉讼"，至1914年被裁撤，"复由县知事兼理初级诉讼，就署中设一承审员掌其职"④；浙江省1916年在护国运动中宣布独立，各县知事署内恢复设立审简所，"以为筹备司法独立之基础"，次年3月全部裁撤⑤。

1923年，北洋政府扩大了承审员独立审判的权力，规定在设有承审员各县，属于初级审判厅管辖范围的案件"概归承审员独自审判"，但仍须"以县公署名义行之，由承审员负其责任"；属于地方审判厅管辖范围的案件"得由县知事交由承审员审理，但县知事与承审员同负其责任"。⑥此外，北洋政府还于1914年9月颁布《县知事征收司法各费稽核规则》，规定在没有设立审检厅各县，发卖状纸费、诉讼费、罚金和没收财产物品等"官产司法收入"由县知事征收，其中状纸费五成、罚金、没收款项及没收物品卖得金归各县留用。⑦1916年4月，北洋政府颁布《县知事审理命盗案件限期及奖惩规则》（1919年11月修正），规定了县知事在刑事案件方面的破案期限，以及相关的奖惩办法。⑧这些均使得县知事兼理司法制度更加明确。

———————————

① 民国《广宗县志》，法制略。

② 民国《青县志》，经制志，时政篇。

③ 民国《南宫县志》，法制志，新政篇。

④ 民国《大埔县志》，经政志上。

⑤ 《东方杂志》卷十四，第四号，第212页。

⑥ 中华民国史事纪要编辑委员会编：《中华民国史事纪要》（初稿），民国三年册，第593、595页；中国第二历史档案馆整理编辑：《政府公报》第1532号，1923年3月30日。

⑦ 中国第二历史档案馆整理编辑：《政府公报》第859号，1914年9月25日。

⑧ 中华民国史事纪要编辑委员会编：《中华民国史事纪要》（初稿），民国八年册，第412—414页。

县知事由于兼理司法，因此被认为不仅是行政官员，同时也是司法官员。《县知事兼理司法事务暂行条例》规定，"县知事关于司法事务，受高等审判检查厅长之监督"。1921年司法部呈请颁给各省"优秀法官"奖章，所开列的人员中就包括奉天、察哈尔、直隶、山东、河南、浙江等省区的多名县知事。[①]

县知事兼理司法制度同清代有关制度一脉相承，弊端十分严重。如1915年江苏省高等审判厅厅长在一份文件中揭露说："县知事兼司法事务……于收状时竟巧立名目，有所谓快状者，有所谓快快状者，快状则当日批准传讯，索洋十余元，快快状则当日出传票，索洋数十元，以纳贿之多寡，定批示之准驳与传讯之迟速，吏胥索诈，民怨沸腾，在前清犹不致如此，不谓民国肇始，其黑暗尤甚于前。"[②]县知事兼理司法，还往往因精力不足而导致积案繁多。1915年广西巡按使张鸣岐曾巡行各县进行考察，事后在报告呈文中说：广西"除桂林设有审检厅外，余属司法事宜均由县知事兼理，庸懦之吏固无论矣，间有本属干员，乃因政务繁多，亦不免顾此失彼，积压愈久，讼蔓日滋，小民更不堪其苦。鸣歧巡行所至，禀词络绎，率皆未经判决之案"[③]。

县监狱管理作为司法制度的一部分，在北洋政府时期也基本上由县知事管辖。

清代州县监狱主要用于监禁待质人员、开始审讯而尚未结案的涉案人员和已被判处徒、流、死等刑罚而尚未执行的因犯，设吏目、典史掌管，而州县官一般也委派私人参与管理。此外还存在班房、饭歇等差役私押场所。民国改元后，监狱和班房均继续存在，后者一般改称看守所。北洋政府于1913年1月颁布《划一现行各县地方行政官厅组织令》，在规定设立帮审员以增加司法审判独立性的同时，也尝试寻求狱政的独立性。它规定："未设审判厅各县，可以酌设……管狱员一人，由各县知事呈由该省

---

① 《司法部呈大总统文（附单）》，中国第二历史档案馆整理编辑：《政府公报》第1790号，1921年2月16日。

② 《江苏高等审判厅长详司法部文》，中国第二历史档案馆整理编辑：《政府公报》1229号，1915年10月9日。

③ 中国第二历史档案馆整理编辑：《政府公报》第1166号，1915年8月6日。

司法筹备处长委任，并报告司法总长。"是年，司法部还制定颁布了《看守所暂行规则》和《监狱暂行规则》。此后，各地纷纷设立管狱员管理各县监狱，有些地方并兼管看守所。例如：

> 直隶威县1913年"裁撤吏目，改管狱员一员，专管监狱及看守所一切人犯，而不事捕捉"；"其从前经县长添派之监狱班管一差"也经管狱员据理力争而停派。①

> 直隶文安县1913年将清代的督捕厅改为管狱署，"设管狱员一人，由高等检察厅委任；官医一人，看守四人；看守所看守二人"。监狱经费不在行政经费中列支，"管狱员薪俸、官医薪水，监狱及看守所看守人工食，监犯、押犯各口粮，并提拨高等检察厅分监经费以及零星杂支，均由司法项下开支"。②

但总体来说，监狱管理仍属于县公署的行政范围，上引《文安县志》即明确记载"管狱署附属于行政公署"。而北洋政府时期沿自前清的各种制度因素也使得监狱管理不可能脱离县行政而独立。这些因素包括：其一，在许多地方实际上没有废除的胥吏、差役制度。如直隶藁城县民国初年的看守所分为第一所、第二所、第三所，通称为三所，"即昔日七班之变态"③。其二，县知事自委掾属制度的遗存。当时管狱员虽然形式上由县知事提名，而由省司法官厅任命，但实际上均由县知事委派，与县知事同进退。对此，直隶巡按使朱家宝在一份文件中指出："管狱员多系由各县知事详请委任，每遇县知事交替，管狱员亦因有连带关系，相与辞职而去大半，皆视为无足重轻。"④其三，差役私押制度的遗存。朱家宝指出，当时由前清班房演变而来的看守所，"有归管狱员管理者，亦有不归管狱员管理者"，后者一般仍为县公署系统的差役或政警管理。针对这些情况，朱家宝建议明确划分各县监狱和看守所的管理职责，确保管狱员职权的相对独立。为此他制定了《直隶各县管理监狱暨看守所暂行章程》，规定：

① 民国《景县志》，政治志。

② 民国《文安县志》，法治志。

③ 林翰儒：《藁城县乡土地理》下册，县公署。

④ 《直隶巡按使朱家宝呈文》，中国第二历史档案馆整理编辑：《政府公报》第988号，1915年2月7日。

"各县管理监狱为管狱员专责，县知事有监督之权，分负责任。……各县看守所归县知事直辖。""管狱员因事出缺，由高等厅委任，亦可由县知事将所知堪任之人详请委任。遇县知事交替时，该管狱员仍继续行其职务，其由知事详请委任之员，不得连带辞职。非有真实劣迹，及确系不能胜任者，后任知事亦不得擅请更易。"[①]他的建议当时得到了大总统袁世凯的批准。但是，在县知事兼理司法的制度框架内，县监狱管理很难独立于县行政之外是想见的。

四、县佐制度

北洋政府时期的县佐源于清代承担分防职能的州县佐贰杂职。清代州县佐贰杂职如州同、州判、县丞、主簿、巡检，不是普遍设立，而是根据需要择地设立，有与正印官同城者，有不同城者。后者驻扎州县治城之外的特定地点，部分负责钱谷、驿站等事务，部分承担分防地方的职能，均不准受理民间词讼。民国改元后，佐贰杂职大部被裁革，但承担分防职能者有的继续保留下来。例如，山东省前清设佐贰杂职214缺，其中62缺虽然属于分防性质者，但也于1913年奉令裁撤，而此外还有分防要缺15处，"一时不便遽裁"，遂将其中的文登县威海司巡检改为办事委员，其余滕县县丞等14缺改设警察事务分所。由于经费困难，这种改革至1915年"尚未一律告成"。陕西省各州县前清共设佐贰140余缺，民国改元后"所有与县知事同城各缺一律裁撤"，一缺改设警察事务分所，还有分防性质的27缺没有裁革。

佐贰杂职的裁革在有些地方造成了行政职能的缺位。如河南省官员1915年谈到该省的有关情况时说：

> 河南在清代"各县设有佐贰杂职百余处，以资佐理。改革后一并裁撤。近来舆图广袤之区，以及区脱奇斜之地，恒苦鞭长不及，控制为难，故民事较昔为纷更，匪徒亦虞窃发。若非择要分

---

① 《直隶巡按使朱家宝呈文》，中国第二历史档案馆整理编辑：《政府公报》第988号，1915年2月7日。

治，不足以资弹压而靖地方"。①

正是由于这种情况，北洋政府于 1914 年 8 月公布了《县佐官制》，令各地在确实需要的地点设立县佐。《县佐官制》的主要内容如下：

一、关于县佐的职责和权限。文件规定县佐"承县知事之命，掌巡檄弹压及其他勘灾、捕蝗、催科、堤防、水利，并县知事委托各项事务"。"县佐驻在地方之警察，由该县佐承县知事之命就近指挥监督之。县佐驻在地方之违警案件，得由该县佐就近处断，仍详报于该管县知事，但不得受理民刑诉讼案件。"

二、关于县佐的驻扎地点。文件规定县佐"以设于该县辖境之要津地方为限，不得与县知事同城。设置县佐之县，由该省巡按使声叙必须设置理由，咨陈内务部呈请大总统核定之"。

三、关于县佐的任用程序。文件规定县佐"由巡按使委任，咨陈内务部核准注册"。

四、关于县佐下属人员的设置。文件规定县佐"因办理文牍及庶务，得酌用书记员、雇员"。②

《县佐官制》颁布后，各省纷纷勘察本省情况，申请在扼要地点设置县佐。如直隶拟在 27 个县设置县佐 33 缺③；河南省 1915 年 4 月呈文说，河南拟在开封等 49 县中设立县佐 44 缺，其中 2 个繁要缺，27 个要缺，15 个简缺，"其地点非在各县扼要之区，即系数县毗连之地。或偶然发生事件，县中远不及防；或彼此参伍错综，临事互相推诿，要皆酌量地方情形，定为缺分繁简。昔无而今有者，必其地势渐变繁冲；昔有而今无者，必其地形无关要塞，凡诸设置皆有理由"。呈文提出要为县佐设置属员："至县佐有巡檄、弹压、堪灾、捕蝗、催科、防堤、水利诸义务，断非一手一足之烈所能为功，所有文牍庶务，亦拟随设书记、雇员，以资助理。"关于

---

① 《河南巡按使田文烈呈文》，中国第二历史档案馆整理编辑：《政府公报》第 1053 号，1915 年 4 月 14 日。

② 中华民国史事纪要编辑委员会编：《中华民国史事纪要》（初稿），民国三年册，第 243—244 页。

③ 《内务部呈文》，中国第二历史档案馆整理编辑：《政府公报》第 1140 号，1915 年 7 月 11 日。

县佐人员的来源，呈文说该省已由"省内外各机关"推举了400余人，经考察其中200余人合格。这些人主要属于以下几类人员：1. 已裁革的前清佐贰到省候补者；2. 中外警察学校毕业办理行政事务已满一年者；3. 中学以上毕业在行政公署充当科长科员一年至三年以上者。①山东省拟设县佐37缺，巡按使蔡儒楷在有关呈文中谈到其设置理由和择地原则说：县佐的设立"非因县境辽阔，即系政务繁殷；或将已裁分防量予规复，或就改设警所而再事更张，或地方有今昔之异，或形势有增添之必要"②。陕西省在《县佐官制》颁布后申请设立县佐30缺。该省在有关呈文中开列申请设置县佐的地点和择地原因可以使人们更直观地了解这一时期县佐以及清代州县佐杂的设置原则。试举几例如下：

> 长安县草滩镇，该处北界三原、泾阳两县，地当孔道，商务殷繁，前清设县丞于此，民国成立后仍其旧制。

> 临潼县关山镇，该处毗连蒲城、富平、渭南三县，辖境辽阔，前清设县丞于此，民国后裁撤，改设警察事务分所。

> 富平县美原镇，该处界连同蒲，民情最为强悍，前清设县丞于此，民国后仍其旧制。

> 大荔县羌白镇，该处界连蒲城，为渭北刀匪出没之区，前清设县丞于此，民国成立后仍其旧制。

> 商县龙驹寨，该处界连鄂豫，洵属水陆要冲，前清设州同于此，民国成立后改为县丞。

> 雒南县三要司，该处界连豫省，山岭丛杂，前清设巡检于此，民国成立后改为县丞。

> 陇县马鹿镇，该处界连甘肃，五方杂处，前清设州同于此，民国成立后改为县丞。

> 宝鸡县虢镇，该处商业繁盛，凤称难治，前清设巡检于此，民国成立后，改为县丞。

① 《河南巡按使田文烈呈文》，中国第二历史档案馆整理编辑：《政府公报》第1053号，1915年4月14日。

② 《山东巡按使蔡儒楷呈文》，中国第二历史档案馆整理编辑：《政府公报》第1054号，1915年4月15日。

> 凤县三岔驿，该处山深林密，最易藏奸，前清设驿丞于此，
> 民国成立后改为县丞。
>
> 栒邑县石门镇，该处界连甘肃，深沟峻岭，前清曾设营汛于
> 此，以资弹压，旋经裁撤。①

可以看出，当时选择设置县佐的地点，或属于地毗邻县邻省，或属地当要冲，或属商业繁盛，或属距县治较远，或属民风强悍，或属地形复杂，治安形势严峻。有当时人后来曾著文回忆凤县三岔驿县佐的有关情况，对照上述陕西当局所陈在该地设置县佐的原因，可以使人对北洋时期的县佐制度有更深切的了解：

> 留凤关在今凤县南星乡，原名废丘关……民国初年至二十
> 年，这里还设有一所县佐衙门，是前三岔驿站所在地……三岔驿
> 的驿站，原在三岔街后面的寨子上，清光绪初年，因衙门倒塌，
> 遂迁留凤关，但名称未变。三岔驿的最后一个驿丞名叫佘空，后
> 来死在任所，从此驿站消失。辛亥革命后，于民国五年，因凤县
> 地面辽阔，西南边远地区广大农民，要去县城求官告状，路途遥
> 远，诸多不便，为了解决这一问题，经上级批准，利用驿站旧
> 址，在留凤关设立了县佐衙门，专管民事诉讼。它的管辖范围，
> 包括现在的三岔乡、南星乡（椿树梁界牌子以北）、瓦房坝乡、
> 温江乡以及划归留坝县的闸口石、勉县的二沟等地区。县佐衙
> 门，虽是县政府的派出机构，但它的性质与政府并不完全相同。
> 当时的县政府既管司法，又管行政，而县佐衙门，只管司法，不
> 管行政，关于行政则另由区公署掌管。留凤关县佐衙门，设县佐
> 一人（管审判），录事一人（管文书案卷），衙役一人（管一切
> 杂务）。（自1916至1929年，任职县佐共13人，其中四川籍一
> 人，河南籍一人，甘肃籍一人，安徽籍一人，其余为陕西籍；
> 任职时间长者二年，短者半年）民国十九年（1930），县佐方某
> （忘记名字）因病去汉中，行前将印信交我（当时任三岔区团

① 《内务部呈文并批令（附表）》，中国第二历史档案馆整理编辑：《政府公报》第1067号，1915年4月28日。

总）专呈县府，以后县长委派卢××为留凤关县佐，卢未到职，县佐衙门奉令撤销，嗣后关于这一地区民间诉讼便统一归县政府直接审理了。[①]

上述当时人的回忆，与《县佐官制》有关内容的最大不同在于，前者记载县佐的主要职能就是掌管该地区的司法审判，而后者明确规定县佐"不得受理民刑诉讼案件"。前者以当时人回忆自己身边偏僻地区内的一个较长时段的制度，不致有误（清代也有地处偏僻的州县佐贰受理词讼的情况）。可见各地县佐制度的实行，与北洋政府的有关制度规定不尽一致。

大多数省份的县佐，在北洋政府时期陆续裁撤。1930年2月，国民党中央政治会议议决裁撤县佐，由内政部通咨各省政府执行。不久，江苏、浙江、安徽、江西、湖北、湖南、河北、河南、山东、甘肃、宁夏、青海、辽宁、吉林、热河、绥远、察哈尔、福建、广东、广西等二十省先后咨复说"县佐制度，久经裁撤"。新疆咨复说该省县佐已于1927—1930年全部改县或设治局；黑龙江咨复说该省县佐已于1929年全部裁撤或改设治局；陕西咨复说该省县佐至1931年9月已全部裁撤；四川、云南、贵州咨复说待区自治实行后即行裁撤。[②]

---

① 《凤县文史资料》第9辑，第108—111页。

② 内政部编：《内政年鉴》（B），商务印书馆，1936，第247—251页。

第二节   以"四局"为主体的"自治"县政

一、清末民初地方自治的推行与取消

清末州县行政改革的"自治"方案有两个基本要点：其一是选举产生州县议、参两会作为州县行政的议决机构；其二是对县公署进行改造，使之具有"官治"行政机构与地方自治执行机构的双重性质。而前者是地方自治制度的根本特征，是后者得以实行的基础。然而在清末民初，（州）县议、参两会在大部分地区未能产生和投入运作，县公署的改组更是无从谈起，清末州县行政改革的"自治"方案因此没有能够付诸实施。

根据清政府1908年颁布的预备立宪《逐年筹备事宜清单》规定，地方自治的推行进程是：光绪三十四年（1908年）颁布《城镇乡地方自治章程》；第二年设立地方自治研究所，此后至第六年，"城镇乡地方自治一律成立"；自第三年始筹办府厅州县地方自治，至第七年"府厅州县地方自治一律成立"。当时清政府令各省每半年对办理预备立宪事务册报一次，其中包括办理城镇乡和府厅州县地方自治的情形。马小泉先生据《政治官报》《内阁官报》等清政府官方文献统计，至宣统三年（1911年）夏秋，各省共成立府厅州县议、参两会331处，其中直隶149处，奉天38处，黑龙江1处，山西1处，陕西4处，甘肃1处，四川6处，贵州4处，广东2处，河南15处，福建2处，江苏37处，山东71处。①除此之外的其他地区，府厅州县议、参两会的筹组大多尚在进行之中，甚至尚未启动。

---

① 马小泉：《国家与社会：清末地方自治与县政改革》，河南大学出版社，2001，第157—158页。

州县议、参两会在一些地区成立后，其组织机构、运作方式基本上与《府厅州县地方自治章程》的规定相符。这里通过直隶文安县的情况作一透视：

　　　　直隶文安县县议事会成立于宣统三年（1911年），地址在五岳观；常年经费京钱1400吊，来源为本县杂捐。议事会设议长1人，副议长1人，议员17人，用文牍1人，庶务1人，并雇用书记。议长、副议长轮流住会，每月发给公费20吊；议员均为名誉职，概不住会，"及会期始来会与议"，"每年通常会一次，以一个月为期"。开会期间，议员每人发给京钱20吊作为公费，并根据各自住址距离县城之远近酌情发给车马费。文牍、书记为常设人员，每月分别支给月薪；庶务由议员兼充，不支薪。参事会与议事会同时成立，以县知事为会长，选举会员4人，每月开会一次。公推文牍1人，兼办庶务；雇用书记3人，专管契税事宜。参事会以状纸戳费等为常年经费。其会员4人，分两班常年住会，每人月薪京钱12吊，文牍兼庶务月薪16吊，书记月薪6吊。[①]

　　民国改元后，地方自治不仅没有像其他有些清代制度一样被停止实行，反而由于它具有"民治"性质而受到人们的重视。在地方自治推行较为普遍的直隶，已成立的各州县议、参两会仍继续存在和运作。当时有些地方质疑前清有关地方自治的两个章程是否仍然适用，纷纷向北洋政府内务部"请示办法"；而山东、福建、四川等省则由临时议会制定了新的地方自治章程，请示北洋政府应否公布实行。对此，内务部一方面呈请国务院"迅速拟定新章"；另一方面回复各省地方自治"仍照旧章办理"。如山东省在辛亥革命前夕，议、参两会"成立者八十余州县，已占全数十分之八"，民国元年（1912年）省临时议会成立，即"督促各县克期完成县自治之规模"。当时临时省议会议决修改前清地方自治的有关章程，由都督请示北洋政府，但遭国务院"迭次来电"否决。[②]还有些地方，地方自治

------

　　① 民国《文安县志》，法治志。
　　② 民国《馆陶县志》，法治制；《山东都督咨内务部文》，北洋政府内务部档案，全宗第1001，卷宗第982。

因辛亥革命爆发而一时中止，形势安定后仍继续进行。如广东大埔县宣统三年（1911年）五月城镇乡自治"次第成立"，九月县议事会成立，"未几地方光复，两级自治均自然停顿"。1912年"地方秩序已定，乃就县自治会设立临时县会，以参县中行政"；1913年"成立正式县议事会、县参事会，城镇乡各区自治会亦一体规复"。① 有的省则颁行了自己制定的县制，如江苏1912年颁行了《江苏省暂行县制并选举章程》（次年修正），其内容与清政府的地方自治章程无大的差异②，各县照章实行。例如，南通于是年6月依照这一制度成立了县议事会，7月成立了县参事会。③

清末民初各地（州）县议、参两会成立后均有活动，或为地方兴利除弊，或抵制"官治"对地方利益的侵害，或将某些"官治"事务改归自治机构办理。例如，江苏南通于1908年即成立了州议事会和董事会，成立后开展了测绘全境地图、调查全境人口、设立法政讲习所、宣讲练习所和清查公款公产等工作，均有明显成效。④广东大埔县"议会正议长李××、副议长林××对于县中改良婚丧礼俗、振兴种植各项，多有具体规划"⑤；直隶广宗县1911年议、参两会成立后，"建议裁改旧日县署陋规、官价采买，减纳县署差徭"⑥；直隶威县将"税契科、戒烟会均归议事会办理"⑦。辛亥革命后，直隶满城县议事会"要求官府革去差徭陋规及官价采买诸恶例"⑧。1912年江苏南通县议事会成立后，召开第一次常年会40日，收集议案35件，议决25件，否决10件；"县参事会会期较多，有10日、20日或多至60日，皆属于执行范围"⑨。由于县议、参两会的决议部分为县署所接受和执行，因此可以说，"自治"模式的（州）县行政在一定的范围内已经开始运作。

---

① 民国《大埔县志》，经政志上。
② 北洋政府内务部档案，全宗第1001，案卷第1275。
③ 《文史资料选辑》（江苏南通）第1辑，第138页。
④ 《文史资料选辑》（江苏南通）第1辑，第137页。
⑤ 民国《大埔县志》，经政志上。
⑥ 民国《广宗县志》，法制略。
⑦ 民国《威县志》，政事志下。
⑧ 民国《满城县志略》卷五，县政。
⑨ 《文史资料选辑》（江苏南通）第1辑，第138页。

清末民初"自治"模式的（州）县行政并没有能够将"官治"与"自治"真正整合，相反，两者之间经常发生严重矛盾。例如，江苏南通议事会、董事会成立后，于1910年春"开地方大会，议决向官银行借款筑榷，分年摊还"，并请官费补助。经知州转详总督张人骏，张"竟驳斥不许"。次年"江潮肆虐"，"沿江七十多里连破三十多圩，受灾的4654户，20708人，流离失所，衣食荡然无存"，"州议、董两会经此潮灾益怒恨张督"。[①]1913年国民党二次革命之时，直隶雄县议事会"以事忤县知事丁纶恩，丁诬以逆党，借词株连，于是议员出走，议会一空"[②]。

　　袁世凯镇压国民党二次革命以后，北洋军阀势力控制了全国大部地区，各省军政长官纷纷要求取消地方自治。他们提出的理由大致有三点：第一，地方自治导致民权扩张，在二次革命中为国民党所利用。如湖南都督汤芗铭电称："湘省各级自治机关，密布党徒，暗中勾结，当乱党叛变，各会职员，跳荡俏张，或托伪命，自任中坚"；贵州民政长戴戡电称："黔省自治机关，由多数暴民专制，动称民权，不知国法。"第二，地方自治妨碍国家行政。各省军政长官纷纷提出这类指斥，例如说自治机构"把持财政，抵抗税捐，干预词讼，妨碍行政"，"违反省行政长官命令，把持税务，非法苛捐，冒支兼薪"，"侵权越法，屡行滋扰"，等等。第三，地方自治弊端严重。他们指斥地方自治机构"私设法庭，非刑考讯"，"私受词讼，滥用刑罚"，"非法苛捐，冒支兼薪"。[③]上述指控，第一点属于近期政治因素，第三点在一定程度上属于一种借口，真正具有深层意义的是第二点。在中国，国家专制、中央集权和强势国家行政是根深蒂固的传统，而地方自治导致绅权和民权的扩张，与这种传统发生了严重矛盾和冲突。1914年2月，袁世凯发布命令取消各级地方自治，全国各地的县议、参两会和城镇乡议事会、董事会、乡董均被取消。至此，清末设计的"自治"模式的县政改革彻底破产。

---

①　《文史资料选辑》（江苏南通）第1辑，第137页。

②　民国《雄县新志》法制略，自治篇。

③　中国第二历史档案馆整理编辑：《政府公报》第627号，1914年2月4日。

二、"四局"县政系统的形成

清末至北洋政府时期，"预备立宪"时制定的州县行政"自治"方案虽然没有能够照其原样付诸实行，但各地却在"官治"县政之外形成了另外一种县政系统。这一系统由地方人士领导和组成的教育、警察、实业、财务等各种局所组成，利用本地财力办理国家行政范围之外的地方公共事务，而这恰恰符合当时中国人关于"地方自治"的观念——"以本乡之人办本乡之事"，或"以本地之绅民，集本地之款项，图本地之公益"。①这种系统与清末州县行政改革"自治"方案的主要不同之处在于，它只有执行机制而没有议决机制；或者更正确地说，它没有区分议决机制与执行机制，从属于它的教育、警察、实业、财务等各种局所，"议行合一"地办理有关的地方公共事务。这一时期各地普遍存在的教育、警察、实业、财务等局所，以及国民政府时期直接由它们演变而来的教育局、公安局、建设局、财政局，当时被称为"四局"。以县公署为机关的"官治"县政同以"四局"为机关的"自治"县政并存，是清末至北洋政府时期（州）县行政的基本特点。

地方"四局"等局所起源于清末，在经历了一个发展演变过程后，至北洋政府时期趋于定型。兹将其形成、演变、组织、职能等方面的具体情况分述如下：

（一）教育局所。1901 年 9 月，清政府下令将各州县书院改为小学堂，最初"人民惊为创举，目之为洋学，类皆观望而不敢入"②。于是，直隶学务处率先令本省各州县设立劝学总董或劝学所，以利新式教育的推广。1903—1906 年，各州县劝学所先后成立。③1906 年，学部奏定《劝学所章程》，将这一制度在全国推行。

《劝学所章程》规定："各厅州县应各于本城择地特设公所一处，为全境学务之总汇，即名曰某处劝学所。"劝学所设总董一人，划本州县为

---

① 故宫博物院明清档案部编：《清末筹备立宪档案史料》下册，第 727、718 页。

② 民国《青县志》经制志，时政篇。

③ 最早如新城县，1903 年即已设立了劝学总董，后劝学所成立，改为劝学所长。民国《新城县志》，地事篇，学校。

若干学区，每区设劝学员一人，负责全州县和各学区的教育行政。其具体职责主要是采取五项办法推广学务：

1. 劝学。由劝学员劝导民众送子弟入新式学堂就学，"婉言劝导不可强迫，一次劝之不听无妨至再至三"，说明入学堂学习的各种益处。"遇贫寒之家可劝其子弟入半日学堂，遇私塾塾师课程较善者劝其改为私立小学并代为禀报；遇绅商之家劝其捐助兴学"。

2. 兴学。由各村学堂董事负责筹建学堂的各项工作，包括"计算学龄儿童之数须立若干初等小学，计各村人家远近学堂须立于适中之地，查明某地不在祀典之庙宇乡社可租赁为学堂之用，定明某地学童须入某学堂"，以及分班、颁行课程、延聘教员、稽查功课、款项等。

3. 筹款。由劝学总董负责筹集办学所需经费，其主要措施包括"考查迎神赛会演戏之存款，绅富出资建学为禀请地方官奖励，酌量各地情形令学生交纳学费"。

4. 开风气。劝学员对于与兴学有关的各种事务，应随时报知劝学总董办理。这些事务包括：访有急公好义、品行端方之绅者，倩其襄助学务；择本区适中之地组织小学师范讲习所或冬夏期讲习所；组织宣讲所、阅报所。

5. 去阻力。所谓办学阻力，包括"各地劣绅地棍之阻挠学务者，各地愚民之造谣生事者，顽陋塾师禁阻学生入学堂者，娼寮烟馆等所之附近学堂有妨管理者"。对于这些情况，劝学员查出后通知劝学所，禀明地方官办理。

后来劝学所演变为教育局，其基本职责也大致不出这一范围。《劝学所章程》还规定劝学总董和劝学员除学务之外不得干涉其他事项，"如有包揽词讼、倚势凌人者"，一旦查明即给予惩处；办理学务有成效者给予奖励。[①]

当时，劝学所在各地普遍成立。例如：

直隶静海县于1906年成立劝学所，附设于县高小之内，设总

---

① 《学部奏咨辑要》，宣统元年刊本。

董一人，劝学员二人，"掌理全境学务事宜"。①

山东广饶县1907年设劝学所，"置县视学一员，乡视学四员，始在城隍庙后院，宣统三年移于考院东房"。②

广东1906年4月令各州县于本境设劝学所，各设总董一人，分定学区。"宣统三年3月奉学部改订章程，易总董名称为劝学所长"。③

1913年，袁世凯政府下令取消各县劝学所，地方教育改归县署管理；1915年又颁布《劝学所规程草案》，予以恢复。1923年，北洋政府拟推行强迫教育，颁布《县教育局规程》，将劝学所改为教育局。关于县教育局的组织和职能，这一文件规定，"县设教育局，以局长一人、视学及事务员若干人组织之"，"县教育局长商承县知事主持全县教育行政事宜，并督促指导属于该县之市乡教育事务"。文件规定县教育局设董事会，其董事产生办法和职权均说明它属于县教育事务自治方面的议决机构：

县教育局董事会由董事5—9人组成，其中一人为县知事"遴派"的县视学，其他由县自治机构参事会就合格人员选举产生（县参事会未成立者，由教育局长就合格人员加倍推荐，呈请县知事选任）。董事会有以下权限：1.审议县教育之方针及计划；2.筹划县教育经费及保管县教育财产；3.审核县教育之预算决算；4.议决县教育局长交议事件；5.提议关于县教育事项。④

县教育局局长、事务员与董事会并存的组织结构，体现了它议行合一的特点。

（二）警务局所。1901年后，直隶在各省之中首先设立警务处，编练警察。必须注意的是，当时地方州县所办的警察同驻扎京、津等地的巡警营性质并不相同，它并不属于国家统一的武装力量，"其初皆由士绅主

① 民国《静海县志》，政事部。
② 民国《续修广饶县志》，政教志，教育，1935年。
③ 民国《大埔县志》，教育志。
④ 中华民国史事纪要编辑委员会编：《中华民国史事纪要》（初稿），民国十二年册，第410—412页。

管，自为风气，不知其为国家行政也"①。当时各地办理警政较为通行的方式是官督绅办，即由州县官出面倡办，任用士绅直接统带，具体做法则各不相同。如在直隶，密云县警局系由知县和两名士绅共同筹资建立，而由其中一名士绅任总董；②1904年香河县设立警局，由知县委任总董、副董，16保各举分董；③南皮县1906年令较大村庄各募壮丁一名充当警察，以邑绅二人为总董，各区乡绅为分董；④有些州县最初甚至连统一的警局也没有，警政由城、厢及各乡村甚至私人自办，如东明县1904年在全境28处保甲组织的基础上，每处设立巡警局一所，各由当地绅董统带；⑤井陉县宜安乡人杜元照，自己在乡村"创设警局一所"。⑥1908年4月，清政府民政部拟定《各省巡警道官制》，其中规定各省设巡警道一员管理全省巡警事务，各厅州县"按照《各省官制通则》设立警务长一员，并于各分区各置区官一员，均受各该地方官之指挥监督，并办理本管事务"，"警务长得就本地各设警务公所，由该地方官详准本省巡警道开办"。⑦1909年以后，各省巡警道相继设立，将各州县警务机构改称警务公所，而警务长由巡警道委派。民国建元后，各县警务公所改称警察事务所。1914年，袁世凯政府颁布《县警察所官制》，规定"县警察所管理区域内之警察事务，但县无设所之必要时，得以保卫团代之"；警察所以县知事任所长，得设警佐1—3人。⑧县警务局所作为地方机构，其沿革变化在各地多有不同，试举几例以说明其复杂性：

　　直隶新城县清末设巡警总局于城内，置巡警官一员，县知事为监督，另置警董、文牍、书记各一员，巡官、巡长各二员。

————————

　　① 民国《萧山县志稿》，建置门，局所。

　　② 民国《密云县志》，卷五。

　　③ 民国《香河县志》，行政组织。

　　④ 民国《南皮县志》，政治志上。

　　⑤ 民国《东明县新志》卷八，警察。

　　⑥ 民国《井陉县志》，人物志。

　　⑦ 政学社印行：《大清法规大全》，吏政部，卷二十一上。

　　⑧ 中国第二历史档案馆整理编辑：《政府公报》第833号。1916—1917年，北洋政府批准直隶省取消县知事兼任警察所长的制度，以警佐兼任所长，见中国第二历史档案馆整理编辑：《政府公报》第370号（洪宪帝制失败后重编号）。

1910年，改为警务公所，巡警官改为警务长；1912年，改为警察事务所。1914年9月改为警察所，以县知事兼任所长，警务长改名为警佐；1917年，警察所长由警佐充任，县长仍为监督。1928年改公安局。①

　　黑龙江安达县1906年于城内创设巡警总局，局内仅设提调一员，书记一名，巡警十数名。"迨至宣统元年，城内商民渐见繁盛，四乡居民亦日益增多，警察事务自然随之有加靡已，巡警总局改为警务公所，提调则改称为警务长，复增添稽查、总务、司法、卫生、庶务、书记各一员，附设差遣一队；并将城内划为第一区，设巡官、巡记、巡长各一名，巡警20名，于重要街区添设岗位，轮流守望，以卫市面之秩序。至于四乡，则……设分所三处，每所仅置警士二三名，借以传达消息，并调处轻微案件而已。民国八年警务公所又改为警察所，警务长则改称为警察所长，同时增设警佐二员，文牍、会计、书记各一名；外乡亦添设分所一处。各分所内设巡官一员，巡长、户籍生各一名，东北、西南两乡分所各设警士四名，东南、西北两乡分所则各设警士三名。"②

　　此外如河南临颍县1912年设立守望社、巡警局、城防局；云南文山县1928年以前在县政府之外设有警察局；陕西南郑县1912—1927年存在警察所；四川天全县1928年以前存在"警佐"。③

　　（三）实业局所。清末有些州县已经设立了"工艺局""农事实验场"之类的机构，以求发展地方实业。如直隶青县即曾于光绪三十二年（1906年）创设"工艺局"，"购机杼，招工徒，习织布……然偏于一艺，又款无由出"，至1912年秋停办。1917年以后，各省区陆续设立实业厅，然而"各县署（无）专管之机关为之隶属，各县知事以地方多故，理

---

①　前揭《新城县志》，地图篇。

②　民国《安达县志》，吏治志，警察。

③　《临颍文史资料》第6辑，第44页；《文山壮族苗族自治州文史资料选辑》第1辑，第142页；《汉中市文史资料》第5辑，第116—117页；《天全文史资料》第6期，第9页。

繁治剧，日夕不遑，对于实业，非以文告敷衍，即以压搁了事，行政上进行迟缓，呼应不灵"，因此各地实业发展"成效尚未大著"。在这种情况下，"直隶、山东、陕西等省，有于各县设劝业所者，亦有于各县设实业公所者"，实业发展"成效渐彰"。北洋政府认为，这种地方性实业机构"名称不宜参差，办理宜求普及，且与省实业厅亦应脉络贯通，俾成有统系之组织，庶可收指臂之效果"，因此于1925年颁布《县实业局规程》，令各县统一设立实业局。①

《县实业局规程》规定：各县设立实业局作为地方实业行政机构，隶属于各省实业厅，设局长一人，劝业员、事务员若干人。"局长商承县知事办理全县实业行政事宜，并督促指导属于该县之实业进行事务。"县实业局长的委任，由县知事就符合资格者推荐三人，呈请本省区实业厅长选任。劝业员由局长呈请本省区实业厅长委任。该文件颁布后，各地劝业所、实业公所等机构改为实业局。

（四）财务局所。在清末新政中，州县学务、警政、实业、自治等被定位为"官治"之外的地方事务，其所需经费国家财政一概不予拨给，各州县因此不得不自筹地方公共收入，并设立机构经理。对此，不少地方志均有基本一致的记载，如直隶《满城县志略》说：

　　自创设警察、学堂、自治、实业诸政，所费恒以万计，一切
悉责之地方，而赋税正供已尽数提解以去，丝毫不为地方存留。
于是地方不能不筹费，如随粮附征、补助公益、附加税等项目，
日益繁多，不能不专设管理机关，势使然也。②

1901年后各州县成立的这些财务机关，最初由于系自发产生，名称各地不一，"随时而易"。③在山西，不少县原有差徭局，负责办理国家正赋之外的临时摊派事项，1918年12月省政府公布《各县地方公款局通行规则》，在差徭局的基础上普遍建立了公款局；四川省天全县民国初年存

①　中国第二历史档案馆整理编辑：《政府公报》第3308号，1925年6月16日。
②　民国《满城县志略》卷五，县政。
③　民国《蓟县志》卷二，官师。

在征税所、财务所；河南临颍县民国初年存在公款局。①在直隶，这类机构或称理财所，或称地方会计管理处、地方会稽统理处以及管理某项专款的学款管理委员会、警款管理处等。1909年顺直咨议局成立后，正式通过决议，在"各县立理财所"②，名称归于统一。1914年袁世凯下令停办各级地方自治，这类地方财务机构被取消。袁世凯死后，有的省曾予恢复，如1919年顺直省议会议决《财政所单行条例》，将直隶各县的财政机构统一为财政所。而1919年公布的《县自治法》，规定县参事会由清末自治制度所规定的辅助议决机关变为自治执行机关，其职权包括管理自治团体的财产和财政收支及征收自治税。此后，在议、参两会成立的许多地方，财政所之类的机构均被取消，地方财政事务统归县参事会经理。

与"四局"性质基本相同的还有保卫团等地方保卫机构。清代遇有社会动乱，往往允许地方社会办团练，在太平天国战争中，各地均有各种形式的团练组织建立。清末民初，不少地方建立了系统化的地方保卫组织。这些机构除了以抵御外来武装力量的侵扰为主要职能外，也兼有地方治安职能，对此有的文献指出："我国各县自清末裁撤绿营及保甲后，承其乏者厥惟警务。嗣警察力有未逮，势不得不借助于团勇。"③1914年5月，北洋政府颁布了《地方保卫团条例》，规定"凡县属未设警察地方，因人民之请求及县知事认为需要时，得报明本省长官设立保卫团"，"凡县属地方原设之乡团、保甲，应由县知事切实整理"，可以按该条例改编为保卫团。关于保卫团的组织，该条例规定总团之下可以设立分团；又规定每户出丁一人，以十户为一牌，十牌为一甲，十甲为一保，置牌长、甲长、保董、团总；各团办公地点"即就各该地方旧有之寺观公所设置"。保卫团平时负责管理户口，查察外来人员，遇有匪警时，招集团丁进行防御围捕。④可见，这种保卫团同时具有保甲、警察和地方武装性质。民国初年，这种保卫团在许多地方均有设立。

---

① 钱实甫：《北洋政府时期的政治制度》下册，中华书局，1984，第313页；《天全文史资料》第6期，第9页；《临颍文史资料》第6辑，第44页。

② 民国《昌黎县志》，行政志，自治。

③ 民国《完县新志》，行政志第二下。

④ 中国第二历史档案馆整理编辑：《政府公报》第732号，1914年5月21日。

三、"四局"系统的"自治"性质

对于北洋政府时期的"四局"，当时人称之为"地方公益机关"，这表明它不隶属于县公署，而是与县公署并列的另外一个行政系统。民国时期修纂的地方志，在体例上都是这样处理的。但当后人脱离当时的社会政治环境而又未遑认真体察时，便往往望文生义，将"四局"看作是县公署的下属分支机构。例如有些论著视"四局"的举措为当时的国家行政措施，将当时财务局所抽收地方捐税称为"清政府加捐加税"，将警务局所办理地方警务称为"清政府编练警察"等，都反映了对于"四局"性质的错误定位。钱实甫先生著《北洋政府时期的政治制度》，注意到了"四局"同国家行政机关县公署之间存在着某些差别，他指出"四局"之类的机构"主管人多由地方士绅充任，和正式的地方官吏并不完全相同"；但另一方面又称这些机构是"县知事公署内部分科办事之外"的"署外的行政机关"，称其主管人员为"县知事的掾属"。①

事实上，清末民初的"四局"并非"官治"县公署的下属分支机构，而是一个与县公署并列的自治性县政系统。对此，可以作以下几个方面的论证：

第一，"四局"的建立和运作始终处于县署之外。"四局"之类机构的成立和改组，有些是应清政府和北洋政府之命，有些则是出于地方社会自发或是根据省咨议局（议会）的决议。其前者，清政府和北洋政府在有关法规文件中即明确将之与县署相区别。例如，1913 年北洋政府颁布的《划一现行各县地方行政官厅组织令》，均明确规定各科属于县署的内部组织，设置于县署之内。而清末的《劝学所章程》、北洋政府时期的《县警察所官制》《地方保卫团条例》《县教育局规程》《县实业局规程》等则只提在各县设立某机构而不提县署；有些还明确规定这些机构的办公场所设于县署之外。例如，清末的《劝学所章程》规定"各厅州县各于本城择地特设公所一处"（即劝学所）；1914 年北洋政府颁布《地方保卫团条例》，规定各团办公地点"即就各该地方旧有之寺观公所设置"。其后

---

① 钱实甫：《北洋政府时期的政治制度》下册，第 310—313 页。

者，即由地方社会自发成立的局所，更是与县署系统无关。事实上，清末和北洋政府时期的"四局"（乃至国民政府"裁局改科"之前的民、财、建、教"四局"），无不从成立之日起就借用庙宇、祠堂、书院、社学等地方公共场所独立办公，从无设于县署之内者。而"局""所"的称谓，在清代也向来仅用于国家非经制机构和地方自发团社。"四局"之类的机构也不像县署那样在全国各县普遍设置并具有基本统一的规制。相反，它们均带有极强的地方色彩，其名称、成立时间、实际职能、经费来源等均互有差异，这一点前文已经有所述及。从清末直至1928年，各地"四局"始终未能统一建制，或置或废各县具有极大自主权。如1920年，直隶威县因"亢旱成灾，匪患继起"，结果除警局之外，其他各局所均被停止活动。① 分而言之，劝学所在各县成立的时间先后极不一致；劝业所在相当一部分县始终就没有成立过；警务局所的情况在清末五花八门，民国建元后，北方省区警务机构设置较为普遍，而南方省区不少地方则以团代警；其设立警务局的地方，废置之权也仍在县地方。例如直隶望都县1912年因水灾而将各警局全部取消，警察一律解散。② 财务局所的情况更是复杂。以直隶为例，平山县始终没有成立过专职的财务局所，"各机关之经费向系自抽自用，漫无标准"③；南皮等县也无财务局所，地方财政向由县署代理；青县在清末曾一度成立过理财所，但"因物议沸腾，未久即停"④；冀县、昌黎、静海等县虽然均有财务局所，但作为地方财政主要支出项目的教育经费，却或由县署经管，或由各校自理，或由教育局、教育基金董事会等机构经理。警察经费是地方财政的另外一项主要支出，各县也是或由财务局所经理，或由警务局所经理，极不一致。

　　第二，"四局"的职权仅限于处理清末新政后出现的地方事务，而对于向来由县署执掌的国家统一行政毫不介入。"四局"产生后，县公署的旧有职权没有受到任何分割，它仍然如过去一样，掌管着国家正税、司法审判等历来属于统一国家行政范围内的政务，而"四局"则经理纯粹的

---

① 民国《威县志》，政事志下。
② 民国《望都县志》，政事志二。
③ 民国《平山县志料集》卷七，行政。
④ 民国《青县志》经制志，时政篇。

地方性事务，两者并行不悖，权限分明。如在财政税收方面，历来就属于国家"正供"的田赋、杂税仍由县公署负责征收，县知事等国家官员的薪俸和县署办公费等"正项"国家行政经费，也仍由县署开支。与此同时，"四局"之中的财务局所则负责管理地方学田、学租等公产公款，抽收地方性捐税，以及负责学款、警款、自治款等地方性支出。北洋政府时期各地县署内分设2—4个科，其中分管内务者对于地方教育和实业具有提倡监督的职能，但实际经办者却是地方局所。总之，清末和北洋政府时期各地"四局"办理的是国家"官治"行政之外的"自治"性行政。前文已经述及，清末对于地方自治职能的设计是，专办本自治区域内传统上由地方士绅通过各种局所及以个人身份所经理的"地方公益事宜"，包括教育文化、医疗卫生、道路交通、农工商实业、慈善救济、公共营业和款项筹集等。而这些自治事务，恰恰也就是"四局"的职责范围。正因为如此，当时人才称"四局"为"地方公益机关"，其实也就是自治性县政机关。对此，一家地方志明确指出："农工商学地方庶政，帝制时期专治于官，则有公署；共和时期分治于民，则有会所。会所者，用辅公署之不及，所谓自治机关也。"①这里所说的会所，是议、参两会与"四局"等局所的并称，"四局"被置于与议、参两会并列而与县公署相对的地位，充分反映了它们属于自治性县政机关的性质。

第三，"四局"首长是以"绅"的身份担任地方公职，既非国家官员也非（州）县官员的掾属。"四局"首领除部分警务长、警察所长外全由本地士绅担任，对此一家地方志指出："前清变法以前，即流外微秩，亦同属朝廷之命官，非（"非"字衍）籍不隶于斯土者而始可任。""乃自光绪之季，旧吏多裁，今之教育、警察等机关……多本县之士绅。"②"四局"之中出现最早的劝学所，清政府规定总董由选自"本籍绅衿"的县视学担任③，其实际实行情况也正是如此。一些地方志记载说，劝学所"初以绅耆之有学识者为总董，绅也，非官也"；后来在它基础上改组而成的教

① 民国《临榆县志》，建置篇，会所。
② 民国《东明县新志》卷九，佐治表。
③ 政学社印行：《大清法规大全》，吏政部，卷二十一（上）。

育局,其局长也"实非学官,不过专司教育行政而已"①。实业局所方面,1925年北洋政府颁布《县实业局规程》时指出,1917年以后各地纷纷设立劝业所、实业公所等机构,"大抵均以地方热心实业士绅主持办理"。在财务局所的设置方面,清政府和北洋政府始终没有颁布过统一规制,各地的这类机构大多系地方社会自行设立;而防止作为外籍人的县署官员通过经手地方款产而贪污中饱,又是当时地方社会一项最强烈的要求。在这种情况下,各种地方财务局所的首领更是均由本地士绅担任。试举直隶几县的情况为例:

> 高邑县自1906年至1930年,历任劝学总董、县视学、劝学所长和教育局长14人,劝业所长、实业局长、建设局长7届5人,财政局长、财务局长5人,全部系本县籍。②邯郸县清末民初财政所(局)长4人,实业局长2人,教育所(局)长5人,也均系本县籍。与此形成鲜明对比的是,县公署的国家官员即使在民国改元后也仍然继续实行回避制度,邯郸县民国初年的12名承审员,8名管狱员,均系外邑人。③青县的情况也是如此,民国县志所列历任教育、实业、财务局长均为本县人,而县公署官员自1912年至1930年,县长22人,籍贯可考者19人;承审官13人,籍贯可考者9人;管狱员13人,籍贯可考者7人,这些人员除一人外,全部系外邑人。④

此外,地方保卫团的首领当时也是由地方士绅担任。1914年北洋政府颁布的《地方保卫团》条例明确规定,各地保卫团"以县知事为总监督,遴委地方公正绅商协筹办理",其牌长、甲长、保董、团总均为本地人士⑤。

① 民国《满城县志略》,卷五,县政。
② 民国《高邑县志》,行政志。
③ 民国《邯郸县志》,职官志。
④ 民国《青县志》经制志,时政篇。在"四局"首长是"绅"而不是"官"的问题上,唯一的例外是警务长。1909年后,各省依据清政府颁布的《直省官制通则》,给各县委派是职(民国初年改警察所长),不经地方公举,且一般不用本地人。不过,他所掌管的警局、警所,仍属"地方公益机关",这些机构中掌管警费的警董均由地方公举,用本地人,各警区区官也多用本地人。
⑤ 中国第二历史档案馆整理编辑:《政府公报》第732号,1914年5月21日。

这种由本地人士担任"四局"等机构首领的做法，实际上是将由士绅而不是由官员办理地方公共事务的传统作法制度化、机构化，突出体现出了"四局"首领属于"绅"而不属于"官"的身份特征。"四局"首领往往没有为国家制度所保障的薪俸，也能说明他们是以"绅"的身份担任地方公职。例如清末《劝学所章程》规定，劝学所总董"薪水公费多寡就本地情形酌定"。在实际执行中，直隶文安县1905年设立劝学所后的一段时间内，劝学总董和18区劝学员"均系义务，不给薪"[1]；沧县从清末至民国二年，总董和劝学员也不支薪水，"纯尽义务"[2]。实业局所的情况也是如此，如直隶青县1920年成立劝业所，所长和劝业员四人因"无款开支，纯尽义务"，至1925年改组为实业局后，局长和劝业员的薪俸"仍莫由开支"[3]。

　　从任用方式和隶属关系看，地方士绅担任"四局"首领也不意味着他们因此而成为（州）县国家行政人员或（州）县行政官员的掾属。"四局"首领有些是由地方社会"公推"或选举产生的，同县知事完全没有关系。如1919年顺直省议会议决《财政所单行条例》，规定财务局负责人员产生的程序为：先由全县各村长、佐会同各公益机关首领公举财务局检察员，然后再由后者会同各公益机关首领投票进行选举局长。[4]教育局所和实业局所的首领一般由（州）县行政长官等额或差额推荐呈请省区职能官厅选任。如清末兼任州县劝学总董的视学"选本籍绅衿""由提学使札派"，"给以正七品虚衔"；北洋政府时期县教育局长、实业局长由县知事就符合资格者推荐三人，呈请该省区教育、实业行政官厅选任。这些由省区职能官厅任用的局所首领，都不像县府科长那样属于（州）县行政长官的属员，而是拥有独立的职权；（州）县行政长官对于这些局所的首领，只能就其所负责的事务进行协商和监督，而没有管辖权、指挥权。如清末《劝学所章程》规定州县学务"由地方官监督"；北洋政府颁布的《县教育局规程》和《县实业局规程》则规定，县教育局长、实业局长

---

① 民国《文安县志》，治法志。

② 民国《沧县志》，经制考，行政。

③ 民国《青县志》经制志，时政篇。

④ 民国《威县志》，政事志下。

"商承"县知事主持全县教育、实业行政事宜；对于地方保卫事务，北洋政府规定"以县知事为总监督，遴委地方公正绅商协筹办理"，担任团总。

第四，"四局"自身的办公经费以及它们所经理的地方事务之所需经费，国家财政一概不予负担，完全由地方自筹。当时各县自筹的地方收入主要为公产公款租息、地方性捐税、行政性收入罚款等项，而地方支出则以教育经费、警察经费、"四局"办公费为大宗。有关这一问题，可参见第六章。

在中国近代县制的发展史上，"四局"自治县政系统的形成具有其积极意义。第一，这种县自治县政基本上是履行经济、文化建设职能，它的出现改变了古代县政只履行刑狱、赋税等国家统治职能而不履行社会职能的传统。第二，它以本地人、本地钱办本地事，照顾到了行政的地方特色。第三，它含有地方自治性质的议决机制，在理论上有助于解决地方行政的立法监督问题。第四，它改变了传统（州）县行政实行长官"独任制"而不设职能机构的特点，代表了地方行政职能化、法制化的趋向。第五，"四局"首长大多不由县知事任命而由省职能机构任命，这样一种隶属关系蕴含着以业务系统的"条条专政"来制约行政区"块块专政"的趋向，可以为地方行政体制建设提供借鉴。

这种以"四局"为主体的"自治"县政系统，直至1934年国民政府"裁局改科"后，才逐渐被并入县公署行政系统。

四、第二次地方自治中的议、参两会

在北洋政府时期，属于"四局"自治县政系统的还有第二次地方自治中的县议会和参事会。

1914年袁世凯政府宣布取消各级地方自治时，将"自治不良"的原因归结为"流品滥杂""立法未善、级数太繁、区域太广"，因此于同年12月签署命令公布了一个新的《地方自治试行条例》。这个条例与清末颁布的两个地方自治章程在内容上的最主要不同点在于，它规定只实行县以下的区域自治。根据这一文件，北洋政府次年公布《京兆地方自治暂行章程》，命令在京兆特别区推行"模范自治"。袁世凯死后，有些地方自动恢复 1914 年被废除的地方自治机构，而北洋政府也酝酿恢复地方自治制度。1916 年 8 月，内务部在一份呈文中提出"沿用前清各级自治章程""明令定期恢复各地方原有各级自治机关"，同时筹议新的地方自治草案，提交即将召开的国会议决实行。[①]次年 1 月，大总统黎元洪发布命令，称赞清末以来的地方自治"法至良、意至美"，认为"历年成效未彰，非自治之不良，实由于立法未周，易滋误会；废置不举，怒焉可忧"，宣布地方自治还要"妥定良制，克期举行"[②]。1919 年 9 月，北洋政府公布《县自治法》；1921 年 7 月公布《市自治法》和《乡自治法》，令各省区分期实行。这是继清末地方自治之后的第二次地方自治。

根据这个北洋政府 1919 年公布的《县自治法》，县自治议决机构不称议事会而称议会；更具实质意义的是，它对县参事会性质和职责的定位不同于清末的《府厅州县地方自治章程》。《县自治法》规定，参事会属于县地方自治的执行机构，负责执行县议会议决事项、管理县自治的财产和财政收支。这样一种规定，否定了清末地方自治试图将县公署兼作国家行政机构和地方自治执行机构的制度。当然，参事会不论在组织上抑或职能上还具有某些"官治"成分：一方面，参事会会长仍由县知事担任，参事 4—6 人半数由县议会选举产生，半数由县知事任命；另一方面，参事会具有对地方自治进行监督的职责，"县参事会对于县议事会之议决认为有侵越权限、违背法令或妨害公益时，得申述理由提交复议，县议会仍执前议时，得呈请监督官署核准撤销之"[③]。

《县自治法》将县议会定位为县自治议决机构，且侧重于县自治财政的议决；将县参事会定位为自治执行机构，强调它负责管理县自治财政。这样，第二次地方自治中的议、参两会就因此而具有了与"四局"（尤其是财政局所）相同的性质。《县自治法》颁布后，北洋政府于 1920—1923 年间先后以命令形式公布《县自治法》在不同省区的实行日期。当时

---

①　北洋政府内务部档案，全宗第 1001，案卷第 985。

②　中国第二历史档案馆整理编辑：《政府公报》第 370 号，1917 年 1 月 19 日。

③　中国第二历史档案馆整理编辑：《政府公报》第 1290 号，1919 年 9 月 8 日。

南北分裂，北洋政府政令不能通行全国，而在其统治区域内，许多地方还是依照《县自治法》成立了新的议、参两会，各县参事会成为"四局"自治县政系统的一个组成部分。例如，直隶东明县1914年议、参两会取消后，"所有自治款项统归县公署接收保管"，后设有财政所；1924年新的议、参两会成立，所有地方公款统归参事会出纳员经理。①雄县自1924年参事会成立以后，"全县之岁入岁出，统由该会经理，其他各机关仰成而已"②。景县1924年县议、参两会同时成立，参事会除参事、会长外设出纳员一人，"管理地方一切财政"。③而县议会也往往履行县自治财政措施的议决职能。例如直隶青县各地方机关经费，向来主要靠"按村庄大小分级摊派"，至1926年"由县议事会会议决定，推行亩捐"，随田赋带征；④蓟县1925年经县议会"提议"，由地方自筹枪弹饷糈，招募兵士成立保安队，分驻各处。⑤

---

① 民国《东明县新志》卷八，自治。
② 民国《雄县新志》卷二，法制略，自治篇。
③ 民国《景县志》卷四，政治志下。
④ 民国《青县志》卷六，经制志，赋役篇。
⑤ 民国《重修蓟县志》卷二，官师志，民国机关。

第三节　近代区乡行政的生成

一、清末至北洋政府时期区乡行政各形态

清末至北洋政府时期，随着新政、预备立宪和地方自治的实行，各地出现了各种形式的区乡行政区划和组织，生成了区乡一级行政。这种区乡行政的生成，改变了中国古代国家在县以下不设治的传统，是中国地方行政制度的一大变革。这一时期生成的区乡行政，因政治动荡、国家分裂而形态各异。就其职能而言，可以分为两大类：一是某种单一职能的行政，如教育行政、警务行政、地方保卫行政等；二是职能全面的区乡一级行政。就其主体性质而言，又可以分为自治行政和"官治"行政，以及由清代乡地演变而来的准行政。兹分述如下：

（一）区乡教育行政

1901年清政府开始推行"新政"时，最初并没有想到要在州县之下普设区乡一级行政。当时，它只是出于推行新式教育和警政的需要而要求在州县之下划分相关的职能性区域和设置相关的职能性行政人员。然而，这却改变了中国两千年来州（郡）县以下不设治的传统制度，使得区乡一级行政得以滥觞。换言之，中国近代的区乡一级行政，是从教育、警察等单一职能性行政开始的。

清末"新政"开始后，直隶、江苏等省在州县之下划分学区，设立劝学人员以推广学务。1906年清政府颁布的《劝学所章程》规定，"各府厅州县应就所辖境内划分学区""每区设劝学员一人，任一学区内劝学之

责"，垂直隶属于州县劝学所①。这是中国近代在建立区乡行政方面的最早官方创制。此后，各地纷纷依照规定在州县以下划分学区，设立区乡教育行政人员，称劝学员或乡视学、学董，还有一度称"议员"者。例如，浙江省定海县1906年分东西南北四大学区，各设劝学员一人；山东广饶县1907年成立劝学所后，置"乡视学四员"；直隶广宗县1908年"全县分学区四，设劝学员四人"。②在一些地方，（州）县以下的学区划分采取了二级制，即在各个大学区之下设立小学区，或将若干小学区联合为一大学区。例如：

　　江苏嘉定县于1909年，"分全县为三十六区，合为十联区，每联区设劝学员一人"，后又更定为中东南西北五大学区，分辖34区。

　　吉林开原县1907年"将全境分划为五路，各路公举学董一员，劝办本路乡学，每路又分四区"。

　　山东临清县1913年将全县划分为东西南北中五大学区，每大学区又划分为"五分区、城区及会乡"。③

1909年清政府颁布《城镇乡地方自治章程》，将学务划为自治范围。于是，一些开始推行自治的镇、乡废除了垂直隶属于县劝学所的劝学员，设立了隶属于同级自治公所的教育行政人员，称学务专员、学务委员，如江苏宝山县月浦里乡、江湾里乡、嘉定县钱门塘乡、曤东乡、真如乡等均属这种情况④。1914年2月，北京政府下令取消县议、参两会和城镇乡议事会、董事会、乡董，而在有些地方乡镇学务委员却继续存在，由本镇、乡经董呈请县署任命。是年12月，北洋政府又颁布《地方自治试行条例》，规定在取消县自治的同时仍实行区乡一级自治，其自治范围包括本区教育事务。与此相适应，教育部于1915年8月颁布了《地方学事通则》《学务

① 《学部奏咨辑要》，第63页。

② 民国《定海县志》，教育志；民国《续修广饶县志》，政教志；民国《广宗县志》，法制略。

③ 民国《嘉定县续志》，教育志；民国《开原县志》，政治志；民国《临清县志》，教育志。

④ 《中国地方志集成》，《乡镇志专辑》（3）（4），各该乡乡志，江苏古籍出版社，1996。

委员会规程草案》和《劝学所规程草案》，规定在县以下各自治区组织学务委员会办理教育事务，每自治区设学务委员1—2人，并且可以进一步在境内划分学区。①在有些地方，这种隶属于区、乡地方的教育行政人员曾长期存在。例如，江苏省宝山县1914年将14个市、乡划为7学区，学务委员每区一员，直至20世纪20年代一直存在；浙江省1914年地方自治取消时各区曾设立职权独立的学董，"代行从前城镇乡董关于教育职务"，后来又设立隶属于区、乡的学务委员，"各区学董一律裁撤"。②

据笔者接触到的资料，区乡教育行政平行隶属于本区、本乡的"块块"体制只存在于少数地区，其他许多地区仍实行"条条"体制，即区乡一级教育行政垂直隶属于县劝学所、视学所、教育局，江苏阜宁县、山东馆陶县、直隶广宗县和福建省各县的有关情况均可以提供这方面的例证③。1923年3月，北洋政府颁布《县教育局规程》，规定各县"酌划学区，每区设教育委员一人，受县教育局长之指挥办理本学区教育事务"，确认了这种体制。④

（二）区乡警察行政

清末州县区乡警察的编练始于直隶。1902年直隶总督袁世凯在省城保定创设警务局，令各州县"一律仿办"；至1905年，又制定《天津四乡巡警章程》，作为州县警政的样板，"通饬各属认真筹办"，直隶大部分州县于是开始在境内划分警区，设置警务人员。在此前后，东三省和江苏的不少州县也开始办理警政。对于州县、乡镇警察的性质，当时人定位颇不一致，或视为保甲的延续，或视为乡团的变种，或视为绿营的改革，或视为差役的替代，因此办理方式各不相同。通行的做法是，在州县境内划分

① 中华民国史事纪要编辑委员会编：《中华民国史事纪要》（初稿），民国四年册，第605页；中国第二历史档案馆整理编辑：《政府公报》第1298号。

② 《中国地方志集成》，《乡镇志专辑》（4），第131、484、639页；《教育部咨复浙江省长文》，中国第二历史档案馆整理编辑：《政府公报》第610号。

③ 民国《阜宁县新志》，内政志一；民国《馆陶县志》，政治志；民国《广宗县志》，法制略；中国第二历史档案馆整理编辑：《政府公报》第1176号。

④ 中华民国史事纪要编辑委员会编：《中华民国史事纪要》（初稿），民国十二年册，第412页。

警区（相当一部分州县以城厢地方为中区，而以四乡为东西南北区），推举或委任各区乡士绅统带本乡警察，称警董、区董、巡长，其身份属警察首领，此外是否兼负区域内的警察行政职责，则不得而知。例如：

江苏江都县1904年即创办巡警，"分设城内外五区"。

辽宁阜新县于1905年划全境为5警区，各设巡长一员。

直隶青县于1905年将全境划分为20警区，"每区推举正副区董各一人，以本地士绅为之"。

直隶南皮县1906年创办警察，以邑绅二人为总董，各区乡绅为分董。①

"预备立宪"期间，区乡警察行政正式形成。1907年夏清政府颁布《各省官制通则》，规定各州县"应将所管地方酌分若干区，各置区官一员"，"掌理本区巡警事务"。次年4月，民政部拟定《各省巡警道官制》，重申了这一规定。②1909年以后各省巡警道陆续设立，各州县警务机构一般称警务公所，由巡警道委派区官，作为区乡一级警务行政首领；委派巡官、巡长作为区警首领。例如：

直隶广宗县1908年办理警政，"分划全县为四区，区设区官一人"。

浙江萧山县1909年各乡设巡警分局，首领称巡董；1911年，乡警务首领称区官。

直隶高邑县1910年将原来四警区的"区长""改为区官，每区并添设派出所一处，各置巡官一人"。③

此外，一些地方还保留由地方推举产生的警董，负责筹集警款。

入民国后，北洋政府于1914年8月颁布《县警察所官制》，其中只规定在"县区域内之繁盛地方"设立警察分所，而没有提及在县以下普建区

---

① 民国《江都县续志》，兵防考；民国《阜新县志》，政治志；民国《青县志》经制志；民国《南皮县志》，政治志上。

② 故宫博物院明清档案部编：《清末筹备立宪档案史料》上册，第510页；政学社印行：《大清法规大全》，第833页。

③ 民国《广宗县志》法制略；民国《萧山县志稿》，建置门，局所；民国《历城县志》，地域考，里社；民国《宁国县志》，政治志下；民国《高邑县志》，行政志。

一级警察行政。然而从实际情况看，北洋政府统治时期许多地方仍普遍划分了警区，普设了区一级警察机构，甚至仍存在区一级警察行政。例如：

　　直隶各县这时仍沿袭清末制度，在境内划分若干警区，每区各设分驻所，分驻所各辖若干派出所，分驻所、派出所置巡官、巡长。①

　　广东大埔县1912年在全县设立6个警察分所，1918年增至10个，"其官制名称迭有变更，初各区分所之长官曰区长，旋改称分所长"。②

　　江苏省各县1912年设巡警局一所，"辖区太广的巡警局设若干巡警分区，巡警分区有城区和乡区之别。城区每分区设区长一人，区员二人，巡记一人；乡区每区设区员一人，巡记一人"。③

值得注意的是，在清末至北洋政府时期，区乡警察行政在不少地方实际上在履行一般行政职能。清政府1907年颁布的《各省官制通则》是一个关于省、道、府、厅、州、县行政体制改革的文件，其中规定在各州县划分警区、设立区官，已含有将警区作为一般行政区、将区官作为一般区乡行政首领的意向。北洋政府在有关文件中也明确说："警察行政为国家庶政之权，与一切法令，非借警察之力，不足以利推行。"④实际情况也正是如此，区乡警察区域和机构除发挥治安、司法、卫生、消防等方面的警政职能外，还往往行使其他行政职能，在地方自治停顿时期实际上成为一般性区乡行政。例如：

　　直隶青县入民国后，"将全境别为五区，其初本为警务新章，后以比年政令纷繁，县府有事类多分饬警局代为执行，以致警政区域几成全部自治区域"。

　　黑龙江省呼兰县1913年将13个自治区并为6个警察区，"以

---

　　①　《直隶各县警务一览表》（1917—1918），北洋政府内务部档案，全宗第1001，案卷第5995—6002。又：民国《无极县志》建置志记，1915年后该县警政"各区名巡警局，设巡官一人"。

　　②　民国《大埔县志》，经政志上。

　　③　韩延龙、苏亦工等：《中国近代警察史》，第403页。

　　④　民国《馆陶县志》，政治志。

警察为辅佐行政之机关", "此后相沿, 略无变更"。

奉天安东县1914年地方自治取消后, "地方有事动以警察6区为指归"。

广东大埔县1918年始划为8个警区, "分配管辖地方", 此后"举凡政治上一切, 多以8区分列"。①

除教育和警察外, 北洋政府时期还曾存在过清乡、禁烟、户口调查等其他单一职能性的行政区划和组织。例如, 湖北省1914年颁布《清乡章程》, 规定各县清乡除原有"城镇乡各董亦有应尽之义务"外, 另设专职行政人员以负其责, "每乡设清乡一区, 名曰某某县清乡第几区, 举乡董一员, 名曰区长; 再分村, 名曰区佐"②。又如1915年8月北洋政府颁布《县治户口编查规则》, 规定各县划分户口编查区域, 或依警区, 或依团区, 或另外"酌量划分"。③再如福建省漳浦县1914年办理禁烟, 将"全邑分为五区", "设禁烟调查员十二人分区梭巡"。④

(三)区乡地方自治行政

清末实行城镇乡地方自治, 自治事务包括教育、实业、卫生、道路土木工程、慈善救济、公共营业、其他公共事务以及地方财务, 基本囊括了

---

① 民国《青县志》, 疆域志; 民国《呼兰县志》, 地理志; 民国《安东县志》卷四, 区村; 民国《大埔县志》, 经政志上。在有些地方, 也存在学区同时成为其他行政区域的情况。如江苏盐城县1908年将全境划分为36学区, "凡办理选举、调查户口, 皆沿用之", 见民国《续修盐城县志》, 舆地志。

② 中国第二历史档案馆整理编辑:《政府公报》第722号, 1914年5月11日。河南、安徽等省这一时期均存在这类区乡清乡组织。如河南省西华县明礼镇1915年前后存在"镇清乡分局局长""清乡局段长"(《平政院裁决书》第12号, 中国第二历史档案馆整理编辑:《政府公报》第1126号, 1915年6月27日); 安徽亳县1917年"县设清乡团""乡设清乡局"[陈竟如、叶秀岭:《国统时期亳县建制与人事变迁的回顾(1915年—1945年)》,《亳州文史资料》第3辑]。

③ 中国第二历史档案馆整理编辑:《政府公报》第1181号, 1915年8月21日。

④ 《文官高等惩戒委员会议决书》民国三年第37号, 载中国第二历史档案馆整理编辑:《政府公报》第945号, 1914年12月21日。

近代一般地方行政的基本内容，属于职能全面的区乡一级行政。①

　　清末的城镇乡自治行政具有固定的行政区域。1909年颁布的《城镇乡地方自治章程》规定在各府厅州县境内划分自治区，"城厢地方为城，其余市、镇、村、庄、屯、集等各地方，人口满五万以上者为镇，人口不满五万者为乡"，城、镇区域过大、人口满10万者可以再划分为若干区。各区域"以本地方固有之境界为准"，其境界不明者，由地方官"详确划分"。所谓"固有境界"，其实就是清代中叶以来在各地逐渐形成的乡地区划。在清末最后两年多期间，各地许多州县划定了城、镇、乡自治区域。②在机构方面，清末地方自治较之当时其他形态的区乡行政更为完善。它不仅设有城镇董事会或乡董、乡佐作为执行机构，而且设城镇乡议事会作为议决机构。据1911年统计，各省1000多个县成立了城议事会、董事会，许多地方选举产生了镇、乡议事会，镇董事会和乡董、乡佐。③民国建元后，有些地方对城镇乡自治制度进行了改革。如江苏省1912年3月颁行市乡制，以县治城厢地方和人口5万以上的市、镇、村、庄、屯、集为"市"，其人口不满5万者为"乡"。

　　1914年，袁世凯政府下令停办地方自治。然而值得注意的是，在有些地方，作为地方自治议决机构的城、镇、乡议事会虽然被取消，但其原来作为执行机构或人员的城、镇董事会、乡董却从此保存下来，改换名称而成为区乡行政的首领；原来的自治行政区划也继续存在，成为其他形态区乡行政的区划。例如，1914年自治取消后，江苏嘉定县真如里乡"设置经董办理乡政"，以乡自治公所作为经董办事处；铜山县"每市乡设董事1人办理市乡政务（后设市乡公所，称区董或乡董）"；浙江江山县至20世纪20年代初，仍存在"各乡自治委员"；河南荥阳县清末地方自治

----

①　清末地方自治包含议决和执行两个层面，但其宗旨主要不在于两者的相互制约，而在于作为一个整体而实行"以本地人、本地财办本地事"的"自治"，与西方行政、立法、司法三权分立的政治体制尚非一物。因此我们在这里宽泛地将之视为一种地方行政。

②　也有少数地方区界没有划定。如广东开平县当时分10个自治区，"各乡不过就近设局自属为一区而已"，区域并不明确。至民国初年"按区派款""举办清乡"，才"将各区划定界限"（民国《开平县志》，舆地志上）。

③　根据宣统三年各期《政治官报》，《内阁官报》所载各省督抚及宪政编查馆奏报统计。

划为8区，至20世纪20年代中期"办自治选举一切公事仍作8区"。①

1919年，北洋政府再次推行县和市乡两级地方自治，并于1921年7月公布了《市自治法》和《乡自治法》。这两个法律规定，在县以下划分市、乡，选举自治会、自治公所作为自治议决机关和执行机关。②由于政局混乱，当时大部分省份没有实行。此外，20年代初南方一些省份倡导"联省自治"，广东、江西、湖南、浙江等省纷纷颁布"省宪法"，其中也都规定在县之下实行自治制度。根据这些"省宪"，1921年广东省订立了《区自治条例草案》，江西省订立了《暂行市乡自治条例》，1922年湖南省颁布了《市、乡自治宪法规则》，这些文件均规定在县以下建立区乡一级的行政。1923年6月，江苏省议会也曾议决恢复1912年曾经实行的市乡制。③由于政局动荡，这些也均未能认真实行。

（四）"官治"的区乡行政

1914年北洋政府下令停办各级地方自治后，一些省区在一定时期内出现了"官治"的区乡行政，其基本特点是首领人员由国家行政长官任免。

1.京兆特别行政区。前文已经述及，北洋政府于1914年12月颁布的《地方自治试行条例》规定实行县以下的区自治。次年9月，这一制度在京兆地区试点实行。北洋政府颁布《京兆地方自治暂行章程》规定，京兆地区所属20县每县划分8—16个自治区，每区管辖10—30个村，实行"自治"；自治事项包括县知事委任办理的国家行政事项和地方教育、公共建设、实业、慈善、卫生及地方财务。自治区置区董、副区董各一人，由县知事遴选二人，详请京兆尹委任一人。当时京兆地区20县共划分自治

---

① 《乡镇志专辑》（3），第224页；《铜山文史资料》第10辑，第12页；《内务总长咨浙江省长文》，中国第二历史档案馆整理编辑：《政府公报》第1781号；民国《续荥阳县志》，建置志。

② 中华民国史事纪要编辑委员会编：《中华民国史事纪要》（初稿），民国十年册，第29—42页。

③ 《平政院议决书》，中国第二历史档案馆整理编辑：《政府公报》第3291号。

区198个，全部由京兆尹任命了正副区董。①

2. 山西省。1918年山西省政府颁布《县地方设区暂行条例》，规定废除从前的乡、镇、图、保，在县知事和各行政村之间设立作为"补助行政机关"的"区"。各县根据地域广狭、人口多寡划分3—6区，每区设区长一人，由省长委任，直隶于县知事。该条例发布后各县先后付诸实行。山西全省105县共划分425个区。②

3. 奉天。1922年代理省长王永江颁布《议定区村制单行章程》，规定除"边远县分及新设治者"因"村堡星散，暂从缓设"外，每县各就县境划分若干区。区长经县知事保送后而由省长任命，"受县知事指挥"，"辅佐县知事办理地方行政，排解人民讼争"。该章程颁布后付诸实行，例如铁岭县当时"全境划分八区，每区设区长一人，助理员一人"。1928年12月各县所有区长裁撤，这一制度停止实行。当时即有人指出，这种制度只是"略存自治之形式"，实际上是一种官治。③

4. 河南省。1919年河南颁行《市区街村单行法》，规定各县在境内划分数区，下辖行政街村，区长经选举后由县政府"加委"，虽号称"地方自治"，但实际上也属于"官治"性质。该法规颁行后各县先后遵照实行，如西华县划为七区，信阳县划五区；阳武县划为五区；新安县划为五区。④

除上述几省区外，其他地方也间或存在这种"官治"的区乡行政。如有当时人回忆说，四川江油县1925年曾划分行政区，设置区公所，由县委派区长。⑤

---

① 田翰皋：《京兆自治文牍录要初编》（上册），法规，国家图书馆藏稿本，第4—7页；自治区组织，第25—29页。据香河、房山、涿县、三河等县的地方志记载，正副区董确系官方委任，如民国《房山县志》自治志记，该县正副区董"皆官委，非民选也"。

② 山西政书编辑处编印：《山西现行政治纲要》，1921年印本，第51页；山西村政处编：《山西村政汇编》，附录，现行法令，1928年刻印本，第59页。其例可见临汾、襄垣、临晋、盂县、陵川、浮山、翼城等县地方志。

③ 民国《奉天通志》，民治志；民国《铁岭县志》，民治志。

④ 民国《西华县续志》，民政志；民国《重修信阳县志》，民政志二；民国《阳武县志》，自治志；民国《新安县志》，民政志。

⑤ 《文史资料选辑》（四川江油），第6辑，第15页。

（五）区乡（保卫）团政

清末"新政"裁撤绿营、保甲，建立警察，"嗣警察力有未逮，势不得不借助于团勇"，不少州县因此建立保卫团，在境内划分团区，设立区乡团务机构和人员。辛亥革命爆发后，一些省份（如四川）因社会形势动荡，也曾令各县组织保卫团。至1914年5月，北洋政府颁布《地方保卫团条例》，规定各县设立保卫团，负责清查登记户口、检察盗贼赃物、围捕匪徒。各县保卫团"得参照各该地方习惯划分区团"，"每团置团总一人"，由县知事遴委。①此后，许多地方依据这一条例设立了区乡保卫团。

根据上述条例的制度设计，各地的区乡保卫团属于地方保卫组织，但在有些地方，尤其是鄂、湘、粤、桂、云、贵、川等中南、西南省份，保卫团系统在实际上成为了职能全面的县以下一级区乡行政。在这些地区，团政与一般行政的关系存在以下几种不同情况：

其一，以行政兼团政。在这方面最为典型的是山西。该省各县1917年后在境内划分行政区，设立区长，而保卫团区域及组织系统与之相一致，每区为一区团。京兆地区1919年颁布《地方保卫团条例施行细则》，也规定各县团区"依自治区为区"。此外，山东馆陶县、四川金堂县也为这种情况提供了例证。②

其二，最初以团兼政，后来演变为以政兼团。例如贵州省仁怀县，民国初年"县以下地方第一级机构叫团防局"，设团总、副团总各一人；"第二级叫团防分局"，设正副团首各一人。至1917年，团区正式成为行政区，团防局改称区公所，团总、副团总为区长、副区长；团防分局改称乡（镇）公所，团首改为保董。③

其三，最初区域和机构均为团政合一，但后来机构趋于分立。例如四川达县，1912年各乡设团务处（后改团务局），团、政合一，首领称团务长（又名团总），但不存在保卫团实体；1918年成立自治保卫团，团务局

---

① 中国第二历史档案馆整理编辑：《政府公报》第732号。

② 中国第二历史档案馆整理编辑：《政府公报》第1084号；民国《馆陶县志》，政治志；《金堂文史》，第383—384页；民国《金堂县志》，疆域志。

③ 《怀仁县文史资料》第1辑，第106页。

改称团务分局，首领称保董，同时兼任保卫团首领。1925年，团务分局改称团保局，成为单纯行政机构，首领称团正，不再兼任团务首领，自治保卫团另设团长。①

其四，最初团政合一，后来废团存政。例如四川江油县，民国初年各乡镇团政不分，设有团防局负责处理行政事务和维持地方治安，其首领叫团总、团正。1925年"废团设区"，设置区公所，由县委派区长。安徽蒙城县清末民初全境划分为2乡5镇（后改为8个镇），各有议长，同时均兼任镇团练分局长。1925年，镇改为区，各区办公处称区署，设区长1人。②

其五，自治行政与团政在不同时期相互交替。例如广西平南县，清末"各团局总揽辖区内军政、民政、财政大权"；1911年后实行地方自治，各乡镇分设议事会、董事会；1914年地方自治停办，恢复团局；1920，又废团局而恢复各乡镇议事会；1925年新桂系统一广西，再次停止自治，恢复团局。③

（六）演变中的的旧乡地

前文已经述及，清代因具有普遍化、常设性特点而能够承担某些准行政职能的乡里组织，初为里甲，而雍乾以后以乡地为主。清末至北洋政府时期，随着学、警、团、自治等各种近代区乡行政的生成，旧乡地（及里甲）区划和组织在许多地方寿终正寝。试举直隶的几个县为例：

满城县里甲制度在清末已仅具"空名"，有乡地组织20约，"光绪32年厉行警政，划为六区，而社甲之名废。民国元年……约之名亦废"。

蓟县1912年划分8个警区，"明清两代里保之制于焉告终"。

南宫县清代有里甲24社、乡地48牌，"自清末划全县

---

① 《达县文史资料》第3辑，第9页。

② 《文史资料选辑》（四川江油），第6辑，第15页；《漆园古今》（蒙城），第5辑，第75—77页。

③ 《平南文史资料》第5辑，第71—72、77页。

为8区，皆受成于警官，而社牌之制遂隐"。①

然而必须看到，清末至北洋政府时期是我国传统乡里制度向近代区乡行政转变的过渡时期，各种生成之中的区乡行政因政局动荡分裂而缺乏划一性和连续性，因此旧的乡地区划和组织仍然大量存在，仍构成了这一时期中国区乡行政（或准行政）的重要部分。这些乡地区划和组织或者基本没有摆脱传统性质，或者开始具有新的色彩，或者同新产生的各种近代区乡行政互相融合，其形态可以归纳为以下几种：

1. 在一定时期直接转化为办理警政、教育、保卫、自治的新区划和组织。例如：

直隶顺义县的旧乡地区划为10路，清末分设"总董"办理学务，并"渐负各路地方责任"。至1916年京兆地区试办自治，正式将10路和城区变为11区。

四川合江县雍正以来分为17支，1906年依之划17学区，"其后警区、团区皆因之"。

江苏嘉定县旧分若干厂，1909年举办地方自治，"因程期迫促，旧有之厂区猝难变更，仍照从前区数定为一城十三乡"。

贵州遵义县民国初年"沿用清时旧制，全县分为十三个'里'"，设正副乡正。1917年前后，"改里为区"，乡正改为区长，"区的辖区仍是原来里的辖区"。②

2. 旧乡地区划经过调整和重新组合，成为新的行政区划。如四川温江县自清康熙以来分为全集、北太平、东太平、东维新、南维新乡、西维新等6乡。民国初年划分行政区，以全集乡为西区，北太平乡为北区，东维新乡与东太平乡合为东区，南维新乡与西维新乡合为南区，同时将城厢独立为城区。③

3. 成为警区、自治区等新区划的下级区划和组织。例如，直隶景县原

① 民国《满城县志略》，建置志；民国《重修蓟县志》，官师志；民国《南宫县志》，法制志，建置篇。

② 民国《顺义县志》，建置志；民国《合江县志》，舆地志；《合江县文史资料选辑》第5辑，第70—71页；民国《嘉定县续志》，疆域志；《遵义县文史资料》第4辑，第61—62页。

③ 张骥修：《温江县志》，建置志，1921年。

有乡地组织84社，清末划分全境为5个警区，"社乃分隶其间"；四川灌县旧乡地区划和组织为41团，清末办理地方自治，将之分别隶属于新划分的7个城、镇、乡；"民国仍之"；浙江桐乡县1913年"根据清代的都图地界"划为6个区，各图分归6区管辖；江苏武进县1912年设36个市、乡，其下级组织为旧的都、图，共82个都，447个图。①

4. 在学、警、自治等近代行政产生后继续存在，承担其他某些职能。例如，直隶正定县原有乡地组织43约，民初虽划分为6警区、自治区和13学区，但办理联庄会等"义举"时，仍"因约集事"；山东昌乐县旧分20厂，清末民初地方自治时划为13区，"而二十厂之名称依然存在，区设区长，厂设厂长"，两者并行不悖；河南阳武县原有乡地组织32地方，"各地方有总大户一人"，"且雇用地保以佐之"；1920年划为5区，各设区长，"然办理杂派摊款粮米正供，仍责成大户地保"。②

5. 当新的区乡行政不复存在时即恢复旧的乡地。例如，安徽南陵县旧分80都图，清末地方自治时划为10区，民国初取消地方自治后，"基层仍沿用都图制"；广西省迁江县清后期分4乡、14墟、64团、578村，分设练总、墟长、团长、保董。1912年分区设立议事会、董事会及乡董、乡佐等自治机构和人员，"练总之名亦随而取消矣"。1914年地方自治"无形停顿，仍复前制"。1920年一度恢复地方自治，但不久"又复无形停顿，而团总、保董之称因而复有"。③

上述几种区乡行政在区划方面彼此之间存在着较为复杂的关系。上文已经提及，有些地方学区、警区、团区实际上成为自治区、行政区；而除此之外，也有以自治区作学区者。如广东大浦县1910年将全境划分为13个自治区，民国改元后即"因其区"划分13学区④。在有些地方，各种区划在一定时期内并存，如直隶井陉县民国初年"区制甚不一致，有警察区，

————————

① 民国《景县志》，疆域志；民国《灌县志》，舆地书；《桐乡文史资料》第8辑，第51页；《武进文史资料》第3辑，第90页。

② 民国《定县志》，政典志；民国《昌乐县续志》，民社志；某国《阳武县志》卷二，自治。

③ 《南陵县文史资料》第9辑，第51—52页；民国《迁江县志》，政治志。

④ 民国《大浦县志》，经制志上。

有教育区，有自治区。区之大小多寡，各随其便利而划分之，彼此不相顾及"①；在另外一些地方，则各种区划之间存在历时态沿革关系，某种新职能区划出现后，旧职能区划即与之统一。如直隶文安县1906年"创办学警"，全县划分18区，后办理地方自治，统一改为8个自治区；江苏盐城县1908年划分36个学区，1912搞市乡自治，并为25个市乡。②

这一时期，有些地方还将区乡行政分为二级甚至三级。例如山西1916年后实行村制，每县分3—6区，每区辖数十行政村，每行政村辖若干自然村；京兆地区各县也是如此；广东香山县民国初年分9镇，各辖若干个乡和二级镇；安徽六安县民国初年分城区和4镇、8乡，其下又先后分为118、158保；安徽蒙城县清末民初地方自治时分为2乡5镇（1913年改8个镇），1925年镇改为区，每区分5至6的大甲，每个大甲辖4个行政村，行政村管辖自然村。③一些地方的学区也曾采取二级制，例如山东临清县1913年将全县划分为东、西、南、北、中5大学区，每大学区又划分为"五分区、城区及会乡"；江苏嘉定县、吉林开原县的情况也与此基本相同。④

二、性质：在传统与近代之间

清末至北洋政府时期各种形态的区乡行政，已经基本上具备了近代性质，但同时又未能褪尽传统色彩，体现了中国地方行政体制正处于近代化转型过程之中的特点。它的这种两重性表现在以下几个方面：

（一）机构设置。具有常设（不因时因事而兴废的）机构，是近代行政的一个基本特征。明清时期，农村社会靠士绅承担乡里公共职能，靠职役系统办理官差。遇有兴作，成立各种临时性会社，事毕解散。里甲、乡地等职役组织虽然具有常设性，但实行的是首领"独任制"，既不设副

---

① 民国《井陉县志》，疆域志。

② 民国《文安县志》，方舆志；民国《续修盐城县志》，舆地志。

③ 《中山文史》总第14辑，第68页；《六安县文史资料》第1辑，第178页；《漆园古今》（蒙城），第5辑，第75—77页。

④ 民国《嘉定县续志》，教育志；民国《开原县志》，政治志；民国《临清县志》，教育志。

职，也不设职能性机构或人员，以一个自然人而不是以一个公共人格来承担区域内公共职能。清末至北洋政府时期的各种区乡行政改变了这种做法，一般均存在常设的首领人员或机构，对此上一节已经述及。"独任制"问题在警察、自治和官治的区乡行政中也基本得到了解决，它们往往依法设立了与首领人员共同负责的副职和其他正式行政人员，以及受雇于机构（而不是首领个人）的事务性人员。例如，清末颁行的《城镇乡地方自治章程》即规定，城镇乡议事会、城镇董事会及乡董均设正副职，均设文牍、庶务等办事人员；①北洋政府1915年颁布的《京兆地方自治暂行章程》也规定自治区设区董、副区董和佐理员。山西省1918年颁布的《县地方设区暂行条例》则规定除区长外，各区必要时可以设临时助理员3人至5人。②在当时其他形态的区乡行政中，采用这种制度者也不乏其例，如奉天省1922年实行区村制，铁岭县"每区设区长一人，助理员一人"；直隶大名县1923年分13个区，每区设区长1人，区佐2人；陕西陇县1924年全县编为6个行政区，"各区设区公所，有区长、副区长、文书、干事等专职办事人员"；四川江油县1925年设置区公所，除区长外，"区公所内分设专人管理民政、户籍、财粮、治安等事"。③不过，在区乡劝学员、保卫团团总和演变中的旧乡地之中，首领"独任制"的情况仍大量存在。

在办公场所方面，这一时期的区乡行政也表现出一种传统与近代并存的性质。德国著名社会学家马克斯·韦伯指出，行政管理者享有对行政工具的所有权，是"传统型"政治的一个重要特点，而这意味着他们在自己的生活场所而不是在公共场所办公；换一个角度说，公共职能的履行场所随管理者的居所而转移。这种办公方式是贵族、绅士治理制度的必然产物，也必然进一步导致"人治"，导致决策和治理的任意性。而包括清代里甲、乡地、保甲在内的各种中国传统乡里组织，几乎全都具有这一特

---

① 例如直隶文安县胜芳镇议事会设正、副会长各1人，文牍兼庶务1人，另雇书记1人；董事会设总董1人，董事1人，名誉董事4人。民国《文安县志》，法治志。

② 例如襄垣县各设区长1人，助理员2人（民国《襄垣县志》，区村略）；盂县各区置区长1人，助理员2人（《盂县文史资料》第1辑，第19页）。

③ 民国《铁岭县志》，民治志；民国《大名县志》卷四，自治；《陇县文史资料选辑》第4辑，第33—34页；《文史资料选辑》（四川江油），第6辑，第15页。

点。例如：

> 广西迁江县晚清乡地组织分4乡、14墟、64团、578村，每乡
> 设练总一人，各墟设墟长一名，村设保董一人，"无甚组织，亦
> 无一定公所"。
>
> 奉天铁岭县1901年后办理保甲，"划全境为8乡，以孝弟忠
> 信仁义礼智为其名，不过临时名义，并无一定地点"。①

这种前近代性质的制度，在清末至北洋政府时期的区乡行政中，尤其是在
区乡以下的基层组织政中仍然存在。例如：

> 1915年北洋政府颁布《县治户口编查规则》规定，户口编查
> 区"各牌甲即就牌长甲长所居之地为办公处"。
>
> 1915年颁布的《地方保卫团条例贵州省施行细则》规定，保
> 卫团"各甲各牌即就甲长牌长所居之地为办公地点"。
>
> 1919年颁布的《京兆地方保卫团条例施行细则》规定，保卫
> 团甲长、牌长"就所居地点办公"。②
>
> 安徽亳县1933年前的基层组织称为"圩"，圩有圩长，"无
> 办公地点"。
>
> 浙江绍兴县民国建元后实行地方自治，每村设自治委员一
> 人，"在家办公"。③

不过，这一时期各种形态的区乡行政却大部分设立了公共办公场所。
当时，清政府、北洋政府颁布的各种有关章程对此均曾作出了明确规
定，这些章程包括：清末颁布的《城镇乡地方自治章程》，北洋政府
于1914年5月颁布的《地方保卫团条例》，1915年颁布的《县治户口编查
规则》，1915年颁布的《学务委员会规程草案》。当时各省当局颁布的有
关章程也有同样的规定，如贵州省1915年颁布的《地方保卫团条例施行

---

① 民国《迁江县志》，政治志；民国《铁岭县志》，地理志、民治志。

② 中国第二历史档案馆整理编辑：《政府公报》第1181号，1915年8月21日；
第1283号，1915年12月3日；第1084号，1919年2月9日。

③ 《亳州文史资料》第3辑，第4—5页；《绍兴文史资料选辑》第5辑，第170页。

细则》，山西省1918年颁布的《县地方设区暂行条例》等。[①]大量资料表明，当时的各种区乡行政也确实设立了公所。例如：

直隶文安县1908年设劝学员3人，"分设住所"。

1910年胜芳镇议事会、董事会成立，"以本镇关帝庙后院东上房三间为会场"。

江苏省嘉定县钱门塘乡1910年成立乡议事会，"暂借文昌阁为自治办公所"。

奉天铁岭县1922年全境划分为八区，"每区设一区公所，为区长驻在地"。[②]

这种公所的设立地点，也不随首领人员的住址而转移，而是有固定地点，且照顾地理位置、交通方便、人口繁盛等客观因素。例如：

四川南江县清末分1城1镇9乡，"每区择当道大场为自治会所"。

四川名山县分为5乡，"自治公所各设于其乡之较繁市肆"。

四川金堂县各区团总办事处的地点为城内、赵镇等9处。

贵州省遵义县民国初年分为十三个"里"，均有固定的办公处，"例如北隅里上里的办公处设在董公寺，下里的办公处设在松林"。

直隶新城县清末民初划分为13警区，"于各区适中集镇之地"设立巡警分驻所。

江苏金坛县1911—1927年分设1市、8乡、158图，均有固定驻地，如城厢市驻大沿河巷，唐安乡驻前庄河头等。

山西省盂县民国初年划东、南、西、北四个行政区，区公所

①　故宫博物院明清档案部编：《清末筹备立宪档案史料》下册，第730页；中国第二历史档案馆整理编辑：《政府公报》第732号，1914年5月21日；第1181号，1915年8月21日；第1283号，1915年12月3日；第1298号，1915年12月18日；山西政书编辑处编印：《山西现行政治纲要》，第49、51页。

②　民国《文安县志》，法治志；《中国地方志集成》，《乡镇志专辑》（4），第32—34页；民国《铁岭县志》，民治志。

分别设在县城、牛村、西烟、上社。①

当然，行政公所徒具形式者也同样存在，如京兆房山县1916年分为9区，"地址虽有一定，而实则以办事人为转移"。②

（二）行政人员任用。行政人员按法定程序任免，是现代行政制度的一个重要特征。在清代农村社会，士绅在主持乡里公共事务时，其权力不是来源于依据成文法律法令的程序化任命，而是源于他们无形的社会声望；里甲、乡地等职役人员则由地方官、甚至由吏胥任意佥派。在这方面，清末至北洋政府时期生成的各种区乡行政情况已经有所不同，其首领人员任职大多已经具有成文的法律法令依据。

这一时期法定的区乡行政人员任职程序，大致有四种：

第一，由"官治"的地方政府直接任命。这种任命方式首先实行于警察、保卫团等涉及武装力量的区乡行政中。前文已经述及，清末令各州县划分警区，"各置区官一员"，一般由各省巡警道委派。1914年北洋政府颁布的《地方保卫团条例》规定，各区团团总由县知事"遴委"。此外在北洋政府时期的各种"官治"区乡行政中，其主管官员也均由上级官府任命。如山西各县1918年设区后，"区长由省长委任"；奉天1922年实行区村制时，"每区由县知事保送二三人"作为区长人选，经"省长面加考询，对答合格者乃得充任"，区助理员"由区长择用"；四川江油县1925年各区设置区公所，"由县上委派"区长。③

第二，由上级自治职能部门首领或同级自治行政首领任命，或由他们提请地方官任命。实行这种任命方式的典型是各学区的劝学员。清末《劝学所章程》规定，各学区劝学员由县劝学总董选择，"禀请地方官札派"；1923年北洋政府颁发的《县教育局规程》则规定，各学区设教育委员一人，"由县教育局长就素有教育学识经验者选任"。1914年前后，江

---

① 民国《名山县志》，建置志；民国《南江县志》，建置志；《金堂文史》，第383页；《遵义县文史资料》第4辑，第61页；民国《新城县志》，地图篇；《金坛文史资料》第7辑，第17页；《盂县文史资料》第1辑，第19页。

② 民国《房山县志》，政治志。

③ 山西政书编辑处编印：《山西现行政治纲要》第51页；民国《铁岭县志》，民治志；《文史资料选辑》（四川江邮）第六辑，第15页。

苏省各县区乡学务委员系由乡董（乡经董）提名，呈请县知事委任。^①有些地方的区乡保卫团首领也是采取这种任命方式，如四川金堂县清末各区保卫团设团正，由县团总向县官推荐委任^②。

第三，经由法定的选举程序产生。实行这种任职方式的典型是清末民初推行的地方自治。清末颁布的《城镇乡地方自治章程》规定城镇乡议事会议员由选民选举产生；城镇董事会总董、董事和乡董有城镇乡议事会选举产生。1921年北洋政府颁行的《市自治制》和《乡自治制》规定，市、乡自治会由选民选举产生，市参事会（由市长、佐理员、区董、名誉参事员组成）和乡长、乡董由市、乡自治会选举产生。在当时推行地方自治的地方，这种制度一般均得到了实行。清末民初的地方自治实行以地方官员为行政监督的原则，所以上述自治议决机构和执行机构选出时，往往由国家给以某种形式的确认。例如，江苏省嘉定县钱门塘乡议事会和乡董1910年选举产生后，由知县姚××"遵式刊发"图记，民国建元后，又由民政长许×"遵新制刊换"。1921年河南省推行街村自治时，各区长经选举产生，然后由县"分别加委"。^③

第四，士绅凭借社会声望任职。作为一种传统的任职方式，士绅凭借社会声望而担任区乡行政首领的情况当时也继续存在，其主要表现是所谓的"地方公举"。清末至北洋政府时期各种形态的区乡行政，往往规定首领人员经"地方公举"产生。这种"地方公举"与现代性质的选举并非一物。一方面，作为"公举"行为主体的所谓"地方"，不是一种由符合法定资格的选民所组成的团体，而是一个边界不清的、根据无形的传统被认为有资格参议地方事务的"地方精英"群体。另一方面，"公举"也不是程序严格的票选，只是一种模糊不清的公意表达，而这种"公意"在某些情况下甚至可能就是一两个权威人物的意志。当时，区乡教育、团务等行政首领人员就是经过这种所谓"地方公推"产生的。例如，江苏省嘉定县清末分9学区，各自推举劝学员；奉天开原县1907年全境分为5路，由劝

---

① 中华民国史事纪要编辑委员会编：《中华民国史事纪要》（初稿），民国十二年册，第412页；《中国地方志集成》，《乡镇志专辑》（4），第639页、第484页。

② 《金堂文史》，第383页，1990年2月。

③ 《中国地方志集成》《乡镇志专辑》（4），第32页；民国《正阳县志》，政治志。

学总董招集各路士绅开选举会，推举各路学董；民国初年四川《通省团练章程》规定，保卫团各区团团正由"公举"产生；广西平南1931年以前，县团务总局、分局的团总"由当地绅士推选，每两三年选举一次，连举连任"。安徽亳县各圩圩长，"由群众推荐"，报县政府批准委任。①

（三）经费筹措。现代行政运作的另一个特点，是具有法定的财政或经费收支管理制度。在中国传统的"绅治"时代，由于不存在常设性区乡行政，这种制度化的区乡财务自然也就无从谈起。当时办理各种乡里公共事务的财务方式有两个特点：一是临时性，因事而兴，事毕而息，既无经常性收支，也无常设经理机构；二是私人性，所需经费主要靠私人自愿募捐（及少量公款公产生息），而不是靠以公共权力和有关制度为依托的强制性税费。例如山东沂水县民国初年的"自治调查"说："本县各项公益事业……前清未举办自治以前，均系本地绅士自行办理。""所有公款公产均由士绅公同筹集，自行管理收支，事峻开列收支清单，张贴周知，事后报县备案。"②在清末至北洋时期的区乡行政中，这种情况也发生了变化，出现了两种法制化的区乡财务机制：

第一，建立形态较为完整的区乡自治财政。这方面的典型是清末民初的城镇乡地方自治。清末《城镇乡地方自治章程》专列"自治经费"一章，对于自治经费的来源、管理、征收、支出预算、决算均作出了明确规定。在有些地方，这样一种区乡财政曾得到实施。例如，江苏省嘉定县钱门塘乡清末民初自治财政收入为以下6种：1. 漕银附加；2. 归公无主田地；3. 房捐；4. 酒捐；5. 茶捐；6. 路灯、水栅捐。其中第1项系经省咨议局议决，其他各项均经乡议会议决；其涉及财政开支的事项，如重建市西巷门、给发孤贫口粮、雇夫扫除街市积秽、备置义棺、补助桥梁建筑、添设初等小学、添设图书、购置防火设备、疏通河道等，也均经乡议会专案议决。③

---

① 《中国地方志集成》《乡镇志专辑》（4），第131页；民国《开原县志》，政治志；民国《金堂县志》，疆域志；《平南文史资料》第5辑，第72页；《亳州文史资料》第3辑，第4页。

② 《山东历城等34县调查自治清册》，北洋政府内务部档案，全宗第1001，案卷第969。

③ 《中国地方志集成·乡镇志专辑》（4），第32—34页。

第二，虽然不存在区乡一级财政，但有关行政机构具有法定的经费收支制度，其内容包括：经费来源于公共捐税及其他公共收入，具有公共的经理机构（或人员）。当时的区乡警察、保卫团和部分自治机构曾采取这种方式运作。例如，山东金乡县清末警政和自治经费来自"地方钱粮附捐"，"由四方团长公举妥人设局征收"；直隶文安县胜芳镇清末成立议事会，以本镇田房牙纪项下提用一分为常年经费；四川遂宁县1918年后于各区团常年经费"随粮代征，统筹分支"。①此外，"官治"的区乡行政也往往采取这种运作方式。例如，山西各县1918年后各行政区经费由县公款局拨给；奉天各县1922年推行区村制，"经费由清赋、契税提成，不足则以公款补助"。②

但另一方面，这一时期也有不少区乡行政没有建立法制化的财务机制，其经费虽然来源于公共捐税，但仍缺乏固定性和程序化，系较为随意的临时摊派。例如，直隶昌黎县清末各乡警费由"各乡董摊派"；江苏省嘉定县真如里乡成立商团，"一切经费亦由众商担任"。③

清末至北洋政府时期的这种处于生成过程之中的区乡行政，为国民政府时期在全国建立统一区乡（镇）行政奠定了基础。

---

① 《山东历城等34县调查自治清册》，北洋政府内务部档案，全宗第1001，案卷第969；民国《文安县志》，治法志；民国《遂宁县志》卷二，法团。

② 民国《奉天通志》，民治志。

③ 民国《昌黎县志》，行政志；《中国地方志集成》，《乡镇志专辑》（3），第130页。

第四章

国民政府时期的县制（上）

在1927—1949年的国民（党）政府时期，现代性质的县制基本得到确立。这一时期的县制改革和建设经历了两个阶段：第一阶段自1927年南京国民政府成立至1939年9月《县各级组织纲要》颁布，可以称为《县组织法》框架阶段。在这一阶段，国民政府于1928年9月颁布了《县组织法》，计划实行"自治"模式的县区乡体制，从推行区乡间邻自治入手，最终实行县自治。但中途受阻，"自治"反为"官治"所吞噬，地方自治行政性质的"四局"被并入"官治"的县政府，县之下的自治区成为"官治"县政府的行政区，基层间邻自治则被作为"官治"县区体制末梢的保甲制度所取代。第二阶段从1939年9月《县各级组织纲要》颁行至1949年国民党政府的统治在大陆崩溃，可以称为"新县制"框架阶段。在这一阶段，国民政府计划实行"官治"与"自治"相结合的县乡（镇）体制。一方面，《县各级组织纲要》虽然将县定位为"自治单位"，但县长仍由上级官厅任命而不由民选，县政府受省政府指挥而主要不是对县民意机构负责，表现出明显的"官治"性质。另一方面，成立乡镇民代表会和县参议会作为民意机构，实行乡镇长民选，乡镇事务自治；同时将保甲作为乡镇自治的基层组织。

这两个阶段的县区乡体制虽然有很大不同，但却存在两个"一以贯之"的基本趋势：其一，清代那种以幕友、胥吏、差役等私人势力办理县政事务的做法逐渐结束，县行政组织机构进一步得到充实和完善；其二，清末至北洋政府时期开始生成的区乡一级行政得到巩固和统一，并系统建立了间邻保甲等基层编民组织。

第一节 国民政府时期的地方行政体制

一、孙中山关于实行县自治的思想

在整个国民政府时期，县制的改革和建设始终受到两种因素的影响：其一是社会政治形势的发展；其二是孙中山关于实行县自治的思想。准确地说，国民政府时期的县制，是以落实孙中山关于县自治的思想为原则，同时根据实际情况而不断对之进行修正的产物。

孙中山对于县自治主张的阐发，主要集中在两个时期：一是在1916年袁世凯复辟帝制失败后；二是在20世纪20年代初联省自治思潮盛行之时。孙中山认为，袁世凯之所以能够复辟帝制，根本原因在于辛亥革命并没有真正解决"民治"问题；他抨击各省军阀以"联省自治"之名行专制之实，认为如果没有"民治"，不论是中央集权还是地方分权，都同样会导致军阀官僚专制。他提出，要真正实现"民治"，就必实行以选举权、罢官权、创制权和复决权为内容的"直接民权"；而要搞"直接民权"，又只能从地域范围较小的县做起，即实行县自治。

孙中山从三个角度论述了在中国实行县自治制度的必要性：

第一，县是中国政治体制的基础，政治建设必须从县开始。他说：

县为吾国行政机关之最初级，故史称知县为亲民之官，譬之建屋然，县为基础也，省其栋宇也，国其覆瓦也，必基础巩固，层累而上，而后栋宇覆瓦，始有所附丽而无倾覆之虞。[1]

国人筑屋先上梁，西人筑屋先立础。上梁者注目于最高之

---

① 《孙中山集外集》，上海人民出版社，1990，第37页。

处，立础者注目于最低之处。注目处不同，其效用自异。吾人作事，当向最上处立志，但必以最低处为基础。最低之处，即所谓根本也。……民为邦本。故建设必自人民始。……今假定民权以县为单位，吾国今不止二千县，如蒙、藏亦能渐进，则至少可为三千县。三千县之民权，犹三千块之石础，础坚则五十层之崇楼不难建立。①

第二，只有通过实行县自治才能建设民主政治。孙中山指出，民初以来关于中央集权和地方分权的争论，归根结底仅仅涉及"官治"范围内的权力分配问题，都没有涉及"民治"问题；而解决"民治"问题必须从县自治入手。他说：

"以吾国幅员之广大，交通之梗塞，以云集权，谈何容易"，只是导致"各省都督之拥兵自重，独揽大权，自为风气"。而20年代初以来的所谓"联省自治"，"不过分中央政府之权于地方政府，并非分政府之权于人民。地方政府而善，不过官僚政治；地方政府而恶，势必各据一方。欲民治之实现，不几南辕而北辙哉？""苟其权在于官，无论为中央集权、为地方分权、为联省自治"，均为官治而非"民治"。"由是观之，中央集权之不可能既如彼，联省自治之无实际又如此，无已，其为县自治乎？"②

孙中山总结历史教训说，民国初年中国实行共和制度而严重走样，其原因就在于"好高骛远"，忽视了县自治这一基础性问题。他说：

清末至今，开明之士，侈言参政，于是国会、省会，应运而生，买票贿选，举国若狂，县虽亦有议会，然自好之士，避之若浼，聪明俊秀之辈，率以地小不足回旋，不屑与伍。于是充县议员者，不外劣绅、流氓、地痞，办县地方事务者亦然，则县自治之成绩，从可知矣。③

---

① 《孙中山全集》第三卷，中华书局，1984，第325、329页。

② 《孙中山集外集》，第34、37页。

③ 同上书，第37页。

孙中山指出，县自治是民主政治的必要条件，只有实行县自治，"然后民权有所托始，主权在民之规定，使不至成为空文也"；反之，不实行县自治，民主政治就必然遭到破坏。这是因为：

第一，以县为自治单位，所以移官治于民治也。今既不行，则中央及省仍保其官治状态，专制旧习，何由打破？第二，事之最切于人民者，莫如一县以内之事，县自治尚未经<训>练，对于中央及省，何怪其茫昧不知津涯。第三，人口清查，户籍厘定，皆县自治最先之务。此事既办，然后可以言选举。今先后颠倒，则所谓选举，适为劣绅、土豪之求官捷径，无怪选举舞弊，所在皆是。第四，人民有县自治以为凭藉，则进而参与国事，可以绰绰然有余裕，与分子构成团体之学理，乃不相违。苟不如是，则人民失其参与国事之根据，无怪国事操纵于武人及官僚之手。以上四者，情势显然。临时约法，既知规定人民权利义务；而于地方制度，付之阙如，徒沾沾于国家机关，此所谓合九州之铁铸成大错者也。①

第三，中国的民主政体应建立在"直接民权"基础之上，而"直接民权"又有赖于县自治的实行。孙中山认为，在美国、瑞士已经开始实行的"直接民权"制度，是一种较代议政体更为先进的政治制度，"吾人今既易专制而成代议政体"，当"更进而底于直接民权之域"，实行"人民有选举权、创制权、复决权、罢官权"的"全民政治"；而"直接民权""不宜以广漠之省境施行之"，"必自以县为民权之单位始也"。②如果不实行分县自治，"则人民无所凭借，所谓全民政治，必无由实现。无全民政治，则虽有五权分立、国民大会，亦终末由举主权在民之实也"。反之，如果在分县自治基础上实现了全民政治，"县与县联，以成一国"，中国的民主政治就有了坚实的基础，"非官僚所得而窃，非军阀所得而夺"。③

---

①　《孙中山全集》第七卷，第67页。

②　《孙中山全集》第三卷，第323、324页。

③　《孙中山集外集》，第35—36页。

孙中山的结论是："中华民国之建设，必当以人民为基础；而欲以人民为基础，必当先行分县自治。"① "自治团体愈多而愈佳，自治区愈小而愈妙……莫若以城镇乡为下级自治团体……而以县为自治单位，举县议会，选县长，凡关乎地方之事，赋与全权。"②

关于实行县自治的步骤，孙中山1924年在《国民政府建国大纲》中主张："在训政时期，政府当派曾经训练、考试合格之员，到各县协助人民筹备自治。其程度以全县人口调查清楚，全县土地测量完竣，全县警卫办理妥善，四境纵横之道路修筑成功，而人民曾受四权使用之训练，而完毕其国民义务，誓行革命之主义者，得选举县官以执行一县之政事，得选举议员以议立一县之法律，始成为一完全自治之县。"此后，国民可以直接行使选举、罢官、创制、复决四权，并由"每县地方自治政府成立之后"，各选举一名国民代表，组织代表机构，"参预中央政事"。③

二、省县二级制和督察专员制度

前文已经述及，北洋政府于1914年5月颁行省、道、县官制，地方行政制度实行三级制。至1923年曹锟政府颁布《中华民国宪法》，规定"地方划分为省、县两级"，次年6月内务部通令各省裁撤道尹，地方行政制度于是转为二级制。在整个国民政府统治期间，地方行政制度始终实行省、县二级制。对此，1924年孙中山制定的《国民政府建国大纲》中已经作出规定："县为自治单位，省立于中央与县之间，以收联络之效。"④国民政府成立后颁布的所有具有宪法性质的文件，在这方面均作出了相同的规定。其中，1931年公布的《中华民国训政时期约法》规定："省置省政府，受中央之指挥，综理全省政务。""县置县政府，受省政府之指挥，

---

① 《孙中山集外集》，第36页。

② 同上书，第37页。

③ 《国民党政府政治制度档案史料选编》下册，安徽教育出版社，1994，第803—804页。

④ 同上书，第804页。

综理全县政务。"①1936年5月颁布的《中华民国宪法草案》（即"五五宪草"）规定："县为地方自治单位。""县长办理县自治，并受省长之指挥，执行中央及省办事项。"②1947年颁布的《中华民国宪法》在这方面的规定也没有变更。

这种省、县二级的地方行政制度，系严格遵行孙中山的有关主张而制定。然而在实践中，却同历史上的所有二级地方行政体制一样，遇到了一级地方行政所辖二级行政单位数目过多，因而鞭长莫及、呼应不灵的问题，这一问题在遇有大规模军事、政治行动时尤显突出。对此，1932年10月"豫鄂皖三省剿匪总司令"蒋介石呈请在"剿匪区"设立行政督察专员公署时说：

> 我国省区，大都地域辽阔，交通不便，所辖县治，多者逾百，少亦六十以上，遂使省与县之间，上下远隔，秉承督察，两俱难周。以故省政府动有鞭长莫及、呼应不灵之苦。而出任县长者，辄存阳奉阴违、蒙蔽取巧之心。③

同年，江西省政府主席熊式辉呈请在境内划分行政区时也提出类似意见：

> 赣省幅员辽阔，辖县八十有一，除少数县份距省较近外，余皆山泽绵亘，交通不便。第就平时推行庶政而论，凡一省令，动须经旬阅月，始克到达，而各县则以距省窎远，耳目难周，对于应办事项，往往出于因循，或涉于苟简。年来匪氛滋炽，清剿之计，至巨且急，乃为事权所限，待命省府，间因传达濡滞贻误戎机者，亦属不一而足，凡此皆为省县隔阂之所致。盖县远于省，居中失所秉承，则呼应难；省远于县，居中疏于督察，则统率难，阔略相仍，流弊百出。④

在这种情况下，各地军政长官纷纷在省与县之间设立了某种形式的中间机构。如担任"豫鄂皖三省剿匪总司令"的蒋介石即在江西"剿匪总

---

①　国民政府文官处印铸局编辑：《国民政府公报》，第786号，台湾成文出版社有限公司影印本。

②　同上书，第2039号。

③　《国民政府训令》，国民政府文官处印铸局编辑：《国民政府公报》，洛字第31号。

④　《国民党政府政治制度档案史料选编》下册，第454页。

部"设立了"党政委员会",同时将江西全省划分为若干区,每区设立党政委员分会,每分会辖若干县,以分会长兼任驻在地县长,"集中党政军之事权于一身,使负监督各县及整顿本县之重任"。至1932年夏,长江流域各省大多设置了这类介于省与县之间的"特种县政组织",其在安徽称"首席县长",在江苏称"行政区监督",在浙江称"县政督察专员",在江西称"行政区长官"。"论其区域,除浙江省区数尚未划定外,安徽、江西两省均以七、八县为一区,江苏省则多以两县、三县为一区;论其办法,苏、皖、赣三省均兼领县长职务,而浙江省则否;论其职权,安徽省则以清乡为注重,浙江省则以督察为范围,而苏、赣两省则几与省政府之职权相埒。"①

对于这种省与县之间的"特殊行政机构",国民政府予以承认。1932年8月,行政院公布了《行政督察专员暂行条例》;同月,"豫鄂皖三省剿匪总司令部"公布了《剿匪区内各省行政督察专员公署组织条例》。②对于为何要重复颁行后一条例,"豫鄂皖三省剿匪总司令"蒋介石在给国民政府的有关呈文中解释说,行政院颁布的"暂行条例""系就普通各省情形为因应",而"剿匪省区"存在不同于一般省份的特殊情况,因此需要针对这种特殊情况颁行"组织条例"③。

这两个条例的内容具有两个方面的共同点:第一,全都确定要在省与县之间设立一种与"自治团体者回不相侔"的行政机关,其性质为省政府或"三省剿总"的派出机构,"所管之职务实如一省中之民政分厅,只系横面之扩张,而非纵体之层迭",其首长兼任驻在县的县长。换言之,它与清代的府和北洋政府时期的道不同,不属于省与县之间的一级正式行政机构。第二,两者对于行政督察专员职责所作的规定大致相同,即对本督察区域内各县市的行政进行考察、督促和指导,并对其行政人员进行监察。

但另一方面,这两个条例之间也存在诸多不同之处,稍加分析就可以看出,倒是号称应"剿匪"事务而颁行"组织条例",更多地表现出要使

① 《国民党政府政治制度档案史料选编》下册,第458页。

② 国民政府文官处印铸局编辑:《国民政府公报》,洛字第49号;《国民党政府政治制度档案史料选编》下册,第465—467页。

③ 《国民政府训令》,国民政府文官处印铸局编辑:《国民政府公报》,洛字第31号。

行政督察专员制度常设化的性质。两个条例之间的主要不同点在于：

其一，据"暂行条例"，行政督察专员的设立具有时间方面的临时性和地域方面的特殊性。它规定："省政府在离省会过远地方，因有特种事件发生（如剿匪、清乡等等），得指定某某等县为特种区域，临时设置督察专员。"其名称也以这些特定县份挂钩，称"某某省某某等县行政督察专员"；行政督察专员"于某项特种事件办理完竣时，即撤废之"。而《组织条例》没有规定行政督察专员系临时性设置；相反，蒋介石在有关呈文中特别强调，行政督察专员必须普遍设立，"不能谓有匪之区或边远之区可设专员，无匪之区或近省之区则可置而不顾"，因为就"吏治腐败、民生凋敝之亟须整饬"而言，所有的地方都"无二致"。

其二，"暂行条例"规定行政督察专员由省政府在"各县县长中指定一人兼任"（县长为荐任职）；而"组织条例"则规定，行政督察专员由"剿总"委派，简任待遇。对此蒋介石强调说："对于行政督察专员必须隆重其体制，予以简任之待遇，授以监督区内各县县长之大权，故其人决不能就区内现任县长择其一提升加委，致为原与同官同职之县长所轻。"

其三，对于行政督察专员与地区武装力量之间的关系，"暂行条例"只是规定前者在因维持治安需要时，可以节制调遣本区域内各县市的警察保卫团；而"组织条例"则规定，行政督察专员兼任该区的保安司令，"管辖、指挥该区各县之保安队、保卫团、水陆公安警察队及一切武装自卫之民众组织"。对此蒋介石在呈文中强调说，行政督察专员兼任保安司令，"全区军民两政统归主持，体制之重，有似前清之兵备道，事权已一，实力亦厚，而后措施运用胥可自如，清匪安民，自然顺利"。

"暂行条例"和"组织条例"颁行后，江西、河南、湖北、安徽、福建、江苏、浙江、四川、湖南、贵州、山东、陕西等省，均先后推行了行政督察专员制度。

1936年3月，国民政府行政院公布了《行政督察专员公署组织暂行条例》（同年10月修正），同时废止1932年的《行政督察专员暂行条例》和《剿匪区内各省行政督察专员公署组织条例》[①]。在对于行政督察专员

---

① 《国民党政府政治制度档案史料选编》下册，第491—494页。

之设置、任命、职权等方面，这一条例基本上采用了"剿总组织条例"的内容。它规定：行政督察专员公署"为省政府辅助机关"；行政督察专员"由行政院院长或内政部部长提出，呈请国民政府简派"；"除有特殊情形者外，应兼任该区保安司令，对于辖区内各县市之保安团队、水陆警察及一切武装自卫之民众组织，有监督之权"。该条例规定，行政督察专员"承省政府之命，推行法令，并监督指导暨统筹辖区内各市县行政"，具有如下职权：

1. 审核、统筹辖区内各县市的行政计划或中心工作；

2. 审核辖区内各县市地方预算、决算；

3. 审核辖区内各县市制定的单行法规；

4. 巡视、指导辖区内各县市的地方行政和地方自治；

5. 考核辖区内各县市行政人员的工作成绩；

6. 对辖区内各县市行政人员实行奖惩；

7. 召集区行政会议；

8. 处理辖区内各县市间的争议；

9. 办理省政府交办事项。

此后，具有广泛监督、监察权力和一定行政权力的行政督察专员公署在各省普遍设立，成为省行政与县市行政之间的重要联结纽带和沟通渠道。

三、《县组织法》的颁行

南京国民政府成立后，于军事倥偬之际已经开始注意县制方面的改革。1927年6月，国民党中执委政治会议第100次会议作出决议，县级行政一律采用县长制。国民政府乃于6月9日发布训令，令各省遵照实行。至此，中国近代县政史上的县公署改为县政府，县知事正式改为县长。① 1928年5月，国民政府批准战地政务委员会呈递的《战地各县县政府

---

① 中华民国史事纪要编辑委员会编：《中华民国史事纪要》（初稿），民国十六年册，第1226页。20世纪20年代初，广东护法军政府和"联省自治"中的湖南等省，已经将县知事改为县长。

组织暂行条例》，规定"战地各县县政府设县长一人，受战地政务委员会之指挥监督，处理全县行政事务"；各县县政府内分设各科，分别掌管内政、财政和教育、实业等事务。[①]

国民政府关于县行政制度的正式法律是《县组织法》，该法最初公布于1928年9月，1929年6月第二次公布，1930年7月修正公布。[②]贯穿于《县组织法》中的基本精神（或者说它对于县区乡体制的基本设计），一是逐步实现孙中山主张的县自治；二是完善、充实县和区、乡镇各级行政组织。兹分述如下：

（一）逐步推进县、区、乡、闾、邻地方自治

按照孙中山的设想，训政时期县自治处于筹备阶段，一旦县自治得到普遍实行，国家政治将进入宪政阶段；换言之，县自治的实行是宪政阶段的事情。因此，《县组织法》没有明确规定县为自治团体；对于县政府，也没有规定它具有办理地方自治事务的职能，而是规定它"于省政府指挥、监督之下，处理全县行政、监督地方自治事务"；对于县长的产生，规定由省民政厅提名、省政府议决任用。但是，《县组织法》还是将实现自治设定为县政治的最终前途，这体现在：

1. 规定"凡筹备自治之县已达建国大纲第八条所规定之程度者，经中央查明合格后，其县长应由民选"；2. 规定县设由县民选举产生的民意机构参议会。这两者都是县自治制度的主要内容和标志。

对于区、乡（镇）、闾、邻，《县组织法》均规定依不同日程表实行自治：

1. 区、乡、镇为自治单位，可以在不抵触中央和省、县法令规则的前提下，制定自治公约。

2. 区置区公所，乡置乡公所、镇置镇公所，设区长、乡长、

---

① 中华民国史事纪要编辑委员会编：《中华民国史事纪要》（初稿），民国十七年册，第723页。

② 《县组织法》，《国民党政府政治制度档案史料选编》下册，第524—529页。

镇长管理区、乡、镇自治事务。

3. 区长和乡镇长由民选产生（区长在实行民选之前由民政厅委任）。

4. 区民、乡民、镇民可以在本自治区内直接行使对于自治公约和自治事项的创制权、复决权以及对于区长的选举权和罢免权。1929年公布的《乡镇自治施行法》和《区自治施行法》规定，实行区长民选后，每年召集乡镇民大会二次、区民大会一次，行使选举、罢免、创制、复决四权，制定或修正本自治区自治公约，审核预算决算，审议上级机关交议事项，审议乡、镇、区公所或乡、镇、区务会议交议事项，以及审议所属各闾邻、乡镇公所和公民提议事项。闾、邻各设居民会议，可决定筹集所需经费。①

（二）完善、充实县、区、乡镇各级行政组织

《县组织法》以及依据这一法律制定的《区自治施行法》和《乡镇自治施行法》，延续了清末和北洋政府时期县制改革和建设的基本方向，继续完善和充实各级行政组织，使各类承担行政职能的人员纳入正式科层组织之中。这些法律规定：

1. 县政府除设县长外，设秘书一人；根据事务繁简设置一科或二科，各科置科长一人，科员二人或四人；可以雇用事务员和雇员；可以设置警察，"办理催征、送达、侦缉、调查等事项"；县政府还"下设"公安局、财政局、建设局和教育局，必要时还可以呈请省政府另设卫生局、土地局、社会局、粮食局。

2. 区公所除设区长一人外，设助理员辅助区长办理区务，设区丁执行区务；设立由区民选举产生的监察委员会，负责监察区财政，"向区民纠举区长违法失职等事"。

3. 乡、镇公所除设乡、镇长一人外，设副乡、镇长一人；

---

① 《乡镇自治施行法》《区自治施行法》，见国民政府文官处印铸局编辑：《国民政府公报》，第272、285号。

可以设置事务员和乡、镇丁；设由乡、镇民选举产生的监察委员会，负责监察乡、镇财政，向乡、镇民纠举乡镇长、副乡镇长违法失职等事。

4. 闾设闾长一人，邻设邻长一人，分掌、闾、邻自治事务，办理县政府、区公所及乡、镇公所交办事务。

《县组织法》所具有的实现县、区、乡镇各级行政组织现代化的意义，还通过它（以及《区自治施行法》《乡镇自治施行法》）关于县政会议、区务会议和乡、镇务会议的规定得到充分体现。《县组织法》规定县政府设由县长、秘书、科长和各局局长参加的县政会议，负责审议县预算决算、县公债、县公产处分、县公共事业经营、管理等事项；区公所设由区长、区助理员和本区所属乡长、镇长参加的区务会议，负责审议区公所经费、区公产处分、区公约及其他单行规则制定、修正等事项；乡、镇公所每月须召开由正副乡、镇长和所属闾长参加的乡、镇务会议。吸收县政府秘书、科长和各局局长参加县政会议，与县长共同讨论决定重要县务，这进一步确定了这些人员属于国家正式公职人员而非县长私人幕僚的身份；由区长、区助理员、乡镇长和闾长参加区务会议、乡镇务会议，则确定了这些人员作为地方自治人员的郑重身份，划清了他们与地位卑贱的清代里甲、乡地、保甲等乡村职役之间在职务方面的界限。

第二节　《县组织法》框架下的县行政

一、南京国民政府初期的县行政组织

南京国民政府成立时，各地在县制方面的基本状况是"官治"县公署和警务、财务、实业、教育等地方性局所系统分立，而这两个系统的规制在各地也很不统一。面对这种状况，南京国民政府成立后首先通过颁布《县组织法》等文件对县政府的内部组织和地方性局所分别进行规范，后又通过"裁局改科"对这两个系统进行了整合。

通过《县组织法》，国民政府对于县行政组织的设置作出了原则规定，其主要内容是：

1. 各县县政府设县长一人。

2. 县政府内设秘书一人，由县长呈请民政厅委任；根据事务繁简设置一科或二科。1928年10月内政部颁布的《县政府办事通则》改定为一等县设四科，二等县设三科，三等县设二科。一等县各科职权范围如下：

第一科：公安、保卫、土地、户籍、卫生、救济、风俗、典礼、宗教、地方自治、社会事业、著作出版、保存古物及不属于各科事项。

第二科：教育、农矿、工商、交通、土木、水利、森林。

第三科：税捐、公债、金融、官产、仓谷登记及编制预算决算。

第四科：会计庶务、统计、收发文件、典守印信、保管公物、编存档卷。

二等县将以上第三、第四科合并；三等县将以上第一、二科合并，第

三、四科合并。①各科置科长一人，由县长呈请民政厅委任；科员二人至四人，科员由县长委任。对此《县政府办事通则》补充规定，各科科员总数一等县不得超过10人，二等县不得超过8人，三等县不得超过6人。除秘书和各科科长、科员外，县政府可以使用事务员、书记等雇员，员额不作统一限制；可以设置警察，"办理催征、送达、侦缉、调查等事项"。在这种制度下，县政府以县长为行政长官，以各科及其科长、科员为职能机构和行政人员，以事务员、书记等办理内勤事务，以行政警察办理外勤事务，具有极强的结构性。县行政组织和人员的隶属关系也十分明确。《县政府办事通则》规定，"县长秉承省政府及民政厅之监督指挥，并其他主管各上级机关之命令综理县政""县政府各科科长及各局局长秉承县长处理本科及本局事务，科员秉承县长、科长分办本科事务""事务员、书记秉承县长及主管科长或科员分办事务"。这种县政府制度的建立，在北洋政府县公署制度的基础上进一步改变了清代任用私人势力办理州县行政的非理性制度。

3. 县政府"下设"以下各局：

（1）公安局，掌户籍、警卫、消防、防疫、卫生、救灾及保护森林、渔猎等事项。

（2）财政局，掌征税、募债、管理公产及其他地方财政等事项。

（3）建设局，掌土地、农矿、森林、水利、道路、桥梁工程、劳工、公营业等事项及其他公共事业。

（4）教育局，掌学校、图书馆、公共体育场、公园等事项，及其他文化社会事业。

除以上"四局"外，县政府在必要时还可以呈请省政府另设卫生局、土地局、社会局、粮食局。

4. 县政府设县政会议，由县长、秘书、各科科长和各局局长参加。县政会议开会时，以县长为主席，负责审议以下事项：

（1）县预算决算事项；（2）县公债事项；（3）县公产处分

事项；（4）县公共事业之经营、管理事项。县长认为有必要时，
得以其他事项提交县政会议审议。

清代州县实行的正印官独任制，是其封建性家长制、家产制州县行政的重
要制度原因。这种行政长官"独任制"在北洋政府时期开始得到改革，而
至国民政府建立县政会议制度，使县政府秘书、科长以国家正式行政人员
的身份参加会议，议决重要县政事务，进一步以合议制取代了行政长官独
任制，有利于县政的法制化。在当时的政治生态中，"裁局改科"之前的
县政府各局实质上仍属于"官治"行政之外的"自治"行政系统，各局局
长基本上都是"地方名流"，吸收各局局长参加县政会议，也具有整合
"官治"县政与"自治"县政的意义。

　　总体看来，这一时期各地县行政组织的设置基本上系遵循《县组织
法》，县政府内部分科，其外存在公安、财务、建设、教育等各局。但科
局的设置，各省往往互不相同；一省之内，各县也多有不相同者：

　　1. 江苏省的情况见表4.1。

表4.1　江苏省各县1931—1932年县行政组织设置情况

县　份	设科情况	设局情况
昆山等24县	第一科、第二科	公安、财务、建设、教育局
江宁县	第一科、第二科	公安、财务、建设、教育、土地局
镇江县	第一科、第二科、公安科	财务、土地、建设、教育局
铜山县	第一科、第二科、财务科	公安局、建设局、教育局
江浦县	第一科、第二科、财务科	公安局、教育局、建设事务所
上海等2县	第一科、第二科、公安科	财务局、建设局、教育局
泰县	第一、第二、公安、建设科	财务局、教育局
高邮县	第一、第二、公安、财务、教育科	建设技术员一人
东台县	第一、第二、公、财、建、教6科	
兴化县	第一、第二、财务、教育科	原设各局，1931年因水灾裁撤
扬中等9县	总务科	公安、财务、建设、教育局

续表

县　份	设科情况	设局情况
溧水县	总务科、公安科	财务、建设、教育局
丰县等7县	总务科、财务科	公安局、教育局、建设局
灌云等6县	总务科、财务科	公安局、教育局、建设事务所
东海县	总务科、公安科、财务科	建设局、教育局
睢宁县	总务科、公安科、财务科	教育局、建设事务所
宝应县	总务科、公安科	教育局

2. 安徽省制定《各县政府组织暂行办法》规定各县政府设第一科、公安科、建设科（或建设专员）和教育局、县地方财务委员会。

3. 江西省的情况见表4.2。

表4.2　江西省各县1930年县行政组织设置情况

县　份	设科情况	设局情况
临川等14县	第一科、第二科	公安、财政、教育、建设局
南昌等3县	第一科、第二科	财政、教育、建设局
丰城等64县	总务科	公安、财政、教育、建设局

4. 湖北省的情况见表4.3。

表4.3　湖北省各县1935年县行政组织设置情况

县　份	设科情况	设局情况
蒲圻等11县	第一、第二、第三科	教育事务由驻地行政督察专员公署第四科代理
咸宁等59县	第一、第二、第三科和警佐	县财务委员会

5. 湖南省的情况见表4.4。

表4.4　湖南省1933年县行政组织设置情况

县　份	设科情况	设局情况
长沙等21县	第一科、第二科	公安局、财政局、教育局

续表

县　份	设科情况	设局情况
武冈县	总务科、第二科	公安局、财政局、教育局
新化县	总务科、第二科	财政局、教育局、警察所
浏阳县	第一科	公安局、财政局、教育局
临湘等23县	总务科	公安局、财政局、教育局
新宁等28县	总务科	财政局、教育局、警察所

　　6. 山西省政府1931年议决《改组县政府具体办法》，规定各县县政府设第一科、第二科和公安、财政、教育、建设等四局。

　　7. 河南省的情况见表4.5。

表4.5　河南省1932年县行政组织设置情况

县　份	设科情况	设局情况
开封县、郑县	第一科、第二科	教育局、财务局、建设局
陈留等93县	第一科、第二科	公安局、教育局、财务局、建设局
新郑县、延津县	总务科	公安局、教育局、财务局、建设局

　　8. 河北省的情况见表4.6。

表4.6　河北省1935年以前县行政组织设置情况

县　份	设科情况	设局情况
安新等75县	第一科、第二科	公安局、教育局、财务局、建设局
景县、滦县	第一科、第二科	教育局、财务局、建设局
天津县、清苑县	第一科、第二科	教育局、财务局、建设局
良乡等50县	总务科	公安局、教育局、财务局、建设局

　　9. 陕西省。内政部抗战前编纂的《内政年鉴》仅记该省各县1931年后设公安、教育局、财政局、建设局等四局，未记县政府设科情况。据其他资料记载，该省西乡县这一时期县政府设三科，"第一科办理政府内部机要，任免县属行政人员，审理民事纠纷和盗匪案件。第二科征收全县田粮赋税，

筹摊地方款项。第三科管理全县学校教育，办理校产，筹措教育经费"①。

10. 浙江省的情况见表4.7。

表4.7 浙江省"裁局改科"前县行政组织设置情况

县 份	设科情况	设局情况
杭县等4县	第一科、第二科	公安局、教育局、财务局、建设局
海宁等11县	第一科、第二科、建设科	公安局、教育局、财务局
富阳等35县	第一科、第二科、财政科、建设科	公安局、教育局
临安等7县	第一科、第二科、财政科	公安局、教育局
于潜等6县	第一科、第二科	公安局、教育局
海盐等9县	总务科、财政科、建设科	公安局、教育局
新昌等3县	总务科、建设科	公安局、教育局

11. 福建省1933年"裁局改科"前县政府分科，此外设置公安、财务、建设、教育各局。

12. 广西省各县县政府组织"与《县组织法》所规定者，颇多出入"。该省于1934年4月修正公布《广西各县县政府组织暂行章程》，规定全省各县分为五等，各设县长、副县长；一等县县政府设秘书、第一科、第二科、第三科、第四科以及承审员、典狱员。第一科掌总务、公安、自治、户籍、卫生保健等事务；第二科掌财务、预算、决算、审核等事务；第三科掌教育事务；第四科掌建设事务。二等县不设第四科，其职能由第二科履行；三等县不设第二、第四科，其职能由第一科履行；四、五等县不设第一、第二、第四科，其事务由秘书指定科员分别管理。

13. 云南省的情况见表4.8。

表4.8 云南省1931—1932年县行政组织设置情况

县 份	设科情况	设局情况
昆明等50县	第一科、第二科	公安局、财政局、教育局、建设局

---

① 《西乡县文史资料》第2辑，第17—19页。

续表

县　份	设科情况	设局情况
惠泽等2县	第一科、第二科	公安局、教育局、建设局
曲溪等2县	第一科、第二科	
呈贡等15县	总务科	公安局、财政局、教育局、建设局、团防局
富民等9县	总务科	公安局、财政局、教育局、建设局
富州县	总务科	财政局、教育局、建设局
南峤县	总务科	建设局

14. 贵州省的情况见表4.9。

表4.9　贵州省1932年5月县行政组织情况

县　份	设科情况	设局情况
贵阳等12县	第一科、第二科	公安局、财政局、教育局、建设局
息峰等69县	总务科	公安局、财政局、教育局、建设局

15. 吉林省的情况见表4.10。

表4.10　吉林省1931年县行政组织设置情况

县　份	设科情况	设局情况
长岭等6县	第一科、第二科	公安局、教育局、实业局、财务处
长春等12县	第一科、第二科	公安局、教育局、财务处
虎林等3县	第一科、第二科	公安局
永吉等9县	总务科	公安局、教育局、实业局、财务处
桦甸等8县	总务科	公安局、教育局、财务处
同江县	总务科、教育科	公安局、财务处

16. 新疆省的情况见表4.11。

表4.11　新疆省1931年7月县行政组织设置情况

县　份	设科情况	设局情况
迪化等59县	总务科、财政科、教育科、建设科	公安局

17. 青海省的情况见表4.12。

表4.12　青海省1931年县行政组织情况

县　份	设科情况	设局情况
民和县	第一科、第二科	公安局、财政局、教育局、建设局
大通等5县	第一科、第二科	公安局、教育局、建设局
互助县	第一科、第二科	公安局、教育局
西宁县	第一科、第二科	教育局、建设局
湟源县	总务科	公安局、财政局、教育局、建设局
贵德县	总务科、财政科	公安局、教育局、建设局
亹源县	总务科	公安局、教育局、建设局

18. 察哈尔省的情况见表4.13。

表4.13　察哈尔省1931年前县行政组织设置情况

县　份	设科情况	设局情况
万全等8县	第一科、第二科	公安局、财政局、教育局、建设局
赤城等7县	总务科	公安局、财政局、教育局、建设局

19. 绥远省各县县政府设第一科、第二科，及公安局、财政局、教育局、建设局。[①]

县政府各科内部设科长、科员、书记、事务员等行政人员，此外没有分支机构；而各局内部则往往有分支组织。《县组织法》规定，"各县政府所属各局之组织及权限，除法令别有规定外，由各省政府定之，并咨内

———————
① 以上各省县行政组织情况见内政部编：《内政年鉴》（B），第74—97页。

政部备案"。根据这一规定，各省多有这类规章颁布，例如江苏省政府就制定公布了公安、财政、教育、建设等四局的组织条例。

《江苏省各县公安局组织条例》规定：各县公安局根据事务繁简分为一、二、三等，各设总务、行政、司法三课。一等局每课设课长1人，课员2—4人；二等局设课长1人，课员1—3人；三等局设课长1人，课员1—2人。总务课掌编练、调遣、考核、收发、预算决算、征收警捐、会计等事务；行政课掌保安、外事、交通、户籍、营业、建筑、公共卫生、消防等事务；司法课掌刑事、侦查、违警处分等事务。各县公安局可用雇员，可以设立特种警察、消防队。各县公安局可以设立分局或支局，分局也可以下设支局；支局可以设立派出所、守望所。①

《江苏省各县财政局组织条例》规定：各县均设立财政局，"总理县财政事宜"；财政局分设总务、经征、会计三课，"总务课掌撰拟文书，保管册串票照，办理报解手续，及临时委办特种财务，并本局事务收支，及其他不属于各课事项"，"经征课掌经征各项赋课税捐及附加税，并整理户粮及其他关于征收事项"，"会计课掌登记收支款项，编制统计报告等事项"。②

《江苏省各县教育局暂行条例》规定：各县教育局设局长一人、县督学及事务员若干人。由县教育局负责在境内划分学区，每区设教育委员一人，受县教育局长之指挥，办理本学区教育事务。③

《江苏省各县建设局组织条例》规定：各县建设局"斟酌地方情形"分为三等，各设局长1人；局内设技术课和总务课，人员编制一等局技术员3人，事务员2人；二等局技术员、事务员各2人；三等局技术员、事务员各1人。县建设局执掌土地清丈、水利、公路、航路、桥梁、电话和其他公用事业，负责筹办、

① 吴树滋、赵汉俊编：《县政大全》第二编，中册，第1—3页。
② 同上书，上册，第89—90页。
③ 同上书，中册，第45—46页。

管理、视察县立各建设机关，筹集支配县市乡建设经费及编制预算、决算。①

其他省份如福建、浙江、安徽、山东、河北等，也均有类似的法规发布。如河北省于1930—1931年间先后颁行了《各县公安局组织暂行章程》《修正各县财务局暂时规程》《各县建设局组织规程》和《各县教育局暂行规程》。②1929年1月福建省颁布《各县公安局公安分局暂行组织规程》，规定各县公安局设二科或三科，第一科掌警卫和森林防护；第二科掌消防；第三科掌防疫、卫生。设立二科者，将第二科和第三科的职责合并；可以根据自治区域将县境划分为若干区，每区可以设一分局；可以在县政府所在地及其他工商业繁盛地设警察派出所，各分局也可以在辖区内设立警察分驻所；各县公安局"为稽查游缉或临时戒备"，可以编练警察队③。同月，福建省政府还颁布了《福建省各县财务局暂行组织规程》，规定"县财务局受财政厅之管辖及县政府之指挥监督，管理全县财政事项"；局内分设两科，第一科掌理文牍、统计、会计、收发、保管、内务、各征收机关预算决算稽核、财库管理和出纳等事项；第二科掌理各项税捐征收、官产公产管理、县内公债办理和应税房地产的估价等。④

二、"合署办公"与"裁局改科"

北洋政府时期独立于县公署之外的"四局"自治县政系统，其形成虽然具有积极意义，但同时却意味着绅权的膨胀和县行政的割裂。取得全国政权后的国民政府在设计县行政制度时，对于"四局"系统这一政治和社会现实不能不予以接受。因此，《县组织法》一方面规定县政府内部设科，另一方面规定县政府"下设""四局"，实际上含糊地承认了后者并非县政府的有机组成部分。但是，《县组织法》又同时表现出要将县政府与"四局"系统进行整合的意图，其具体表现是：1. 规定"四局"是县政

---

① 吴树滋、赵汉俊编：《县政大全》第二编，中册，第82页。
② 民国《井陉县志》，第七编，行政。
③ 吴树滋、赵汉俊编：《县政大全》第二编，中册，第4—5页。
④ 同上书，上册，第91页。

府的"下设"机构；2. 规定"四局""如有缩小范围之必要时，得呈请省政府改局为科，附设县政府内"；3. 规定"四局"局长由县知事遴选，呈请省政府核准委任；4. 规定"四局"局长与县长、县政府秘书、科长共同组织县政会议。

然而，"四局"是地方绅权组织化膨胀的结晶，作为一种现实的社会力量其运作方式具有很大的历史惯性，这是《县组织法》的上述纸面规定所无法相抗衡的。从实际情况看，国民政府统治初期"四局"对于县长和县政府仍具有很大的独立性。当时各省根据《县组织法》而自行制定的有关"四局"组织的条例、规程等，一般均规定"四局"直隶于省政府各厅，或受省政府各厅与县长的双重领导而以前者为主；各局局长的委任权也往往归省政府各厅而县长无从与闻。例如：

> 江苏省的各项有关法规规定，各县公安局长"承省政府民政厅厅长之命令并本县县长之指挥监督综理局务"；各县教育局局长"直隶于教育厅，协商县长主管全县教育行政事宜"，其任命由县长就符合资格者推荐3人，呈请教育厅选任，或由教育厅直接委任；各县建设局"受建设厅之指挥监督，办理全县建设事宜"，局长"秉承建设厅商承本县县长综理全局事务"；各县财政局局长、副局长由财政厅委任，呈省政府备案。①

> 福建省的有关法规规定，各县财务局"受财政厅之管辖及县政府之指挥监督，管理全县财政事项"，局长由财政厅考选委任；"县教育局受教育厅之管辖指导并县政府之指挥监督"，局长"由教育厅考选委任"；公安局"受民政厅之管辖及县政府之指挥监督"，其局长"由民政厅考选委任，但未考选前得由民政厅遴员委充"。②

> 浙江省各县"教育局长由县长就省政府考试任用人员教育组及格人员中遴荐3人，呈请省政府择委1人，但遇必要时得由省政

---

① 吴树滋、赵汉俊编：《县政大全》第二编，中册，第1、45、82、89页。
② 同上书，上册，第4、48、91页。

府直接委任"。①

山东省各县建设局"直隶于省政府建设厅、农矿工商厅"，局长"经省建设厅资格检定，由建设厅委任报省政府备案"。②

河北《高邑县志》记该县 1928 年后公安局长由省民政厅委任，教育局长由省教育厅委任，建设局长由省建设厅委任，财务局局长"由党部领导之下人民团体及县政府所属各机关选举三人，呈请财政厅核委"；③《青县志》记该县 1928 年就任的教育局长、建设局长、财务局长均系"遵章公推呈县"，转请省各有关厅核委；④《完县志》记该县 20 世纪 30 年代初公安局长及下属官员为民政厅任命，教育局长和督学员均由教育厅任命，建设局长由建设实业厅任命，其他人员由县政府或本局任命，财政局长由财政厅任命。⑤

这一时期"四局"的经费也仍由地方财政开支，如河北《望都县志》记该县 1928 年改组后的县政府，经费由国家拨给，而财政局、教育局、建设局，经费均"由地方款开支"。⑥当时人们的观念，也不将"四局"视为县政府的下属机构，而是将之视为与县政府并列的机构。1929 年山东聊城著名的藏书楼海源阁遭土匪劫掠，"珍版书全毁"，其清查工作系由县政府、公安局、教育局、建设局、财政局等五个机构"会同"进行，"四局"与县政府俨然平等。⑦

由于各局局长一般均由省职能厅任命，并隶属于后者或受后者管辖，致使在实际行政过程中县长与各局局长之间不能形成指挥和隶属关系，各局所掌管的行政事务也难以纳入统一的县行政；有些时候，各局甚至可以同县政府分庭抗礼。

---

① 吴树滋、赵汉俊编：《县政大全》第二编，上册，第47页。
② 同上书，第83—84页。
③ 民国《高邑县志》，行政志。
④ 民国《青县志》经制志，官制篇。
⑤ 民国《完县新志》，行政志第二上。
⑥ 民国《望都县志》，政治志。
⑦ 中华民国史事纪要编辑委员会编：《中华民国史事纪要》（初稿），民国二十年册，第211页。

当时人们认为，县政府与地方各局不能整合，乃是造成县行政效率低下的一个重要原因，纷纷对此提出批评。1932年12月国民政府在南京召开第二次内政会议，内政部在关于改革县政的提案中说：

> 现时各县政府高悬在上，各局分立，俨同割据，甚至事业进行，省府各厅直令各局，各局亦直呈各厅，均不经过县长。各厅为进行便利起见，率性直接委派各局长乃至各科长。事权既不统一，所有事业，自难得通盘筹划而为有步骤之进行。①

1934年12月，国民政府军事委员会委员长蒋介石在南昌行营颁行《剿匪省份各县政府裁局设科办法大纲》的训令中说：

> 比年以来，县政废弛，成效莫睹。论者多归咎于县长不得其人，此虽为原因之一端，然县政权责不能集中，组织尚不完善，实亦有以致之。盖现制《县组织法》，县政府仅设两科，其下则分设公安、财政、教育、建设四局。各局局长多由主管各厅指派，自成系统，各树壁垒。对下则迳发局令，对上则迳报本厅，县长高临其上，既非自辟之掾属，复多顾虑其背景，自无从充分行使监督指挥之权。即甲局与乙局之间，亦只图个别之发展，缺乏统一之意志。一县之工作中心殊无从确定。且各局并立，规模扩张，更不能不分科设课，滥置职员，以张皇门面。于是地方经费悉拨之以养此各局之冗官，尚虞不足，致各县预算中只有机关费而无事业费之可言。即有贤良，何能奏绩？②

就是在这种背景下，出现了"合署办公"和"裁局设科"的县政改革。

所谓"合署办公"，是说改变各局分设于县政府之外的状况，将之与县政府合并于同一场所办公。上述内政部在第二次内政会议上的提案，是在批评了当时县政事权不一的弊病后提出，"救济之法，惟有将各局并入县政府，使县政府成为一整个机关……同时规定县政府之各局科，以合署办公为原则"。蒋介石和江苏、江西、广西、陕西等省的民政厅也都提出

---

① 转引自程方：《中国县政概论》，商务印书馆，1939，第50页。

② 中华民国史事纪要编辑委员会编：《中华民国史事纪要》（初稿），民国二十三年册，第1147—1148页。

了类似的建议。①会后，河北省率先进行了县行政机关合署办公的改革。1933年1月，该省制定了《裁并县属各局办法实施原则》，其中规定：各县公、财、教、建四局名义可以暂时保留，但不得继续各自分立，须一并移归县政府内，实行合署办公；各局对外以不行文为原则，其对上对下正式公文，统以县政府名义行之；合署办公后原有局内经费从实核减。此后不久又制定了《各县核减县属各局经费办法》，作为各局裁员简政的标准。②

显然，"合署办公"只能从表面上、形式上解决县政府与各局分立的问题，而不能真正解决县行政的整合问题，只要各局的行政隶属关系及其首长的任命方式依旧，它们与县政府就依然是"两张皮"。鉴于这种情况，"裁局改科"的改革被进一步推出。

"裁局改科"在《县组织法》中已有伏笔，即如前文已经提到的，该法规定公安、财政、教育、建设"各局如有缩小范围之必要时，得呈请省政府改局为科，附设县政府内"。至1932年第二次内政会议召开，在批评县行政事权不一、呼吁提高县长权威的同时，作出了"县政府以一律设科为原则"的决定，但没有制定统一规章。会后，福建、河北等省均开始自行设计制度推行"裁局改科"。

福建省民政厅厅长郑宝菁提出实行"新县制"的六条建议，其第二条说："旧制县署，或设二科，或仅一科，科员名额又无规定。县长为省费起见，多数敷衍苟且，以致负责乏人，诸务从脞。应将民、财、建、教四项，各设一科，庶有责专而利进行。"其第四条说："建设、教育等局，皆与县长立于对等地位，事权既不统一，责任难免互推。县政府既各设专科，科长又由主管厅委任，即将原设之建、教两局归并组立，其所省之经费，可由县政府支配于设施事业。"③1933年6月，该省制定《各县政府组织大纲》，在全省各县实行"裁局改科"。

河北省各县也自1933年起开始推行"裁局改科"。

①　程方：《中国县政概论》，第50页。

②　同上书，第50—51页。

③　吴树滋、赵汉俊编：《县政大全》第四编，第7—9页。

1935年1月该省拟定《各县裁局改科实施办法》，规定"将县政府所属各局分别裁撤改科隶属于县政府"。各局改科后，一等县设6科或5科，二等县设5科或4科，三等县设4科或3科。"各局改科后，应一律移入县政府办公"。设6科者各科执掌如下：以原县政府第一科为第一科，办理民政及总务事项；以原县政府第二科为第二科，办理省财政事项；由财政局改设第三科，办理县财政事项；由教育局改设第四科，办理教育事项；由建设局改设第五科，办理建设事项；由公安局改设第六科，办理公安事项。设五科者，教育、建设事项并由第四科办理，公安局改设第五科。设四科者，第一科办理民政、总务和省财政事项，第二科办理县财政事项，第三科办理教育、建设事项，第四科办理公安事项。设三科者，第一科办理民政、总务和省财政事项，第二科办理县财政及教育、建设事项，第三科办理公安事项。①

山东馆陶县县政府1929年分为3科，1930年分为2科，此外设有公安、财政、建设、教育四局。1933年实行裁局改科，"除公安局外，其财政、建设、教育三局……改为第三科、第四科、第五科"，以第二科掌管国家财政事项，第三科专管地方财政。②

1934年12月底，南昌行营颁布了《剿匪省份各县政府裁局设科办法大纲》，使得"裁局改科"到底应如何做法有了一个规范。上文已经述及，蒋介石在颁布这一文件的训令中，抨击了当时县行政中公、财、教、建等局与县政府分庭抗礼所导致的弊病。他接着说道："本委员长深知此弊，前年督师江汉，曾由三省总部规定各县政府裁局改科办法，以一事权，而节糜费。"但各省县局仍然未能一律撤废。现在省政府已经实行合署办公，为了增进县政效率，特制定《剿匪省份各县政府裁局改科办法大纲》，令豫、鄂、皖、赣、闽五省府遵照办理，"限于三个月内，一体实施"。

蒋介石在《训令》中说"裁局改科"有五点宗旨：

① 内政部编：《内政年鉴》（B），第86—87页。
② 民国《馆陶县志》，政治志。

一曰"集中权责"。裁撤县政府之下各局，将其职掌分别归并于县政府各科，由县长总揽县政，"县府佐治人员，亦概由县长遴荐、省府核委"，这样就可以使得县行政成为一个有机整体，"收臂指相使之实效"。

　　二曰"充实组织"。各局裁撤后，县政府事务增多，"其原有组织自应稍加扩大，另为增科添员并酌加其行政经费"。

　　三曰"教建合一"。"裁局改科"后，将教育和建设事务并为一科承担。

　　四曰"警卫连系"。《训令》说：在中国，现代警察制度仅能行之于大都市，而不适合于各县城乡，后者实行这一制度，"结果徒袭警察之名，而以散兵游勇，或地痞流氓充数，瞠目不知其职责之所在，适为鱼肉民众、作奸犯科之工具"。因此，应将"今剿匪省份所办之保甲及壮丁团队"加以训练，使之兼行警察职能。

　　五曰"税收统征"。《训令》说，现在除地丁钱粮、契税向由县政府经征外，其余名目繁多的各种地方税捐，往往各有经征机关，税局林立，各自为政，浮收等弊端严重。因此应进行改革，除"某项税源数额特大，经呈准特设专局征收者外，其余无论省县之正附税捐，概由县政府统一经征"。

撇开当时国共内战的政治因素不论，仅从中国县制现代化的角度看，应该承认基于这些宗旨而实行的"裁局改科"确实具有合理性。它对于改变传统县署缺乏社会职能的弊病，对于整合清末以来相互分立甚至分庭抗礼的县国家行政与自治县政，对于统一清末以来纷杂无序的地方税捐制度，以及对于建设符合中国国情的乡村治安体系，均具有重要意义。还应顺便一提的是，"鄂豫皖三省剿总"和军委会"南昌行营"就制度而言不过属于临时性军事机构，而它们却开创了国民政府时期地方体制中的行政督察公署、县行政"裁局改科"和基层保甲等三大制度，改正了国民政府根据孙中山有关主张而设计的某些不切实际的制度，这在近代政治制度史上值得一书。

　　南昌行营颁布的《剿匪省份各县政府裁局设科办法大纲》主要内容如下：

1. 县政府上行下行文书，一律以县长名义行之。

2. 县政府所属公安、财政、教育、建设各局，一律裁撤，其执掌分别归并于县政府各科管理。

3. 县政府置秘书一人，分设第一、二、三科，各置科长。以第一科掌管教育和建设两项事务，其他事务由其他两科掌管。因增科或增设员额所增加之行政经费，由各省政府支给。

4. 秘书、科长等县佐治人员，概由县长遴选，呈经省政府核委或备案。承办教育、建设事务的佐治人员，须具有专业资格或经验。

5. 除大都市外，各县城乡现有之公安机关及警察一律裁撤；县政府中设警佐一人，各区署中设巡官一人，并设警长、警士各若干人，分驻各重要乡镇之联保办公处，负责训练保甲及壮丁队，办理保安、户口、卫生、交通暨一切警察职务。保甲职员和壮丁团队，协助办理各项警察、政务警察和司法警察事务。各县所设政务警察或司法警察，应限定名额，配给薪工及出差旅费，不得需索人民。承办者，应于可能范围内，责令区署及保甲人员，协助办理。

6. 各县应征之省县正附税捐，除数额巨大者得特设专局征收者外，一律归县政府统一经征；设置县金库，办理各县财政收支及保管事项。县政府裁撤各局所节余之经费，应移充本县事业费，及分区设署经费。

7. 各县原有教育经费和建设专款，由县金库统收统支，但应专项管理，不得挪作他用。①

该大纲在豫、鄂、皖、赣、闽等"剿匪区"省份实行，其他各省的"裁局改科"也同样在进行，但具体做法不完全一致。如河北省"自改局设科后，各县政府因事务之繁简不同，组织亦未能一律"。1935年9月省政府通过了《各县政府组织规程》，规定各县政府除设秘书掌管机要事项

① 中华民国史事纪要编辑委员会编：《中华民国史事纪要》（初稿），民国二十三年册，第1147—1151页。

和综合各科文稿事项外，一律设四科，其中第一、第二科下分股。第一科掌管民政、警卫、总务等事务；第二科掌管财务事项；第三科掌管教育事项；第四科掌管建设事项；警务督察长掌管督察全县公安、指导民警训练、指挥民警剿捕等事项。各科设科长一人，各股各设主任科员一人，科员、办事员各若干人，书记若干人；第三科设督学一人至二人，教育委员一人至四人；第四科设技士一人至二人，及度量衡检定员一人；此外设警务督察长一人。而秘书、科长、警务督察长仍由省政府各厅任用；各科主任科员、科员、督学、技士等，分别由主管厅核转省政府审查合格后，由县委任；教育委员、度量衡检定员，呈由主管厅核委；办事员由县长委任，书记由县长雇用。①

1937年6月，国民政府行政院以《剿匪省份各县政府裁局设科办法大纲》为蓝本修正公布了《县政府裁局改科暂行章程》，同时宣布前者废止。后者与前者相比较，其主要不同之处仅仅在于规定实行裁局改科后，人口众多、事务繁剧的县份如有设局之必要时，可以经省政府议决后设立。②

"裁局改科"实行前后至1939年"新县制"颁行，各地的县政府组织很不统一，以下几点情况需要注意：

第一，在"裁局改科"的问题上有的省份情况比较特殊。如山西省，其各县在北洋政府时期本来不存在国家行政与自治行政的二元化体制，除在财务方面存在公款局这一地方性机构外，地方警务、教育、实业均统一于国家行政。其各县行政机构，1912—1918年在县知事之下设民治科、财政科、教育科、司法科、警务长和管狱员；1918—1931年在县长之下设承政员、主计员、承审员、县视学、实业技士、宣讲员和管狱员。直至1931年，才依照《县组织法》在县长之下设秘书、第一科、第二科和公安、财政、建设、教育四局。这样，"四局"本来就是从国家行政机构易名而来，缺少县自治行政的根基，其"裁局改科"也就比较容易。又如广西省，1933年4月修正公布了《广西各县县政府组织暂行章程》，与《县

---

① 见《大公报》，1935年10月2日，第四版。

② 国民政府文官处印铸局编辑：《国民政府公报》，第2374号。

组织法》关于县机构设置的规定不尽相同，它规定各县设县长一人，一、二、三等县增设副县长一人，下设秘书和一至四科，而没有规定设立各局。这样，就不存在"裁局改科"的问题。

第二，各地"裁局改科"有前有后，进展很不统一。例如，河南临颍县"裁局改科"至1938年后才进行。①甘肃省武都县县政府1932年设三科，分别掌管民政、财政、文教。至1937年，始在"县政府以外，由地方成立财政、教育、公安、建设四局"，迟至"新县制"实行后的1940年才予以裁撤。②

第三，"裁局改科"不能使各局所代表的自治县政与"官治"县政立即得到整合，因此有些地方在裁撤财务、教育、建设、公安等局的同时，设立了履行相关职责的助理员，实际上是各局蜕变的遗存物。如陕西南郑县1935年裁撤"四局"而在县政府设立四科，同时设立了财务助理员、建设助理员、公安助理员和教育助理员；③陇县民、财、建、教各局取消后，"人员精简归并，局首长改称为助理员"。④

第四，有些地方"裁局改科"后教育局又重新设立，公安警务也重新设局。20世纪30年代初"裁局改科"问题刚一提出，许多教育界人士以及教育行政部门的官员出于重视教育的考虑，反对将各县教育局裁撤和将教育与建设事务同归县政府某一个科管理。因此1937年颁行的《县政府裁局改科暂行章程》规定实行"裁局改科"后，在人口众多、事务繁剧的县份仍可经省政府批准后设局。在实际执行过程中，有些地方重新设立了教育局和警察局。例如，陕西南郑县即于1938年恢复设立教育局，并设置了警察局。

第五，抗战开始后各地县行政组织有进一步变化。为适应抗战形势的需要，国民政府行政院于1938年5月公布《战区各县县政府组织纲要》，其中关于县政府组织的内容主要有两点：其一，突出县长在一县之中的领导调度权力，各县境内由上级职能部门设置的专管人员"由县长斟酌情

① 《临颍文史资料》第6辑，第48页。
② 《武都文史资料选辑》第2辑，第5—8页。
③ 《汉中市文史资料》第5辑，第118—120页。
④ 《陇县文史资料选辑》第4辑，第36页。

形，呈准裁减或分别归并于县政府各科内"；其二，设置兵役科，委任富有军事学识经验者担任科长。[①]此后战区一些县开始设立兵役科（后来有些地方改为军事科）等新机构，例如，陕西省政府于1938年规定各县县政府组织由三科改为三室六科，即秘书室、军法室、会计室和民政、财政、教育、建设、兵役、禁烟科，县政府职员增为82人。[②]贵州遵义县在1939年实行"新县制"前，县政府组织已增为秘书处、民政科、财政科、建设科、教育科、军事科、征收所、军法处等8个机构。[③]

三、书吏差役制度的革除

书吏、差役是中国传统县政的一大毒瘤，裁革这些"衙蠹"而以国家正式行政机构和人员办理各种行政事务，是中国县政现代化的一个重要内容。这项改革自清末开始提上议事日程，中间经过北洋政府时期，至国民政府时期才基本完成。这项艰巨的政治改革和社会改革之所以在国民政府时期告竣，其原因一方面固然在于20余年的时光流逝和时代变迁对于清代胥吏、差役群体的自然淘汰，而另一方面也在于国民政府的有关改革和施政。

国民政府执掌全国政权后，即将裁革书吏、差役列为县政改革的重要内容，认为这项工作乃"建设各县廉洁政府之基础"。1928年，国民政府命令发布由内政部制定的书吏、差役"改组办法"，"通饬各省民政厅，转饬各县遵照办理"。文件规定对于各县房科书吏采取4项"改组办法"：1. 甄试录用；2. 分科办事；3. 实发薪津；4. 训练督察。对于各县差役，要求通过6项办法将其改组为政务警察：1. 甄试录用；2. 限制名额；3. 确定经费；4. 慎重编制；5. 勤加训练；6. 严定奖惩。

这些措施具有极强的针对性，旨在消除书吏差役人员庞杂、素质低下、没有薪饷、办公费而专靠陋规、勒索办公度日等弊端，将其正式纳入

---

① 钱端升等：《民国政制史》下册，商务印书馆，1946，第174页。

② 《西乡县文史资料》第2辑。第17—19页。

③ 《遵义县文史资料》第4辑，第65页。

国家行政体制之内加以严格管理。内政部令各县"本此意旨，益加整顿，并随时严行考查，务令自今以后，县政府所用书记、警察，根本革新，永绝旧日书役积弊，以解除民众之痛苦而建设新政之始基"。同年，内政部又发布文件督促这一改革的进行，指出"各县对于此项吏役，遵令改组者固居多数，而实际上未加甄汰一仍旧贯者，亦所在多有"；通令仍未改革者必须限期改组，"已改组者，勤加训练，以新视听而除蠹害"。对于各县因经费紧张而未能实行改革者，令各省民政厅"通盘筹计，妥定切实推行办法，务期收效"。①

革除书吏、差役制度的根本出路和保证，在于为县政府设置正式科层机构、人员和新式政务警察来履行以往由书吏、差役所承担的行政职能。不久后颁行的《县组织法》对此均作出了规定。《县组织法》规定各县县政府设科，置秘书、科长、科员、办事员、书记员以处理县政事务，内政部一位官员指出，这一规定的意义就在于"永革官亲幕友房书把持的弊病"②；《县组织法》同时规定县政府可以设置警察，"办理催征、送达、侦缉、调查等事项"。

在《县组织法》颁行前夕（1928年7月），内政部已经公布了一个《县政府政务警察章程》。这一章程是自清末以来在改革差役制度方面最具法治精神、最为具体的文件，它试图通过以下几个方面的规定，从根本上消除差役制度的痼疾：

第一，改变差役人员庞杂、多为地方黑恶势力的弊病。章程为政务警察的录用规定了较为严格的条件：

1. 年龄在20岁以上40岁以下；

2. 初小毕业或程度相当并熟悉地方情形；

3. 言语应对明了；

4. 志愿服务三年以上并有确实保证。

规定有下列情事者不得录用为政务警察：

1. 曾被判处徒刑者；

---

① 民国《景县志》，政治志上；吴树滋、赵汉俊编：《县政大全》第四编，第5—6页。

② 吴树滋、赵汉俊编：《县政大全》第三编，上册，第32页。

2. 曾充县署警队差役查有劣迹者；

3. 身体衰弱、仪容不整者；

4. 有鸦片吗啡等嗜好者。

第二，改变差役人员不被纳入国家行政管理系统、师徒父子相承的状况。章程规定各县对于政务警察须进行统一编制，每县置警长一人统辖，以12人为一棚，每棚置警目一人；平时须进行学习和训练，内容包括行政司法常识、催征办案程序、兵式拳术等；政务警察须遵守"服从命令""禁绝嗜好""忠实和平""操守廉洁""服装整齐"等规范；根据政务警察的工作表现，由县长分别给予奖励和处分；奖励分加饷、记功和嘉奖三等，处分分革除、记过和申斥三等。

第三，改变差役人员没有薪饷而仅靠鱼肉人民为生的状况，规定警长、警目和一般警察均给予薪饷，其数额由县长斟酌地方财政及生活水平状况决定。

第四，改变差役人员在办差过程中吃拿卡要、敲诈勒索、欺侮凌虐甚至草菅人命的恶习，规定政务警察奉命下乡办理公务时，须遵守以下纪律：

1. 必须亲身前往，不得私养散役，或请人冒名顶替；

2. 食宿费用由公家酌给，除依法应向人民征收之费用外，不得另有分文需索；如遇乡僻无旅处，得请由村中公职人指定地方食宿，并须照给食宿费；

3. 催征钱粮时，乡民对于章程手续如有不明时，应详细指示，不得乘机愚弄及露出厌烦状态；

4. 缉捕人犯应先侦查明确，不得妄捕他人，或故意牵连案外之人，侵入无关系之他人家宅；

5. 缉捕时须奋勇向前，不得畏缩延宕，致误事机；

6. 对于就捕之人犯不得有需索财物或虐待情事；

7. 缉捕时除案中赃物证据有搜索检查之必要者外，其他钱物不得擅动分毫；

8. 送达文件不得迟延错误。[①]

---

① 吴树滋、赵汉俊编：《县政大全》第二编，上册，第75—78页。

国民政府时期，各地裁革书吏、差役的改革虽然进度、深度不一，但这一改革在20世纪30年代基本完成。至1939年"新县制"实行前，各地县政府起码在形式上已经不存在一般通称为"三班六房"的书吏和差役，取而代之的是县政府科、局等正式科层机构和从国家领取薪饷的新式政务警察、司法警察。在中国实行上千年的以书吏、差役办理县具体行政事务的传统制度基本终结。前文所述各地根据《县组织法》而在县政府设科、置秘书、科长、科员、书记等行政人员，即是对于传统幕友、书吏制度的取代，在此不再举例。兹就各地以政务警察取代差役制度的情况举例如下，以见这一改革的普遍性和具体情形：

> 河北省东明县民国初年曾将前清六班差役改为县公署雇员，但不久后即恢复旧制。1925年，知事苏××又一次裁汰各班差役，仅留皂班十余人，改为催征吏，专司催征。1928年后，县政府招募政务警察8名，处理送达侦缉事宜。[1]

> 山东省馆陶县田赋征收"向由县府户书经管，漕米由漕书经管"，仅丁漕六柜就有录事60名。"自奉令裁汰书役，各房改为录事室，公役改为政警。（民国）二十二年县长×××改组征收处，设有主任及助理员、会计、征收员并雇员等，分任经征田赋事项"，丁漕征收仅用书记20名。[2]

> 湖北省蒲圻县作为一等县设立政警20名，"其工作范围，以行政上命令之送达，司法刑事上拘传等为限；不时训练考查，尚无敲诈需索等弊"。武昌县政警"除送达文件，缉捕匪盗，拘拿吸毒及临时一切公务外，并协助国税省税各机关办理商民抗税事宜，工作繁重"。通城县作为三等县设立政警12名，"由总务科订立服务规则，按月加以训练"。阳新县政警18名，每月共薪饷186元，在县政捐项下开支，"其余纸张笔墨及消耗品，均由县政府办公费内动支，一切陋规，概行革除。传案路费及伙食费，均严格规定，每日（以六十里为

---

① 民国《东明县新志》卷八，县政府。
② 民国《馆陶县志》，政治志。

一日）三角，由当事人负担，此外不准需索分文；并定工作日程，使遵照工作，制发制服，以昭划一而资识别，一洗从前衙役委靡贪污之恶习"。钟祥县政警"由县长随时集合训话，严禁下乡需索情事"。潜江县行政警察共20名，负责"行政司法一切拘传缉捕及其他各种差遣，事务繁多"，"下乡传案，前经行政会议议决，每人每日给伙食二角，如一日不能往返者，加给食宿四角……此外不容别有需索"。①

　　河南省临颍县1927年后"撤消七班衙役，成立政务警察队，保卫县政府，传官司户"。②

　　陕西西乡县1936年"将原来的'三班衙役'制裁撤，改为'西乡县行政警察队'……为振奋职员精神，改变涣散面貌，提倡职员做早操，每晨组织升国旗仪式"。③

　　陕西陇县清代有三班差役，"1935年县长程××，鉴于老的班排差役，多为老弱无能且大部染有鸦片嗜好，不堪录用，遂另招一批人，设立政警队，派退伍军官陈××为队长，老班排差役，只留下数人协助，借资办事熟练"。④

当然，作为一种实行了上千年的制度和存在了上千年的习惯势力，书吏、差役的革除不可能在短时期内完成得十分彻底。直至20世纪40年代"新县制"实行后，各地县政府秘书和主要科室的科长、主任和政警队长，不少仍旧由县长任用私人担任，随其进退（见第七章）。各地政警、法警从形式上看虽属新式警察，但身上旧差役的习气严重。例如，陕西西乡县三班差役改为政警队后，"人员虽然集中了，但人事依旧，下级职员多属师徒关系，上下勾结，贪赃枉法，弊病依然存在"；陇县裁革差役另外成立政警队后，"政警队长人事，随县长更动，故历任县长，对此职多任用私人"。⑤

---

①　湖北省政府民政厅编：《湖北县政概况》（民国二十三年），台湾文海出版社有限公司《近代中国史资料丛刊》本，第10、34、137、183、850、875页。

②　《临颍文史资料》第6辑，第46页。

③　《西乡县文史资料》第2辑，第19页。

④　《陇县文史资料选辑》第1辑，第39—40页。

⑤　《西乡县文史资料》第2辑，第19页；《陇县文史资料选辑》第1辑，第46页。

四、县行政会议制度的实行

《县组织法》规定在各县设立由县民直选产生的民意机构县参议会，这是县自治制度不可或缺的组成部分。但是，县参议会的选举程序复杂，需要以区、乡、镇自治的完成为基础，绝非短时间内可以产生。事实上，在1939年实行"新县制"颁行之前，只有个别省份在各县设立了参议会，故将这一问题放到下一章探讨。在县参议会制度不能立刻付诸实行的情况下，国民政府设计了一种县行政会议制度，它含有代行县参议会职能的立意。

1928年10月，国民政府内政部公布了《县政府行政会议规程》，规定县行政会议每年举行二次，参加人员为县长、县政府秘书、各科科长、各局局长、各区区长、地方团体首领和经县长聘请的地方公正士绅。在当时的地方自治制度下，后三种人被认为属于民意代表。该规程还规定，县行政会议负责议决以下几方面的议案：（1）县长交议者；（2）出席会员提议者；（3）地方各团体之建议经会员三人以上连署介绍者。县政会议所议决的事项"由县长采择办理"。①

县行政会议制度吸收各局局长、各区区长、地方团体首领和地方公正士绅参加，也同县政会议一样具有整合"官治"县政与"自治"县政、国家行政与地方社会的意义。此外，县行政会议议事范围包括本县各项公共事务和地方团体提出的议案，这也在一定程度上改变了传统县政主要履行政治统治职能而缺乏地方公共建设职能的重要缺陷。县行政会议吸收在当时地方自治制度下被认为能够代表民意的区长、地方团体首领和地方公正士绅参加，它所议决的事项县长须"采择办理"，这些均说明在当时县参议会未能成立之前，县行政会议享有一定程度的地方立法权，可以被认为是一种准民意机构。

当时，一些地方按照《县政府行政会议规程》的有关规定召开过这种县行政会议，兹举湖北省蒲圻县1934年的第一次县行政会议为例：

1. 会议名称："湖北省蒲圻县县政府民国二十三年第一次行

---

① 吴树滋、赵汉俊编：《县政大全》第二编，上册，第73—74页。

政会议"。

2. 会议日期：1934年6月14日—16日。

3. 会议参加人员：该会议的《组织及议事规则》规定，会议"由左列会员组织之：（1）兼县长及秘书、科长、兼大队长、大队副；（2）各区区长；（3）专署参事（以蒲圻籍贯为限）；（4）地方团体首领或地方公正士绅经县府聘约者"。实际参加人员为：第一区行政督察专员兼县长（会议主席），县政府秘书，县政府第一、第二、第三、第四科科长，县党部干事，县警佐，县财委会委员长，县义勇队副队长，县保安大队长、副大队长，羊楼洞公安分局局长，第一区区长、本县正绅邓××，第三、第四、第五区区长，城区商会主席，新店商会主席，神山商会主席、财委会委员但××，县初中校长，专署参事李××（本县人），共24人。

4. 会议议程：县长报告，各法团报告，分民政、财政、保安、教育、建设等5个组审查、讨论议案。

5. 议案情况：该会议的《组织及议事规则》规定："本会议议案之范围如左：（1）兼县长交议者；（2）出席会员提议者；（3）地方团体之建议经会员三人以上连署介绍者；（4）本县人民以私人名义陈述意见确有关于地方公益经兼县长许可编入议程者。"议案经半数会员同意为通过；实际提交议案67件。[①]

五、厘定县等

前文已经述及，秦以来作为中国初级政区的县数量众多，相互之间在幅员、人口、交通、经济文化发展水平、赋税数额以及民风等各方面均存在极大差异，政务繁简、治理难易程度因而大不相同。因此，历代均实行县等制度，即将全国所有县份依据一定原则划分为不同等级，使之在长官

① 《蒲圻县县政会议记录》，湖北省档案馆藏：国民政府时期湖北省政府档案，卷号L—1—173。

品级待遇、任用方式、机构设置和经费数额等方面互有差异。国民政府也同样实行这种制度。《县组织法》规定：

> 各县县政府按区域大小、事务繁简、户口及财赋多寡分为三等。由省政府编定，咨内政部呈行政院，请国民政府核准公布之。[①]

1929年12月，国民政府又公布《各省厘定县等办法》，其中规定了划分县等的具体办法：

> 各省应就本省情形按各县面积、人口、财赋三项假定分数。其面积以若干方里为一分，人口以若干口为一分，财赋以本县之财源及赋税收入若干元为一分，将各分数平均计算定其等次……冲繁之地，凤号难治，或边要之区关系防务者，得认为特别情形，于平均分数外酌予提等。[②]

清代以"冲、繁、疲、难"四字作为划分州县各缺等级的标准，北洋政府时期为核定经费而划分县等，以"事务繁简"为标准，也大致同于前清。这种划分标准具有非理性性质，本于传统而不能做到量化。而上述国民政府划分县等的办法，则明确规定以面积、人口、财赋等三个因素为标准进行评分，并适当考虑其他特殊因素，较之传统办法更为合理。

20世纪30年代初，内地各省有近半数的省份按照《县组织法》的上述规定划分了县等，有部分省份沿用北洋政府时期的旧县等，另有少数地区似无县等划分，其具体情况见表4.14。

表4.14　《县组织法》颁行后内地各省划分县等情况

省份	一等	二等	三等	未定	总县数	市、设治局数目	备注
江苏	14	17	30		61		1931年4月核准
浙江	25	29	21		75	1市	1930年5月核准
安徽	17	24	17	3	61		1930年5月核准
河北	22	34	74		130	1设治局	

---

① 《国民党政府政治制度档案史料选编》下册，第524页。
② 国民政府文官处印铸局编辑：《国民政府公报》，第353号。

续表

省份	一等	二等	三等	未定	总县数	市、设治局数目	备注
河南	19	35	56	1	111		1933年2月公布
山东	23	49	36		108	1市1特别行政区	旧县等
山西	22	42	41		105		1931年4月核准
湖北	10	25	35		70	1市	1931年1月核准
湖南	23	21	31		75	1市	
广东	18	28	48		94	2市2管理局	1931年5月核准
江西	19	41	23		83		旧县等
福建	19	24	20		63		旧县等
陕西	14	40	38		92		旧县等
甘肃	6	42	18		66	1市1设治局	1932年9月公布
云南	15	40	45	9	109	1市17设治局2对汛区	旧县等
贵州	20	38	22	4	84	1市	
四川					148	1设治局	县等未详
宁夏	3	3	4		10		
青海	1	4	9	1	15		1932年12月公布
西康					34		
辽宁	13	20	25		58	1日本租借地	
吉林	6	8	27		41	1设治局	1930年4月公布
黑龙江	16	11	17		44	10设治局	
热河	3	8	5		16	3设治局	
察哈尔	4	2	10		16	1设治局	1931年4月核准

续表

省份	一等	二等	三等	未定	总县数	市、设治局数目	备注
绥远	4	4	8		16	1市2设治局	
新疆	12	14	33		59	7设治局	1935年4月核准
广西	根据本省情形厘定，1933年实行，计一等县10、二等县10、三等县16、四等县35、五等县24，共95县。						

资料来源：《申报年鉴》（民国二十四年），上海《申报》馆印，第32—41页；《内政年鉴》，第10—45页。

1939年9月国民政府颁行"新县制"，同样规定实行县等制度，但划分标准所参照的因素有所增加，且没有规定采用量化评分办法。它规定："县按面积、人口、经济、文化、交通等状况分为三等至六等，由各省政府划分，报内政部核定之。"① "新县制"颁行后，除河北、西康和东北各省外，各省均进行了县等划分，其具体情况见表4.15。

表4.15 "新县制"实施后内地各省划分县等情况

省份	一等	二等	三等	四等	五等	六等	未定	总县数	备注
江苏	12	12	28	8				60	3市1设治局
浙江	13	14	14	17	11	8		77	1市
安徽	9	9	9	11	13	10	1	62	2市
江西	19	37	30					86	1市
湖北	7	21	31	11				70	1市
湖南	6	21	15	13	13	9		77	2市
四川	25	36	36	28	10	3	1	139	2市5设治局1管理局
西康							48	48	4设治局
福建	10	24	29				4	67	2市
台湾	5	3						8	9市
广东	18	29	39	8	3		3	100	3市

---

① 国民政府文官处印铸局编辑：《国民政府公报》，渝字第189号，第1页。

续表

省份	一等	二等	三等	四等	五等	六等	未定	总县数	备注
广西	14	10	18	39	18			99	4市
云南	27	26	59					112	1市16设治局
贵州	19	49	10					78	1市1设治局
河北							132	132	3市2设治局
山东	17	18	29	24	13	11	1	113	3市
河南	14	16	29	25	28			112	1市
山西							105	105	1市
陕西	5	17	18	13	19	19	1		1市1设治局
甘肃	7	9	23	15	12	3		69	1市2设治局
宁夏	2	2	2	3	2	2		13	1市2设治局
青海	1	4	8	6				19	1市1设治局
绥远		4	4	5				13	3市
察哈尔	2	5	12					19	1市
热河	3	7	10					20	
辽宁							22	22	5市
安东							18	18	2市
辽北							18	18	1市
吉林							18	18	2市
松江							15	15	2市
合江							17	17	1市
黑龙江							25	25	1市
嫩江							18	18	1市
兴安							7	7	1市
新疆	16	16	26	12	6			76	1市5设治局

资料来源：《中华年鉴》上册，《中华年鉴》发行社，1948，第65—74页。

各县县政府内部组织的设置与县等有直接关联，对此前文已有涉及，在下一章阐述"新县制"下的县政府组织时再继续探讨。此外各县行政经费数额和县长等级、薪水也同县等有关联，详见第六章和第七章。

六、县长兼理司法制度的改革

国民政府时期的县司法改革，以改变县长兼理司法制度、实行司法独立为基本取向。经过20年的努力，这一改革在抗战结束后基本完成。

国民政府成立之初，司法制度大致沿袭北洋政府时期之旧制，只是于1927年8月下令将审判机构的名称由审判厅改为法院。县司法职能，除少数地方由地方法院和县司法公署承担外，绝大多数地方实行县长兼理司法制度。1927年8月，令北洋政府于1914年颁行的《县知事审理诉讼暂行章程》（1923年3月修正）"暂准援用"。1928年，国民政府公布《县长巡视章程》，规定县长每年必须分巡所辖各区村里一周，出巡时可以受理人民呈词，"但关系司法案件者应依司法法规之规定"办理[1]。1933年3月，国民政府发布《承审员考试暂行条例》，对于沿自北洋政府时期的县承审员制度进行规范。1935年9月，国民政府司法院召集全国司法会议，议决在没有设立法院以前，遵循以下原则对县司法事务进行"整理"：1. 将承审员改为审判官，并提高其待遇；2. 严定审判官资格，并慎重人选；3. 实现审判权的完全独立。[2]在这种情况下，国民政府初期凡不设地方法院和县司法公署各县，仍设有承审员或承审官。例如：

> 陕西陇县1927年县政府成立后，承审员"佐理县长处理司法案件"，其办公处所设在县衙偏院内。"在这个系统内，承审员以下办事人员有书记员，监狱的典狱长，看守员等。"[3]

> 浙江温岭县1927年县公署改为县政府，"设承审员、司法书记员各一人，襄助县长办理民刑诉讼案件。"[4]

---

① 吴树滋、赵汉俊编：《县政大全》第二编，上册，第68—69页。
② 钱端升等：《民国政制史》下册，第276页。
③ 《陇县文史资料选辑》第4辑，第32页。
④ 《温岭文史资料》第1辑，第6页。

这一时期的县承审员仍同北洋政府时期一样，基本上依附于县行政长官，例如：

> 河北沧县1914年帮审员改为承审员后，"司法大权遂尽属知县"，1928年承审员改为承审官，"权限如故"。①

> 河北青县1914年"帮审员改为承审员，一受成于县长，名为独立，实则仍混合为一，莫由分别，于昔时殆无少殊；（民国）十七年，承审员又改称承审官，而经费尚独立焉"。②

> 在县长兼理司法制度下，江苏省铜山县"设有承审员，专司其事"，但1928年任县长的王××却"常常亲自出马问案，而且乐此不疲"。③

> 1937年7月上任的四川奉节县县长易××，每年出巡一次，"民刑案件，常亲自受理，或交司法官审理"。④

这一时期的县司法虽由县长兼理，但人员系统较北洋政府时期进一步健全，以河北省的几个县为例：

> 望都县县政府"属于司法者承审员一人，司法书记三人，管狱员一人，管狱书记一人，检验吏一人，司法警察二人，男女看守七人。"⑤

> 完县"未设法院以前，所有承审、典狱各机关暂由县政府监督之"，其承审系统设承审员一人，由高等法院任命；书记员一人，由县政府任命；另有录事一人、承发吏二人、检验吏三人。典狱系统设管狱员一人，由高等法院任命；医士一人，由县政府任命；另有录事二人，看守六人，公役一人。⑥

> 东明县1928年9月组织承审处，"承审员改承审官，并添置

---

① 民国《沧县志》，经制志。
② 民国《青县志》经制志，时政篇。
③ 《铜山文史资料》第10辑，第26页。
④ 《奉节文史资料》第1辑，第45页。
⑤ 民国《望都县志》，政治志。
⑥ 民国《完县新志》，行政第二上。

书记一，司法警察十，专司搜集罪证、传案逮人"。①

在承袭北洋政府时期县行政长官兼理司法制度的同时，国民政府致力于逐步实现县司法的独立。其措施，一是在各县设立独立行使司法权的地方法院；二是在地方法院没有设立之前，在县政府设置审判权独立的县司法处。这两项制度，分别发端于北洋政府时期的地方审判厅各县分厅制度和县司法公署制度，但当时推进缓慢（见第三章第一节）。

1927年1月，国民政府在武汉地区实行"二级二审制"司法改革，规定中央法院设最高法院和控诉院（设于各省）二级，地方法院设县市法院和人民法院（设于乡镇）。是年5月，国民政府批准发布《战地各县县法院组织暂行条例》，规定凡未设地方法院各县应在县政府内设立县法院，管辖第一审民刑案件。县法院设审判官1—2员，由战地政务委员会任命符合资格人员担任。审判官具有比较独立的司法权力，负责办理民刑审判、民事执行和不动产登记，而检举、缉捕、勘验、递解、刑事执行并其他检察事务，则由县长办理；县法院司法行政事务由审判官与县长会同办理。县法院设书记员，掌理诉讼、记录、文牍、会计及其他司法庶务，设承发吏、庭丁、检验吏、司法警察。这一条例具有临时性质，但在一些地方也得到了落实，例如：

> 山东省馆陶县1928年实施省高等法院转发的《战地各县县法院暂行条例》，"奉令委×××代理馆陶县法院审判官，检察官由县长兼任"。次年县法院奉令改组，"委×××为法院检察官，自是检察事务由检察官负责，县法院完全组织成立"。②

> 甘肃武都县1933年"实行司法独立，成立武都'县法院'，但县长仍兼任检察官，刑事案件，县长以检察官身份向县法院提起公诉"。1934年，甘肃高等法院在武都成立"第五分院"，辖九县县分院。成立武都"检察处"，县长不兼任检察官。③

1932年，国民政府公布了《法院组织法》，定于1935年7月起实行。

---

① 民国《东明县新志》卷八，司法。
② 民国《馆陶县志》，法治志。
③ 《武都文史资料选辑》第2辑，第6—7页。

这一法律规定实行最高法院、高等法院和地方法院三级审判制度。每县市设立一所地方法院，其县市区域狭小者，可以数县市合设一所；其县市地方辽阔者，可以设立分院。地方分院设推事和检察官，分别履行审判、检察权。1936年4月，国民政府公布《县司法处组织暂行条例》；同年6月，公布《县司法处办理诉讼补充条例》。①这两个文件规定：

> 凡未设法院各县，暂于县政府内设县司法处处理司法事务。县司法处受理本县境内"除法律另有规定"的民事、刑事第一审诉讼案件和非讼事件。县司法处置审判官，独立行使审判职务，其检察职务由县长兼理。县司法处审判官由高等法院院长就合格人员呈请司法行政部核派；县司法处置书记官，由高等法院委派；置检验员，由高等法院甄选委派；置执达员、录事、庭丁、司法警察，由县长商同审判官派充或雇用（《县司法处组织条例》规定由审判官派充或雇用）。上述人员"受审判官及县长之监督指挥"。县司法处行政事务，由县长兼理，受高等法院院长监督。县司法处审判事务受高等法院或其分院院长监督，检察事务受高等法院或其分院检察官监督。

可见，这种县司法处制度与地方法院制度的不同，一方面主要在于前者赋予县长以检察权和司法行政事务的处理权，以及会同审判官对低级司法人员的监督、指挥权。但另一方面，县司法处制度下的司法审判和主要司法人员的任用、监督，则不受县行政长官控制和干预，具有独立性；且县长对于检察职务的履行和县司法行政事务的处理，也须受到高等法院的监督。县司法处制度实行后，司法独立大有进展。有人回忆陕西陇县当时的情况说："司法机构原是县政府工作的一个部门"，1940年成立司法处，"专设司法审判官，书记员，实行三级审判制，司法自称系统"，"独立办案，不受行政方面干预"。②有人回忆说：1946年任职的贵州清镇县县长张××，"在任期间曾以电话指示流长乡公所把一个小偷打死，其家属控诉到清镇地方法院，因他是现任县长，伪法院没有审理。在他离

---

① 国民政府文官处印铸局编辑：《国民政府公报》，第2018号、2086号。

② 《陇县文史资料选辑》第4辑，第35—36页。

开清镇时，刚举行完交接仪式，法警就拿出拘票，将张拘到伪法院"。后来由省保安司令部出面，借提讯为名才将张××提走。[①]从这件事可以看出，县地方法院虽然不轻易拘传现任县长，但其司法运作基本上是独立的。

《法院组织法》和《县司法处组织暂行条例》实行后，各地地方法院和县司法处相继建立。据统计，抗战爆发前，全国各地已成立地方法院302所，县司法处711所；至1942年10月，地方法院增至390处，县司法处增至864处，详见表4.16。

表4.16　抗战爆发前后各省地方法院和县司法处数额

省　区	地方法院		县司法处	
	1937年7月前	1942年10月底	1937年7月前	1942年10月底
总计	302	390	711	864
江苏	18	18		
浙江	32	32	43	44
安徽	9	11	33	27
江西	9	13	48	67
湖北	17	24	51	41
湖南	9	9	66	66
四川	8	47	36	89
西康		5		6
河北	12	12		
山东	28	29	82	82
山西	7	7	50	66
河南	11	11	63	66
陕西	4	14	28	32
甘肃	13	14	53	53
青海	2	2	6	4
福建	6	7	57	58

---

① 《清镇文史资料选辑》第2辑，第75页。

续表

省 区	地 方 法 院		县 司 法 处	
	1937年7月前	1942年10月底	1937年7月前	1942年10月底
广东	80	81		
广西	16	18		82
云南	4	8		
贵州	5	16	79	62
察哈尔	2	2		
绥远	3	3	14	14
宁夏	4	4		3
新疆	3	3	2	2

资料来源：行政院编：《国民政府年鉴》第三编，中心印书局，1943，第5页。

至1947年，各省地方法院进一步增设至748所，而"原由县政府或设治局兼理司法之组织，除新疆省外，亦已一律改设县司法处"。[1]

国民政府在普通司法领域推行县司法独立改革的同时，始终实行县长兼理军法制度。县长兼理军法制度的实行始于20世纪30年代初国民政府对苏区红军进行"围剿"期间。1932年，国民政府批准公布《鄂豫皖三省剿匪总司令部加委各县县长兼本部军法官暂行条例》。这一条例规定，"三省剿总"可以加委"剿匪区"各县县长兼任军法官，其职权除纠正、拘捕本县境内驻军的违纪军人外，还可以拘捕、审理以下"各项人犯"：1. "赤匪、盗匪"；2. "非军人犯军事上法令之规定者"；3. "地方奸宄扰乱治安者"。[2]1936年3月，国民政府军事委员会公布《各省行政督察专员及县长兼办军法事务暂行办法》，将上述制度进一步修正。该暂行办法规定：县长所兼军法官由军事委员会加委；县长兼任军法官的范围不再严格限于"剿匪区"。凡县长所辖县境内之现役军人犯刑事或惩罚法令者，非军人在"剿匪区域"犯军事法令者，犯《危害民国紧急治罪法》者，犯

① 《中华年鉴》上册，《中华年鉴》发行社，1948，第463页。
② 《国民党政府政治制度档案史料选编》上册，安徽教育出版社，1994，第406—407页。

《剿匪区内审理盗匪案件暂行办法》者，犯《修正剿匪区内惩治土豪劣绅条例》者，犯禁烟禁毒各种法令及其他依法令应归军法机关审判者，兼军法官之县长对之皆有检察及审判之权。其未兼军法官之县长，于辖境内发觉应归军法机关审判之案件，得为紧急之处分。县长兼军法官可以设置军法承审员及书记员，助理军法事务；军法承审员可以在判决书中副署，但仍须兼军法官署名盖章负责。①1938年5月，国民政府又颁布《县长及地方行政长官兼理军法暂行办法》，规定县长兼军法官，对于所有依法令应归军法审判之案件，均得兼理。

在此之后，县长兼任军法官的制度得到普遍推行。1939年"新县制"实行后，各地县政府更有军法室的设置，一些地方县政府或另外设有军法承审员、承审官，也有以县司法处长兼任军法审判官者。例如：

1938年，陕西省政府规定各县政府设三室六科，其中包括军法室。县长兼任军法官，军法室置军法承审、录事员和雇员各一人，负责审理盗匪、烟毒、政治等案件。②

甘肃武都县设立地方法院分院后，县长仍担任军法官，"所有军法、违警罚法、禁烟禁赌治罪法均由县政府执行处理"。③

河南临颍县1940年前后褚××任县长期间，县政府内设立司法承审和军法承审。陕县1945至1947年县政府设有司法处长兼军法审判官；1948至1949年设有军法室主任、军法承审员。④

四川省简阳县新县制时期县政府设有军法室，"办理全县军法审讯工作"。⑤

贵州遵义县实行"新县制"前，县政府内设有军法处，"法院成立后，司法虽已独立，但那时除《刑法》外尚有《禁烟禁毒治罪条例》和《非常时期惩治匪盗条例》，故烟毒案和匪盗案仍由军法审判，县长兼军法官"。清镇县实行"新县制"后县长

① 《国民党政府政治制度档案史料选编》下册，第489—491页。
② 《西乡县文史资料》第2辑，第19页。
③ 《武都文史资料选辑》第2辑，第7页。
④ 《临颍文史资料》第6辑，第48页；《陕县文史资料》第1辑，第125—126页。
⑤ 《简阳文史资料》第14辑，第29页。

兼军法官，县政府设有军法室，内设专职军法承审员1人，书记员2人，事务员2—3人，"专门受理政治、烟毒、抢劫、杀人等所谓特别刑事案件"。①

浙江温岭县政府自1939年起增设军法承审员。②

福建省建欧县1939年5月后改革县政，县政府内设军法室，置主任、助理员、书记各一人。③

湖北省各县1943—1944年各县政府均设有军法承审员。④

县长兼理司法，尤其是兼任军法官，极大地加强了他们手中的权力。贪官酷吏利用这种权力镇压民众、敲诈勒索者固然所在多有，而开明者利用这种权力打击豪强势力、维护地方秩序者也不乏其人。例如：

安徽涡阳县恶霸、地头蛇倪××、马××、张××、王××，"有的操纵运输，有的开行设市，有的贩卖毒品，无一不是勾结官府，欺凌百姓，敲诈勒索，强取豪夺。人民深受其害，称此四人为'四山'"。县长朱××1934年到任后，关押倪××，以毒品案枪毙马××，张××、王××逃离涡阳。朱××还悬赏抓获惯匪李××，呈报省府，"但高等法院仅判处李四年徒刑。朱以为不除后患，不足以安抚百姓，乃借口李企图乱监，断然把惯匪李××枪毙了"。⑤

永安县县长黄××"据云是行伍出身"。1936年"到任不久，把各乡区有民愤的绅士先后拘捕，甚至对被拘者，施以体罚打屁股，以儆效尤。有畏罪潜逃者，被拘捕后，均处罚架设区乡电话线。被拘捕者以后均陆续释放，唯有西洋乡的林××罪恶多端，民愤极大，由第三师部队押往宁化枪决。"县长戴××1937年到任，几天后即将吸毒、宿娼、赌博、人称"鸦片司令"的县自卫中队秘书詹××拘押至看守所，不久"就以贩卖烟

① 《遵义县文史资料》第4辑，第65页；《清镇文史资料选辑》第2辑，第73页。

② 《温岭文史资料》第1辑，第6页。

③ 《建瓯文史资料》第5辑，第61—62页。

④ 国民政府时期湖北省民政厅档案，卷号LS3—1—1394。

⑤ 《涡阳史话》第1辑，第304页。

毒的罪名给枪决了"。①

1938年7月—1939年5月担任福建建瓯县县长的闵××是有名的酷吏，上任后拘捕商人黄×、潘××，严刑拷打，勒索银元3万元。该县东游区下三里办事处主任王××，贪污数百元，闵将之押解到县，"按当时惩治贪污条例拟判死刑，报省保安处核示"，拖延不决。闵××乘省主席陈仪到县，述职后将案呈陈仪批准，处以死刑，立即执行。叶×× "承包一乡田赋，利用亏欠赋款投机经商，骤成巨富。闵××根据揭发材料，将叶拘捕，用铁条烧烙大腿，打掉全嘴牙齿。叶难禁酷刑、倾家退赔，出狱后家产荡然"。1940年10月—1941年9月担任县长的戴××是黄埔五期毕业的少壮派军人，到任时县内因奸商囤积而物价飞涨，戴××发表谈话说："大囤积户，一经查获，必予依法枪决。" "商人震动很大，当天市面物价即纷纷下跌。"戴××抓捕囤积商人即交军法室审讯，收金钱后释放。②

① 《永安文史资料》第7辑，第59—60页。
② 《建瓯文史资料》第5期，第56—57页、第65—66页。

第三节 《县组织法》框架时期的区乡制度与编民组织

一、区乡地方自治的制度设计

国民政府统一全国后，顺应清末和北洋政府时期区乡行政以各种形式在各地相继生成的历史趋势，谋求在全国范围建立统一的区乡行政和系统的基层编民组织。其最初计划，是根据孙中山关于县自治和"直接民权"的思想，并吸取此前山西、云南等省的经验，在县以下实行地方自治，建立区和乡镇两级自治行政及闾、邻自治组织。

《县组织法》尽管对于县属于自治单位抑或国家行政组织说法不明确，但对于在县以下的区和乡镇实行地方自治、建立自治行政却有明确规定。1929年9月和10月，国民政府又先后公布《乡镇自治施行法》和《区自治施行法》[①]，对此作出进一步的制度设计。兹分述这几个法律中关于区、乡镇、闾邻自治的主要内容。

（一）关于区自治制度：

1. 区的划分。"各县按户口及地方情形分划为若干区"，各区由若干乡镇（村里）组成。

2. 区的性质。区为自治单位，可以在不抵触中央和省、县法令规则的前提下，制定自治公约；区民可以直接行使"四权"，即对于区公约和自治事项的创制和复决权，对于区长的选举权和罢免权。

---

① 国民政府文官处印铸局编辑：《国民政府公报》，第273号、285号。

3. 区自治事项。区自治事项包括户口调查及人事登记、土地调查、道路桥梁公园及一切公共土木工程修筑修理、教育文化、保卫、国民体育、卫生疗养、水利、森林培植和保护、农工商业改良和保护、粮食储备及调节、垦牧渔猎保护及取缔、合作社组织及指导、风俗改良、育幼养老济贫救灾等设备、公共营业、区自治公约制定、财政收支及公款公产管理、预算决算编造、县政府委办和其他依法应办事项。

4. 区自治组织和运作机制。区设立以下组织：

（1）区设区公所，办理或委托乡镇办理各自治事项。区公所设区长一人，管理全区自治事务，其具体职责是：

> 向区民大会书面报告"任期内之经过"；向区民大会提出上年度财政决算和次年度财政预算；对于区民中有违反现行法令、违法区自治公约及其他决议和触犯刑法确有证据者，得分别轻重缓急报告区务会议或呈请县政府处理；对于区调解委员会不能调解事项，应呈报县政府并函报有关司法机关。

区长由区民选举产生，在实行民选之前由民政厅就训练考试合格人员中委任。区公所设助理员，辅助区长办理区务，可以分股办事；助理员由区公所遴请县长委任。区公所设区丁执行区务。

（2）区设监察委员会，负责监察区财政和"向区民纠举区长违法失职等事"，其具体职责是：

> 可以随时调查区公所账目及款产事宜；区公所财政收支及事务执行不当时，可以随时呈请县政府纠正；纠举区长违法失职时，可以自行召集区民大会。

区监察委员会由区民选举产生，由5—7人组成。

（3）区公所附设区调解委员会，负责调解乡镇调解委员会未曾调解或不能调解的民事事项和依法须撤回起诉的刑事事项。调解委员会委员半数从区公民中产生，半数从各乡镇调解委员会委员中产生。

（4）区公所设区务会议，由区长、区助理员和本区所属乡长、镇长组成，区监察委员会委员列席。区务会议负责审议区公所经费、区公产处分和区公约及其他单行规则的制定、修正事项，议决各自治事项。

（5）区民大会，在实行区长民选后，由区长每年召集一次区民大会，其职权如下：

　　　行使选举、罢免、创制、复决四权；制定或修正区自治公约；审核预算决算；审议县政府交议事项；审议区公所或区务会议交议事项；审议所属各乡镇公所或区公民提议事项。

5. 区财政。

　　　区财政收入为区公产公款生息、区公营业盈利、"依法赋以之自治款项"和省县补助金；区预算决算在区长委任时期须经区务会议议决，在区长民选时期须经区民大会议决，然后呈请县政府核定，并报省政府备案；对于超出预算的临时支出，在区长委任时期应提交区务会议追认，在区长民选时期应提交区民大会追认。

此外，上述法律对于区长、区助理员和区监察委员的任职资格均有具体规定，并规定区公所应设立高级小学、国民补习小学和国民训练讲堂。

（二）关于乡镇自治制度：

1. 乡镇的划分。

　　　百户以上村庄为乡，不满百户者得联合他村编为一乡；百户以上街市为镇，不满百户者编入乡。"但因地方习惯或受地势限制及有其他特殊情形之地方，虽不满百户，亦得为乡、镇。乡、镇均不得超过千户。"乡镇各以其原有区域，冠以原有地名或新近地名（在1928年初次颁布的《县组织法》中，县以下自治单位称为村、里）。

2. 乡镇的性质。乡镇为自治单位，可以在不抵触中央和省、县法令规则的前提下，制定自治公约；乡民镇民可以直接行使"四权"，即对于乡镇公约和自治事项的创制和复决权，对于乡镇长的选举权和罢免权。

3. 乡镇自治事项。乡镇自治事项基本同于区自治事项。

4. 乡镇自治组织和运作机制。

（1）乡镇设乡、镇公所，办理全乡、镇自治事务。乡、镇公所设乡、镇长一人，副乡、镇长一人，其具体职责与区长基本相同。乡、镇长和副乡、镇长由乡、镇大会选举产生，由区公所呈报县政府备案；在区长民选前，加倍选出，报由区公所转请县长择任。乡、镇公所得置事务员和乡丁、镇丁。

（2）乡、镇设监察委员会，负责监察乡、镇财政和向乡、镇民纠举乡镇长、副乡镇长违法失职等事，其具体职责与区监察委员会基本相同。乡、镇监察委员会由乡、镇民选举3—5人组成。

（3）乡、镇公所附设调解委员会，负责调解民事调解事项和依法得撤回起诉的刑事事项。调解委员会委员由乡、镇民大会从乡镇公民中选举产生。

（4）乡、镇务会议，由乡、镇长召集，参加者为副乡、镇长和各该乡、镇所属闾长，列席者为乡、镇监察委员会委员，必要时邻长可以列席。乡、镇务会议每月至少召开一次，议决除上级交办和依法应办之外的乡镇自治事项。

（5）乡镇民大会，由乡镇长每年召集二次，其职权与区民大会基本相同。

5. 乡、镇公民的资格和权利。《乡镇自治施行法》规定：

中华民国人民无论男女，在本乡镇区域居住一年或有住所达二年以上，年满二十岁，经宣誓登记后，为乡镇公民。有出席乡民大会或镇民大会及行使选举、罢免、创制、复决之权。有以下情事之一者不得享有以上乡镇公民权利：有反革命行为经判决确定者；贪官污吏、土豪劣绅经判决确定者；褫夺公权尚未复权者；禁治产者和吸食鸦片或其代用品者。

6. 乡财政。

乡、镇财政收入为乡、镇公产公款生息，乡、镇公营业盈利，"依法赋以之自治款项"，县区补助金和特别捐。乡镇募集特别捐应先由乡、镇务会议决定其总数，并不得有强制行为；乡、镇公民认为没有必要募捐时，"得依法定程序行使复决权"。乡、镇预算决算须经乡、镇民大会议决，然后呈请区公所核定，并报县政府备案。对于超出预算的临时支出，乡、镇公所应提交乡、镇民大会追认。

此外，上述法律对于正副乡镇长和乡镇监察委员的任职资格均有具体规定，并规定乡镇公所应设立初级小学、国民补习学校和国民训练讲堂。

（三）闾、邻自治制度

闾、邻组织：乡、镇居民以25户为闾，5户为邻，因地势或其他情形而户数不足时，也可以依县政府之划定为闾、邻。闾设闾长一人，邻设邻长一人，分掌闾、邻自治事务，其具体职责是办理法令范围内一切自治事务和县政府、区公所及乡、镇公所交办事务。闾、邻长由本闾、邻居民会选举产生及改选、罢免。闾、邻在必要时可经闾、邻会议决定筹集所需经费。

除区、乡镇和闾、邻自治外，选举产生县参议会也属于《县组织法》框架下地方自治制度的一部分。但一则如前文已经提及的，除个别省份外，县参议会在这一时期均未能建立；二则本节主要探讨国民政府初期县以下区乡行政的情况，因此县参议会制度的实行情况留待下一章阐述。

上述由《县组织法》等法律所设计的地方自治制度，有以下主要内容和特点：

其一，实行"直接民权"，公民可以在自治区域内就自治事务和自治人员直接行使创制、复决、选举、罢免等"四权"。它也没有对公民、选民资格设定性别限制和财产限制。这对于清末和北洋政府关于地方自治制度的设计来说均属改进。当然，这种制度也带有国民党"训政"的色彩，如规定区长和区监察委员的资格之一为"曾任中国国民党区党部执、监委员或各上级党部重要职员满一年"；区助理员的资格之一为"曾办自治事务一年以上，确有成绩，明了党义"；正副乡镇长和乡镇监察委员的资格之一为"曾在中国国民党服务"等。

其二，建立统一的区、乡镇行政和闾邻组织。前文已经述及，中国县以下区乡行政生成于清末至北洋政府时期，但形式纷杂，且往往朝行夕废，变化无常。而国民政府通过《县组织法》等法律，使县以下区和乡镇两级行政得到统一。中国古代地方行政以县为最基层的制度至此正式终结，这是两千年来中国行政制度的一大变革。此外，农村基层社会的系统编民组织自清末废保甲、设警察后不复存在，此时则通过闾邻组织得到了恢复。当然，闾、邻组织以户为单位编制，具有传统色彩，为保甲制度的复活埋下了伏笔。①

其三，实行区长和乡镇长直接民选。这既是"直接民权"的题中应有之义，也是自治行政不同于"官治"行政的主要特点。

其四，区乡自治事务范围（或自治行政主要职责）的确定不是着眼于政治统治和治安维持，而是着眼于农村地区的经济、文化和社会建设。

上述《县组织法》框架下地方自治制度的主要内容和特点，突显了它谋求地方行政和政治体制现代化的宗旨，立意高远，其制度设计系统而具体。显然，这样一种制度的实行需要一个稳定的社会政治环境，需要经历一个较长时间的循序渐进过程。然而，这两个条件在当时却全都不具备，这就注定了它不可能顺利地、无折扣地得到实行。

二、区、乡镇自治行政的建立

国民政府颁布的《县组织法》《区自治施行法》和《乡镇自治施行法》均定于1929年10月10日施行，是年10月2日，国民政府公布《县组织法施行法》，规定各省政府在奉到《县组织法》施行日期的命令后，应分四批于1930年年中至年底前完成县各级组织的设置，其程序须首先经过一个"自上而下"的过程，然后再经过一个"自下而上"的过程。

所谓"自上而下"的过程是：首先通过行政渠道由省而县，由县而区、乡、镇来进行划分县等和区、乡镇自治区域的工作，并任命县长、区长和组织区公所；再由区长召集乡、镇民大会，选举正副乡、镇长及乡镇监察委员，组织乡、镇公所；再由乡镇长划定闾、邻，分别召集闾、邻居民会议选举闾长、邻长。在《县组织法》施行一年后，由省政府派员考查各县、区、乡、镇组织情形，汇报内政部，其合格者实行区长民选，由此而开始"自下而上"完成县自治的过程：首先召集区民大会，选举区长、区监察委员和县参议员，组织县参议会；再于户口、土地、警卫、道路及

---

① 当时有人称县以下地方自治制度为区、乡镇、闾、邻四级，这种说法失之笼统。从法律规定和实际实行情况看，区和乡镇有固定地域、专职首领人员和常设机构，存在形式较为完整的自治行政；而闾和邻则不具备这些条件，只是一种编民组织。

人民使用四权等方面均符合自治条件之各县实行民选县长，从而完成县自治。

上述《县组织法施行法》规定的县自治施行程序，环环相扣，清晰而严密。而唯其如此，只要有一个环节的工作不能按期完成，下一步工作就无法继续进行。而由县而区，由区而乡镇，由乡镇而闾邻，越到下层单位越多，情况越复杂，步调和工作进度越难一致。所以，直至1934年国民政府对地方自治制度作出修正、各省相继实行"分区设署"和保甲制度之时（详见下文），上述关于实行各级自治的计划始终未能完成。对此，一位对国民政府县制情况十分熟悉的作者记述说：

> 据我所知，自民国十八年十月《县组织法》《县组织法施行法》《区自治施行法》及《乡镇自治施行法》等施行之日起，至民国二十三年三月《各省县市地方自治改进办法大纲》公布之日止，在此一时期，多数省分只是做到由上而下完成县政府组织，划定自治区，编定乡镇，划分闾邻为止；少数省分也有做到召开乡民大会、镇民大会，选举乡长、副乡长、镇长、副镇长，乡镇监察委员及组织乡公所、镇公所的；还有更少数省分曾经召开区民大会，选举区长及区监察委员的。可是没有一县选举过县参议员，组织县参议会；更没有一个县合于《建国大纲》第八条的规定，准其为完全自治之县，民选过县长。不但如此，也有少数省分因为匪患、天灾、或地属边区，连由上而下完成县政府组织，划定自治区，编定乡镇，划分闾邻等初步工作，都没有彻底实行。[①]

总体说来，各省在实行自治首领民选和办理自治建设事业方面进展缓慢，但大多数省份却基本完成了划分县以下自治区域和建立区乡镇自治行政的工作。

划分县以下自治区的工作当时各省均着手进行，只是进展程度各有不同，或基本至于区，或基本至于乡镇，或已经至于闾邻，从表4.17可窥其大略。

[①]　胡次威：《民国县制史》，大东书局，1948，第79页。

表4.17　各省自治区划分情况（至1934年）

省份	区数	乡数	镇数	闾数	邻数
江苏	608	17423	3028	231718	11751191
安徽	417	7510	1549		
江西	402	6922	516	44082	216110
湖北	324	5733	786	15744	86794
湖南	491	1（直属乡）	2（直属镇）		
山东	796				
山西	424	10933（乡镇坊）	37634（村）	86103	384268
河南	744	18281	2575	214798	1032826
河北	796	30706（乡镇）			
陕西	84	1460	131	10529	51922
浙江	419	11290	1227		
福建	350				
云南	652	6171	992		
贵州	613	5773	1430	63360	313239
甘肃	162	1703（乡镇）	525（村）	21	
青海	47	527	33	2299	11229
热河	87	1763	129		
察哈尔	82	2620	118		
绥远	78	1482	72		
辽宁	以前曾实行区村制，以村为单位，没有村、庄、街、市、乡、镇、闾、邻之分。《县组织法》颁行后仍沿旧制。				
吉林	以前依照各县原有警区划分自治区，其余乡、镇、闾、邻等编制，均按《县组织法》办理。				
黑龙江	以前依照各县原有警区划分自治区，除边远14县和设治局外，均已划分完竣。				

资料来源：《内政年鉴》，第645—646页、第691页。

在划分自治区域的同时，大多数省份也建立了区、乡镇行政和闾邻自治组织，从表4.18可窥其大略。

表4.18　各省建立区、乡镇行政和闾邻自治组织情况

省　份	简单情况
江苏	各县区公所于1929年8月间先后报告成立。按人口多少将区分为四等，甲等区公所设助理员5人、雇员4人、区丁4人，其他三等各有递减。乡镇长先由区长遴选，县长考核委任；后又重新选举。至1933年3月，全县各级自治组织组建完成。
安徽	1931年1月间各县区公所先后成立，然后由区长聘任筹备员，组织乡镇公所筹备处，相继成立乡镇公所。至1932年9月改办保甲以前，有8县召集乡镇民大会，选出正副乡镇长。
江西	至1931年6月，全省85县中有67县划分402个自治区，成立379个区公所。此后有43县划为"剿共区"，有30县成立了乡镇公所。1932年推行保甲制度，乡镇闾邻自治停顿。
湖北	在1932年"鄂豫皖三省剿总"命令缓办自治以前，有66县成立区公所，乡镇组织均未正式成立。
湖南	由于"匪患"严重，自治推行迟缓，各县成立区公所、乡镇公所和编划闾邻工作"格于环境，多未能顺利进行"。
山东	1930年底至1931年春，各县陆续成立区公所。区公所设区长一人，助理员二人，区丁二人。1931—1932年各县乡镇公所次第成立。《改进地方自治原则》通行后，各县区公所取消，并拟定《山东各县村庄长任用暂行办法》，在乡镇以下之村庄内，设村长或庄长一人，以佐理乡镇长办理本村庄一切自治事宜。"
山西	1931年6月，将以前村治运动中成立的区行政公所改为区公所，附设区调解委员会；将村公所改为乡镇公所，各村息讼会改为乡镇调解委员会。
河南	有99县设置区公所并成立乡镇公所。规定每区公所除区长外，设助理员1人或2人，区丁4人至8人，因经费紧张，未能按规定办理。1932年11月间，奉"三省剿总"命令编查保甲，自治停顿。
河北	1930年3月设立区长教练所，11月分发毕业学员担任各县区长。订立分六期推行自治办法，未能如期进行。1928年将各县原有村庄，凡满百户或联合数村庄满百户以上者，划为一编村，城市地方编为里，设村里公所。1930年，村里改为乡镇。《改进地方自治原则》通行后，裁撤区公所，设置自治指导员，协助县长办理自治事务。
陕西	至1933年3月，区公所成立者有30余县，"乡镇组织，亦有同时成立者。其后以旱灾严重，不得已暂行停办"。

续表

省 份	简单情况
浙江	1930年7月，各县区公所全部成立。区公所依据区域面积、村里数目及经济状况分为5等，内部组织繁简不同。1932年年底，全省各县乡镇坊公所组建及闾邻编制完成。《改进地方自治原则》通行后，裁撤区公所，代以自治巡回协助员。
广东	先自上而下遴选委员组织区公所筹备委员会、乡镇公所筹备委员会和遴委里自治筹备员；然后自下而上召集里民大会、乡镇民大会和区民大会，选举正副里长、正副乡镇长和区委员、正副区长。区公所设委员5—7人，1年后可以改为区长制，设区长1人、副区长2人。
广西	区设区公所，受县政府监督指挥，处理国家及省、县之行政事项，督促推进区地方自治事务；区公所置区长1人、助理员2人、办事员2至4人。乡镇置乡镇公所，受县政府或区公所监督指挥，办理地方自治行政事务，乡镇公所置正副乡镇长各1人；村街设村街公所，受区乡镇公所监督指挥，办理地方自治事务，设村街长1人，副村街长1—3人。甲设甲长1人，副甲长1—3人，受街村公所监督指挥，办理地方自治事务。
云南	至1933年8月，100县成立区公所，14县成立乡镇坊公所。《改进地方自治原则》通行后，未作改变，自治"仍依原定计划进行"。
贵州	至迟至1935年，各县区、乡镇公所均已正式成立。
辽宁	在1930年以前曾拟订《县组织条例》，《县组织法》颁行后仍照旧法办理。
吉林	1930年10月间开始委任区长，组织区公所。
黑龙江	因经费无着，1930年11月请求缓办各级地方自治。
宁夏	原已设立区公所，编制紊乱，经费无着。
甘肃	1932年底，各县完成划区，成立区公所；少数县成立乡镇公所。《改进地方自治原则》通行后，裁撤区公所，办理保甲，自治停顿。
青海	1932年底，除3县外，各县区乡镇公所均告成立。《改进地方自治原则》通行后，3个县的区公所裁撤。
热河	1932年间区乡镇公所先后成立，次年因经费无着呈准缓办。
察哈尔	1931年各县区乡镇公所一律成立；区公所设区长1人、助理员1人、书记1人、区丁4—6人。
绥远	1931年9月间，各县区公所成立，现在各县乡镇公所均已成立。《改进地方自治原则》通行后，各县区公所改为县行政辅佐机关，乡镇村及闾邻仍旧。

资料来源：《内政年鉴》，第753—758页。

这里，列举若干具体实例，以便进一步说明当时各地划分县以下自治区域和建立区、乡（镇）自治行政的具体情况：

山西省在北洋政府时期即开展"村治运动"，在地方自治方面基础较好。1917年，该省在全省104县划分315个行政区，国民政府时期仍沿袭。

> 山西各县区长任职有一定的稳定性。据1930年10月该省民政厅统计，在当时全省315名区长中，1930年到任者108人，1929年到任者120人，1928年到任者37人，1927年到任者22人，1926年及在此以前到任者28人，其中最早为1921年10月到任。民政厅定期对各县区长进行考核，且较为认真。1930年考核结果，315名区长除因到任期短不列考核者39名外，其余276名区长考核结果分为五等，其中考列上等者39名，占14.13%；上中者128名，占46.38%；中等73名，占26.45%；中下者17名，占6.16%；下等19名，占6.88%。①

河北省各县在20世纪30年代初划定了区、乡镇自治区，成立了区、乡镇公所：

> 由于时间紧迫，河北各县自治区的划分和区公所的设立，往往沿用原有警察制度的机制。河北省政府颁发的《区公所组织简章》规定，"区长未经训练委用以前，暂以各巡官代行区长职务"。据此，满城县政府于1929年2月令各警区巡官兼代区长，自治区区划"仍沿用警区，而区公所即设于警区所在地"；1930年8月，由县选送参加区长训练人员卒业回县，奉令"自治区仍用警区之区划，而区公所分出独立"，成立了6个区公所。南皮县1929年沿用六警区旧制，各区设区公所，"由公安局暨各区公安分驻所兼办"，1930年7月"区公所与公安局分立"。完县"自治区之划分与警区同"。枣强县1931年以前"区公所之政权归巡官兼摄"，此后"考取本县人员若干名，以分布各区，由

① 据山西省民政厅编：《山西民政汇刊》（民国二十年），台湾文海出版社有限公司《近代中国史料丛刊》本，1995，第104—136页。

是区公所与公安局分权治理矣"。①

河北各县区公所及其他区自治组织较为完备。例如满城县各区公所除区长外设助理员二人或一人，"襄赞区务"；区公所经费每月30元至18元不等。南皮县各区公所设区长一人，助理员二人，区监察委员五人，"薪饷均按村级筹集"。望都县5个区公所"各设区长一人，助理员二人，区丁未设，由公安局警察担任"。高阳县各区公所设区长一人，"由所属各乡长副公选之"；助理员二人，区丁四人，夫役二人，受区长指挥，办理全区自治事务及县政府委办事项。至于区长人员的来源，1929年河北省在北平设立了区长训练所，各县从每区各选一人，报送参加训练，两个月卒业后"尽先委充区长"。②

河北省各县于1929年"编行村制"，"编二三村或四五村为一编村，以其中一村为主村，余为附村；于主村举村长一人，附村各举村副一人，以组织村公所，外有调节委员及监察委员以相助。为理一村独立，谓之独立村，其组织亦然"③。1930年村里制改为乡镇制后，满城县192村编为112乡；南皮县全县376村编为216乡；景县大小873个自然村编为323乡。④

河北省各县乡镇自治组织也较为完备，有些地方曾以不同方式进行乡镇长选举，乡镇民会议（大会）也有所运作。例如景县323乡"每乡设乡公所、乡调解委员会、乡监察委员会等三部，而以乡民大会为其权力机关"；高阳县各乡"皆成立乡公所，由闾邻长公选乡长一人，副乡长一人，闾长二人，办理本乡自治事务及县区委办事项"。县"设有乡长副训练所，将阖县之

① 民国《满城县志略》，建置志；民国《南皮县志》，舆地志下；民国《完县新志》，行政志第二下；民国《枣强县志》，行政志。
② 民国《满城县志略》，县政志；民国《南皮县志》，政治志上；民国《望都县志》，政治志。民国《高阳县志》，行政志。
③ 民国《重修蓟县志》卷三，乡镇。
④ 民国《满城县志略》，县政志；民国《南皮县志》政治志上；民国《景县志》，政治志下。

乡长副，尽施以训练……各编乡之选任乡长，亦极慎重"。完县
于1929年完成"间邻之编制"，各村原有息讼会，1929年改为调
解委员会；"乡镇长副任期一年，期满由区派员召集乡镇民会议
加倍票选，呈县择委"；"乡镇公所无固定经费，全年费用由乡
镇民会议表决摊纳之"。①

浙江省编民组织和区、乡、镇自治行政的建立经历了一个与《县组织法》
接轨、并轨的过程：

> 浙江省于1928年颁订街村制，次年夏全省组织完成。不久，
> 为了同《县组织法》保持一致，将街村制改为村里制。村里制
> 以10户为邻，10邻为间，市集区域为里，村落区域为村；县地方
> 繁盛地区，得以300户至500户为一里，农村地区均按原有村落
> 编村，不限户数。1929年公布的《修正县组织法》规定以5户为
> 邻，5邻为间，县地方以百户以上之村庄为乡，百户以上之街市为
> 镇，浙江各县随之调整变更，至1932年底全部完成。此前，各县
> 区公所于1930年夏全部成立。②

概言之，在南京国民政府建立至20世纪30年代初的数年间，全国各省
基本上依据《县组织法》在县以下统一建立了有区划、有首领、有机构的
区和乡镇两级自治行政，实现了两千年来中国行政制度的一大变革。

三、区乡镇地方自治的停顿

以《县组织法》为基本框架的地方自治制度推行后，在实行自治首领
民选和办理自治建设事业方面进展缓慢，成效甚微，各地自治组织的建立
也进展程度不一，因此不久后即招致来自各方面的批评。当时国民党和国
民政府召开的与内政有关的会议，均不断讨论地方自治问题，分析其进展
缓慢的原因，寻找解决和改进的办法。据当时人们分析，地方自治制度之

---

① 民国《景县志》，政治志下；民国《高阳县志》，行政志；民国《完县新志》，行政志
第二下。

② 姜卿云编：《浙江新志》第六章，浙江省之党政，杭州正中书局，1936。

所以"成效不彰",有主客观两方面的原因。其客观原因,首先在于当时的政治、经济环境恶劣。对此有人指出:

> 近数年来,天灾人祸,相迫而至,各地方有被赤匪蹂躏的,有被盗匪扰乱的,还有被帝国主义者侵略的……除都市外,全国差不多没有一片净土。人民日在惊慌之中,自然没有心力来管理公共事业了……我国的人民,素来就很穷,近年因外受帝国主义的侵略,内有战乱的影响,乃比从前更穷。占全国人口百分八十以上的农民,终岁勤苦耕作,还是衣不得暖身,食不能饱肚,那里再有工作过问政治呢!

其次是文化和社会结构的落后。对此有人指出:

> 中国"文盲占全国人口百分之八十以上,这班人是不能自治的了。而在百分之二十的非文盲中,不知地方自治之意义的已不少,对于地方自治没有兴趣的更是多之又多",地方自治因此不可能"办理完善"。地方自治同我国历来的社会结构之间也存在冲突,"自古以来,我国人民与政府,除完粮纳税以外,向少关系。社会关系也只赖家族制度和重门阀与敬鬼神的观念来维系着,并没有坚实的组织。而地方自治呢,既要使没有组织的社会组织起来,又要使向来不问政治的民众参与国家大事,这自然根本和民众意见与习惯不相投,办起来自然是非常困难的。"①

关于地方自治推行不力的主观原因,在当时人看来又可以分为制度不合理和实施不得力、不得当两个方面。地方自治的制度设计被认为存在这样几个问题:

> 其一,有关法律法令死板划一,缺乏弹性,不能与各地千差万别的情况相适应。其二,有关地方自治各项工作的限期过于短促紧迫,欲速不达。②其三,自治团体的层次过多。在1931年召开的第一次全国内政会议上,许多人已经提出这一问题,建议加以改变。如云南省政府提出了《区制利少弊多拟请废除以轻负担

---

① 易克嶷:《过去办理地方自治失败的五大症结》,《大公报》,1934年5月13日。
② 胡次威:《民国县制史》,第80页。

而免窒碍案》，认为按照当时的制度设计，区公所与乡镇公所职能完全相同，应予取消。[①]其四，过于强调人民自治而忽视国家行政，其表现包括忽视对县政府机构的充实、未能建立各科、局均对县长负责的统一县政体制，忽视县政府对地方自治的监督，以及急于推行乡镇长和区长民选等。其五，自治经费没有得到制度保障。对此，1931年11月召开的国民党中执委临时会议通过的《推进地方自治案》指出，虽然《建国大纲》规定"土地之岁收、地价之增益、公地之生产、山林川泽之息、矿产水利之利，皆为地方政府之所有"，但实际上各县按照以往习惯，除部分上交外，其余即作为县行政经费，而区和乡镇自治经费均无可靠来源；而省与县之间也没有明确的财政收支划分。[②]

地方自治的推行方式和程序被认为存在这样几个问题：

其一，未能注意争取地方人士参加地方自治工作；其二，未能选派经过严格训练的人员到各县对自治进行指导；其三，区长人选"青年居多"，学识浅薄，经验不足，且有官僚习气严重、腐化堕落者；其四，重视自治组织的建立而忽视地方经济、文化的建设；其五，没有注意对人民自治意识和能力的培养。[③]

为了解决上述问题，国民政府决定对地方自治实行"改进"，于1934年三、四月份公布了三种法规：一是内政部的《各省县市地方自治改进办法大纲》，二是行政院的《改进地方自治原则》，三是内政部的《改进地方自治原则要点之解释》。这三个文件虽然属于行政法规，但在地方自治方面却有着高于《县组织法》《区自治施行法》和《乡镇自治施行法》的效力，实际上改变了后者所规定的地方自治制度。

---

① 程方：《中国县政概论》，第56页。

② 中华民国史事纪要编辑委员会编：《中华民国史事纪要》（初稿），民国二十年册，第768页。

③ 国民党中执委临时会议《推进地方自治案》、国民党四届三中全会提案内容概要、王陆一撰《中国地方自治学会成立所引起的感想》、内政部《各省县市地方自治改进办法大纲》，见中华民国史事纪要编辑委员会编：《中华民国史事纪要》（初稿），民国二十年册，第767—772页；民国二十一年册，第929页；民国二十三年册，第986—991页、第1111—1113页。

《各省县市地方自治改进办法大纲》的主要内容是：

1. 强化县市行政。《大纲》一方面明确县市为自治单位，另一方面强调"在训政时期，县市政府所有设施，应注重由上而下，实行训政县治行政"；规定要"切实整理县市行政，充实县市政府之组织与职权"，认为这是实施地方自治的前提。在实行乡镇坊长民选的地方，仍要加强对自治的行政监督。

2. 对区的性质重新定位。《大纲》规定，在训政时期改变区的自治团体性质，将其重新定位为县市行政的延伸。它规定训政时期的区公所"应认为县市以下之佐治机关，其一切进行事宜，均须受县市长之指挥监督"；"区长及其他自治职员之选举，应暂缓举行"。

3. 调整、扩大区和乡镇的区域。《大纲》规定，区、乡镇划分过细者，应酌量合并，并应与警区、学区相一致；各乡镇坊公所在办理特种事务时，可以"联合组织"。

4. 缓办乡镇自治人员的选举。《大纲》规定，在新的自治法规颁行之前，民选产生的正副乡镇长及乡镇监察委员、调解委员，任期延长一年；尚未进行乡镇坊长民选的地方，选举一律暂缓进行。

5. 改善自治人员的成分和素质。《大纲》规定区长的任用，除已受训练者外，可以择用有声望且热心办事的地方人士；训练自治人员，"应选取各当地之成年，而有相当资格"者，设置与各项自治事业有关的训练课程。

6. 在地方自治中加强建设性事务的举办。《大纲》规定区乡镇公所应设置专门人员，办理各种地方建设事业；县市政府应在最短期内指导督促各区乡镇公所进行社会调查及统计、严密保卫及组织、实施民众教育、发展社会经济、改进民众生活和指导协助民众组织各种社会团体。

7. 减少行政经费，增加事业经费。①

---

① 中华民国史事纪要编辑委员会编：《中华民国史事纪要》（初稿），民国二十三年册，第1111—1113页。

《改进地方自治原则》的主要内容是：

　　1. 重新确定自治层次。《原则》规定自治单位为两级，即县、市为一级，乡、镇、村为一级，"直接受县政府之监督指挥"。

　　2. 确定推进地方自治的分期。《原则》规定地方自治分三期进行：第一期为"扶植自治时期"。在此期间，县市长由政府任命，县市参议会由县市长聘任部分专家为议员；乡、镇、村长等实行核选制，即由乡、镇、村民选出三人，由县市长择一委任。第二期为"自治开始时期"。在此期间，县市长由政府任命，县市议会由人民选举，乡、镇、村长由人民选举。第三期为"自治完成时期"。在此期间，县市长、县市议会和乡、镇、村长均由民选产生。

　　3. 变通各地推行地方自治的程序和方式。《原则》规定地方自治的程序和方式应因时因地有所不同，中央只应作大体的、有弹性的规定，各省政府可以对所属各县市的地方自治"拟定程式，咨请内政部核准实行"。①

《改进地方自治原则要点之解释》的主要内容是：

　　1. 明确《改进地方自治原则》的法律地位。《解释》规定：《改进地方自治原则》为一切自治法规的最高原则，现行各种自治法规及最近颁行的《各省县市地方自治改进办法大纲》，其不违背《原则》者仍旧适用；如与《原则》冲突，在未经修订之前，应以《原则》为准。

　　2. 进一步明确自治团体的组织层次。（1）区分两种：一种属于自治区，作为特例设置于具有相当自治基础的地方，其现有区公所属于自治团体；另一种是县政府为便利行政管理和促进地方建设而设置的行政区，其区公所可以保留，作为县政府的办事机构。（2）区别乡和村，聚居同一的村庄，独自成立自治团体者为"村"；不能独自成立自治团体的小村落并入附近之村，或

---

　　①　《国民党政府政治制度档案史料选编》下册，第535—537页。

联合邻近若干小村而为自治团体者为"乡"。乡、镇、村作为自治团体地位相同，但可以根据人口、区域等情况分为若干等次。

（3）同邻组织由地方政府斟酌变通办理。

3. 进一步明确地方自治三个时期的界限及工作重点。"扶植自治时期"即实行训政的时期，政府须运用其行政权自上而下完成训政时期的初步工作，如户口调查、公民登记、民众训练、成立乡镇村及县参议会自治组织等。"自治开始时期"即官督民治时期，在此期间人民虽有选举县参议员和乡镇村长的权利，但这些人员的免职和违法失职处分仍归政府依法办理。"自治完成时期"即宪政开始的时期，训政时期须进行的工作已完成，政府还政于民。①

显然，上述国民政府关于改进自治的三个文件，其基本精神在于缩小地方自治的范围，放慢地方自治的进程，增加"官治"行政的权重。准确地说，它们的出台实际上是当时地方自治已经陷于停顿的反映，是以法规的形式承认了这种停顿。它们的有些规定，如充实县政府组织、加强县行政机制等，实际上已由"豫鄂皖三省剿总"通过"裁局改科"等措施付诸实行。下面我们将看到，"豫鄂皖三省剿总"和国民政府军委会南京行营在此同时又推出了保甲制度和"分区设署"制度，从而使得各地县以下的区乡镇自治行政转变成为了形式不同的"官治"行政。

四、保甲制度的推出

中国自先秦就存在各种系统化编民组织，其职能是多方面的，包括生产、自卫、治安、互助等，重点因时因地而异。北宋王安石变法所创行的保甲，也属于这种编民组织的一种。保甲是一种以户为基本单元的编民组织，其根本特点和职能在于通过邻里之间的连带法律责任来维持治安。保甲制度在明、清时代均曾实行，但时作时辍。在清末"新政"的现代化浪潮中，保甲被警政所取代，此后至北洋政府时期，中国除少数地方（如山

---

① 胡次威：《民国县制史》，第86—87页。

西、江苏）外，地方社会没有系统的编民组织。保甲制度是静止、封闭的农业社会的产物，它以排斥人口流动为制度设计的基础，主要宗旨仅仅在于维护君主专制在基层社会的统治秩序，从现代化的角度看是一种落后的制度。相反，清末开始实行的地方自治，旨在全面加强地方社会的政治、经济和文化建设，且以法定公民个人作为自治团体的基本单元，具有现代性质。然而在20世纪上半期，中国社会就其主体而言仍是一个农业社会，保甲制度因而仍有它的社会基础；相反，以公民个人自由和民主权利为基础的地方自治制度有时反而表现出"脱离实际"。这是20世纪30年代初保甲制度得以恢复的主要社会原因。

国民政府统治初期，虽然通过颁布《县组织法》将地方自治确定为农村社会的基本制度，但同时也颁行了某些性质与保甲基本相同的制度。1929年6月，"剿匪司令部"制定《清乡程序》及《联防规程》，9月公布《清乡条例》，10月公布《邻右连坐暂行办法》，这些文件均含有治安连带责任的内容。特别是同年7月国民政府公布的《县保卫团法》，更可以视为后来保甲制度的渊源。这一法律规定，各县保卫团基层组织与地方自治制度合一，"每闾为一牌，以闾长为牌长；每乡或镇为一甲，以乡长或镇长为甲长"；甲长与牌长、同甲各户之间均须结具"联保切结"，以维持地方治安。[①]此后，国民政府主席蒋介石还曾于1930年12月下令各省政府责成各县长，限期三个月至半年一律完成保甲编制。[②]

20世纪30年代初，国民政府在"剿匪区"内正式推出保甲制度。1931年5月，陆海空军总司令部行营党政委员会公布了《剿匪区域内保甲条例》，但有关清查户口等内容不够详细。次年8月，"豫鄂皖三省剿匪总部"对上述条例进行订正后重新颁发，名《剿匪区内编查保甲户口条例》，成为这一时期保甲制度的正式蓝本。[③]

"三省剿总"在颁发《剿匪区内编查保甲户口条例》的同时，还颁发了《各县区公所组织条例》，这两个文件是作为纠正当时地方自治制度弊

①　中华民国史事纪要编辑委员会编：《中华民国史事纪要》（初稿），民国十八年册，第537—538页。

②　同上书，民国十九年册，第817—818页。

③　同上书，民国二十一年册，第342—344页。

病的措施出台的。在颁行这两个文件时，"三省剿总"司令蒋介石发布了一道训令，对当时实行的地方自治制度提出批评指摘，进而得出须以保甲制度取而代之的结论。①训令说，几年来清查户口、办理保甲徒具虚文，固然由于各地方推行不力，但更重要的原因却在于地方自治制度本身存在严重问题，"法令本身包含太广，步骤凌乱，手续纷繁"，不切实际。它列举了地方自治制度中存在的七个方面的矛盾和问题：

1. 按有关制度规定，保卫团和清乡系统的首领由区、乡、镇、坊、闾、邻等地方自治组织的首领兼任，因此只要后者一天不能选出，区乡镇各公所一天不成立，清查户口等各项保卫事务就一天不能办理。

2. 按现行制度规定，乡、镇、坊、闾、邻长须经民选，但由于现在的人民"漠视政治，未经训练"，根本无法举行选举。

3. 自治组织出于自下选举，对下负责，而自卫组织为了"统驭便利"必须使之对上负责，因而必须自上任命，两者组织原则相反。现在以自治组织兼自卫职能，必然是南辕北辙。况且中国系家族本位社会，实行以个人为基本单元的自治制度，不会有成效，只能导致社会一盘散沙。

4. 在现行制度下，自治组织须办理教育、经济、卫生、防灾、慈善等各项事业，而自卫工作只是它的一种附属职能。然而在当时社会动荡、经济破产的情况下，自治组织根本无力兼顾自治与自卫。况且，"匪区"人民的急切要求是"自卫"，"决不敢遽作享受如许自治幸福之奢望"。于是，自治与自卫同时进行的结果，必然是"自治固告成无期，而自卫亦随之俱废"。

5. 民团与练勇性质不同，前者属于维持日常治安的农村警察，而后者属于从事地方保卫的民兵武装，其办理需要枪支、经费、人才等诸多条件。然而《保卫团法》却混淆两者的界限，笼统规定凡壮丁均须编入保卫团受训，其结果或者无法实行，或者

---

① 中华民国史事纪要编辑委员会编：《中华民国史事纪要》（初稿），民国二十一年册，第344—351页。

团、练不分，徒具虚名，甚至贻害无穷。"据报各县团丁名额少者数千，多者竟逾万人，假借国防经费之名，日事剥削，土劣利以自肥，人民益不堪命，不惟毫无御匪之势力，直是驱民归匪之长鞭，流弊之大，不可胜言。"

6. 根据现行制度，清查户口由清乡局长督率区乡镇坊间邻长进行，这些人不能选出之前，清查户口就不能进行。

7. 现行地方自治制度的法令条规烦琐复杂，多达40余种，条文多达957条，与此有关的相互印证和具体规定尚不在内，一般人民和办事人员根本无法掌握。

针对上述矛盾和问题，训令提出了如下解决办法：其一，停办自治，先办自卫；其二，区分作为治安组织的"团"与作为地方武装的"练"，保甲制度只属于"团"的范畴，不包括武装；其三，先办理保甲，确定户数和户长，然后再清查户口；其四，设立作为县政府附属机构的行政区，"一方辅助县长执行职务，仿如县政府之支部；一方就近监督指挥保甲长执行其职务，以为县长之耳目手足"。如果站在当时国民政府的立场上看问题，应该说训令对于地方自治制度的批评是十分中肯的，其所提解决办法也是十分符合实际的。

《剿匪区内编查保甲户口条例》具体规定了保甲制度的主要内容：

（一）保甲组织及编组方法。"剿匪区"内各县将县境划分为若干区，限期编组保甲，原有各种自卫组织一律改为保甲。保甲编组以户为单位，设户长；10户为甲，设甲长；10甲为保，设保长。保甲须根据户口、地方习惯、地势限制及其他特殊情形进行编组，具体方法是：在本地原有乡镇界址基础上编保，可以将几个乡、镇合编为一保，但不得分割本乡、本镇而将其一部分编入其他乡镇之保；由一边开始，依次将比邻10户编组为甲；编余之户，6户以上可以另立一甲，5户以下并入邻近之甲；编余之甲，6甲以上可以另立一保，5甲以下并入邻近之保。保甲按"某县、某区、第几保、第几甲"命名。此外寺庙、船户及公共处所，以保为单位，另立字号，分别编查。

（二）保甲人员的产生。户长由户内家长充当，家长因故或因系女性而不愿充当者，可以指定行辈较低者充当；一户内有两家以上者，协商产生户长，或各编为一户。甲长由甲内各户户长公推，保长由保内各甲长公推。如县长认为保甲长不能胜任，可以重新改推；区长认为保甲长不能胜任，可以呈请县长另行改推。有以下情形者不得担任保甲长：年未满20岁者；非本地土著者；有危害民国行为曾受处刑之宣告者；褫夺公权尚未复权者；"曾为赤匪协从，虽邀准悟过自新，而尚在察看管束期间者"。

（三）保甲长的职责。1. 在本地原有寺宇或公共处所设立保长办公处。保长承区长指挥监督，负责维持保内秩序，具体职责为：监督甲长执行职务，辅助区长执行职务，教诫保内居民毋为非法，辅助军警搜捕匪犯，察看、管束"曾参加反动或曾受赤匪协从、现已邀准悔过自新者"，处罚违反保甲规约，分配督率保内应办防御工事之设备或建筑事项，执行规约所定之赏恤，处理怠职罚金，办理经费收支和预算，及其他依法令及保甲规约应办事项。保长办公处可以设书记1—2人。2. 甲长在自己住宅内办公。甲长承保长指挥监督，负责维持甲内秩序，具体职责为：辅助保长执行职务，清查甲内户口、编制门牌、取具联保连坐切结，检查甲内奸宄及稽查出境入境人民，辅助军警及保长搜捕匪犯，教诫甲内居民毋为非法，办理其他依法令及保甲规约应办事项。

（四）保甲制度的运作。1. 保甲规约。保甲编定后，由保长召集甲长开保甲会议，订立保甲规约，其内容应包括以下事项：保甲名称和区域、门牌编制、户口调查，境内出入人员的检查和取缔，水火风灾的警戒和救护，匪患警戒、通报和搜查，"防匪碉楼堡寨或其他工事之筹设"，公路干线或本地支线的修筑及电杆、桥梁等交通设施的守护，经费的筹集、征收、保管、支用、报销，保甲职员和居民怠于职务的处罚，保甲人员的赏恤，保甲会议以及其他保持地方安宁秩序的必要事项。2. 编查户口、悬挂门牌。颁发户口调查表和门牌，由各户认真填写本户户口情况，调查表上缴，门牌悬挂门外。此项工作由甲长负责，保长按月进行复查，区长按季进行抽查。3. 实行户长联保连坐。各户户长必须加入保甲规约，并须联合甲内其他户长5人以上，共同出具联保连坐切结，声明"结内各户互相劝勉监视，绝无通匪或纵匪情事，如有违反者，他户应即密报承办，倘瞻徇隐匿，各户负连坐之责"。遇有以下情况，各户户长须报告甲长：有形迹可疑之人潜入；留客寄宿及其离去，或家人外出作经宿旅行及归来；出生死亡或因其他事故而导致户口异动。遇有上述前两种情况时，保甲长除上报区长外，可以先行搜索、逮捕。4. 保甲壮丁在必要时可以编为武装民团，集中训练。5. 惩罚与奖恤。保甲内居民有"勾结窝藏赤匪，或故纵脱逃者"，依法从重惩罚，甲长和切结联保各户长科以4日以上30日以下拘留；知情匿庇者依法治罪，举报并协助搜查逮捕者，免予处罚。拒绝加入保甲规约等违反保甲制度的轻微过错，处4元以上40元以下罚金；保甲长滥用职权或贻误公务，给以罚款、当众谴责和免职等处分；有功者给以奖恤。

（五）联保制度。一乡一镇如住户过多编为二保以上，可以由各保共设保长联合办公处，互推保长一人为主任。但各保应行分别举办的事务，仍由各保长负责。保长办公处和联保办公处得设书记一人，或二人助理之。

五、"分区设署"制度的实行

《县组织法》规定的自治区和自治区公所制度，在实行过程中受到两点批评：其一是在县以下设立区与乡镇两级行政，职能重复。上文已经述及，在1931年召开的第一次全国内政会议上，已有提案提出这一问题，要求废除自治区及区公所。其二，区的辖境广阔，实行自治有诸多困难，如民选区长素质低下、区组织难以健全、区经费难以保证等。因此在1932年12月召开的第二次全国内政会议上，要求将自治区改为"官治"行政区的呼声甚高，出现了两个重要提案。蒋介石所提《重新制定县区镇自治法规区或镇以下实行保甲制度案》主张，"在新定法规未公布实施以前，区公所暂定为县政府的佐治机关，区长由县长遴选合格人员呈请委任"；内政部所提县政改革案也建议，"确定区公所为县政府之下级辅佐机关，一面受县政府之委任，执行国家及县之行政事务，一面办理本区内之自治事务"，区长由县长委任本县人担任；区公所组织适当扩充；区公所经费由县政府支拨；本区事务经费由区款支付。[①]于是，改各县自治区为"官治"行政区成为了区制改革的基本方向。

---

① 胡次威：《民国县制史》，第102—103页。

变自治为"官治"的区制改革,其首先推出者是"豫鄂皖三省剿匪总司令部"。上文已经提及,1932年8月三省"剿总"在修正颁布《剿匪区内编查保甲户口条例》的同时,颁布了一个《各县区公所组织条例》。根据这一条例,区民大会制度不再实行,区长不是由民选产生,而是由县长荐请该管行政督察专员委任;区长职责主要是辅助县长行政、宣达区内奉饬遵行的法令、调查报告区内各种情况、监督指挥保甲人员执行职务等。显然,这样一种区组织,其性质已经不是自治团体,而是一种国家行政机构。至1934年12月,国民政府军事委员会南昌行营又颁发《剿匪省份各县分区设署办法大纲》,训令各"剿匪"省份转饬各县实行。训令认为,中国各县地域广阔,县以下不设国家行政而实行自治区制度,结果导致区公所组织不健全、人选滥杂和经费短绌。由于区公所属于"自治机关",其人员不具有"官"的郑重身份,"地方民众之视区长,无异昔日之团董、庄头,绝不特加尊重。于是地方士民之贤良者,多越趄引避,不肖者奔竞而进。结果各地区长,大多为贪污土劣所把持,助行政令则不足,压迫民众则有余"。这种情况又导致区制形同虚设,不能真正发挥行政作用,致使"县长与民众之间,既无居间联系之枢纽,自失指臂相使之效用,以至一切政令,逮县之后,则等于具文,无法推进"。

训令说,1932年8月三省"剿总"颁布《各县区公所组织条例》改革区制以来,在各方面已经取得了很大成效,但由于"区长人选尚属取材当地,区制规模亦未充实",所以"仍感不足",因此制定本《剿匪省份各县分区设署办法大纲》。1937年,行政院以该大纲为蓝本制度公布《各县分区设署暂行规程》,同时宣布前者废止。这两个文件所规定的区制有以下主要内容:

(一)各县划分3—6区,以数序命名。

(二)区署组织。区设区署,《剿匪省份各县分区设署办法大纲》规定置区长1人,区员2—4人;此外设书记1人,助理书记1人,录事2人,区丁2—3人;《各县分区设署暂行规程》规定置区长1人,区员1—3人,巡官1人;此外设事务员1人,助理事务员1人,录事2人,区丁2—3人。

(三)区长和其他区署人员职责。区长"承县长之命"办理以下事项:

1. 监督指挥所属区员、巡官、雇员暨区内保甲及壮丁队、铲共义勇队人员执行其职务，必要时可以指挥驻扎本区境内的保安队。

2. 组织训练区内民众。

3. 宣达区内奉令应遵行的法令，调查、报告区内各种情况。

4. 指导区内合作事业。

5. 监督、指导、推进区内小学和民众教育事业。

6. 监督、指导区内农林水利的改进。

7. 辅助县长执行区内户口调查、土地清丈、公役分配及其他卫生、公安、交通等各种县政。

8. 监督指导区内各职业团体。

9. 办理县政府交办事项。

区员协助区长处理一切区务；巡官秉承区长办理区内警察事务；书记、事务员、录事等秉承区长之命撰拟、缮写文书，襄理区署事务；区丁承办一切杂务。

（四）区长和区署人员任命程序。区长由县长就省县政训练班训练合格、成绩优良者遴选加倍名额，呈由督察专员公署转请省政府核委，原则上须回避原籍，必要时得参用本县人员，但必须回避本区。区员、巡官由区长遴选省训练班训练合格人员，呈请县长核委。区长任期三年，非受惩戒处分或试署期间成绩不良、才不胜任、人地不宜者，不得撤换；区长任职三年以上经县长考核成绩优异，其未取得县长资格者以县长记存任用，其已取得县长资格者尽先任用。区员、巡官任职二年以上经县长考核优良者，以区长记存或任用。

（五）区经费分甲、乙、丙三等，列入县预算，不足者由省补助，不得就地筹措。区长、区署人员薪资和区署办公费、准备费，均有固定标准。[①]

南昌行营的训令明白指出，实行上述制度的目的就是要对"区制之性质、权力，均予根本改造"，使之完全不同于《县组织法》框架下地方自治制度中的区制。这主要表现在四个方面：第一，重新定位区组织的性质，

---

① 中华民国史事纪要编辑委员会编：《中华民国史事纪要》（初稿），民国二十三年册，第1119—1127页；国民政府文官处印铸局编辑：《国民政府公报》，第2373号，第12—15页。

使之从地方自治组织变为国家行政组织。训令指出，对区组织要"改正其名称"，"凡旧时区公所或区办事处一律取消，不复沿用，而改称为'区署'，借以表明此后区署乃为官治之行政机关，决非向日之自治组织，以矫正往昔区治之观念。今后之地方自治应在市、乡行之，于市、乡上之区无与焉"。第二，加强区组织的行政能力，使之在实际上成为一级行政。即如训令所点出的："扩大其组织，增加其经费：区长之下，酌设区员、书记等职，辅以员司。"第三，使区行政人员成为有地位、有保障的行政官员，即如《训令》所点出的：凡区署人员"皆酌给适当乡村生活之薪俸，俾能赡家以养廉。""提高区长、区员之地位：以有县长资格者，乃许充任区长，并须回避本籍；以有相当学识经验者，乃许充任区员，而区长、区员，皆加以一定期间之训练，借以充实其治事之能力，且更保障其任用，确定其出路。"第四，赋予区组织全面的行政职能，即如训令所点出的："凡与管、教、养、卫有关者，统由区长秉承县长之命，负责执行。"

这种分区设署制度，实际上使得区成为了县以下的一级行政区划，使得区署成为县政府之下的一级行政机构。

六、自治停顿后的区乡制度实况

国民政府对于地方自治的"改进"和保甲制度、"分区设署"的实行，实际上使得《县组织法》框架下的区乡镇自治行政转变成为了"官治"行政。不过由于各省军事、政治形势和自治"改进"方式的不同，这种基本属于"官治"性质的区乡行政，其具体模式往往因地而异。

据当时人记述，在1939年"新县制"实行前，各省的区乡行政体制存在以下三种模式，而各省在采用同一种模式时，其具体做法又互有不同：

第一种模式基本依照《县组织法》和《地方自治改进原则》办理，没有编制保甲。实行这种模式的有山东、山西两省，其中山东采用县、乡镇、村三级体制，山西沿袭以往的村制体制，为县、区、村里、闾、邻五级。①

---

① 胡次威：《民国县制史》，第114页。胡氏说河北省也属于这一模式，采用县、乡镇、闾、邻四级制，不确，详见下文。

第二种模式基本依照"豫鄂皖三省剿总"和军委会南昌行营所推行的以保甲为主干的县制办理，有江西、河南、湖北、安徽、福建、陕西、四川、贵州、云南、河北等十省。其中河北、陕西采用县、联保、保、甲四级制：

> 河北省原来曾设自治区464个，自1935年1月起，根据《改进地方自治原则》一律裁撤。同年9月，省政府通过《保甲制度大纲》，规定在四个月内编定保甲。[①]

> 陕西千阳县划编为4个区，17个联保，58个保；西乡县1935年编制保甲，划分5个区，18个联保，138保，2260甲；洋县1934年建立保甲制度，全县划为5区，26个联保，136个保。大约在1938年，各区区署被撤销，"由县直辖联保办公处，派指导员巡回督查保甲组织"。[②]

其余各省采用县、区、联保、保、甲五级制，例如：

> 江西省1934年上半年已编保甲者67县，共编424区，2022联保，21905保，219882甲；安徽省61县，共编225区，4362联保，34919保，354669甲。河南省111县共编765区，54502保，565224甲。[③]

> 贵州平塘县1935年开始取消闾邻，改称保甲，"保直属于区公所，下管甲"，但保与区公所之间又存在"人员很简单"的联保办公处。[④]

第三种模式是兼采《县组织法》《地方自治改进原则》和"剿匪区"体制，其基本特点是在农村基层实行保甲制度，但保甲之上不设联保而保留乡镇。实行这种模式的省份有江苏、浙江、云南、湖南、广西、绥远、

[①] 中华民国史事纪要编辑委员会编：《中华民国史事纪要》（初稿），民国二十四年册，第498—499页。

[②] 《千阳文史资料选辑》第2辑，第111页；《西乡县文史资料》第1辑，第124页；《洋县文史资料选辑》第1辑，第91—92页。

[③] 《申报年鉴》（民国二十四年），第38页；安徽省民政厅：《安徽民政工作纪要》，台湾文海出版社有限公司《近代中国史料丛刊》本，第108页；河南省政府秘书处统计室：《河南省政府五年来施政统计》（人口），台湾文海出版社有限公司《近代中国史料丛刊》本，第7页。河南省以765区统辖54502保，其间无乡镇即必有联保。

[④] 《平塘文史资料》第4辑，第100—101页。

青海、察哈尔、宁夏等九省，具体做法各有不同：

> 江苏、浙江实行县、区、乡镇、保、甲五级制，如江苏全省60县（除江宁实验县外），共编44区、8066乡镇、68185保、715882甲。①

> 云南实行双线体制，即一方面是县、区、乡镇、闾、邻的五级自治制，另一方面是县、区、甲、牌的四级自卫体制，如大姚县1938年将"原辖6个区所属若干小乡废除，另行扩大为12个乡、一个镇"，乡镇之下编排保甲。共12乡1镇，134保，1400余甲；乡镇成立乡镇公所，保设保公所。②

> 湖南实行县、区、乡镇、保、甲五级制，但也有些地方不设区，以乡镇直隶于县，乃四级制。

> 广西实行县、区、乡镇、村街、甲五级制，1934年全省98县，分为199区，2464乡镇，25494村街，260352甲。③

> 绥远实行县、区、乡镇村、保、甲五级制。

> 青海1938年制定《全省保甲实施规程》，规定实行县、乡镇、保、甲四级制。④

> 宁夏实行县、区、联保、保、甲五级制，但联保实际上就是过去的乡镇。如有人回忆贺兰县的情况说，1934年编制保甲时保隶属于区，后因"区公所的管辖单位太多，指挥不灵，遂于1936年于乡镇区域编组联保，一联保管三至五保"。⑤

上述三种模式的区乡行政虽然在不同程度上保留着"自治"的痕迹，但实际上已经都属于"官治"性质。对此有人指出，采用上述第二种模式的各省实行"剿匪区"的"分区设署"和保甲制度，"是彻头彻尾实行官治"；实行上述第一种模式的山东、山西"也只有自治之名，而没有自治

---

① 陈果夫主编：《江苏省政述要》，台湾文海出版社有限公司《近代中国史料丛刊》本。

② 《楚雄文史资料选辑》第7辑，第202—203页。

③ 《申报年鉴》（民国二十四年），台湾文海出版社有限公司，1974，第39页。

④ 《互助文史资料》第1辑，第39页。

⑤ 《贺兰文史资料》第2辑，第184—185页。以上各省区乡制度的情况，兼见胡次威：《民国县制史》，第114—115页；程方：《中国县政概论》，第297—299页。

之实"；而实行上述第三种模式的各省，虽然号称"联保以下实行自卫，乡镇以上实行自治，可是自治也没有切实推行"。①

这一时期区乡行政的"官治"性质，集中体现在不仅区长等区署人员系自上任命，乡镇长、联保长甚至保长一般也都出自上级政府任命，间有自下选举者也是徒有形式；而这种出自任命的人员自然也就只对上级政府负责而不是对区民、乡镇民和保民负责。例如：

河北《保甲制度大纲》规定，联保主任由县政府遴选，省民政厅委任；保长由甲长公推，总保长由保长互推，但均须由联保主任呈请县政府核准委任。

有人回忆20世纪30年代末湖南的有关情况说："保甲长的产生，法令规定要由民选，但多为地方豪绅所推荐，由乡长报请县政府派用。"②

宁夏盐池县"乡、保、甲长虽说要通过民主选举产生，但实际多半是硬性指派"。③

河南第九行政公署1933年底开办训练班，"公开招考学员，培训联保主任"。④

四川省南部县"所有区长纯由四川省县政人员训练所毕业人员充任"；联保主任"由联保内资深望重的保长兼任主任，实际上联保主任是由县政府直接委任"；保甲长选举产生。⑤

陕西洋县"联保主任，均系在陕西省第六区（汉中）行政督察专员公署所办的保学教师训练所毕业生（全是国民党员）担任之"。⑥

贵州平塘县甲长由"民众会"公推，区公所委任；"保长一职权力较大，多由区公所指定，只在民众会上通过了事"，然后

①　见胡次威：《民国县制史》，第115页。
②　《茶陵文史》第6辑，第61页。
③　《盐池文史资料》第5辑，第24页。
④　《新县文史资料》第3辑，第58页。
⑤　《南部文史资料选辑》第3辑，第5—6页。
⑥　《洋县文史资料选辑》第1辑，第91—92页。

由区报县政府委任。①

这里特别需要一提的是，联保虽然从名称上看属于保甲组织的一级，但在1939年颁布的"新县制"实行前，实际上在许多地方已成为一级政府。前文已经述及，1932年"三省剿总"颁布的《剿匪区内编查保甲户口条例》规定，一乡一镇如编为二保以上，可以由各保共设保长联合办公处。该条例在后来进行修正时对这一点作了更细的规定，"凡大乡镇，经编成五保以上者，应设保长联合办公处，由保长互推一人为主任"，联保主任负保长职责的"总责"，"但各保应行分别举办之事务，仍由该保长负责。于住户稀少之乡镇，应联合他乡镇，照前项规定，设保长联合办公处，但以距离在二十里以内者为限，倘二十里住户不足四保时，得暂缓设立"。②上述文字，对于联保的性质没有做出十分明确的规定。国民政府的其他有关文件，则强调联保办公处只是为了各保联合办事而设，不构成一级行政组织。例如，"三省剿总"在1933年5月给湖北六区专员的一个指令中说："至保长联合办公处之设立……原为同在一乡或一镇之各保，对共同举办事务，便于接洽进行，并非于区与保之间另加一级。"又如，军委会南昌行营在1935年12月给福建省政府的一个指令中说："联保办公处，不过保与保之间联络机关，系横面之联系，而非纵体之层叠……非各保共同举办之事，不必由联保办理；各乡或镇，亦不必尽设联保；而各保应办事务，既由保长负责，自无待联保主任指挥之必要……"③然而在实行过程中，联保在许多地方实际上成为了区与保或县与保之间的一级行政组织。首先，以联保取代乡镇，宗旨本来就在于使农村基层组织纳入"官治"系统。四川省政府于1936年10月至1937年7月在成都草堂寺举办了4期"四川省保甲干部训练班"，先后调训全省联保正副主任4000余人，标榜"拥护中央，尊重行政系统，安定社会，复兴农村"等四个目标。有当时人指出："这四个目标，只有'尊重行政系统'才是中心要求……就是要求保甲人员，在行政上自下而上地层层尊重，逐级服从，首

---

① 《平塘文史资料》第4辑，第100—101页。

② 程方：《中国县政概论》，第301页。

③ 同上书，第301—302页。

先在县里要服从区公所及县政府，推而上之，服从专员公署，服从省政府。"①其次，联保系在停办自治地区作为乡镇的替代物而设立的，其地域范围或为一个人口较多的乡镇，或为一个以上人口较少的乡镇。再次，联保主任由县政府甚至省政府任命（这两点上文已有交代）。第四，联保有明确的区划、固定的办公场所和健全的人员编制。例如：

> 河北省的《保甲制度大纲》规定各县普遍设立联保，"每五十村以上，一百村镇以下之保，参酌自然形势，联合为一单位，名曰联保，设联保主任一人，其区域由县府划定，呈请民政厅核准施行"。联保主任"秉承县政府，推行政令"，有呈请县政府委任保长、总保长的职责。联保办公处设助理员1至2人，巡官1人，长警数名。②

> 河南省卢氏县的联保办公处编制，设主任1人，书记1人，国民兵联队副1人，政训员1人，户籍员1人，勤务2人，合计人员达7人。③

> 陕西洋县联保各设主任一人，书记（即文书）一人，联丁二人。④

> 湖北各县联保设联保主任、联保书记、联队副和户籍警、联丁。⑤

这样，在20世纪30年代各地地方自治停顿后至1939年"新县制"开始实行前，全国大多数地区在县以下就存在区与乡镇、区与联保、区与村里等两级行政制度，少数地方存在乡镇或联保一级行政。这种县以下的区乡行政，自治的成分少，"官治"的成分多，基本属于"官治"范畴。而闾邻、保甲等农村基层的编民组织，则直接隶属于乡镇、联保，成为"官治"行政组织的末梢。

---

① 《江北县文史资料》第2辑，第50—51页。

② 《中华民国史事纪要初稿》，民国二十四年册，第498—499页。

③ 《卢氏县各级承办保甲人员应注意之事项》，国民政府内政部档案，全宗第12，案卷第136。

④ 《洋县文史资料选辑》第1辑，第91—92页。

⑤ 1939年《湖北省各县联保经费概算表》，国民政府时期湖北省政府统计处档案，卷号LS2—1—11—1。

第五章

国民政府时期的县制（下）

1939 年 9 月国民政府颁布《县各级组织纲要》，当时人称"新县制"，中国近代县制的发展进入了一个新的阶段。"新县制"的基本特点是将地方自治与"官治"的国家行政相结合，将自治与保甲制度相结合。"新县制"颁行于抗日战争期间，敌占区、国统区和中共领导的敌后根据地在政治上相互分裂，因此各地推行进程颇不平衡。不过直至1949年，国民政府在县制方面没有再颁行过新制度，"新县制"因此而成为这一时期县地方制度的蓝本。

第一节　"新县制"的颁行

一、《县各级组织纲要》的颁布与实施

1939年9月19日，国民政府行政院颁布实行《县各级组织纲要》，时人称"新县制"。[①]"新县制"的颁行大致有这样几个方面的背景：

第一，统一县乡体制。20世纪30年代初以后，《县组织法》所规定的地方自治由于自身缺陷和其他各种原因而在各地不同程度地陷于停顿，国民政府不得不于1934年后宣布对"地方自治"进行"改进"；而与此同时，"鄂豫皖三省剿总"和军委会南京行营则推出了行政督察专员、"裁局改科"、"分区设署"和编组保甲等一系列加强"官治"行政的制度，这些制度不仅在各"剿匪省份"实行，而且经国民政府以法律形式肯定，也不同程度地为其他省份所采用。于是，国民政府的县乡体制便陷于紊乱，出现了三种不同模式并存、各种模式内部又具体做法各异的局面。其具体情况已在前一章阐明，不再赘述。在这种情况下，国民政府不得不采取措施，以谋县制的统一。据局内人回忆，当时国民党内部在县区乡制度建设方面存在"办自治不办保甲"和"办保甲不办自治"的不同意见。以杨永太和张群为首的"新政学系"主张从豫、鄂、皖、闽、赣等"剿匪"省份开始推而广之，各省一律"停办自治，改为保甲"；而以陈果夫为首的CC系则强调，"剿匪区"各省"停办自治，改办保甲"，只不过是一时的权宜之计，将来仍须遵循孙中山生前主张，回过头来办自治。[②]"新县

---

① 《县各级组织纲要》，国民政府文官处印铸局编辑：《国民政府公报》，渝字第189号。

② 胡次威：《国民党反动统治时期的"新县制"》，载《文史资料选辑》第129辑。

制"的颁行，即是对这种争论的一个了结。

第二，重新推行地方自治。实行县自治是孙中山为国民党规定的县制基本原则，是国民党主流意识形态的一个重要内容。即使在20世纪30年代初地方自治因各种原因陷于停顿的情况下，国民党也没有放弃在县乡实行地方自治制度的信念和主张。国民政府一方面采取措施对出了问题的地方自治进行"改进"，肯定和采纳"三省剿总"和军委会南昌行营颁行的各种"官治"制度；另一方面也在尝试制定新的自治法律法规，探索可以切实推进地方自治的道路。

在1932年召开的第二次全国内政会议上，内政部提出了一个《地方自治改革案》，经会议认真讨论修正后通过，共36条，内容十分全面。会后，立法院于1933年特别成立了一个"自治法规起草委员会"，专门从事自治法规的拟订。1934年，该委员会着手起草《县自治法》和《县自治施行法》，次年春提请立法院会议通过。这项法律规定，县长由县民大会就中央考试或检定合格者中选举产生；其职责第一是受省政府监督办理全县自治事务，第二是受省政府指挥，执行中央及省的委办事务；县政府设六科，分别掌管民政、财政、实业、警卫、教育和社会保障及卫生事务。然而，由于国民政府对于如何处理地方自治与保甲制度的关系没有决定，这项法律始终没有公布。1935年11月国民党"五大"召开，仍然强调要采取措施切实推进地方自治。不久蒋介石以国民政府主席兼任行政院长，于1936年召开"全国高级行政会议"讨论区乡制度问题。经过争论，与会者在办保甲抑或办自治这两种意见之间，达成一种折中方案，叫做"寓保甲于自治之中"，也就是在非"剿匪"省份仍然维持原来的自治体制，但是必须一律以乡镇为范围编组保甲。是年8月，国民党中央政治委员会通过了一个《厘订地方自治法原则》，采纳了这种折中方案。这个文件规定，容纳保甲于自治之中，在乡镇之内编制保甲；地方自治的组织层次为二级，以县市为一级，县市以下均为一级；县政府可以根据情况需要，经呈请批准后在县境内设区指导自治事务。当时正在进行修订的《县自治法》将这些内容吸收融合，连同《县自治施行法》于1939年9月在立法院修正通过，但仍没有正式公布施行。不过，这两项法律连同1937年7月制定的、作为《县自治法》补充的《保甲条例》，其关于县为自治单位、县公民资格和权利、县政府组织机构、县财政制度、自治团体分为县和乡镇两级、县可以根据情况需要分区设署、乡镇内编组保甲以及建立乡镇自治财政等重要内容后来为《县各级组织纲要》所吸收。

　　第三，适应抗战形势的需要。抗日战争开始后，国民政府迁至重庆，政治军事形势的变化需要县地方制度进行新的改革。一方面，在征兵、征粮、征工、征税等方面，均需要取得地方人士的协助，推行地方自治在这一方面大有可为；另一方面，由"裁局改科"开始的充实组织机构、强化行政能力的县政府改革，也仍需进一步进行。1938年4月，国民党召开五届四中全会，总裁蒋介石在会上作《关于改进党务与调整党政关系》的讲演，会议吸收其观点，通过了《关于改进党务并调整党政关系案》，其中规定各县设立地方自治指导员，由国民党县党部书记兼任；设立地方自治推进委员会，由县党部和地方民众团体推举产生；筹设县参议会，为设立地方民意机关做准备。①会后，经国防最高委员会和国民党中执委共同议决，在四川、湖南、江西、陕西、贵州等五省各择一县，进行改革县制的试点。不久，国民党中常委又议决增加试办县份，并决定由政府公布新的县制条例。

　　《县各级组织纲要》就是在这种情况下颁布实行的。该文件颁行后，其他各项法令的有关内容凡与之抵触者，均被命令"暂行停止适用"。这一文件以"纲要"命名，不是一部正式的法律，表面看具有临时性。但据参加这一文件草案起草工作的胡次威先生回忆说："就《县各级组织纲要草案》的内容看来，其实就是'县组织法'……不称为法而称为纲要的原因，是在避免经过立法程序，即直截了当地由行政院通令施行。"②这一文件颁行后，国民政府又颁布了一系列附属法规，据说多达150余种，其中较为重要的有：《各省厘定县等办法》《县各级概况图表及说明》《县政府分区设署规程》《县政会议规程》《县警察组织大纲》《县保甲户口编查办法》《修正户籍法实施细则》《乡镇组织暂行条例》《乡镇造产办

---

　　①　《中国国民党历次代表大会及中央全会资料》（下），《光明日报》出版社，1985，第522—524页。

　　②　胡次威：《国民党反动统治时期的"新县制"》，载《文史资料选辑》第129辑。

法》《县参议会议事规则》《乡镇民代表会议事规则》《乡镇保应办事
项》《乡镇财产保管委员会章程》《县各级干部人员训练大纲》《县参议
会组织暂行条例》《县参议员选举条例》《乡镇民代表选举条例》《县参
议员及乡镇民代表候选人考试暂行条例》《县各级卫生组织大纲》《县各
级合作社组织大纲》《国民教育实施纲领》《县市国民兵团各级维持治安
办法》《警察保甲及国民兵联系办法》《保民大会议事规则》等。

行政院在颁布《县各级组织纲要》时，宣布准许各省省政府根据其
内容和精神，自行订立《〈县各级组织纲要〉实施方案》，呈行政院核
定施行，并限以三年为期，至1942年底一律实行，因特殊情形暂时不能
实行者，由省政府呈请行政院核定延期实行。此后，各省按照行政院的
要求，分别制定呈报了实施计划和期限，并开始付诸实行（参见表5.1、
表5.2）。

表5.1　《各省新县制实施程序与实施情形简表》（截至1942底止）

省别	实施程序及完成期限
四川	全省137县，民国二十九年三月至三十二年七月完成
西康	全省46县，民国三十年至三十四年底完成
云南	全省112县，民国二十九年至三十年完成
贵州	全省85县，民国三十年至三十四年完成
江西	除游击区14县外69县，民国二十九年至三十年底完成
广东	民国二十九年四月起三年内完成
广西	全省99县，民国二十九年至三十一年完成
湖北	民国二十九年五月起实施，战区各县缓实施
湖南	民国二十九年七月至三十一年分三期；完成30县系战区， 4县交通被封锁，暂缓。
江苏	民国二十九年六月起一年半内完成（其余延期）
浙江	全省76县，民国二十九年至三十二年完成
安徽	全省62县，民国二十九年至三十二年完成

续表

省别	实施程序及完成期限
河南	民国二十九年九月起三年内完成（45县为战区）
陕西	全省92县，除陕北少数县外民国二十九年起实施
甘肃	全省69县，民国二十九年七月至三十一年完成
宁夏	全省13县，民国二十九年起三年内完成
青海	全省17县，除情形特殊者外民国二十九年起实施
山东	全省107县，民国自三十年起分甲乙丙三种县依环境情形办理
山西	全省各县自民国三十年至三十四年分期办理

资料来源：行政院编：《国民政府年鉴》（民国三十二年度七月），中央之部第一编，行政，中心书局，1943，第7—10页。

至1941年，除西藏、新疆、东北和内地敌占区、交战区及中共领导的抗日根据地外，各省推行"新县制"已有很大进展。见表5.2。

表5.2 《各省实施新县制进度表》（1941年度）

省别	总县数	实施新县制县数	未实施新县制县数	业经依新县制调整县政府数
总计	1469	944	525	1053
江苏	61	21	40	…
浙江	76	76	—	76
安徽	62	34	28	34
江西	83	69	14	69
湖北	70	61	9	61
湖南	75	46	29	75
四川	137	137	—	137
西康	46	4	42	4
山东	107	12	95	…

续表

省别	总县数	实施新县制县数	未实施新县制县数	业经依新县制调整县政府数
河南	111	67	44	67
陕西	92	74	18	92
甘肃	67	18	49	64
青海	17	11	6	11
福建	64	64	—	64
广东	97	39	58	63
广西	99	74	25	99
云南	112	112	—	112
贵州	80	12	68	12
宁夏	13	13	—	13

资料来源：行政院编：《国民政府年鉴》（民国三十二年度七月），卷首插表。所列数字自开始实施新县制之时起，截至1941年底止，"…"为情况不明。

二、"新县制"的制度设计

《县各级组织纲要》及其附属法规对于新县制的制度设计，可以归纳为地方自治制度、县行政制度和区乡镇行政制度三个方面，兹分述如下：

（一）地方自治制度

1. 规定"县为地方自治单位"、"县为法人，乡（镇）为法人"、乡（镇）之下编组保甲。

2. 规定了自治公民的资格和权利：

> 中华民国人民，无论男女，在县区域内居住六个月以上，或有住所达一年以上，年满二十岁者，为县公民。县公民有依法行使选举、罢免、创制、复决的权利。

有下列情形之一者，不得有公民资格：（1）褫夺公权者；
（2）亏欠公款者；（3）曾因赃私处罚有案者；（4）禁治产者；
（5）吸食鸦片或其他代用品者。

3. 规定设立各级县公民组织和民意机构，行使自治权。甲设户长会
议，必要时并得举行甲居民会议。户长会议每月召集一次，职权如下：

（1）甲长的选举和罢免；

（2）政令的执行；

（3）本甲户口的稽查填报；

（4）本甲的清洁卫生；

（5）本甲内应兴应革事件。

户长会议的议决事项，由甲长执行。

保设保民大会，每户出席一人，每月召开一次，职权如下：

（1）议决本保保甲公约；

（2）议决本保与其他保之间的公约；

（3）议决本保人工征募事项；

（4）议决保长交议及本保公民5人以上提议事项；

（5）选举、罢免保长副保长；

（6）选举、罢免乡镇民代表会代表；

（7）听取保办公处工作报告及向保办公处提出询问；

（8）其他有关本保重要兴革事项。

保民大会议决的事项，由保长执行。

乡（镇）设乡（镇）民代表会，代表由保民大会选举产生，每保二人，
任期二年，得连选连任。乡（镇）民代表会主席，在乡（镇）长系由乡
（镇）民代表会选出的情况下可以由乡（镇）长兼任。乡镇民代表会三月
召集一次，职权如下：

（1）议决乡镇概算和审核决算；

（2）议决乡镇公有财产和公营事业的经营与处分；

（3）议决乡镇自治规约；

（4）议决本乡镇与其他乡镇之间的公约；

（5）议决乡镇长交议和本乡镇公民建议事项；

（6）选举、罢免乡镇长及副乡镇长；

（7）选举、罢免本乡镇的参议员；

（8）听取乡镇公所工作报告及提出询问；

（9）其他有关乡镇的重要兴革事项。

县设县参议会，由乡（镇）民代表会选举县参议员组成。每乡（镇）选举一人，并得酌加依法成立之职业团体代表为参议员，但不得超过总额十分之三。县参议会议长原则上由县参议员自选产生。县参议会每三个月召开一次，职权如下：

（1）议决完成地方自治各事项；

（2）议决县预算，审核县决算事项；

（3）议决县单行章程事项；

（4）议决县规、县公债及其他增加县库负担事项；

（5）议决县有财产之经营及处分事项；

（6）议决县长交议事项；

（7）建议县政兴革事项；

（8）听取县政府施政报告及向县政府提出询问事项；

（9）接受人民请愿事项；

（10）其他法律赋予之职权。

县参议会决议案，咨送县长分别执行；如县长延不执行或执行不当，得请其说明理由，如仍认为不满意时，得报请省政府核办。

4. 规定了自治组织首领人员的选举制度。保长、副保长由保民大会选举产生；在未办理选举以前，由乡（镇）公所推定，呈请县政府委任。乡镇长、副乡镇长由乡镇民代表会选举产生；未定选举实施日期地方由县政府遴选委任。县参议会暂不选举县长。

5. 规定了乡镇自治事项范围：

（1）应办户口调查及户籍人事登记；（2）编组训练国民兵队；（3）维护地方治安；（4）预防天灾人祸；（5）赈灾济贫育幼养老；（6）办理国民学校及中心学校；（7）调查登记学龄儿童及失学儿童；（8）办理成人补习教育及职业训练；（9）办理民众教育馆、体育馆及其他民众娱乐场所；（10）筹办国民教育基金；（11）调查整理地方公有款产；（12）调查登记公有荒山荒地；（13）改进渔林畜牧；（14）办理农产品改良运销；（15）改进手工业；（16）举办农工产品比赛；（17）举办其他各种造产事业；（18）兴修桥梁、河堤、坝闸、池塘；（19）修筑保护四境道路；（20）修筑街市；（21）架设保护乡村电线；（22）创立合作社，经营各种合作事业；（23）协助调查地价；（24）设立卫生所及保健药箱；（25）提倡灭蚊灭蝇运动；（26）取缔不洁饮食品；（27）设置公墓；（28）掩埋露尸露骨；（29）禁烟禁赌，取缔游惰；（30）改良风俗，革除陋习；（31）奖励节约储蓄；（32）调解纷争；（33）保护名胜古迹；（34）其他乡镇认为应行举办的事项。保的"应办事项"也与此大致相同。

6. 规定了自治监督与制约制度：

保民大会、乡镇民代表会议和县参议会议决的事项，不得违背现行法令，否则无效；不得违反三民主义或国策，否则乡镇公所、县政府和省政府可以开明事实，呈请县政府、省政府、行政院核准，予以解散重选。

对于保民大会、乡镇民代表会和县参议会所议决的事项，保长、乡镇长、县长如果延不执行，或执行不当，前者可以请其说明理由；如仍认为不满意，可以呈请乡镇公所、县政府、省政府核办。

保长、乡镇长、县长对于保民大会、乡镇民代表会、县参议会的议决案，如果认为不当，可以附具理由，送请复议；如对于复议结果仍认为不当，也可以呈请乡镇公所、县政府、省政府核办。

这一套自治制度有几点意义需要进一步阐发：

第一，"新县制"颁行前国民党内部进行的"自治"与"保甲"之争，其实质是县区乡到底应实行地方自治还是"官治"。"新县制"的颁行明确规定在县乡实行地方自治制度，为这一争论画上了句号。实行各级组织首领（包括保甲）和民意机构的选举制度，改变以往保甲制度仅以

"自卫"为职能的做法而将广泛的地方建设事项纳入自治事务范围，这些均能充分显示"新县制"体制的地方自治性质。特别需要指出的是，保甲并非一成不变地被融入"新县制"的地方自治体系，而是发生了性质变化。在"新县制"对于保甲编组的规定中，没有各户"联保连坐"的内容，保甲的职能（尤其是保的职能）已经从单纯维持治安变为办理各种建设性自治事务，这使得保甲的性质从单纯的自卫组织演变成为了自治组织。

第二，明确规定实行县与乡镇两级地方自治。《县组织法》关于县一级是否实行地方自治说法含糊。它一方面规定县设立民意机构参议会，各项自治筹备工作完成后实行县长民选，从而赋予县以地方自治单位性质；另一方面又没有明确规定县为自治单位，只是规定县政府"监督"全县地方自治事务。《县各级组织纲要》通过"县为地方自治单位"的条款，使得这一矛盾得到了澄清。此外，中国近代的地方自治，清末为府厅州县与城镇乡两级，袁世凯政府1914年12月公布的《地方自治试行条例》规定为县以下自治区一级，北洋政府1919年和1921年公布的《县自治法》和《市自治法》《乡自治法》规定为两级。至国民政府颁行《县组织法》，规定县政府监督地方自治事务，区、乡、镇、闾、邻各自办理自治事务，而没有规定哪一级属于自治法人，因此论者对于当时的地方自治，或指为县、区、乡（镇）、闾、邻五级，或指为县、区、乡（镇）三级，或指为区、乡（镇）二级。这一矛盾在《县各级组织纲要》中也得到澄清，它明确规定地方自治为县和乡（镇）两级，"县为法人，乡（镇）为法人"，乡（镇）之下所编保甲系地方自治体系中的基层组织。

第三，与《县组织法》的有关内容相比，"新县制"的这套地方自治制度渗透着较多的"官治"色彩；或者可以说，这套制度本来就是将自治与官治相融合的产物。它关于县长暂不由选举产生的规定，关于县长兼办地方自治事项和国家行政事项的规定（见后文），关于民意机构运作受县、省、部各级国家行政监督、受同级自治首领制约的规定，均体现了这一点。

第四，在《县组织法》框架下，乡镇长、区长等自治首领和县参议员，均由公民直接选举产生，"新县制"则改为间接选举制度，由乡镇民代表会选举乡镇长和本乡镇区域的县参议员，应该说这更为实际，更具有可操作性。但即使如此，在实行过程中仍弊端百出，后文再作阐述分析。

（二）县政府组织制度

1. 规定县设县政府，置县长一人，其职权一为"受省政府之监督，办理全县自治事项"；二为"受省政府之指挥，执行中央及省委办事项"。这种规定实际上采用了清末地方自治的模式，使县政府一身二任，一方面作为自治行政机构办理地方性自治事项，另一方面作为国家行政机构办理国家行政事项。这种模式旨在整合地方自治与国家行政，如前文所述，也有利于加强国家行政对于地方自治的监督。

2. 规定县政府设民政、财政、教育、建设、军事、地政、社会各科，置秘书、科长、指导员、督学、警佐、科员、技士、技佐、事务员、巡官等正式行政人员。上述组织和人员的具体编制、执掌、官等、俸给等，由各省自行决定。这种规定具有很大的革新意义。清末至北洋政府时期以县署为机构的"官治"县政同以"四局"为主干机构的自治县政，虽然通过20世纪30年代的"裁局改科"基本得到整合，但仍遗留有各种痕迹（如不少地方原县政府各科与由各局改设之科在职能方面仍未加融合；有些地方在各科之外设公安、财政、建设、教育助理员制度等）。而在"新县制"的这种县政府组织框架内，"官治"与自治分立的痕迹完全消除，两者在经历了30年的历史演变过程之后，至此终于得到整合。民政、财政、教育、建设、军事、地政、社会各科及其正式行政人员的设置，使得以往主要是由"官治"县政履行的政治职能同主要是由自治县政履行的建设性社会职能够互相结合，县政府组织因此较以往更加健全、更加合理、更加具有现代性。

3. 县政府设县政会议，每两星期开会一次，由县长、国民兵团副团长、县政府秘书、科长、指导员、警佐、技士、会计员、县金库主任和其他经县长指定的人员参加，负责议决"奉令办理之事项""县政府及国民兵团应办之主要事项""准备提出县参议会之案件"和"其他有关县政之重大事项"。

（三）自治指导区和区署组织制度

1. 县划分自治指导区域，凡教育、警察、卫生、合作、征收等区域应与这种自治指导区域合一。

2. 区的划分以15—30乡（镇）为原则，不满15乡（镇）的县不分区。区之面积较小者只分区而不设署，由"由县政府派员指导"；县之面积过大或有特殊情形者，得分区设署，区署的性质系"县政府辅助机关，代表县政府督导各乡（镇）办理各项行政及自治事务"。

3. 区署设区长1人，指导员2—5人，分掌民政、财政、建设、教育、军事等事项，由区长在甄选训练合格人员中遴选，呈请县政府委任。区署因事务繁剧，可以酌设雇员2—5人，区丁2—4人。

4. 区署所在地可以设警察所，受区长之指挥，执行地方警察任务。区可以设建设委员会，作为区内乡村建设的研究、设计、协助、建议机关，由区长、区署各指导员以及区长所聘请的区内"声望素著并热心地方公益"人士组成，由区长担任主席。

国民政府统治初期，不论是根据《县组织法》的规定还是在"分区设署"制度实行后，区作为县以下、乡镇以上的一级区划均存在独立的行政组织，两者的区别仅仅在于前者属于自治性质，后者属于"官治"性质。

上述"新县制"关于区和区署的规定则对此作了改变。在"新县制"下，各县境内所划之区性质属于县政府自治指导区而非县以下一级行政区，区署属于县政府的派出机构或分支机构，不构成独立一级行政。"新县制"下小县不分区、小区不设署，以及各区区署不称"××县××区署"而称"××县政府××区署"，全都凸显了区和区署的这种性质。

（四）乡镇及乡镇公所制度

1. 县以下一级的实体性组织为乡（镇），乡（镇）内之编制为保甲，乡镇划分以10保为原则，不得少于6保或多于15保。

2. 乡（镇）设乡（镇）公所，置乡（镇）长1人，副乡（镇）长1—2人。乡（镇）长、乡（镇）中心学校校长及乡（镇）壮丁（国民兵）队队长，暂由一人兼任；但在经济教育发达区域，乡（镇）中心学校校长以专职为原则。

3. 乡（镇）公所设民政、警备、经济、文化四股，各股设主任1人，干事若干人，可由正副乡镇长及中心学校教员兼任，但须有1人专职办理户籍。可设专职事务员1—2人。

4. 乡（镇）设乡（镇）务会议，乡（镇）自行举办事项应经该会议议决方得施行。乡（镇）务会议以乡（镇）长为主席，由下列人员组成：副乡（镇）长、各股主任及干事、乡镇中心学校校长、乡镇国民兵队长、队副和专任事务员；与所议事项有关的保长可以列席。乡（镇）务会议议定或讨论以下事项：乡镇自行举办事项，乡镇中心工作实施事项，县政府委办事件执行问题，乡镇民代表会议议决案执行问题，提交乡镇民代表会的议案，出席人员的提案和本乡镇公民10人以上连署的提案。

这种乡镇及乡镇公所制度有几点意义需要进一步阐发：

第一，它同区署制度一起，创立了在县以下设置"虚"区实乡（镇）的"一级半"行政体制。中国各县辖境广狭相互差异很大，其统辖的村庄数目，小县或不满百，或两三百；中县、大县则多达数百以至上千。在这种情况下，在县与自然村之间仅设乡镇一级行政，对于小县来说已经足资治理；而对于中县、大县来说，设乡（镇）过多必然导致县行政难以统辖乡镇，设乡（镇）过少则又导致乡镇难以统辖村庄。反之，如果在县与村庄之间设立区和乡镇两级行政，则往往又有机构臃肿、层次隔阂、政令难畅之虞。"新县制"关于在县以下设立乡镇一级行政，同时辅以自治指导区的制度，在很大程度上解决了这一问题。这种县以下的"一级半"行政制度连同自治指导区中的小县不分区、小区不设署制度一起，创造了一种比较灵活的机制，使得大、中、小县可以因地制宜地设立自己的区乡行政。

第二，这种制度有利于行政区域与自然村（镇）区域的统一或协调。作为20世纪30年代保甲制度的蓝本，"鄂豫皖三省剿总"颁发的《剿匪区内编查保甲户口条例》规定甲的编制为6—10户，保的编制为6—10甲，一保的户数最多不能超过100户；而联保按照制度规定又仅为各保联合办理某些共同事务而设立，并不构成一级行政。这样，稍大一些的自然村

（镇）都须编为一保以上，被割裂为不同的行政建制。而"新县制"下的乡镇编制和保甲编制（详见下文），以6—15户为一甲，6—15甲为一保，6—15保为一乡镇，从理论上说，每一乡镇最少可辖216户，最多可辖3375户。这样，就为将一个大自然村（镇）编为一个行政乡镇，或将一个以上的中小自然村（镇）编为一个行政乡镇留出了灵活处理的充分空间，保证了大小自然村镇均能够不在行政区划和组织方面被分割。

第三，以乡镇长兼任乡（镇）中心学校校长及乡（镇）壮丁（国民兵）队队长，乡（镇）公所设民政、警备、经济、文化等职能性机构以及由乡镇民代表会、乡（镇）务会议讨论本乡镇自治事项，均加强了乡镇行政的建设性职能。

（五）保甲制度

1. 保甲的编制。保之编制以10甲为原则，不得少于6甲或多于15甲。在人口稠密地方，如一村或一街为自然单位而不可分离时，可以就2保或3保联合设立国民学校、合作社及仓储等机关，推举保长一人为首席保长。甲之编制以10户为原则，不得少于6户多于15户。

2. 保甲机构和人员。保设保办公处，置保长1人、副保长1人。保长、保国民学校校长、保壮丁队长，暂以一人兼任；在经济教育发达区域，国民学校校长以专职为原则。保办公处设干事2—4人，分掌民政、警卫、经济、文化各事务，可以由国民学校教员兼任；在经济不发达区域，可以仅设干事一人。

3. 保设保务会议，每月开会一次，由保长召集并担任主席，由下列人员组成：保长、副保长，保国民学校校长，保国民兵队队长、队副，保民政、警卫、经济、文化各干事。此外，与所议事项有关的甲长也可以列席会议。保务会议议定或讨论以下事项：保甲规约，保民大会议决案的执行情况，提交保民大会的议案，出席人员的提案和保内公民5人以上连署的提案。

在"新县制"下，保虽然不属于一级自治法人实体，但保办公处的设立却使得它具备了准行政的规模。①

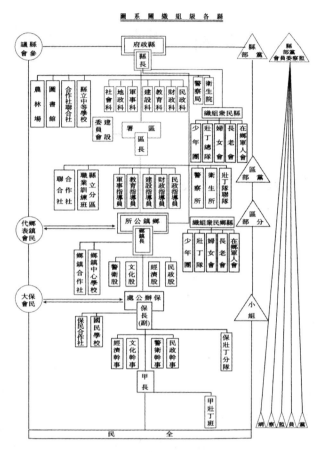

图5.1 县各级组织关系图

（资料来源：《国民政府公报》，渝字第189号，第6页）

---

① 关于"新县制"的制度设计，除见于《县各级组织纲要》，还见于《县参议会组织暂行条例》《县政府分区设署规程》《县政会议规则》《乡镇组织暂行条例》《乡镇保应办事项》等法规，中国国民党河北省党部编：《党务丛刊》（五）（九）：《新县制与地方自治》《民意机关如何组织》。

第二节 "新县制"下的县乡行政

一、"新县制"实行后的县行政组织

（一）各地县政府的机构设置

《县各级组织纲要》颁布后，各省对于本省的县政府机构设置作出了规定，依各县事务繁简、县等高低而定其科、室数目，其最简者只设2—3科，其最多者设有民政、财政、教育、建设、军事、地政、社会、粮政等8科（四川省还曾设立过禁烟科），秘书、会计、统计、警佐、合作指导、督导、军法等7室。例如：

> 四川省规定"一至三等县设民政、财政、教育、建设、兵役等五科和会计室，四、五等县设民政、财建、兵役等三科和会计室（各县曾一度设过禁烟科）"。①

> 安徽省1941年"凡实行新县制县份，设秘书、会计两室，及民、财、教、建、军、粮六科；三十一年度复于一二等县增设社会科。其非实行新县制县份，一律设秘书室，并酌设二科至五科"。②

> 江西实行"新县制"的69县，除均设有民政、财政、教育、建设、军事、粮政六科，及秘书、警佐、会计、合作指导四室外，后又有17个县增设社会科，10个县增设地政科，20个县增设

---

① 胡次威：《国民党反动统治时期的"新县制"》，《文史资料选辑》第129辑，第204页。

② 行政院编：《国民政府年鉴》（民国三十二年度七月），地方之部，中心印书局，1943，第38页。

户籍科，7个县增设统计室。①

湖北实行"新县制"者58县，至1942年，有2县设8科4室，28县设6科4室，18县设5科2室，1县设4科2室，8县设4科1室，有1县仅设3科。②

甘肃省实行"新县制"前各县政府组织仅有民政、财政、教育等各科，"间亦有设置军事科者"。自1941年度起，逐渐增设建设、社会、地政、军事各科和户籍室。③

绥远省各县政府内设民政、财政、建设、教育、粮政等五科，以及合作指导、会计和警佐三室。④

在各地县政府所设置的科、室中，最为主要的是民政、财政、建设、教育四科和秘书、会计二室，除最小的县份外，一般均设有这4科2室。至1947年国民政府采取措施精简县政府机构前，各省县政府机构设置情况如表5.4。

表5.4　"新县制"实行后各省县政府机构设置情况（内政部民政司调制）

省别	民政科	民政局	财政科	教育科	建设科	建设局	军事科	地政科	田粮科	社会科	秘书室	会计室	统计室	合作指导室	税捐稽征室	警察局所或警佐室	卫生院	农业推广所	度量衡检定分所
江苏	1		1	1	1		1	1	1	1	1	1		1	1	1	1		
浙江	1		1	1	1			1	1		1	1		1	1	1			
安徽	1		1	1	1			1	1	1	1	1		1		1		1	1
江西	1		1	1	1					1	1	1				1			
湖北	1		1	1	1					1	1	1				1			
湖南	1		1	1	1						1	1				1			

①　行政院编：《国民政府年鉴》（民国三十二年度七月），地方之部，第50—51页。

②　同上书，地方之部，第66—67页。

③　同上书，地方之部，第290页。

④　同上书，地方之部，第336页。

续表

省别	民政科	民政局	财政科	教育科	建设科	建设局	军事科	地政科	田粮科	社会科	秘书室	会计室	统计室	合作指导室	税捐稽征室	警察局所或警佐室	卫生院	农业推广所	度量衡检定分所
四川	1		1	1	1		1	1		1	1	1		1		1			
西康	1		1	1	1		1	1		1	1	1		1		1			
陕西	1		1	1	1		1				1	1				1			
甘肃	1		1	1	1		1				1	1				1			
青海	1		1	1												1			
福建	1		1	1	1		1	1		1	1	1			1	1			
台湾	1	1	1	1	1	1					1	1							
广东	1		1	1	1		1				1	1				1	1	1	
广西	1		1	1	1		1	1	1	1	1	1		1	1	1	1		
云南	1		1	1	1			1			1	1				1			
贵州	1		1	1	1						1	1				1			
辽宁	1		1	1	1		1				1	1				1			
安东	1		1	1	1						1	1				1			
辽北	1		1	1	1		1				1	1				1			
吉林	1		1	1	1		1				1	1				1			
松江	1		1	1	1		1				1	1				1			
合江	1		1	1	1						1	1				1			
黑龙江	1		1	1	1						1	1				1			
嫩江	1		1	1	1						1	1				1			
兴安	1		1	1	1		1				1	1				1			
热河	1		1	1	1		1	1			1	1	1	1	1	1	1		
宁夏	1															11			
新疆	1		1	1	1			1			1								

资料来源:《中华年鉴》,1948,第575—576页。

（二）县政府各机构的职能

关于"新县制"下县政府各科、室的职责，这里试以四川简阳县为例加以透视。该县人口 90 万，被列为一等县，县政府设立了民政、财政、教育、建设、军事、地政、社会、粮政、禁烟等 9 个科和秘书、会计、统计、户政、军法、合作指导等 6 个室。各科、室的职责是：

秘书室：主管审核文稿、收发文件、缮写、监印、校对、档案管理、人事管理、经费出纳以及其他不属于各科室办理的事务；

财政科：主管全县财政事务，办理地方财政预算和决算等项工作；

教育科：主管全县教育事务，办理中小学选拔教职员等工作；

建设科：主管全县建设事务，办理农、工、商、水利、交通运输建设和发展等工作；

军事科：办理全县兵役征补调拨和剿匪等工作；

社会科：办理全县人民团体组训、社会宣传、社会救济、社会福利、社会服务、社会调查、筹划运动等工作；

粮政科：办理全县粮食征购、粮食集中、军粮、民食及运输等工作；

地政科：办理土地丈量、土地管理等工作；

禁烟科：宣传办理禁烟、禁毒和查缉等工作；

会计室：办理全县会计事务，执行事前预算，事后决算及查实审核等工作；

统计室：办理全县统计工作；

合作指导室：办理全县信用合作社等工作；

军法室：办理全县军法审讯工作；

户政室：办理全县户口登记和人口身份证等项工作。①

---

① 《简阳文史资料》第 14 辑，第 28—29 页。

大概是由于疏漏，上述引文的作者没有记述简阳县民政科的职责，根据其他资料记载，当时县政府民政科的主要职责是管理全县保甲、户口、各乡镇保人员人事任免、社会救济、选举和宣传查禁违禁会道门组织等事务。

实行"新县制"后，各地县政府不仅科室数目增加，机构也进一步充实，县政府行政人员的数目随之增多。例如：

四川省实行新县制之初，县政府人员编制"以三等县为准，按照县等的高低递增递减。三等县80余人，一等县为120余人，五等县为50余人"。①

湖北黄冈县1943年县政府实设行政人员61人，其中县长1人，秘书1人，科长4人，会计主任1人，合作社主任1人，军法承审员1人，县指导员2人，督学1人，技士1人，技佐2人，统计员1人，合作指导员4人，军事督练员4人，警察督练员1人，科员14人，会计佐理员2人，事务员10人，雇员10人。此外另有公役13人。②公安县上述各类人员合计共110人，其中行政人员93人，公役17人。③

云南武定县县政府各科室人员编制情况为：秘书室设秘书、收发、检查处书记员、政务警察队长、监印、校对、庶务等7人；会计室设主任和一、二等科员各一人，共3人；户政室设主任和一、二、三等科员、办事员各一人，共5人；人事室设主任、一、二等科员各一人，共3人；民政科设科长和一、二、三等科员各2人，办事员1人，雇员1人，共9人；财政科设科长和一、二、三等科员各2人，办事员2人，雇员1人，共10人；建设科设科长和一、二、三等科员各2人，共7人；教育局设局长和一、二、三等科员各2人、办事员1人，共8人；军事科设科长和一、二、三等科员各1人、办事员1人，共5人；电话室设主任和话务员2人，共3人；收音台设主任和收音员，共2人。以上10个

---

① 《文史资料选辑》第129辑，第204—205页。

② 《黄安县卅二年度三—九月编制表》，国民政府时期湖北省民政厅档案，卷号LS3—1—1394。

③ 《公安县卅二年度编制》，国民政府时期湖北省民政厅档案，卷号LS3—1—1394。

科室公务人员共62人。^①

　　陕西省西乡县实行"新县制"前设秘书、军法、会计等3室和民政、财政、教育、建设、兵役、禁烟等6科，县政府人员共82人。实行"新县制"后，于1941年裁禁烟科，增设粮政科，人员9人；1942年，秘书室增设人事管理员和统计员各1人；民政科增设户籍室，人员8人；财政科增设地政技士1人，建设科增设度量衡检定员1人；另设合作室，人员8人。至此县政府人员扩编为102人。^②

（三）县政府附属机构与县长兼职

　　"新县制"实行期间，一些统一性极强的国家行政需要由各县分办，或者由上级行政机关派人在各县办理，因此出现了"条条"与"块块"，即中央、省职能部门与县行政组织相结合的行政机制，其具体形式有三种：

　　第一，某些作为县政府内部组织的科、室，其首领由上级委任，不仅须对县长负责，同时也须对上级职能部门负责。如一些省的军事科科长、警察局长和会计、户籍、统计、会报等室的主任，均可由省委派。^③

　　第二，某些省组织、机构在各县的分支组织，由各县县长兼任正职首领，而由省有关部门委任人员以副职身份专职办理有关事务。如始设于1939年的各县国民兵团，即由县长兼任团长，而由省委任副团长。其他如各县的税捐征稽处、田赋粮食管理处、地籍整理管理处等，均由省有关机关任命副处长负实际责任，而由县长兼任处长。这方面的典型是田赋粮食管理处。清代和北洋政府时期，田赋虽然为国家正赋，但征收由县署经手。国民政府统治初期，田赋征收仍由县政府财政科负责。20世纪30年代中期有些地方在办理清丈田亩后设立了田赋处、田赋经征处等专门机构。1941年4月，国民党五届八中全会通过了中央接管田赋的决议，决定"将

　　① 《楚雄彝族自治州文史资料选辑》第1辑，第98—99页。

　　② 《西乡县文史资料》第2辑，第17—23页。

　　③ 《武都文史资料选辑》第2辑，第11页；《花溪区文史资料选辑》第7辑，第3页。

各省田赋收归中央整顿征收，以适应抗战需要"，在中央设立全国田赋管理处负责征收事务；各省田赋稽征事务，由中央在各省设置的田赋管理处监督办理；各县的田赋稽征事务，由各省田赋管理处督导各县县长及其他原有征收机构办理。① 此后，许多地方设立了隶属于省的田赋粮食管理处。如云南广南县田赋处"1942年改为田赋粮食管理处，县长兼处长，是虚衔，副处长由省田粮管理处委派，掌实权。县田粮处在十四个乡（镇）都设有征收处"②。

第三，国家为办理某项重要事务而令各县设立临时机构，为利推行，令县长兼任正职，而由县长委派下属人员担任副职或承办具体工作。县长兼任的这类职务包括县财政整理委员会主任委员、公有款产管理委员会主任、自卫总队总队长、县训练所所长、县仓保管委员会主任、县征属优待委员会主任等。

在上述第二、第三种情况下设立于各县的机构，当时被视为县政府的附属机构，其首长一般由县长兼任。抗战期间，县长的主要兼职有田赋管理处处长、地籍整理处处长、国民兵团团长、县防护团团长、动员委员会主任委员、优待出征抗敌家属委员会主任委员、县航空建设支会会长、军运代办所所长、船舶总队支队队长、县赈济会主任委员、盐务协助专员、县义务教育委员会首席委员、县社会教育推行委员会主席、强迫儿童入学委员会联合会主席委员、县免费及公费学额审查委员会当然委员、县新生活运动促进会主任干事等。据当时的研究者记载，这些由县长兼职的组织"为数之多，名目之杂，实足惊人。因为各省甚至各县的情形均不相同，亦无法统计，一般而言，总在十个至三十余个之谱"③。

在成熟的法理型社会，各级政府设置临时性附属机构以处理某些事务的情况极为少见。而在缺乏法治、法治不健全或处于转型之中的传统社会，经常出现某些按照制度设计为正式机构所没有职责办理的事务，或现有正式机构均无力单独办理的事务，因此便有各种临时性、附属性机构的

① 《中国国民党历次代表大会及中央全会资料》（下），第688—690页。
② 《文山州文史资料选辑》第1辑，第144—145页。
③ 陈之迈：《中国政府》第三册，商务印书馆1945年重庆版，第110页。

出现。从清代中央和地方的各种局所、差委直至人民政府时期各级政府中的各种"办公室"和"小组"，其出现均与此有关。国民政府时期的情况也不例外，当时的一位研究者对于在"新县制"下县政府各种附属机构的起源以及这些机构由县长兼任其首领的原因作了如下分析：

> （由县长兼职现象产生的根源在于）中央机关认为要推动其所主管的事情，如果不能在县政府特设一科，至少在县中设立一个附属机构，并且为指挥监督乡镇保甲利便起见，此种附属机构的主管官最好是由县长兼任，即用他的名义行文。但是中央机关认为县长也许对于此种事情不见得热心推动，中央机关既无单独委任亦无撤换县长之权，县长也许不听他的指挥，于是决定一方面由县长兼任首长，这个机构的副首长，或'幕僚长'，乃至于机构中的其他人员，均由上级政府（如省政府主管此事之厅，处，局）派充，这些人实际是在负责，而县长只是"挂名"而已。此种设立县机构的办法近来几乎成了一种风气，造成了一位县长兼三十余个头衔的事实。① （注：有些机构负实际责任的副职不是由上级委派，而是县长的下属或县地方人士——引者）

在"新县制"下，各县还存在一些事业性机构，它们有的履行行政职能，有的不履行行政职能，均从县财政领取经费，在当时也均被视为县政府的附属机构。这些机构包括卫生院、救济院、农业推广所、度量衡检定所（员）、民众教育馆、农场、林场、体育场等，例如：

> 福建省各县设度量衡检定员；设农业推广所，所内置主任、指导员、助理指导员、办事员和雇员，农林场设场长、技术员、助理技术员、办事员和雇员；设卫生院，院内置院长、分院主任、甲、乙级医师、助理医师、甲、乙级护士、甲、乙级助产士、医政组主任、保健组主任、技士、技佐、甲、乙级总务主任，甲、乙级卫生检查员、卫生所主任、公共卫生护士、检验

---

① 陈之迈：《中国政府》第三册，第110页。

员、药剂员、办事员等人员。①云南武定县卫生院设院长1人，医师2人，护士长1人，护士3人，助产士3人，药剂2人，卫生稽查1人，共12人。②

（四）20世纪40年代末期的县政府组织调整

在"新县制"实行过程中，各地县政府机构和附属机构（包括县属事业单位）有不断膨胀的趋势，县长兼职过多的问题也日益突出。至1940年后期，国民政府军事失败，财政危机，乃决定精简县行政组织，裁撤附属机构，减少县长兼职。1947年8月，国民政府行政院关于各省调整县级机构的训令要求：

> 各县最多设五科和秘书室、会计室二室；最少设三科和秘书室，会计主任附在秘书室办公。"各科改冠第一第二等番号，俾得视事务之繁简，调配其职务。所有原设其他统计、合作、指导、地籍整理、度量衡检定等单位，则分别酌留必要人员，派往性质相近之科室办事，受各该科室主管之监督指挥，执行其专管业务"。如果"地方财政充裕，自治事业开展"，需要"酌量增加单位、扩大组织"，可以提经民意机关通过后呈准省政府实行。

训令还要求对于中央各部、会和各省颁发的各种有关县长兼职的法令进行清理修正，"其事可以并入县政府各科室办理无需专设机关者，应即裁撤之；必其事不可并，而法不可改者，方得责令县长继续兼任"③。1948年2月，行政院召集有关部会开会清理有关县长兼职法令，作出以下具体规定：

> 下列职务仍由或暂由县长兼任：财政整理委员会主任委员、公有款产管理委员会主任委员、自卫总队总队长、县司法处检察职务、国民义务劳动服务团设计委员会主任委员。

---

① 《福建省三十三年度地方自治成绩年报表》，国民政府内政部档案，全宗第12，案卷第38。

② 《楚雄彝族自治州文史资料选辑》第1辑，第100页。

③ 《中华年鉴》上册，第377页。

下列职务无需县长兼任：税捐稽征处处长、县仓保管委员会（改由民意机关办理）、县征属优待委员会主任委员（改由兵役协会办理）、保安警察大队大队长（改由警察局长兼任）、防护团团长（改由警察局长兼任）、标准地价评议委员会、县教育特种基金保管委员会、粮食调剂委员会主任委员、贫民食粮供应委员会主任委员、水利委员会、禁烟协会分会、禁烟检查团、肃清烟毒宣传委员会主任委员、文献委员会、救济协会、无线电台、长途电话管理处、劳资纠纷委员会主任委员、防空监视哨（无专任人员者由自卫总队附兼任）、县戒烟所（无专任人员者由卫生院长兼任）。

下列机构裁撤：县建设委员会、点放委员会、乡镇公所职员甄审委员会、省县公职候选人应考资格审查委员会、地方自治工作辅导团。

下列职务原则上不必由县长兼任：田赋粮食管理处处长、地籍整理办事处处长。

县训练所所长县长应否兼任由各省自定；在乡军人会之组织待核定。[①]

行政院的上述命令发布后，一些省份对县组织机构进行了调整，兹举浙江、江苏、福建三省情况为例以窥见其实施情况：

浙江省规定：一等县设民、财、教、建、社会等五科；不设军事科，另设主任军事指导员及军事指导员；设秘书、会计两室，裁撤统计室，设主办统计员及佐理员各一人，附属于秘书室办公；合作室并入第四科，改设合作股。附属机构警察局、税捐处、农推所、县训保所等照设。二等县设民、财、教、建四科，社会科并入第一科即民政科，军事科裁撤办法同一等县；设秘书、会计两室，裁撤统计室，设主办统计员，附属于秘书室办公，合作室并入第四科（建设科），改设合作股。附属机构中警察局照设；税捐处改为县府内部机构；农业推广所除各县已有基

① 《中华年鉴》上册，第388—389页。

础得呈准设立者外，其余一律不设，所有农林场及一切农林业务，归第四科主管；县训练所以不设为原则，业务归第三科兼办；地政方面设置地籍整理处或土地登记处，直隶县政府，或将有关业务行政归第二科（财政科）兼办；国民义务劳动服务团由社会科兼办，不设社会科者由第一科兼办；救济院或育婴所，已设立而尚能维持者照旧办理，未设置或无法筹措经费确难维持者，可暂不设；社会服务处以不设为原则；田粮处在田赋征实县份照旧设立，改隶县政府，折币县份一律改设田粮课，行政业务归第二科办理，征收业务归税捐处办理；防护团一律不设，其业务归警察局兼办；各县附属机构会计人员，除田粮税捐处，一律并入县政府会计室办公，其名额配减。县属以下各种委员会归并，概不设专业人员：义献委员会、禁烟协会分会、县公有产款委员会、征借实物监察会、兵役协会、新生活运动促进会、积谷保管委员会、水利协会。在减少县长兼职方面，"县属各机关由县长兼领经决定裁并者，计有文献委员会、禁烟协会分会等十余处，其事业则依照性质，分别归入县府各科室"。各机构行政人员的名额，也进行了调整：县政府内部科室，其继续存在者人数照旧，归并者人数酌减；县政府附属机构，其继续存在者编制减少，其机构裁并者酌留部分人员并入兼办有关事务的科室。水利、交通、农林等方面的技术人员也予减少。①

江苏省规定：一、二等县设置五科二室，三、四等县设置四科二室，"绥靖区"县份暂设置三科二室。其中秘书室掌理文书、庶务、出纳、人事、统计、印缮、综合文稿及不属于其他各科室事项；会计室掌理统计、会计等事项。第一科掌理自治、保甲、户政、警察、禁烟、卫生、行政、社会、征政、民众组训等事项；第二科，掌理财务行政、土地行政、赋税金融、乡镇造产监督、县公营事业及公产之管理、处分等事项；第三科掌理教育行政、文化事业、宗教礼俗、寺庙财产管理监督、名胜古物调

---

① 《浙江省政府呈行政院文》，国民政府内政部档案，全宗12，案卷1723。

查、保管等事项；第四科掌理工矿、商业、农林、渔牧、交通、水利、合作、市政工程、测绘等事项；第五科掌理保安队、民众自卫队之训练管理、兵役、在乡军人管理、防空及军事征用等事项。不设第五科的县份，在编内人员中设置军事指导员1—6人办理上列各事项，兵役事项则划归第一科办理。工商业发达县份，在秘书中指定一人专办社会行政，如有必要也可设置一科，但县政府科数仍不得超过5个；县政府设人事管理员、统计员各一人，均隶属秘书室。县政府行政人员的编制见表5.5。[①]

表5.5　江苏省1948年县政府机构调整后行政人员编制情况

职　别	设五科之一、二等县	设四科之三、四等县	设三科之绥靖县份
县长	1	1	1
主任秘书	1	1	1
秘书	2	1	1
科长	5	4	3
指导员	4	2	
督学	3	2	2
技士	4	3	3
技佐	1	1	1
统计员	1	1	1
人事管理员	1	1	1
合作指导员	2	1	1
检定员	1	1	1
一等科员	6	5	4
二等科员	5	5	3
三等科员	4	4	2

① 《江苏各县县政府组织调整办法》，国民政府内政部档案，全宗第12；案卷第1723。

续表

职　别	设五科之一、二等县	设四科之三、四等县	设三科之绥靖县份
一级事务员	7	7	5
二级事务员	8	6	3
一级雇员	6	5	5
二级雇员	6	5	4
合计	68	56	42
公役	18	16	14

资料来源：《江苏各县县政府组织调整办法》，国民政府内政部档案，全宗第12，案卷第1723。

福建省1949年8月制定了如下裁减机构的方案，报行政院批准实行：

1. 县政府采取下列两个方案之一精简机构，并将原有名额减少三分之一至三分之二：（1）设三科二室。第一科掌管民政、社会、地政、兵役等事项；第二科掌管财政、田粮等事项；第三科掌管教育、建设等事项；秘书室掌管文书、人事、出纳、庶务及不属于它科室事项；主任室掌管岁计、会计、统计等事项。（2）设二科一室。第一科掌管民政、教育、建设、社会、地政、兵役等事项；第二科掌管财政、田粮等事项；秘书室掌管文书、人事、出纳、庶务及不属于其他科室的事项。

2. 附属机构如警察局、税捐处、卫生院、救济院、地政处、农推所、民教馆、体育场等，或予以裁撤，其业务并入县政府办理；或缩小组织、裁减员额。①

当此次国民政府关于调整县政府组织的命令下达之时，其在大陆的统治已经动摇，各省虽然制定政策予以回应，但实际上难以得到认真而统一的执行，这一点可以想见。

---

① 《福建省各县县政府及附属机构紧缩组织办法》，国民政府内政部档案，全宗第12，案卷第1723。

二、区、乡（镇）行政组织的调整与重建

（一）自治指导区与区署

前文已经述及，"新县制"下的区，其性质属于县政府自治指导区，区署属于县政府的派出机构或分支机构，只是在县境过大或有特殊情形的地方设置，这改变了此前区和区署作为一级国家行政而在各县辖区内普遍设置的制度。因此"新县制"实行后各地对于区和区署进行"调整"，其实主要就是裁并。如四川原有500多个（一说不到500个）区署，而该省为实行"新县制"而制定的《四川省〈县各级组织纲要〉实施方案》规定，只有在人口1000户以上的乡镇、边远地区以及"三不管"的地方才设立区署，根据这一规定，全省只能设立区署150多个。其实际运作，裁并区署233个，保留了241个。①江西省经过调整，至1942年有11个县不设区署，有6个县设一个区署，27个县设2个区署，20个县设3个区署，5个县设4个区署。广东省除战地29县外其余68县推行"新县制"，县以下共分183区，已设署者121区，不设署者62区。有的省在实行"新县制"的过程中，分区设署的情况前后也有变化，如福建省1941年共设183个区署，1942年裁并为70个。②有的地方则根本取消了区，如陕西西乡县、宁夏贺兰县均属于这种情况。③

由于区署由原来的一级行政组织变为县政府的派出机构，县与区、乡镇之间的行政运作渠道和程序也随之发生了变化，日常行政事务的上行下达在县与各乡镇之间直接进行，不需要再经过区署中转。但有些特殊事务的上行下达，仍须经过区署；而乡镇出于习惯，有些一般事务也仍呈请区署解决或上达，还有些事务则由区署代替县政府处理而不再上报。有人记述贵州遵义县这方面的情况说：

———————

①　《文史资料选辑》第129辑，第205页；行政院编：《国民政府年鉴》（民国三十二年度七月），卷首插表。

②　行政院编：《国民政府年鉴》（民国三十二年度七月），地方之部，第145、50—51、179页。

③　《西乡县文史资料》第1辑，第125页；《贺兰文史资料》第2辑，第184—185页。

（"新县制"实行前）"区公所是一个实级机构"，"县
政府的公文只下达到区公所，再由区公所下转联保办公处；联保
办公处上呈不直呈县政府，只上呈到区公所。新县制时的区署是
一个虚级机构，它是县政府的一个派出机关，代表县政府督导各
乡镇工作。它的全称是'遵义县政府××区署'；区长的全衔是
'遵义县政府××区署区长'"。"县政府的公文是直接下达到
乡（镇）公所——当然除专对某一乡（镇）的指令性文件外，区
署也要下达一份。乡（镇）对上呈可以直接呈县政府。但区署既
然是县政府的代表机构，一般区署可以解决的事件，各乡（镇）
一般还是只呈报区署；又如各乡（镇）捕获的烟毒匪盗等犯还是
解送区署，经区署侦讯属实再转解县政府，如侦讯不实，区署可
以释放，这就减轻了县政府的工作量。另外，由于县政府对各乡
镇贫富掌握不清，向下摊派军粮和各种捐款还是先摊到区，再由
区分摊到各乡（镇）；各乡（镇）上缴捐款也是上缴到区，再由
区汇缴县政府。"

各地区署组织一般均依照"新县制"规定设置，较以前有所加强。如
贵州省遵义县各区"区署人员的设置与县政府对口，计：区长一人，主任
指导员（即区秘书、负责审核文稿及总理区署一切事务）一人，民政、财
政、建设、教育、军事指导员各一人"；"以下设会计、文书、收发各一
人。文稿由各指导员自拟，取消了文牍"。区长兼国民兵团少校区队长，
军事指导员兼国民兵团上尉副区队长。

区长作为县政府的官员，其权力也较过去增大。遵义县根据"新县
制"，区长可以指挥调遣驻区的保警分队，"明确区署兼管辖区警察业
务，有拘留现行犯或嫌疑犯24小时之权（以前的区公所也拘留人，但那时
没有明白规定区公所有这样权限，从法制观点说那是不合法的）"。①

（二）乡镇与乡镇公所

"新县制"实行前，有些地方由于在联保或乡镇之上存在区一级行政

---

① 《遵义县文史资料》第4辑，第64—68页。

组织，所以联保和乡镇规模较小，数目较多。实行"新县制"后，由于区不再构成一级行政，许多地方或者不再分区，或者分区而不设署，如果只是将原来的联保和乡镇直接改为由县政府统辖的乡镇单位，则数目过多。因此建立乡镇公所的工作并非一件简单的事。四川省推行"新县制"的直接负责人胡次威先生回忆当时这方面的情况说：

> "怎样把原有联保改为乡镇却大费踌躇。因为四川原来是根据'南昌行营'的保甲令以五保为一联保，如即以联保改称乡镇，那末，乡镇的区域未免过小，单位也未免过多，不但管理不便，经费的开支也大有可观。"因此四川省规定"原有的保甲编制暂不变动，只是在原则上先将三个联保并为一个乡镇，也就是以15个保划为一个乡镇，同时酌留伸缩余地，又规定为至少不得少于10保（等于过去的两个联保），至多不得多于20保（等于过去的四个联保）。"①

其他如云南广南县1940年废区而扩大乡镇，全县设13个乡及一个镇。②陕西洋县将22联保改为19乡镇③；陕西陇县将原来的17个联保改为12个乡镇和1个大保④。但也有些地方基本维持原来乡镇、联保的区域。如陕西西乡县1941年将18联保改18乡镇，只是辖区"略有互换之处"；⑤有些地方则完全打乱原来的联保区划，重新划分乡镇。⑥

在划分乡镇的同时，各地在原有乡镇公所或联保办公处基础上组建了新的乡镇公所，其人员设置各地繁简或有差异，但基本如"新县制"所规定设正副乡镇长兼各股主任、各股干事、事务员和乡镇中心学校校长、乡镇国民兵队长、队副。例如：

> 安徽各县乡镇公所人员编制为15人，其中专职人员7人，丁夫3人。⑦

① 《文史资料选辑》第129辑，第205—206页。

② 《文山州文史资料选辑》第1辑，第143页。

③ 《洋县文史资料选辑》第1辑，第93页。

④ 《陇县文史资料选辑》第4辑，第34—35页。

⑤ 《西乡县文史资料》第1辑，第124页。

⑥ 《遵义县文史资料》第4辑，第64页。

⑦ 行政院编：《国民政府年鉴》（民国三十二年度七月），地方之部，第38页。

福建生乡镇公所除正副乡镇长外普遍设置了专职的民政、警卫、经济三干事和会计员，并将原设户籍员改为户籍干事，此外并设兼任文化干事和卫生员。①

遵义县作为贵州省实行"新县制"的实验县，乡（镇）公所设正副乡（镇）长各一人，户籍干事一人，经济干事一人，警卫干事一人，文书一人。乡（镇）长兼中心学校校长（另有一教导主任实际负责）和国民兵团中尉乡队长；警卫干事兼任国民兵团少尉乡队附。乡镇长同时兼管教育，负责辅导各保国民学校，兼国民兵团乡队长，"同时也兼管乡警察业务"。保级设正副保长各一人，保队附一人，户籍员一人。②

陕西洋县1941年各乡镇公所设乡镇长1人、副乡镇长1人、干事1人、事务员1人、乡镇队附1人（训练壮丁），户籍干事1人，乡（镇）丁6人（拉壮丁、催捐款为主）。③

广西省政府1940年8月公布《县划分乡镇办法》，规定废除联保，改编乡镇，"乡镇长直属县政府之监督指挥"；"乡镇公所组织及权力不断扩大，乡镇设乡镇公所，置乡镇长及副乡镇长各一人，下设民政、经济、警卫、户籍、文化干事、录事各一人，乡丁（自卫班）1—5人，边远的乡乡丁多至十余人"。④

由于各地乡镇地域广狭、人口多寡悬殊较大，一些地方根据乡镇之大小将其划分为不同等级，人员和经费的数额互有差别。如湖南省"各县原有乡镇区域广狭悬殊，经就各乡镇人口、经济、文化、交通等状况，分甲乙丙三等"；四川省共划乡镇4462个，其中甲种1284个，乙种2978个；广东省各县乡镇"分甲乙两等，甲等1080乡镇，乙等1634乡镇"；浙江"乡镇分为甲乙两种，甲种乡镇管辖十保以上，乙种管辖十保以下，设置

---

① 行政院编：《国民政府年鉴》（民国三十二年度七月），地方之部，第179页。
② 《遵义县文史资料》第4辑，第67—68页。
③ 《洋县文史资料选辑》第1辑，第94页。
④ 《平塘文史资料》第4辑，第101页。

四股或二股，实行分股办事。"①

（三）保与保办公处

按照"新县制"规定，保不属于地方自治法人单位，但当时各地普遍设立了保办公处，设正副保长和其他办事人员，甚至有统筹办公费，可以认为在实际上构成了一种基层准行政组织。

安徽各县乡保办公处人员编制为6人，其中保长为专职，保丁2人。设有国民学校之保月支48元，不设校之保月支42元。②

福建省各县保办公处除设置正副保长外，并设置民政、警卫、经济、文化干事各一人。③

贵州省遵义县各保设正副保长各一人，保队附一人，户籍员一人。保长兼国民兵团保队长和保国民学校校长（另有一教导主任实际负责）。保级干部为无给职，只有少许办公费。④盘县凤城镇和凤鸣镇"所属各保有保长、副保长、保队附、保丁；保丁负责通讯及其他杂务，保长无薪水，每月有办公费，镇统筹由县发给，在保甲经费项下列支，标准四至八元、实际入保长私囊。"⑤

各省在实行"新县制"后区、乡（镇）、保行政组织设置的概况可参见表5.6、5.7。

表5.6　各省建立区乡镇组织情况（截至1941底止）

省别	共计县数	实施新县制县数	业经依新县制调整区署数		业经依新县制建立乡镇公所数	业经依新县制建立保办公处数
			现存	裁撤		
总计	1469	944	…	…	…	…
江苏	61	21	…	…	…	…

----

① 行政院编：《国民政府年鉴》（民国三十二年度七月），地方之部，第82—83、100—101、146、23页。

② 同上书，地方之部，第38页。

③ 同上书，地方之部，第179页。

④ 《遵义县文史资料》第4辑，第67—68页。

⑤ 叶德芳：《略谈两镇设置》，《盘县特区文史资料》第10辑，第73—74页。

续表

省别	共计县数	实施新县制县数	业经依新县制调整区署数		业经依新县制建立乡镇公所数	业经依新县制建立保办公处数
			现存	裁撤		
浙江	76	76	278	…	3132	42971
安徽	62	34	120	74	2018	23143
江西	83	69	229	…	1847	18346
湖北	70	61	72	173	1381	32888
湖南	75	46	…		1609	20422
四川	137	137	241	233	4638	62843
西康	46	4	…	…	…	…
山东	107	12	…	…	…	…
河南	111	67	27	200	1212	6787
陕西	92	74	…		884	6559
甘肃	67	18	209	…	246	2503
青海	17	11	38	…	234	937
福建	64	64	183		1428	15514
广东	97	39	120	56	2185	59864
广西	99	74	28	46	2343	23992
云南	112	112	…	…	1424	13544
贵州	80	12	25	…	278	15301
宁夏	13	13	…	…	131	642

资料来源：行政院编：《国民政府年鉴》（民国三十二年度七月），中央之部，第一编，行政，第7—10页。"…"为情况不明。

表5.7　各省建立区、乡（镇）、保组织和编制保甲情况（截至1947年6月）

省别	省辖县市局数	实施新县制县局数	调整后设区署数	已建立乡镇公所数	已建立保办公处数	已编甲数
总计	1564	1395	941	41640	431870	4997345

续表

省别	省辖县市局数	实施新县制县局数	调整后设区署数	已建立乡镇公所数	已建立保办公处数	已编甲数
江苏	63	29	318	7223	39022	701887
浙江	78	77	29	2998	32984	356660
安徽	64	63	55	2038	19259	207068
江西	82	81	17	2030	19725	191553
湖北	71	70	22	1451	18351	211199
湖南	78	76	—	1556	20515	264540
四川	146	143	148	4517	62826	657015
西康	52	35	30	350	2340	25155
山东	110	107	69	6358	70300	702116
河南	111	56	17	1367	28263	305765
陕西	94	81	—	902	6842	135864
甘肃	72	69	17	763	6992	77062
青海	21	19	—	263	1119	13051
福建	68	66	—	899	10387	133912
广东	103	98	81	3251	44129	500328
广西	104	111	23	1818	19052	205032
云南	129	112	—	1453	13123	135355
贵州	80	79	77	1415	13236	137867
绥远	22	20	38	348	2348	25344
宁夏	16	13	—	140	1057	10572

资料来源：《中华年鉴》上册，第565页。

第三节 "新县制"下的地方自治

一、保甲的整顿与重编

"新县制"地方自治制度的主要内容，是成立保民大会、乡镇民代表会、县参议会等公民组织、民意机构和实行保长、乡镇长的民选，而所有这些工作均需自下而上进行，所以其基础在于保甲的编组。

各省原来大多本来就有保甲组织，一些地方在"新县制"实行后进行了整顿，如湖北竹溪县的做法是用三个月的时间"换发门牌及联坐切结，重新订制保甲规约、团民公约"[1]。而不少地方在将联保改为乡镇时对于辖区进行了调整，保甲也而需要进行调整。在这种情况下，许多地方对保甲进行了重新编组。

据内政部统计，至1941年底，报告实行新县制的19个省，共编保378476个，编甲4030865个。其中浙江省全省除沦陷区36县市外，共编42817保，449275甲；安徽省除15个游击县外，其余47县共编15575保，179491甲；湖南全省共编20428保，287538甲；广东省68县共编27221保，341591甲；广西省100市县共编19912村街，213095甲；贵州共编14364保，148826甲；绥远省"乡保亦经重划"，共编643保，5331甲；陕西省保甲组织以6—15户为一甲，15—20甲为一保，4—15保为一乡（镇），颁

---

① 《竹溪县政府民国三十年度政绩比较表》（1942年1月），国民政府时期湖北省人事处档案，卷号LS67—1009—1。

布了《联保连坐实施暂行办法》，实施户口迁移证。^①

抗战结束后，编组保甲的继续进行，其保甲数目见表5.7。

由于"新县制"下的保甲已经不是单纯的治安组织，而是职能全面的县、乡镇地方自治基层单位，因此确定编制时须考虑适应各方面情况，不再强调或拘泥于十进制。在人口相对稠密的地方，其组织规模较以前有所扩大，一甲往往不限于10户或15户，一保不限于10甲或15甲。例如四川省"在人口密集的城市编组保甲采取20进制，即20户为一甲，但不得少于15户，多于30户；20甲为一保，但不得少于15甲，多于30甲。这次编组保甲的结果，使保甲的数字大为减少，以保而论，便由原来的9万多保减为7万多保"；^②广西省"随着乡镇组织的扩大，职权范围面广，保甲组织和职权亦相应扩大"；宁夏贺兰县1941年后编为10个乡，89保，1160甲，18179户。^③上文和表5.7所列数字也表明，大多数省份保辖甲的平均数额在10个以上，其人口密集地区必当更多。

二、县以下民意机构的组建

在"新县制"下，保民大会、乡镇民代表会、县参议会和省参议会被称为的"各级民意机构"，而广义地讲，民意机构还应包括按甲召开的户长会议。省参议会问题不属本研究范围，县参议会问题下文列专目阐述，这里阐述县以下民意机构组建的问题。

"新县制"实施后，各省组建县以下民意机构的进度不一。户长会议极为分散，其在各地召开的情况难以核查。而保民大会和乡镇民代表会，不少地方在抗战结束前已经召开。如福建省各县保民大于1940年"普遍成立，迭经督导加强其活动"，并于1943年一律成立临时乡镇民代表会，

　　① 行政院编：《国民政府年鉴》（民国三十二年度七月），地方之部，第23、38、82—83、146、174、203、336、268页。

　　② 《文史资料选辑》第129辑，第209页。

　　③ 《平塘文史资料》第4辑，第101页；《贺兰文史资料》第2辑，第185页。

1944年改组成立乡镇民代表大会；①江西省各县在1941年保民大会"已普遍举行，并严行督导，按期开会"；安徽省各县在1941年"保民大会已普遍成立，按月开会"；湖北省1942年报告，"保民大会尚待召开外，乡（镇）民代表已有……两县成立，其余后方安全省份，现正分别办理乡（镇）民代表及县乡议员声请检核手续，拟自三十二年度起，分别成立乡（镇）民代表会及县参议会"；浙江省各县保民大会和乡镇民代表会均于1939年组织成立，乡镇民代表会又于1942年进行改组；陕西省实施"新县制"各县于1942年4月普遍举行了保民大会和甲户长会议，实行了保甲长民选②。但各地情况并不平衡，尤其是敌占区，抗战胜利后才开始推行"新县制"，各级民意机构的选举进度参差不齐。如湖北省1945年11月—1946年1月派员视察第一、第二行政督察区各县县政，其事后报告说"公职候选人检核各县多未办理足数"，"保民大会、乡镇民代表会多未按期开会"。具体情况是，两区所辖15县，其保民大会、乡镇民代表会和县参议会等三级民意机构均已经组建者有4县，"部分成立"者有2县，"保民大会已成立，乡镇民代表会和县参议会未成立"者有2县，均未成立者有7县。③各省至1947年组建各级民意机构的统计数字见表5.8。

三、县参议会制度的实行

国民政府时期的县参议会制度，起源于《县组织法》。这一法律规定各县设立由民选参议员组成的县参议会。根据这一规定，国民政府又于1932年8月公布了《县参议会组织法》和《县参议员选举法》。④这些法律规定的县参议会制度有以下主要内容：

---

① 《福建省三十三年度地方自治成绩年报表》，国民政府内政部档案，全宗第12，案卷第38。

② 行政院编：《国民政府年鉴》（民国三十二年度七月），中央之部第一编，第51页、第38页，地方之部第66—67页、第24页、第267—268页。

③ 国民政府时期湖北省民政厅档案，卷号LS3—1—658。

④ 中华民国史事纪要编辑委员会编：《中华民国史事纪要》（初稿）民国二十一年册，第241—257页。

1. 县参议会的性质是"全县人民代表机关"，其参议员由县公民直选产生。

2. 参议会有议决以下事项的职权：

（1）筹备区长民选及完成县自治事项；

（2）县单行规则事项；

（3）县预算决算事项；

（4）整理县财政收入、募集县公债、及其他增加县民负担事项；

（5）经营县公有财产及公有营业事业事项；

（6）县民生计及救济事项；

（7）促进县教育及其他文化事项；

（8）县公民行使创制权、提交审议事项；

（9）县长交议事项；

（10）其他应兴应革事项。

县参议会开会时可以要求县长、局长、科长列席，报告或说明有关事项；县参议会决议案咨送县长分别执行，如县长延不执行，或执行不当时，县参议会可以呈请该管上级机关进行核定。

3. 县参议员的资格：年满25岁的县公民，具有下列资格之一者，享有县参议员的被选举权：初中以上学校毕业；自治训练及格领有证书；曾任职业团体职员一年以上；曾办地方公益事务著有成绩。但褫夺公权者、禁治产者和吸毒者不得享有被选举权；现任本县区域内公务员、现役军人、现任小学教职员、在校学生和僧道及其他宗教师，其被选举权停止。

4. 县参议会的选举：县参议员选举以自治区为选区，各自选举产生本选区的参议员，其名额按选区人口多寡确定。县参议会设议长、副议长各一人，由参议员互选产生。

5. 关于县参议会的行政监督和民主监督。县长认为县参议会的决议案不当时，应说明理由送交复议；如全体参议员三分之二以上仍执前议，而县长仍认为不当时，应提付县公民依法复决。县公民对于县参议员得依法行使罢免权，对于县参议会得依法行使创制权，对于县参议会的决议得依法行使复决权。

《县组织法》在1929年6月修正公布时，规定县参议会在区长实行民选时设立。但由于地方自治的停滞，各地区长民选基本上没有实行，直至1934年各地县参议会也就未能成立。1934年春国民政府决定对地方自治进行"改革"后，行政院于是年8月发布《扶植自治时期县市参议会暂行组织办法》和《县市参议员违法失职暂行处分办法》，这些文件适应自治"改进"的原则，对县参议会制度进行了修正。其基本取向，是削弱县参议会的民意机构色彩，而加强各级行政对它的影响和制约。这种修正的主要内容是：

1. 规定"扶植自治时期"的县参议员半数由选举产生，半数由县长聘任。对于聘任参议员的资格，不强调其学历、资历而强调其经验，规定对自治制度有研究者、办理地方自治有经验者和从事地方公益有及生产事业卓有成效者，均可聘为县参议员。这些资格均较为含糊，没有可供衡量的确定标准，实际上有利于县长凭自己意志运作。

2. 削弱对县参议会的民主监督，而加强行政制约和监督。规定县长认为县参议会的决议案不当时，可说明理由送交复议；如全体参议员三分之二以上仍执前议，而县长仍认为不当时，不由县公民复决而由上级机关核定；县参议会对于县长交议的案件应提前审议，如拖延不议，县长可以在本届会议闭会后呈请上级机关核准执行。县参议会定期开会、县参议会的议案以及议长、副议长的选举、改选，均须报省民政厅备案。

3. 加强行政机关对县参议员违法失职进行处分的权力。规定在"扶植自治时期"和"开始自治时期"，对于民选县参议员（议员）的违法失职处分，由省民政厅行使，形式分申诫、停职、撤职三种；不服省民政厅处分者可以向省政府上诉，省政府的裁决为最终裁决。

这种经过修正的县参议会制度，也基本没有得到实行。其实行者，一为云南，该省各县于1935年1月一律成立了参议会；二为贵州，仅贵阳一县于1934年7月成立了参议会。此外浙江有40个县办理了县参议员选举，但县参议会均未成立。①

　　1939年"新县制"颁行，仍规定设立县参议会为地方自治制度的重要组成部分。此后，国民政府于1941年8月公布《县参议会组织暂行条例》和《县参议员选举暂行条例》，1943年6月公布《县参议会议事规则》，对于县参议会的各方面制度作出了进一步规定。根据这些法规，除前文已经述及的参议员产生办法和参议会职权外，县参议会制度还有两个方面的内容需要阐明：

　　其一，县参议员的资格。上述条例规定：凡年满25岁的县公民，经县参议会候选人试验或检核及格者，都可以当选县参议员（现任本县区域内公务员、现役军人和警察及在校学生除外）。由于参选县参议员需要事先经过试验或检核，因此国民政府于1940年12月公布了《县参议员及乡镇民代表候选人考试暂行条例》，次年1月公布了《县参议员及乡镇民代表候选人考试暂行条例施行细则》和《县参议员及乡镇民代表候选人检核办法》。至1943年，国民政府又将这些法规废除，代之以《省县公职候选人考试法》《省县公职候选人考试法施行细则》和《省县公职候选人检核办法》。根据这些法律法规，公职候选人考试分为试验与检核两种，当时试验没有进行，只是进行了检核。符合以下资格之一可以参加甲种公职候选人检核，及格者得为县参议员候选人：

　　　　（1）曾任县参议员者；（2）曾任乡镇民代表或乡镇长二年以上者；（3）有委任职之国家公务员任用资格者；（4）有普通考试应考资格，并有社会服务经历三年以上者；（5）经自治训练及格，并有社会服务经历三年以上者；（6）曾办理地方公益事务三年以上者；（7）曾任职业团体或其他人民团体主要职务三年以上者；（8）曾从事自由职业三年以上者。②

　　其二，对于县参议会的行政监督。县参议会议决预算、审核决算和议决有关人民权利义务之单行规章，应报省政府备案。县参议会议决事项，与中央法令抵触者无效。县长对于县参议会之决议案，如认为不当，得附

---

①　胡次威：《民国县制史》，第90页。

②　国民政府文官处印铸局编辑：《国民政府公报》，渝字第571号。

理由送请复议，对于复议结果，如仍认为不当时，得呈请省政府核办。省政府对于县参议会之决议案认为有违反三民主义或国策情事者，得开明事实，咨由内政部转呈行政院核准后，予以解散重选。县参议会置秘书一人，由省政府遴委，事务员、书记各一人至五人，由议长派充。①

由于参议员的选举须以保民大会和乡镇民代表的召开为前提，所以1943年5月公布的《成立县各级民意机关步骤》规定，《县参议会组织暂行条例》和《县参议员选举暂行条例》于1943年5月5日起施行。在这两个《条例》施行前，一些地方设立了某种临时性机构来代行县参议会职权。

《县各级组织纲要》中有这样的规定："县行政会议在县参议会未成立前仍得举行。"言外之意，以往曾在一定程度上履行民意机构职能的县行政会议可以代行县参议会职权。根据这一精神，江西省规定"在县参议会未奉令成立以前，先成立县行政会议，代行职权"，"游击战区各县，则另设县临时参议会"；②安徽省在县参议会未成立以前，设有县政促进委员会，作为县民意机构；其他更多的省份是设立了临时参议会。

首先实行临时参议会制度的是四川。该省拟定的"新县制"《实施方案》规定，在自上而下调整县各级机构之后即在各县成立临时参议会，为此制定了《四川省各县临时参议会组织条例》和《四川省各县临时参议会参议员遴选办法》，经行政院核准后实行，各县临时参议会均于1942年七、八月成立。这一制度的制定者胡次威记述其内容说：

> 一等县参议员人数为36人，二等县为30人，依次递减，至五等县为12人（据胡次威本人所著《民国县制史》，一二等县为20人，三四等县为14人，五六等县为10人）。县参议员分为两种：一是来自各乡镇的"区域代表"，占三分之二；一是来自农会、工会、商会、教育会、渔会和律师公会等团体的"团体代表"，占三分之一。参议员由"遴选"产生，即由县政府加倍提出候选人名单，呈请省政府圈定其半，而"实际的做法则是由县

---

① 国民政府文官处印铸局编辑：《国民政府公报》，渝字第386号。
② 行政院编：《国民政府年鉴》（民国三十二年度七月），地方之部，第51页。

政府与国民党县党部、省政府与国民党省党部分别召开党政联席会议共同提名和圈定。不但如此，省政府还可以指定名单之外的人为参议员"。临时参议会每6个月开会一次，由县长召集，必要时得召集临时会议，开会的时间为3—5天。临时参议会是一个咨询性质的机构，其职权包括：议决县政府年度施政计划、地方概算，处分公学产及有关人民负担事项；建议县政兴革；听取县政府施政报告；向县政府提出询问。临时参议会与县政府如有争议，不得自行处理，呈请省政府核定。①

县临时参议会制度在四川实行后，各省遵国民政府通令仿照实行。如福建省至1942年底，全省各县市除少数"因浙赣战事影响及沿海地带情况特殊"外，均成立了临时参议会，其制度与四川基本相同。②河北省于1945年11月制定的《各县临时参议会组织规程》，其内容也基本与四川相同。③

抗战胜利前夕，各地开始办理县参议会的选举工作，至1947年全国大多数省份的大多数县成立了县参议会或临时参议会。见表5.8。

表5.8 省成立各级民意机关情形一览表（1947年11月3日）

省别	已否成立省参议会	各省所辖县市局（区）数	县市参议会已成立数	临时县市参议会已成立数	已成立乡镇（区）民代表会的县市数	已成立乡镇（区）民代表会数	已成立保民大会的县市数	已成立保民大会数
四川	已	147	142	1	142	4517	142	62993
云南	已	129	115	10	129	1916	129	12610
贵州	已	80	80	0	80	1420	80	13209
西康	已	52	21	6	21	244	21	1834
湖南	已	78	78	0	78	1175	78	20505

① 《文史资料选辑》第129辑，第207—208页；胡次威：《民国县制史》，第140—141页。
② 行政院编：《国民政府年鉴》（民国三十二年度七月），地方之部，第180页；《福建省各县临时参议会组织规程》，国民政府内政部档案，全宗第12，案卷第3116。
③ 中国国民党河北省党部编：《党务丛刊》（五）：《民意机关如何组织》。

续表

省别	已否成立省参议会	各省所辖县市局（区）数	县市参议会已成立数	临时县市参议会已成立数	已成立乡镇（区）民代表会的县市数	已成立乡镇（区）民代表会数	已成立保民大会的县市数	已成立保民大会数
湖北	已	71	71	0	71	1507	71	17679
福建	已	68	68	0	68	887	68	10141
广东	已	102	90	9	90	887	68	10141
广西	已	100	100	0	100	1818	100	19052
安徽	已	63	63	0	63	2118	63	17104
浙江	已	77	77	0	77	2935	77	35875
陕西	已	93	75	4	75	857	75	6544
江西	已	84	84	0	84	1919	84	19366
甘肃	已	72	69	2	69	759	69	6838
宁夏	已	16	14	0	14	144	14	1057
青海	已	21	21	0	21	265	21	1118
河南	已	111	101	10	101	1118	101	19933
绥远	已	22	22	0	22	310	22	2400
山西	已	105	65	41	65	2028	65	45575
台湾	已	17	17	0	17	355	17	6304
新疆	已	81	54		54	404	54	5776
山东	未	110		107	107	121	107	2263
江苏	未	63	37	26	37	3662	37	26016
河北	未	136		35	35	106	35	1305
辽宁	未	30		20				
辽北	未	19		10				
热河	未	18		12	12	66	12	522

续表

省别	已否成立省参议会	各省所辖县市局（区）数	县市参议会已成立数	临时县市参议会已成立数	已成立乡镇（区）民代表会的县市数	已成立乡镇（区）民代表会数	已成立保民大会的县市数	已成立保民大会数
吉林	未	24		3				
安东	未	20		4				
察哈尔	未	19	2		2	176	2	1763

资料来源：《中华年鉴》上册，第567—569页。

第四节 "新县制"运作的得失

一、"新县制"运作的成绩

撇开20世纪40年代抗日战争和国共内战的政治形势不论，从实现中国地方行政体制现代化的角度看问题，"新县制"的实施取得了两方面的成绩。

第一，在若干国家基本制度的建设方面有所进展和突破。

首先，具有现代性质的县制基本得到确立。中国古代在县以下不设治，靠士绅、宗族等私人势力履行地方社会的公共职能；县级行政则极为简省，除诉讼审理和赋税征收外，其他职能往往徒具虚文。这种情况自清末开始得到改变，但当时动荡的社会政治形势又使得县政分裂为"官治"国家行政与"自治"地方行政两个系统；各种形式的区乡行政虽然开始生成，但往往各省区各自为政，朝令夕改。国民政府统治初期颁行《县组织法》等一系列法律，试图通过地方自治来解决承自北洋政府时期的上述问题。但囿于人民政治觉悟低下和旧士绅势力的干扰，再加上国民党内部派系战争、国共内战和日本侵华战争所造成的恶劣社会环境，地方自治陷于停顿。由"鄂豫皖三省剿总"和军委会南昌行营倡行的保甲制度、分区设署、裁局改科等制度，在很大程度上是适应"剿共"战争需要而出台的措施，虽然在整合"官治"与自治县政、提高县区行政效率方面起到了很大作用，但并未能从根本上解决问题；以所谓"自卫"为宗旨的保甲制度且基本上没有超越传统治安组织窠臼。"新县制"颁行于抗日战争敌我战略相持时期，国民政府偏安西南，得有精力着手于地方制度建设；而举国上下同仇敌忾抗击日寇的形势，也使得包括部分国民政府官员在内的有志之士能够较积极、较认真地执行政府的改革措施。这使得县区乡（镇）保各级行政组织通过"新县制"得到充实，现代性质的地方行政体系起码在形式上得到确立。其具体情况本章各节已有阐述。

其次，基本统一了地方财政制度，并使之有所充实。在中国传统体制中县署仅仅经理部分国家财政收支，而没有县地方财政。清末"新政"以来，各地自发生成了县地方财政，但收入以摊捐为主，支出漫无规制，且往往系各机关自收自支，中饱浪费现象严重。为改变这种状况，国民政府统治初期曾做出过努力，但未能真正解决问题。在"新县制"实施过程中，采取措施划分国家与地方财政收支，规范征收机关，建立县金库，提倡"造产"增收，取得了相当的成效。这一问题在第六章再作展开。

再次，基本建立了户口注册和统计制度。户口注册、统计制度，即使在传统社会也是立国的基础，对于现代国家来说更是如此。但是，随着18世纪前期清政府"摊丁入亩"政策的实行和里甲制度的废弛，"户籍档册日益棼乱不可核"，至1772年（乾隆三十七年）更将户口编审正式停止，户籍制度彻底废弛。此后直至国民政府统治初期，中国没有扎根于基层的户口注册、统计机制，当然也就没有精确可靠的户口统计；其间清末"预备立宪"虽然令各地进行户口调查，但因时间仓促、政治动荡而未能完成。20世纪30年代国民政府在"剿匪区"实行保甲制度，系统的户口登记工作开始展开。至"新县制"实行后各县设立专职的户籍管理机构，使得这一工作大致完成。有人回忆"新县制"时期陕西宝鸡县的户口登记制度说：

> 1944年，在县政府民政科内设户政股，后改户籍室；各乡镇设户籍主任1名，由乡镇长兼任；副主任由乡镇户籍干事兼任。各保设户籍事务员1人，由乡镇呈报县政府批准任职。"从此，各乡（镇）、保开展了户籍业务的正常户口登记工作；统一制作户口册，逐家、逐户进行户口登记。其项目有姓名、性别、年龄、住址、民族、与户主关系、职业、文化程度等。户籍登记册分正副两本存在乡、保，与县登记册相同。每月如有变动情况，应由户主申请，其内容包括出生、死亡、结婚、离婚、认领、迁

移、继承、宣告、收养等项。"①

在实施"新县制"过程中，结合编组保甲，这样一种户口登记制度在各地得到普遍推行。

第二，随着县区乡保各级行政组织的建立健全和民意机构的建立，地方社会的政治、经济、文化、卫生建设事业有所推进。

新县制推行后，各县在设立学校、卫生院、合作社、办理土地测量及其他社会事业方面，做了许多工作。以湖北省竹溪县为例，该县曾于1942年总结报告上年在推行"新县制"过程中所做的工作和取得的成果，其中属于或涉及地方社会建设事业者包括：

1. 建立人事管理系统，确定任免程序，整饬公职人员纲纪，改进行政业务（实行混合督导制、业务检讨、调查统计）。

2. 民政方面：办理义民救济、食盐、民衣、减息、平定物价、卫生、禁烟、禁止烧热、禁赌工作。

3. 财政方面：成立县金库，整理县财政（清理公学产，整理烟牌照，开办房捐，检查印花），建立乡镇财政（拟定乡镇财政建立办法，清理乡镇公学产，筹设公营牙行，拟定劝募战时公债实施办法）。

4. 教育方面：设立各级学校，筹设县立初级中学，增加各校、馆经费，提高教工人员待遇，修筑各校、馆房及充实设备，修建公共体育场，举办暑期讲习会，健全各校、馆人事，筹办小学课本。

5. 建设方面：整理电话，兴修水利、农林牧畜，开发矿产，提倡工业，健全工商团体组织，构筑国防工事。

6. 合作社方面：组织乡保及专营合作社，推进合作业务、合作金融工作。

7. 保安方面。加强自卫队各种训练，步步设防，抗战应变准备，肃清残余封建势力，清理军法诉讼积案，加强消极防空力量，调整电话，改进传递哨，改进军运组织，进行民枪登记，协

---

① 《宝鸡县文史资料》第5辑，第35—36页。

助团民军训，改善兵役宣传，实施慰劳征属，厉行优待征属、义务帮工。

8. "肃清残余封建势力"。铲除豪劣，肃清奸匪。"前四区×沧乡联保主任杨××、联队副杨××弟兄，十年来拥枪割据，招纳亡命，残杀人民，谋夺财产，拒编保甲及抗征兵役等不法行为，为本县施政一大障碍。本年四月奉令协同保十团黄营剿办，所有枪弹经先后收缴，杨逆兄弟亦电奉核准枪决。""自枪决杨××、杨××后，地方残余封建势力完全廓清，政令推行较上年顺利。"①

上述文字作为政府施政报告，难免含有夸大虚构之词，但即使属实之处有十之二三，比较清代和北洋政府时期的县政来说也是极大的进步。

与县、区、乡镇政府相比，各县县行政会议、临时参议会和参议会的运作更是深入、广泛地影响和促进着地方社会的各项建设事业。这里试举1946年召开的湖北通山第一届县参议会第二次大会的情况为例：

1. 会期：7月6日—9日，共4天。

2. 开幕式参加人员：议员7人（缺席3人），县长，司法处审判官，田粮处长，县党部书记长，青年分团干事长，县中校长，县训所教育长，县税务局长，县银行董事长，县合作联社理事长，农林场长，县商会会长，保警队大队长，县银行经理，警佐，县政府5位科长，会计室主任，各乡镇民代表会的6位主席和1位代表。

3. 程序：（1）主席兼议长致词；（2）开幕式；（3）行政、事业负责人工作报告（县长施政报告，民政、财政、教育、建设、军事等科及田粮处、税务局、县训所负责人工作报告，冷水坪造纸厂厂长营业报告，县银行董事长营业报告，县联社董事长营业报告）；（4）提出、讨论、通过议案；（5）闭幕式。

4. 议案数量和内容：计民政类议案16案，财政类47案，粮政

---

① 《竹溪县民国三十年度政绩比较表》，国民政府时期湖北省人事处档案，卷号LS67—1009—1。

类7案，教育类7案，建设类15案，保警类3案，共95案。其有关地方社会各项兴革事项的议案包括：

（1）民政类：裁减人员、调整待遇案，裁编县税局以节开支案，整编保甲、并保裁乡案、减轻人民负担案，整理救济案，限期成立县志馆案，县银行发行本票请参议会协助宣传以免人民误会案，调整机关公共房屋安顿来归难民案，征用各乡竹木应给价以轻民负案，代购国军存余片柴定价出售发款各乡以清手续案，散发救济衣服以恤贫苦公教人员案，有关治理环境案，有关收养婴儿案。

（2）财政类（提案内容摘抄）：

a. "清理县乡公学款产案"——"查本县公学款产原为数不少，历年积习均由乡绅会首把持，曾经数次清理，终属敷衍了事"，请予清理。

b. "议请将屠宰税县乡按月对成分拨，以补乡政经费不足而轻民负案"——"查本县乡镇经费向无统筹办法，任令各乡自行筹措，大都无可靠财源，未免变像摊派，民负甚重"，请采取提案办法。

c. "乡财政困难请县库酌量予以补助调整案"，提议"县府月补助乡级自治经费洋拾万元，由县库按月支给"；"实行县乡统一收支"。

d. "中央分拨之自治经费县乡机构应如何分拨请公决"。

c. "本县县乡财粮统筹以来，今将二载，严禁乡保摊派之口号高唱入云，乃不但战时未能实现，即于敌寇投降后自还城至今，乡保仍皆任意开支摊派。"提议解决。

（3）建设类：本县公有汽车交由银行经营以资管理案，停办农林场节省开支案，拟建筑战时被毁之县政府及乡镇中心学校案，本县接收之坏汽车请变卖案，本城街道应照规定翻修以利交通案，修理城区街道沟渠案，建筑抗战殉难人民纪念碑案，各乡电话急应架设俾便通讯案，请制定标准市秤分发各收粮机关而昭划一案，请提倡修复新桥以利交通案，马溪滩地方应设置永久之巨型抽水机以利农田案，设立民生工厂以裕民生案，添修白公桥支路以利交通而维市政案，整理冷水坪纸厂营业计划。[①]

这份会议记录，一方面反映出县参议会作为民意机构具有一定的权威，县长、县政府各科、各附属机构、省驻县行政机构和县属事业、企业，均须就自己的工作和业务向它做出报告；另一方面也反映出县参议会对于各种地方事务的积极关注。按照"新县制"的规定，县参议会的决议，如不违反现行法律县长一般应予实行，因此县参议会对于地方兴革事项的讨论和决议，都会产生一定的实效。"新县制"实施后各地地方建设取得了一定成就是无可置疑的。据统计，在新县制施行两年多后的1942年，各省报告设立乡镇中心学校21306校，与已成立的乡公所数目相比，尚未建校为4763乡镇；建立保国民学校142595个，未建者尚有195772保；设立县卫生院区分院和乡镇卫生所905个，24164乡镇尚无卫生医院机构；设立乡镇合作社1144个，未建立者23925乡镇，保合作社5548个，未建立者312819保。[②]此外，各地还进行乡镇造产工作，也取得了一定成绩。

二、"新县制"运作中的问题

"新县制"在实施过程中也存在许多问题，这主要表现在以下几个方面：

第一，保甲没有能够改造成为有活力的民众自治组织。秦以来的君主官僚专制，造成了中国强政府、弱社会甚至有国家、无社会的社会机构特征，缺乏积极的社会力量和有序的组织来制约政府和社会黑恶势力。在这种国情下，近代以来的政体改革搞"官治"往往流于贪官污吏专制，搞"自治"往往流于土豪劣绅专制。而解决问题的根本办法，在于要设法调动民众政治参与的积极性，组建能够实行自己主张、反映自身利益的组织

① 《通山县参议会第一届第二次大会纪录》（1946年），国民政府时期湖北省省政府档案，卷号LS1-2-1696。

② 《各省实施新县制推行地方自治成绩总检讨》，国民政府内政部档案，全宗第12，案卷第3110。

团体。而保甲制度本来是一种通过封建性家族纽带和法律株连手段对人民实行控制的组织，除对维护当时的政治统治有益外，在其他方面建设性不强。"新县制"试图将它改造成为有建设性的地方自治基层组织，没有获得成功。究其原因，首先在于民众贫、愚、散、弱，在看不到自治与自身利益有何直接关系的情况下，不愿积极参与。胡次威记述四川各地召开保甲会议的情况说：

> "清查户口、编组保甲"的工作办理完毕后，各甲应即召开"居民会议"，选举甲长……按照《纲要》规定，出席这个会议的只限于各户户长……居民会议没有一定的会期，并不经常开会，开会时又没有会议记录，究竟开会与否以及开会的情况怎样，谁也无从查考。

> 各甲召开了居民会议，紧接着就是各保召开"保民大会"，选举保长和乡镇民代表。出席保民大会的同样是各户户长，而不是全保的成年男女都可以出席，就其性质来说，也就是扩大的家长会议。为了凑足所谓"法定人数"，各户户长还可以派人代表出席，因此出席保民大会的有不少的白发苍苍的老太婆和尚未成年的儿童。[①]

保甲没有能够成为民众积极主动参与的自治组织，于此可以窥见。此外，经费短缺也使得保甲甚至乡镇组织趋于松散。福建省政府 1947 年在一份咨文中谈到这种情况：

> "县地方自治之重系于乡镇保甲"，但由于区"单位少控制易"，各地将"一切县自治及行政事务系悉之于区……而于乡镇为法人之自治基层单位，转形成空疏之自治组织。复以乡镇保长概系兼任，其待遇仅月给生活津贴一万元至二万元，办公费八千元至一万八千元；保长且无生活津贴，仅月给生活费二百元至四百元。乡镇保长及其所属员工——基层人员，工作繁苦，责任重大，以如此低微之生活津贴及办公费用，责成其担任地方自治

---

① 《文史资料选辑》第129辑，第209—210页。

使命，往往贤者不愿为。"①

第二，乡、镇、保地方自治往往被土劣所把持、所利用。各种资料均记载，当时地方自治存在以下各种弊病：

1. 乡镇长和民意机构代表素质低下。例如：

> 1943年，湖北省襄阳县王天铎等人呈控该县5名当选参议员不合格：（1）王××"业架讼二十余年，自抗战军兴以来，生计顿失依靠，乃钻充县财委会主任职务，与主持县政者互相勾结，剥削宰割，无所不用其极"；（2）杨××"系著名劣绅，于二十八年春潜伏西阳乡组织民枪，策应敌伪"；（3）杨×"与杨××勾结一气，相互为用，专以架讼为业"；（4）崔××"系一流氓军人，不学无术，狂嫖乱赌。因之接近某部要员，滥竽参谋职务，吓诈乡愚，贩卖枪支"；（5）胡××"目不识丁，乘民国二十年离乱之际得其族人富户资助，充任区长，凭借权力关系，延纳盗匪，损人利己"。②

上述呈控或许与地方派系斗争有关，但其内容绝非空穴来风，完全出于捏造。胡次威先生也记述说，抗战时期四川省各县的2000多名临时参议会参议员，"90%以上是当地的土豪劣绅、袍哥大爷、党棍（指国民党员）和团棍（指三民主义青年团团员）"③。

2. 选举舞弊严重。例如：

> 1945年3月，湖北省恩施县邹××等呈控本乡参议员吴××"为上峰所圈定，非民选举产生"④；应山县柯××等呈控该县"参议员之产生，竟由前县长刘××与县党部书记黄×及民政科长汪××二三人任意包办，借名小组会议，绝不公开。且于教育会、妇女协会、农会并未成立之前，而即捏报各该团体之代表，朦请核圈；至所报告各乡镇议员则不但不使民众预闻，即各乡镇保长亦俱莫名其妙"；"雷程乡当选之县参议员郑××，在

---

① 《江苏省政府咨内务部文》，国民政府内政部档案，全宗第12，案卷第1724。
② 国民政府时期湖北省民政厅档案，卷号LS3－3－2827－1。
③ 《文史资料选辑》第129辑，第208页。
④ 国民政府时期湖北省民政厅档案，卷号LS3－3－2827－1。

选举前三日即将各乡民代表诱至其家，大设酒宴，给与钱款，狂
赌三日。选举结束后，又将投票代表及监选员陶××（县训所教
育长）、说客胡××、黄××、周××、胡××等延至其家，欢
宴两日夜，乡民代表胡××、胡××叔侄得洋七万元，姜××、
余××等各得洋三万元（钱不足找黑布两疋），张××得谷二十
石，连同酒席郑氏约共花洋三十万元以上。"①

胡次威记述四川的有关情况说："保长和乡镇民代表的权力大，油水厚，
是仅次于乡镇长和县参议员的肥缺，在选举保长和乡镇民代表时，操纵把
持和竞争选举的人不在少数。他们钩心斗角，各显神通，甚至聚众械斗，
杀伤人命，这种情形以在边区的地方最为常见。"②例如南部县富驿乡乡长
雷××与"巨富"卢××因私人恩怨分别投靠国民党和青年党。1948年乡
长选举，卢××一派自度势力不敌雷××，乃"暗中通过各种关系将富驿
的户籍册弄到手"，赴盐亭县联系，将富驿归并盐亭县。盐亭县长王××
立即委任卢××为富驿乡长，派一个警察中队开到富驿，改换乡公所和乡
中学牌匾。此后，双方分别集结本县警察和有关的驻军、土匪，激烈火
并，死伤多人。③

3. 乡镇长利用职权胡作非为。例如胡次威回忆四川的有关情况说：

全省十几万乡镇长、副乡镇长和乡镇民代表在"自治人员"
外衣的掩盖下，名正言顺地骑在人民头上作威作福，为所欲为。
我曾亲眼看见有很多乡镇私设公堂审理民刑案件，自造监牢卡房
关押"人犯"，有无数的劳动人民憔悴呻吟于刑杖与铁窗之下，
敢怒而不敢言，他们经手办理征兵、征粮、征工、征税，敲诈勒
索，无所不用其极。有数不清的人做了几年乡镇长、副乡镇长和
乡镇民代表，尤其是乡镇长，即田连阡陌，富甲一方，由穷光蛋
一变而为富家翁。④

一位曾于1946年在四川南溪县参加乡长竞选的人士回忆说：

---

① 国民政府时期湖北省民政厅档案，卷号LS3—3—2827—1、2。
② 《文史资料选辑》，第129辑，第210页。
③ 《南部文史资料选辑》第3辑，第46—53页。
④ 《文史资料选辑》，第129辑，第211—213页。

旧社会的乡长选举，为什么争夺那么厉害呢？尽管乡长官职虽小，实权却大，财路宽广……从宋家的蒋乡长，黄沙的余乡长，都曾得个"土皇帝"的绰号……就以我乡过去历任乡长来谈谈：廖××、张××比较典型，他们夺得了乡长大权以后，在我乡简直是为所欲为，称霸一方。大凡小事，乡长必有一份，就连讨饭头子童海清，偷盗别人来的鸡鸭，在乡长名下，都要经常"上寿"。廖乡长的老婆，吃了好多肥鸡壮鸭，补得来如大佛一样肥胖。群众叫她为全乡的"大老娘"。再说，一个乡长，门路之多，无以复加，明吃暗送，财路无穷。壮丁款、优待谷、修路费，买田买地公证费、开设烟馆上税费，逢年过节，大凡小事，保、甲、绅、商向他送礼，吃茶饮酒、油大筵席天天有。如此过活，尤嫌不足，还要为匪、通匪、窝匪坐地分赃，真是明团暗匪了。张××（解放后被镇压）任乡长时，威风一时……同其兰交兄弟袍哥大爷邓厨子，勾结其义儿们……在罗龙一带，抢劫民财，欺压群众……于一九四四年抄廖××的家，枪杀了廖××，以除掉争夺乡长之有力对手。[①]

这种情况在其他省份也普遍存在，例如，有档案材料记载湖北宣恩县镇关乡正副乡长1943年借修乡公所、整理学校摊派稻谷、苞谷、黄豆国币180560元，而建造"完全征工征料，迄今仅一屋架树立"，食盐走私、盗卖公产田14处，共计得洋11500元，中饱私囊。[②]

第三，县乡行政官员并没有因地方自治的实行而受到有效的监督制约，任用私人、买官卖官、贪污受贿、弄权舞弊等问题依然严重。例如：

贵州绥阳县"1946年以前，县、区、乡、保、甲长，都是层层委派，但也要有钱势，而且还要找人活动活动，行贿塞包袱才行。如乡长的委任，只要县长得到包袱，即可委派，任期不定，如果又有人出高贿活动，即可更替。抗战胜利结束后，乡长改为'民选'制。但行贿受贿，买卖乡长职务的恶习却依然如故，一

---

① 《南溪县文史资料选辑》，第4辑，第61—62页。
② 国民政府时期湖北省财政厅档案，卷号LS19—1—265。

靠钱拉，二靠势压，三靠舞弊违法"①。该县1943~1944年"孙××当县长，全县18个乡镇，他到任不久就明目张胆地卖了13个乡、镇长……其中以吴××出价最高，达八千法币"②。

万××1942年任福建南平县县长，"凡是本县的乡镇长及县属机关的重要职务，都安插亲信，互相勾结，借权谋私。直到南平临时参议会成立之时，首先一个决议案，就是要他撤换外籍人员，选择本县优秀人才为乡镇长"。③

广西平塘县"买卖乡镇长最严重的时期是在抗日战争后出现的，例如县政府秘书张××、花××、县长李××等均属先后政治腐败的卖方……买方如马场乡刘×、掌布陆××、新场周××等都是通过金钱或贵重物资贿赂买到的乡长"。牙舟乡王宋村杨××省立中学毕业后拍卖家产得70余万元，"经况××牵引与县政府主任秘书花××活动买乡长"。20余天后，花被撤职，悄然逃走（花系外地人），不知所往。④

1949年湖北省黄冈县回龙乡不经民意机构选举而由县政府委任何××为乡长，到任之后强迫乡民代表会追认其到任前的250元大洋的花费，遭到拒绝，乃指乡民代表郁××为"不肖分子"，"叱令乡丁捆绑枪毙者再，到会者不许发言，会其他案件一律通过。……各代表经此一番打击之后，均皆畏怯不言，影响所及，致使本乡乡民代表会议至今无法举行。……凡该乡长立意执行之件，无不令出法随，如有违连，即指为通匪为匪，或科重金，或处极刑，人民莫不畏之如虎，奉之若君主，称之为阎王"。⑤

---

① 《绥阳县文史资料选辑》第3辑，第15页。

② 《绥阳县文史资料选辑》第2辑，第13—14页。

③ 《南平文史资料》第5辑，第46页。

④ 《平塘文史资料》第4辑，第102页。

⑤ 《黄冈县回龙乡乡民代表会代表主席吴郁呈省民政厅》，国民政府湖北省民政厅档案，LS1—3—2872。

第六章

清末至国民政府时期的县财政制度

制度健全、收入充裕的财政是县行政的物质基础，是各项县行政职能得以正常履行的保证。前文已经述及，清代不存在独立的州县一级财政，州县官只是代国家经手征收地丁、杂税等租赋，同时按定制坐支性质属于国家财政支出的官俸及其他经费，而他们对于这些财政收支的管理，则完全是一种家产制。这种落后的财政制度，一方面使得州县行政不可能履行建设性社会职能，另一方面也导致了吏治的腐败。北洋政府时期和国民政府初期，国家财政开始实行中央与省之间的收支划分，但仍然没有独立的县级财政，县公署（政府）在财政职能方面只不过是省财政的收支机关，而家产制管理的弊病虽然部分得到克服但却未能根除。但在此期间，各地在国家财政之外却自发形成了主要服务于地方建设的县自治财政。国民政府在"新县制"颁行前后，采取措施将国家财政与县自治财政加以整合，在此基础上实行省与市县之间的财政收支划分，各地先后形成了独立的县级地方财政。

第一节 因袭与改革中的县国家财政

一、县公署（政府）的经理省税职责

清代中央集权的财政体制，在太平天国战争后事实上已经瓦解，财权为督抚所专擅，但仍没有正式进行中央与地方的财政收支划分，各省"有财无政"。[①]当时的州县衙署在财政职能方面，只不过是国家统一财政的一个征收机关，它们没有自己独立的财政收入，只是代国家征收地丁等赋税，并从中坐支属于国家支出的行政经费。入民国后，北洋政府时期于1913年11月发布《划分国家税地方税法草案》，规定"国家因中央及地方行政诸经费所征收之租税为国家税""地方自治团体因处理自治事务诸经费所征收之租税为地方税"，国家税种类为田赋、盐课、关税、印花税、常关税、统捐、厘金、矿税、契税、牙税、当税、牙捐、当捐、烟税、酒税、茶税、糖税、渔业税和其他杂税杂捐[②]。显然，这一草案所说的国家税，是笼统指除地方自治税收之外的、属于各级国家财政收入的税收，而对于在这种国家税系统内部如何进行中央税与省税的划分，草案则没有作出规定，省与县之间的财政划分更是无从谈起。在军阀割据局面尚未形成之前，中央政府的财政收入主要为关余、盐余和直接控制的烟酒专卖、官产变卖收入，以及各省上解的烟酒税、印花税、常关税和官产变卖收入等各项专款。除此之外的田赋、契税、牙税、当税和其他杂捐，则为

① 参见魏光奇：《清代后期中央集权财政体制的瓦解》，《近代史研究》1986年第1期。

② 中华民国史事纪要编辑委员会编：《中华民国史事纪要》（初稿），民国二年册，第588页。

省税。国民政府取得全国政权后，于1928年11月颁行《划分国家收入地方收入标准》和《划分国家支出地方支出标准》。这两份文件中的"国家"与"地方"概念，与上述北洋政府颁布的草案所使用者不同。它们所说的"国家"是指中央，"地方"是指同样属于"官治"范畴的省、市、县各级地方政府。这两份文件规定，现行地方收入为田赋、契税、牙税、当税、屠宰税、内地渔业税、船捐、房捐、地方财产收入、地方营业收入、地方行政收入和其他属于地方性质的现有收入，将来新增地方收入为营业税、所得税和所得税附加税。对于在地方收入内部如何进行省与市县之间的划分，这两份文件规定由各省和特别市自行决定①。就实际实行情况看，国民政府初期各省均没有进行省与县之间的财政收支划分。这样，在北洋政府时期和国民政府初期，县公署、县政府就仍然同清代一样，在财政方面只是国家财政（这一时期是省财政）的收支机关，代省财政经理属于省税的田赋、契税、牙税、当税、牲畜税和其他各种杂税。

河北《新城县志》记载，20世纪30年代初经县政府征收然后上解省库的税收项目有田赋、旗杂租、契税、田房中用、契纸价、契税注册费、差徭、杂收入、牲畜税、屠宰税、斗牙税、牲畜牙税、秤牙税、猪牙税、布牙税、鸡卵等牙税和当税。②

1933年湖北省蒲圻县县政府"经收省税捐种类数目"为：地丁、漕米、屯饷、地租、水课、地丁省附税、地丁省堤捐、漕米省堤捐、屯饷省堤捐、买契税、典契税和税纸费。③

河北省新河县县长孙××1936年办理离任交代，其清册包括经征田房中用交代清册、差徭交代清册、经征契税交代清册、牲畜税交代清册、牙行营业税交代清册、地粮交代清册、第二科财政股经管县地方款交代清册、屠宰款交代清册、烟纸牌照税交代清册、营业税交代清册。其中除"第二科财政股经管县地方款交代清册"外，其余均属于国家税收交代。④

---

① 《国民党政府政治制度档案史料选编》下册，第207—208、210—211页。
② 民国《新城县志》，地事篇。
③ 湖北省民政厅编：《湖北县政概况》（民国二十三年），第4—5页。
④ 《河北省新河县县长交代清册》，国民政府内政部档案，全宗第12，案卷第3401。

由此可见，直至20世纪30年代中期，县公署（政府）在财政收入方面，仍然只是履行经理省税的职责。

二、县政府公费制度

这一时期，县公署、县政府在经理财政支出方面，制度较清代有较大变化。由于清末"新政"和"预备立宪"的实行以及辛亥革命后各项制度的更新，清代州县存留中科举、祭祀、驿站、差役等费用均无须开支，因此民国改元后州县存留制度被废除。有地方志记载，1912年"各县正杂各款涓滴上解，裁去存留"，1914年"财政搜刮益厉，凡前清号为正杂各款及后增之田房税、验契各款，悉数上解，不准留支分毫"①，县公署行政和司法经费由省财政拨给，或请领，或坐支。与此同时，北洋政府于1913年9月发布教令，令各省将属县划分等级，核定行政和司法经费，各省区先后实行。例如：

> 直隶1914年将全省119县划分为七等，其中"特别大缺"大名县每月公费1900元，天津、滦县、邢台、清苑每月公费1500元，定县、濮阳每月公费1400元。一等缺计束鹿等13县，每月公费1300元；二等缺计永兴等21县，每月公费1100元；三等缺计徐水等26县，每月公费950元；四等缺计容城等22县，每月公费850元；五等缺计满城等21县，每月公费750元；六等缺计阜平等8县，每月公费600元。以上七等之外，还有一个"特别小缺"新镇县，每月公费400元。②

此外如京兆特别行政区将所属20县"按县缺繁简，别为七级"，贵州、福建将所属各县分为一、二、三等，安徽省将所属各县"就缺分繁简列为甲、乙、丙、丁、戊五级"，公费均各有差等。③司法经费则与县公署行政

---

① 民国《盐山县志》法制略，新政篇。

② 《直隶省各县公署现行暂定经费等级数目单》，北洋政府内务部档案，全宗1001，案卷5712。

③ 《顺天府府尹沈金鉴呈文》《署贵州巡按使龙建章呈文》《内务部财政部呈文》《安徽巡按使韩国钧呈文》，中国第二历史档案馆整理编辑：《政府公报》第793号、第1255号、第1220号、第1149号。

经费同时核定，分别列支。例如直隶各县司法经费分甲、乙、丙三等，分别为300、400和500元。①国民政府初期，也在划定县等的基础上对县政府经费进行了核定。例如：

> 安徽省各县经费最高者为2172元，最低者为1235元；全省60县，月经费2000元以上5县，1500—2000元者15县，1500元以下者40县。②江苏省划定江宁等12县为一等县，每县经费月预算2290元，全年27480元；丹阳等28县为二等县，每县经费月预算1952元，全年23424元；句容等21县为三等县，每县经费月预算1634元，全年19608元。③

这一时期县公署（政府）的行政、司法经费开支，可分为两大部分：一为县公职人员的薪酬；二为各种办公费用。试举三例：

1. 河北省无极县县政府1932年的经费支出为以下五项：

（1）修缮、邮电等各项费用1000元；

（2）县长出巡及勘验等旅费960元；

（3）司法杂支120元；

（4）县监所囚犯口粮1080元；

（5）县长及其他行政人员薪俸8767.2元。④

2. 湖北省咸宁县1933年"坐支省款种类数目"：

（1）行政经费15720元（月支1310元）；

（2）征收经费2520元（月支210元）；

（3）造券经费296元；

（4）清赋经费1680元（月支140元）；

（5）监狱经费2452.80元（月支204.40元）

（6）囚粮经费2400元（月支200元）；

（7）司法经费3120元（月支260元）。

---

① 民国《盐山县志》法制略，新政篇。

② 吴树滋、赵汉俊编：《县政大全》第二编，上册，第95页。

③ 同上书，第129—135页。

④ 民国《无极县志》，财赋志。

以上合计28188.80元，月支2334.40元。①

3. 江苏省各县县政府1928年的经费支出分为"俸薪"和"办公经费"两大科目，其中前者包括"县长俸给""县长公费""科长俸给""科员俸给""事务员、书记员薪水"和"政务警察月饷"等6项；后者则包括政务警察出差旅费、勤务工食费、文具费、购置费、邮电费、消耗品费等项。（见表6.1）

表6.1　江苏省民国十七年度县政府经费预算科目（单位：元）

科目	县等	全年	每月
县政府经费总额	一等县	27480	2290
	二等县	23424	1952
	三等县	19608	1634
其中： （一）俸薪	一等县	22680	1890
	二等县	19344	1612
	三等县	16368	1364
其中： 1. 县长俸给	一等县	4800	400
	二等县	4800	400
	三等县	4800	400
2. 县长公费	一等县	3600	300
	二等县	3000	250
	三等县	2400	200
3. 科长俸给	一等县	4320	360
	二等县	3600	300
	三等县	2400	200

① 湖北省民政厅编：《湖北县政概况》（民国二十三年），第105—106页。

续表

科目	县等	全年	每月
4. 科员俸给	一等县	4680	390
	二等县	3600	300
	三等县	3480	290
5. 事务员、书记员薪水	一等县	2400	200
	二等县	2040	170
	三等县	1560	130
6. 政务警察月饷	一等县	2880	240
	二等县	2204	192
	三等县	1728	144
（二）办公经费	一等县	4080	340
	二等县	4080	340
	三等县	3240	270

资料来源：吴树滋、赵汉俊编：《县政大全》第二编，上册，第136页。

在核定公费过程中，各地对于县公署（政府）科长、科员、技士、书记等行政人员和其他雇员的薪酬标准也作出了具体规定。例如：

1. 直隶盐山县民国初年县知事薪俸250元；科长2人，其中一人薪俸60元，另一人50元，共110元；科员3人，薪俸分别为30元、25元和20元，共计75元；书记18人，每月薪金共180元；公役14人，每月津贴共84元。以上各项每月开支共699元。[①]

2. 江苏省各县政府人员1928年的薪酬预算数额为：县长俸给400元，公费一等县300元，二等县250元，三等县200元；县科长、科员的编制依县等不同而繁简有差，其薪酬标准：科长一等县每人每月120元，二等县每人每月100元，三等县每

---

① 民国《盐山县志》法制略，新政篇。

人每月 100 元；科员分三级，一级每人每月 60 元，二级每人每月 50 元，三级每人每月 40 元；事务员、书记员的名额及薪水，政务警察的名额及月饷，由县长酌拟，呈省民政厅核定。政务警察的出差旅费"依省颁旅费表在办公经费内支给"。①

3. 绥远省归绥县县政府第一、第二两科人员的薪酬开支情况见表6.2、6.3。

表6.2 归绥县县长及县政府第一科每月薪工杂费一览

职别	人数	薪工数	实支数	备注
县长	1	250	175	薪俸七扣
秘书	1	50	40	薪俸八扣
科长	1	50	40	薪俸八扣
主任	2	60	60	二人中有一人由科长兼任，不支薪
科员	3	60	60	每人20元
一等雇员	2	28	28	每人14元
二等雇员	1	12	12	每人12元
三等雇员	2	20	20	每人10元
夫役	5	40	40	每人8元
办公杂费		180	180	
合计	18	750	655	

资料来源：郑植昌修：《归绥县志》，经政志一，1934年。

表6.3 归绥县政府第二科每月薪工杂费一览

职别	人数	薪工数	实支数	备注
科长	1	50	50	
主任	2	60	60	

---

① 吴树滋、赵汉俊编：《县政大全》第二编，上册，第136页。

续表

职别	人数	薪工数	实支数	备注
督学	1	25	25	
技士	1	25	25	
科员	1	20	20	
书记	5	50	50	
夫役	5	40	40	
办公杂费		100	100	
合计	16	370	370	

资料来源：《归绥县志》，经政志一。归绥县县长和县政府第一科薪水、经费由省财政拨发，第二科薪水、经费由地方款项开支。

这种县政府经费的定额定项制度，规定包括县知事（县长）和县公署（政府）秘书、科长、科员、书记员、事务员、政警、雇员等所有人员的薪金均由国家公费开支，改变了清代家产制财政下由州县官支付幕友、家丁薪酬或根本不给薪酬的做法，应该说是县财政制度走向法制化的一个重要改革。有地方志记载说，民国初年核定县公署公费后，"自知事、科长以及书记、警吏等之薪工，概由行政、司法经费分别开销，不似清代吏胥差役（例有工食，官不发给），专事敲诈勒索为其唯一之生活费矣"①。

三、县财政家产制管理的改革与因袭

北洋政府时期和国民政府初期，县公署（政府）在履行国家财政职能方面一定程度地改革了清代州县财政的家产制方式，其具体表现是：第一，县公署（政府）内部设置了管理财政事务的科层机构，这种机构起码在形式上属于一种公共组织。第二，县公署（政府）全部行政人员的薪酬在制度上是由国家公费开支，而不是靠在履行公务过程中索取陋规。第

---

① 民国《景县志》，政治志上。

三，由于清末以来裁革陋规和民国改元后地方行政体制改革的进行，清代那种州县官定期、定额向上级官员馈赠陋规的现象，已不多见。以上第一、第二点，前文均已做过阐述，而第三点系作者从接触大量史料中得出的结论，尚待进一步考证。

但另一方面，这一时期县公署（政府）对于财政的管理，仍然在很大程度上沿袭了清代州县财政的家产制。

第一，由于坐支或定额向省财政请领的经费不敷办公需要，各地县公署（政府）仍然征收各种半合法或者非法的税捐和行政性收费。民国初年北洋政府取消县存留制度后，规定各地可以按田赋和国有土地地租征收额的10%提取粮租征收经费，这项收入当时部分被用来弥补县经费的不足。①例如，河北盐山县民国初年县公署经费每月950元，其中"人头费"占去699员，办公经费仅为251元，其不足部分即靠粮租提成、各项省税附加、杂税以及行政性收费来弥补。这些自行征收的税费与省拨经费合计，年额"约一万九千六七百元上下"，平均每月1600余元；也就是说，自行征收的税费每月约为650元，占全部经费开支的40.6%。②

国民政府时期，各地县政府为弥补经费不足而滥征苛捐杂税的情况更为严重。例如，福建省建欧县20世纪30年代初每年征收田赋附加10万元以上，房铺宅地税5万元，契税附加、屠宰税附加、铺税附加、杉木税、木排税合计2万元，自治捐8000元，清唱捐6000元，警察捐5000余元，此外还有盐包附加捐、明笋捐、菰捐和茶米公益捐等，而"县财政还是入不敷出"。③

对于名目繁多的田赋附加和苛捐杂税，国民政府力图加以整顿。1928年10月，财政部颁布《限制田赋增加办法》八条，规定以后凡"未经本部核准之田赋附税或亩捐，不论根据何种命令，及用途是否正当，一概无效"④。1932年12月，国民政府公布《修正监督地方财政暂行法》，禁

①　《直隶巡按使咨内务部各县现行暂定经费等级数目单》，北洋政府内务部档案，全宗第1001，第5712卷。

②　民国《盐山县志》法制略，新政篇；民国《文安县志》，法治志。

③　《建瓯文史资料》第5辑，第50页。

④　中华民国史事纪要编辑委员会编：《中华民国史事纪要》（初稿），民国十八年册，第689—691页。

止各市县任意变更税率和加征税捐，禁止预征赋税，禁止新设附加税①。
1934年5月，国民政府召开第二次全国财政会议，财政部长孔祥熙在提案
中提出整理田赋和废止苛捐杂税。整理田赋的根本措施是进行土地陈报，
为将田赋改为按地价1%征收的土地税做准备。在实行土地税之前，采取以
下措施整顿田赋附加：

（1）田赋附加不得超过正税总额，正税轻微之区，正附并计
不得超过地价的1%；（2）各县不得以任何急需或名目，再增田
赋附加；（3）禁止各县区乡镇之临时亩捐摊派；（4）原有各种
田赋附加、带征期满，或原标的已不复存者，应即予废除。

关于废除苛捐杂税，孔祥熙提出将5种税收作为正式、合法的地方税，而
除此之外的其他税捐，一律视为苛捐杂税。这5种税收是：

（1）土地税类，包括田赋及法定田赋附加，依法征收的地
价税，房捐或铺捐，契税及契税房捐；（2）营业税类，包括依照
《营业税法》征收的营业税，应行改办的牙、当、屠宰等税等；
（3）行为取缔税，包括娱乐捐之类；（4）公益捐税类；（5）合
法手续费。

孔祥熙的这些建议，基本上为会议所采纳。这次会议通过的议案规定：立
即着手办理土地测量，完竣后即废止田赋而按地价百分之一征收土地税，
40%归省，60%归县，同时取消一切附加名目；在土地测量完成之前征收
田赋时，田赋附加不得超过正税总额，在正税轻微的地区，正税和附加合
计不得超过地价的百分之一；自1934年度起，各县不得以任何急需或名
目，再增田赋附加；禁止各县区乡镇摊派临时亩捐；田赋附加带征期满，
或原征收用途已不复存在者，应即予废除；田赋附加现在超过正税者，
限期递减。关于土地税类等5种地方税之外即为苛捐杂税的建议，也为会
议所采纳，决议限各地在7月1日至12月底期间，将各种苛捐杂税一律废
除。②全国财政会议结束后，国民政府即通令各省按全国财政会议决议在年

---

① 国民政府文官处印铸局编辑：《国民政府公报》，第1003号。

② 中华民国史事纪要编辑委员会编：《中华民国史事纪要》（初稿），民国二十三年册，
第1092—1095页。

底前废除苛捐杂税。①

据国民政府官方的说法，减轻田赋附加和废除苛捐杂税的工作取得了一定的成效。如蒋介石说：

> 1932年的《剿匪区内整理县地方财政章程》在豫鄂皖赣四省实行后，"各该省之县地方财政，遂皆条理整然，渐入正轨，人民之负担，赖以减轻，地方之收支，因而适合。即专就豫鄂两省之团练经费一项而论，在未颁行此项章程之前，两省每年各费一千二百万元至一千五百万元不等；其由经手浮收，无账可稽者，尚不在内。及既实施此项章程之后，迄今豫鄂两省全年团队之经费，已递减至四百或五百万，且别无额外需索之可能。其他各项支出，亦略如之，成效显著，大可概见"。②

1935年11月，财政部长孔祥熙在国民党五全大会第二次会议上做《整理地方财政简要报告》，其中也谈到废除苛捐杂税和减轻田赋附加取得了相当成效。他说：

> 1934年下半年各省先后报告废除苛杂与减轻田赋附加者计有江苏、浙江、安徽、河北、山东、河南、山西、察哈尔、绥远、湖南、湖北、江西、福建、广东、广西、陕西、云南、贵州、宁夏、甘肃、青海、北平、威海卫等23省市，裁废苛杂种类与田赋附加税目3600余种，款额达2889万余元。"综自去年七月至今年八月一年另二月之间，裁废苛杂与减轻附加已遍行全国……裁减种类共计五千余种之多；裁减款额至四千九百余万元之巨，以全国人口均摊计之，虽每人平均仅及一角，但苛扰及于闾阎，以及中饱侵蚀之实际取诸人民者，为数何止倍蓰。"③

尽管如此，滥征苛捐杂税问题并没有得到彻底解决，抗战爆发后且有反弹之势。

第二，北洋政府时期和国民政府初期，书吏和差役制度在不少地方尚

---

① 中华民国史事纪要编辑委员会编：《中华民国史事纪要》（初稿），民国二十三年册，第1245—1246页。

② 同上书，民国二十四年册，第99页。

③ 同上书，民国二十四年册，第191—194页。

继续存在，这些人往往仍靠索取陋规为生。例如1924年王××任河北东光县知事，"由于府库空虚"，"轿夫和炮手……无力开支，许可他们每逢大集端斗吃'各子'（即在粮市给卖粮户倒斗，把凸出于斗口的粮食用木板刮平，落入簸箕的归斗行）"①。

第三，没有建立起独立的会计制度和公库制度，县政府经手的财政收入和经费仍由县知事（县长）个人负全责。北洋政府时期和国民政府初期，各地县公署（政府）虽然设立财政职能科室，但科长、科员往往为县知事（县长）私人，随后者而进退（详见第七章）。在这种情况下，不可能建立起不受县行政长官干预而独立运作的会计制度。而县公库制度在当时也大多没有建立，县公署（政府）经理的税款和经费或自行储存，或存于商号，县知事（县长）因此可以任意支配。此外当时各县自行征收税费，其项目、数额往往缺乏规范。所有这些因素，使得清代那种州县财政由行政长官个人负责的制度继续沿袭下来，直至20世纪30年代末，各地县财政仍不能靠会计制度正常延续，而需要县长在卸任办理财政交代。例如，1936年河北省新河县卸任县长孙××向新任县长陈××进行财政交代，其交代文书包括多种簿册（详见上文）。②

县知事（县长）卸任时办理财政交代制度的沿袭，恰恰说明他们在当时仍然握有各种不受税收、会计制度制约的财政处分权力。一位国民政府时期曾在浙江省民政厅任职的人士回忆说，国民政府统治初期各县征收田赋附加以充"征收公费"，其用途"除开支征收员工薪给及其他必要费用外，悉为县长所得"；20世纪30年代末以后，浙江各县县长除了按照支领薪俸外，"另有特别办公费，一二等县月支二百元，三四等县月支一百五十元，五六等县月支一百元，由县长支用，不必办理报销手续"；抗战开始后实行田赋征实，百斤稻谷上缴大米69.44斤，实际可出米70多斤"或可更多一些"，"赋谷加工余米，数量很多，除支给加工人员薪给与加工必须费用及奖金外，大部为县长所得。……当时认此项收入为'合法贪污'"。抗战期间，"很多县长以县政府职工生活福利为名，移挪公

---

① 《东光文史资料》第2辑，第26页。

② 国民政府内政部档案，全宗第12，案卷第3401卷。

款，收购物资经商图利，赚得盈余，小部分充作职工福利经费，大部则为县长所得。县长以此项收入，作为资本，结交省方权要者，大有其人"①。县长将罚没款项据为己有的事情也不在少数。例如董××1928年任安徽宿迁县长，教唆在押土匪诬"有钱无势"的地主王××"私通土匪"，关进班房，勒索5万元后获释放②。袁××1928—1930年任江苏太仓县县长，"有一笔属于司法项下的额外收入"，"原可纳入私囊"，但袁将之用于"在县府二堂修建了一座初具规模的法庭"，这在当时被认为难能可贵，"知者都十分感佩"。③清代那种由州县官定期定额向上级馈赠规费的做法虽然已不普遍，但仍然存在，也说明县知事（县长）仍然有大量法外收入。有人回忆这样一件事情说：

> 1930年任山东泰安县长的周百锽进省述职，与胶县县长周××、潍县县长厉××同往省政府秘书长（韩复榘亲信）张绍堂住宅拜谒，周××和厉××各给张绍堂一个信封，说是"给秘书长捎来的信"，张与他们热情握手，而独不与周百锽握手。周莫知所然，非常尴尬。事后，周××劝告周百锽："你也给秘书长送点礼吧！"周百锽如梦初醒，从此连年送给张绍堂两千元，才改善了关系。当时周百锽的月薪是300元，但每年从赋税中提取"奖金"5000元。④

---

① 《浙江文史资料选辑》第21辑，第110—112页。
② 《宿迁文史资料》第2辑，第45—46页。
③ 《太仓文史资料辑存》第2辑，第21页。
④ 严澄非：《北伐至抗战前夕历任泰安县长简况》，《泰安区文史资料》第2辑，第39页。

第二节　县自治财政

一、县自治财政的产生和运作

前文已经述及，自清末直至国民政府初期，各县实际存在着"官治"与"自治"两个行政系统，前者以县公署（政府）为实体，后者以教育、警察、实业、财政等地方性局所为主干。与后者相一致的是，这一时期各地存在着一种县自治财政。这种县自治财政与国家财政系统内部的县级地方财政不同，它独立于国家财政系统之外，在国家财政收入之外另行筹措各种地方款项作为财政收入，将之用于各种国家财政不负责开支的地方事业，并由地方人士所组成的机构经理，即当时人所谓"以本地之绅民，集本地之款项，图本地之公益"。

县自治财政起源于清末"新政"。当时，州县所办学务、警政、实业等事业，均被清政府定位为"官治"之外的地方事务，令所需经费不得动用国家租税，而全由地方自筹。至"预备立宪"中推行地方自治，清政府更明确规定学务、实业等事务属于"自治范围"，重申其办理"不能动用国家正款"，只能使用"自治经费"。而所谓"自治经费"，根据1909年颁布的《城镇乡地方自治章程》和1910年颁布的《府厅州县地方自治章程》，来源为公款公产、地方税、行政性收费、公共营造物和公产的使用费以及临时公债。此外，由于各项自治事务所需经费数额巨大，也无法采取传统的私人募捐、私人经理的方法来筹集和运作，于是各州县纷纷设立地方财务机关，筹措地方公共收入，从而产生了地方自治财政。对此，不少地方志均有基本一致的记载，试举二例：

> 专制时代，以官治民，无所谓地方自治也，亦无所谓地方财

政也。至前清末季预备立宪，地方事务日以繁兴，若警务、若学务、若实业、若议会等等，皆以地方之款办地方之事，而地方用款遂继长增高，有加无已。出纳未有专司，支用难免冒滥，故于宣统年间即有理财所之设立……①

自昔官治时代，财权悉操之官，无所谓地方费也。国家正供，官为征解；地方兴作，官为募捐，有所赢余，或入官囊，而人民亦视为分所当然，不复问也。自创设警察、学堂、自治、实业诸政，所费恒以万计，一切悉责之地方，而赋税正供已尽数提解以去，丝毫不为地方存留。于是地方不能不筹费，如随粮附征，补助公益、附加税等项目，日益繁多，不能不专设管理机关，势使然也。②

这样，以地方公共财务机关的设立为标志，各州县的自治财政便在清末最后几年正式形成。第三章已经述及，清末至北洋政府时期，各地存在着各种名目的财政局所，负责经理县地方自治财政。除了这种设立财政机构对地方财政实行统一经理的形式外，当时的县自治财政也存在着其他几种经理形式。

其一，地方财政由县署代理。如直隶南皮县自光绪三十四年起，"创自治、立学校、设警察，在在需款，始征收附加警学亩捐，收支均由县署经理"；又如山东馆陶县，直至1923年地方财政管理处设立前，"地方财政向亦由县公署经管"。③

其二，作为地方财政收支大宗的教育和警察经费由财政机构之外的专门机构经理。以直隶为例，昌黎县清末"所有高小底款一律拨归该校自行发商生息，自收自支，理财所不为遥制"；静海县1915年以前，学产租金、附捐、基金生息等城镇各校经费，也均自行收支，此后改为由县署统一支发，而至1926年，又实行学款独立，成立教育基金董事会经理；冀县于1923年"划定亩捐

---

① 民国《青县志》经制志，时政篇。
② 民国《满城县志略》卷五，县政。
③ 民国《南皮县志》，政治志下；民国《馆陶县志》，政治志下。

杂税收入为常年兴学经费，凡分拨各学堂及村立初等小学酌与津贴，均归（教育）局长经理"。警政在清末办理之初，许多州县均设有警董一职专司警款收支，民国初年，仍有一些地方警款独立经理。如高阳县，"警款向由各区自筹，径交各本区警察机关应用，不经财政局"。①

其三，停设或始终未设专职财政机构，全部地方财政收支由各自治议决和执行机构分别经理。如直隶青县清末曾成立过理财所，"乃因物议沸腾，未久即停，一任各机关自行筹措，自行管理"；平山县"各机关之经费向系自抽自用，漫无标准"。②

这几种例外形式，与设立专门机构统一经理全县自治财政的做法相比较，固然反映出有关各县的自治财政制度尚欠完善。然而由于它们同样是以公共机关经理地方财务，所以同私人募捐和经理地方事务的传统做法仍有着根本的不同，也同样体现着县自治财政的生成。

清末和北洋政府时期，各种县自治财政措施在由上述财务执行机构实施之前，往往须事先经过某种具有立法意义的议决。根据清末颁布的《府厅州县地方自治章程》和1919年北洋政府颁布的《县自治法》，（州）县议（事）会的一个主要职能就是议决县自治财政的预算、决算和捐税征集。因此，在议、参两会普遍成立的直隶等地，不少地方财政措施都是由议（事）会依据上述法规所规定的权限议决的。不过，由于政权鼎革，社会政治形势动荡，清末和北洋政府颁行的地方自治制度未能普遍、持久推行，在议、参两会不存在或不能正常行使职权的时候和地方，一些地方的县自治财政往往由县行政长官会同在地方自治中产生的新士绅们以某种方式共同进行，有关情况留待第八章再作阐述。

国民政府初期，县自治财政机制较之清末和北洋政府时期更加强固。首先，《县组织法》规定各县统一设立财政局，作为县政府的"下设"机构，从而使得在清末至北洋政府时期一般是自发生成的县自治财政机构得

① 民国《昌黎县志》，行政志，财政；民国《静海县志》，政事部；民国《冀县志》卷十七；民国《高阳县志》，行政志。
② 民国《青县志》经制志，时政篇；民国《平山县志料集》卷七，行政。

到正式承认。其次，作为自治财政机构的县财政局，其内部组织更加健全。如福建省于1929年1月颁布的《各县财务局暂行组织规程》，规定局内设两科。第一科职掌内务、收发、会计、出纳、稽核事项，第二科掌管田赋及契税的整理、各项捐税的征收、官产公产以及县内公债等事项。[1]又如江苏省于此时曾颁布《各县财政局组织条例》，规定各县财政局分设总务、经征、会计三课，分别掌管撰拟文书、保管册串票照、税捐征收、收支款项登记和编制统计报告等事项。再次，有的省份将县自治财政中的征收、会计与保管、出纳、监督机关分设，使之互相制约，互相监督。如江苏省规定各县设立"公款公产管理处"，作为地方财政的保管、出纳和监督机构，其职权包括负责县有款产的出纳和收益处分，保管县有款产的契券、图籍、案牍，保存县有古物古迹，稽核县款机关收支簿据及其用途，稽核县政府对于县地方费用的册报，以及保管整理其他受县政府及地方机关公法团委托的公有款产。有关制度还规定，"县款未列预算之特别支出，及县产之变更"，不经管理处半数以上主计委员议决，"不得动支及处分"。[2]

国民政府初期设立的上述机构，均未超出县自治财政的范畴，其职能不涉及国家财政的收支，其人员均为地方人士，一般由地方推举，经省财政厅任命。如江苏省规定，各县公款公产管理处设主任1人、副主任1—2人、主计委员5—9人、事务员若干人，主任、副主任"由县长就本县遴选身家殷实、信用卓著、具有办理公益经验者聘任之"，主计委员"由县长就市乡行政局长及地方公法团体中遴选相当人员聘任之；事务员由主任副主任会同遴员委充"。[3]河北省1928年8月颁发《各县财务局暂行规程》，规定财务局长的产生"由各法团票选三人，陈由县长转呈省财政厅核委"；此外由县长聘任监察员7人，负责审核账目，调查财产，监察出纳；由局长选派事务员若干人，办理庶务。[4]这一规程在各县得到落实。如雄县1928年7月奉战地委员会命令，将原来兼管县财政的

① 吴树滋、赵汉俊编：《县政大全》第二编，上册，第91页。
② 同上书，上册，第102—104页。
③ 同上。
④ 民国《雄县新志》法制略，自治篇。

参事会解散，另设地方公款局管理全县财务；不久县财务局成立，首领
人员即遵河北省政府上述《规程》而产生；高邑县1928年11月奉省令成
立财务局，掌征税、募债、管理公债及其他地方财政等事项，局长的产
生系"由党部领导之下人民团体及县政府所属各机关选举三人，呈请财
政厅核委"①。

二、县自治财政的收支构成

清末至北洋政府时期，各地县自治财政的主要收入有以下几项：

1. 旧有"公产公款"。清代地方公共事业全由私人捐资兴办，这些捐
资除一次性消耗外，其余便形成了土地、房屋建筑等不动产和各种实物、
货币形态的基金，当时人称为"公产公款"。它们包括：（1）社仓、义仓
的积谷或谷款。康熙十八年（1679年），经户部题准建立社仓义仓制度，
此后直至乾嘉乃至同光时期，各地曾断断续续地设立有别于官仓（常平
仓）的这类仓廒，一家地方志记载它们与官仓的区别在于："官仓或出截
漕，或出官购，社仓……劝民捐输，公举社长副经理，而官督其成；义仓
略同社仓，惟听绅民所乐输，公举仓正仓副，官为以时查察之。"②要言
之，社仓义仓的积谷和谷款，全出于地方人民的捐输。（2）学田学款。清
初沿明制，在州县各乡设立社学，"凡近乡子弟十二岁以上，令入学"，
又设义学以"教孤寒生童"③。此外各州县城邑，均设有书院。无论社学、
义学、书院，其开办和日常经费全由私人（包括州县官个人）捐输。这些
捐款除用于建筑校舍外，或购置田产出租，称学田，或存入商号生息，称
学款，以所获租息充作日常办学经费。此外，州县儒学虽属官学，但一般
也都拥有由地方人民捐输的学田学款，以补贴生员膏火。（3）由私人捐输
形成的其他各种公共场所建筑，如祠堂、庙宇等。

对于这些"公产公款"，当时人有着十分明确的观念，即它们不是

---

① 民国《高邑县志》，行政志。
② 民国《盐山县志》法制略，建置篇。
③ 民国《新河县志》，经政考五。

属于国家而是属于地方社会所有，至清末民初，遂被用于各项地方自治事业，成为县自治财政的一项重要资产。其中书院、儒学一般均被用作县高小的校址，学田学款一般均被充作教育基金。如直隶静海县除乡镇学田外，有县属学田76处，共95顷40亩余，其租金为该县教育经费一项主要来源；昌黎县旧有学田、书院膏火地、义学学田、祭田等公有地产多处，此时"均归县立高等小学校及劝学所，有卷可查各庙产亦强半变价作为学款"①。各地社仓义仓大多早已圮废，间有幸存者，其积谷或谷款也被用于地方事务，如直隶清末完县"仓款""甚充裕"，"办学办团办支应，屡次提出"②。祠堂、庙宇等公共建筑则一般均为教育、警察、实业、议会、保卫团等自治机关占用。

2. 旧有差徭款之一部。清代差徭款虽然在实际上早已成为州县国家财政收入的一个组成部分，但毕竟不是"正项"，因此被视为强加于地方社会的额外负担。清末民初，一些地方对差徭进行了清理，部分被划归地方收入。如1911年顺直咨议局作出决议，经直隶总督陈夔龙转发，令各州县官绅会同清理差徭。③据此，清末民初直隶许多州县均由议事会、参事会与州县行政官员一起进行了这项工作，往往除核减总额外，还将其中一定数额转为地方收入。如望都县以二成"分配地方公用"；宁晋县将总额16716缗中的5863缗拨归地方学款和自治经费；元氏县将总额3976缗中的1913缗移作警款和自治款。④

3. 田赋附加，也称亩捐。田赋附加最早起源于鸦片战争后和太平天国战争期间征之于四川的"按粮津贴"；1901年后，一些省份为筹措所摊分之庚子赔款，也开征亩捐。这种田赋附加均随正赋上缴，成为国家财政收入的一部分，但后来在有些地方也部分转为自治财政收入。如山西1901年因庚子赔款随地丁正额加征一五亩捐，分上下忙征收。至1920年，上忙亩捐改为省、县地方附加税各一半，下忙亩捐改为省地方附加税和办矿专款

---

① 民国《静海县志》，政事部；民国《昌黎县志》，行政志，财政。

② 民国《完县新志》，疆域志上。

③ 民国《望都县志》，建置志，交通。

④ 民国《望都县志》，建置志，交通；《宁晋县志》，赋役志；民国《元氏县志》，行政志。

各一半，即是说，从此亩捐有四分之一留为各县地方收入。①直隶各州县在办理自治"新政"的过程中，因征之于流通领域的各种杂捐数额不足，且无可靠保证，几乎全都将手伸向农民，或实行"按村摊捐"，或实行"按亩摊捐"（前者在进一步落实到每户时一般也都变为亩捐）。在大部分县，这种亩捐在自治财政收入额中要占一半以上。

4. 杂税杂捐。1909和1910年清政府颁布的两个地方自治章程均明文规定以地方捐税作为地方自治的一项经费来源②。实际上，早在1901年"新政"开始推行后，这类杂税杂捐已在各地开征，"一事兴即筹一项收入，或附加，或酌设，及某事取消而收入移作他用"③。所谓"附加"者，即是在田房契税、牙行税、当税、印花税、烟酒税、牲畜税、屠宰税等国家税项下征收地方附加捐；所谓"酌设"者，即自立名目征收地方捐。1913年北洋政府颁布《划分国家税地方税法草案》，其中规定为地方税的地捐、商税、牲畜税、粮米税、油捐及酱油捐、船捐、杂货捐、店捐、房捐、戏捐、车捐、乐户捐、茶馆捐、饭馆捐、鱼捐、屠捐、肉捐、夫行捐和"其他之杂税杂捐"，也是指这类税捐。清末和北洋政府时期，杂税杂捐在各县少则十几项，多则几十项，因地而异，不胜枚举，乃是当时县自治财政的一项主要收入。

5. 各种公共财产使用费和公有事业收入，如学校学费、县办农事实验场和县办工厂收入等。

6. 国家财政补贴。民国初年，有些县因地方财政收支严重不敷等原因，国家将财政收入之一部留给或返还地方，以为补助。如京兆房山县每年接受各类经费补贴九千余元④；在其他地方，牙税、牲畜税等国家税往往也有部分留给地方。

7. 地方公债收入。如直隶威县1920年曾发行"救济债券"。

8. 临时摊派。以上各项经常收入如不敷支出，则向商民临时摊派。如

① 民国《临晋县志》卷五，公款略。
② 故宫博物院明清档案部编：《清末筹备立宪档案史料》下册，第738页；胡次威：《民国县制史》，第13页。
③ 民国《蓟县志》卷二，官师志。
④ 民国《房山县志》，政治志。

直隶高阳县在20世纪20年代后期至30年代初，"地方公款收支相抵不敷净五千四百八十八元，每年由商会及各区临时设法筹款"①。

这一时期县自治财政的主要支出为以下几项：

1. 教育经费。清末民初各地兴办的新式学堂，办学方式大致有三种：一是县办，主要为设于县城的高小、完小、乡村师范、模范（实验）初小和某些设于重要城镇的高小；二是村办，主要为各村的初小及附属于它们的业余民众学校；三是私立。上述学校，其县办者经费完全由自治财政开支；其村办者，一般由县自治财政给予津贴，也有些县甚至将其经费全部在自治财政中列支。教育经费系当时县自治财政的一项重要支出，在有些地方比重可占到30%—50%。

2. 警察经费。前文已经述及，清末民初各（州）县的警察不是国家统一的武装或保安力量，而是由地方社会自办的治安组织。1909年，各省始置巡警道和各州县警务长，然而在清末和整个北洋政府统治时期，警务始终属于地方自治行政，其经费也始终由县自治财政开支。警费在当时的县自治财政中是与教育经费相匹敌的另一大项支出，在不少地方比重亦可达到30%—50%。

3. 保卫团经费。清末民初，各地在原有自卫社、联庄会、保甲局的基础上设立了乡（区）县保卫团，以抵御外来武装侵扰地方社会为主要职能，同时协助警察维持地方治安，其经费全由县自治财政开支。

4. 实业经费。从清末"新政"至民初，一些县纷纷成立工艺局、模范工厂、苗圃、农事实验场，提倡手工业，植树造林，劝种美棉，推广凿井、桑蚕技术，联合教育界创办职业学校，其开支均由县自治财政负担。

5. 自治经费。清末和民初两次推行地方自治，从筹备阶段创办自治学社、自治预备会到议、参"两会"成立后的办公运作，经费均由县自治财政支出。此外各县农会、教育会、商会作为社会自治团体，从事农业普查、推广新技术、视察学校教学、举行教学观摩会、举办教员讲习所及调解同业纠纷，也被认为兼有某种自治行政辅助机关的职能，有时县自治财

---

① 民国《高阳县志》，行政志。

政也负担其部分经费。

6. "地方公益机关"经费。清末民初教育、警察、实业、财政等四种局所，其经费全由县自治财政开支。

国民政府统治初期，各地县自治财政的收支结构与北洋政府时期相比没有发生根本性变化，其收入以田赋附加和杂税杂捐为大宗，其他还包括地方公款公产收入、行政性收费及罚没收入等；其支出以警务（保卫）经费为大宗，教育经费也属支出大宗，其他还包括各机关行政支出、实业（建设）支出、公共事业支出等。不过，由于地方经济文化的发展和国民政府在地方制度方面的新创制，这一时期各地县自治财政的支出结构也呈现出一些新特点：其一，随着地方自治和保甲制度的推行，各地新增了自治筹备经费、区公所经费、保甲经费和保卫团经费等新支出；其二，随着国民党训政的实行，一些地方新增了国民党县党部和农会、教育会等地方团体的经费支出；其三，随着县政组织的改革，有些地方以政务警察取代差役，其经费转为县自治财政支出；其四，由于地方教育事业较之清末民初有较大发展，各地教育经费的开支面明显扩大；其五，由于地方文化、卫生、体育事业的起步和发展，不少地方在县自治财政中列支图书馆、阅报所、讲演所、医院、救济院、公共体育场等经费；其六，由于地方经济建设事业有所发展，不少地方在县自治财政中列支县办工厂、农事试验场、电话、度量衡检定等经费。毋庸置论，在县自治财政支出面扩大、数额增加的情况下，其财政收入自然不断扩张。这里试据两县为例，以窥见国民政府初期各地县自治财政收支概况。

其一，河北元氏县1929年由财务局经理的地方收入有田赋附加、契税附加、杂捐、学款生息、学田地租、差徭等37项，合计76262元。其支出情况：教育经费20486.4元，约占26.9%；警察经费18000元，约占23.7%；自治费4965元，区公所经费7558元，两者合计约占16.4%；建设费5666元，约占7.4%；保卫团经费16224元，约占21.2%；其他地方临时用款3361.6元，约占4.4%。从县自治财政支领经费的行政机构有公安局、保卫团、建设局、教育局、财务局、乡治处等；事业单位有农事试验场、苗圃、县中学、县第一、二、三高小、通俗讲演所、阅报处、民众模范学校、公共体育场、通俗图书馆、县立医院、救济院等。①

其二，湖北省嘉鱼县1933年的"县地方财政"收支情况见表6.4、表6.5和表6.6。

从表6.4可以看出，县自治财政收入的主要来源为按土地征收的税捐，合地丁附加、漕米附加、屯饷附加、田亩捐、保甲田亩捐5项，数额为90872元，占总收入121177元的75%。

从表6.5和表6.6可以看出，县自治财政支出的最大项目为保安团队（保安队）经费，经常支出与临时支出合计为57801元，占总支出102682元的56.29%；其次为行政经费（含财务行政经费），经常开支与临时开支合计为24780元，占总支出的24.13%。

表6.4　湖北省嘉鱼县1933年的县地方税捐收入项目和数额（单位：元）

项目	数额	其中			
		县政捐款	教育捐款	保甲捐款	保安捐款
地丁附加	12004.00	8744.00	3260.00		
漕米附加	4592.00	3626.00	966.00		
屯饷附加	76.00	54.00	22.00		
芦课附加	2018.00	1442.00	576.00		
券票附加	300.00	300.00			
买契附加	8000.00	7000.00	1000.00		
典契附加	245.00	245.00			
短期牙贴附加	1500.00	750.00	750.00		
屠宰附加	3531.00	1617.00	1914.00		
田亩捐	53000.00				53000.00
绅富捐	4801.00				4801.00
商铺捐	7200.00	6000.00		1200.00	

① 民国《元氏县志》，行政志。

续表

项目	数额	其中			
		县政捐款	教育捐款	保甲捐款	保安捐款
学产收入	2710.00		2710.00		
保甲田亩捐	21200.00			21200.00	
收入合计	121177.00	29778.00	11198.00	22400.00	57801.00

资料来源：湖北省民政厅编：《湖北县政概况》（民国二十三年），第78—79页。原表有误，相互核对后改正。

表6.5　湖北省嘉鱼县1933年县地方财政经常支出项目和数额（单位：元）

经常支出	县行政经费	区公所	7488.00
		政务警察	1512.00
		县公安警察	3982.00
		合计	12982.00
	县建设经费	电话经费	3168.00
		度量衡检定分所	833.00
		植树节经费	21.00
		合计	4022.00
	县保甲经费	各保甲经费	2025.00
		户口异动表册费	161.00
		壮丁干部训练所经费	1440.00
		合计	3626.00
	保安团队经费	壮丁干部训练所经费	1840.00
		保安大队部	4954.56
		保安中队	39712.00
		班长训练所	982.44
		亩捐征收费	1855.00
		合计	49344.00

续表

经常支出	财务行政费	保甲捐提亩捐征收费	742.00
		商铺捐提亩捐征收费	252.00
		财务委员会经费	1920.00
		合计	2914.00
	县教育文化经费	补助教育会征收费	190.00
		县教育科经费	1253.00
		中心小学经费	4464.00
		各初级小学经费	2160.00
		乡村教育经费	360.00
		通俗教育经费	600.00
		收音机管理费	360.00
		文献委员会经费	360.00
		合计	9747.00
	合计		82635.00

　　资料来源：湖北省民政厅编：《湖北县政概况》（民国二十三年），第79—81页。原表总数统计有误，据各项数字改正。

表6.6　湖北省嘉鱼县1933年的县地方财政临时支出项目和数额（单位：元）

临时支出	县行政临时经费	招募递解经费	1000.00
		出差旅杂费	240.00
		行政会议费	400.00
		政警服装费	68.00
		公安服装费	523.00
		公安预备费	300.00
		第一预备费	1212.00
		第二预备费	5141.00
		合计	8884.00

续表

临时支出	建设临时费	电话兵服装费	235.00
		电话修理费	300.00
		电料添配费	600.00
		合计	1135.00
	保甲临时费	保甲临时费	120.00
	县保安队临时费	医药费	414.00
		服装费	2076.00
		修械费	205.00
		子弹费	2109.00
		差旅费	770.00
		丧恤费	630.00
		擦枪费	60.00
		班长训练所开办费	147.00
		保安预备费	2046.00
		合计	8457.00
	教育临时费	教育临时费	1451.00
	合计		20047.00

资料来源：湖北省民政厅编：《湖北县政概况》（民国二十三年），第81—83页。

三、县自治财政之得失

清末至国民政府初期县自治财政的作用和影响，有两点值得肯定：

第一，它对于地方社会的近代化建设起到了一定的促进作用。这一时期由县公署（政府）所经理的国家财政同清代州县财政一样，基本没有建设性社会职能，其全部收入来源于国家拨款和省税附加，其支出则几乎全部用于官员薪俸、赋税征收和司法诉讼。清末以来的县自治财政则与之不同，它从一开始就是应地方社会的近代化建设而产生的，其实际运行也确实为地方社会经济和文化教育近代化的起步提供了必要的物质基础。当时依靠县自治财政设立的公共图书馆、体育场、阅报所、医院、救济院虽然在不少地方还极其简陋，不能惠及多数民众，但这却是地方社会在近代化起步时所必然经历的一个阶段，不搭起架子就谈不到充实。一些地方的农工商实业在县自治财政的资助下也得到了发展，不少县成立了工艺局、苗圃、农事试验场、县工厂，因地制宜发展手工业，植树造林，引进推广优种棉花，取得了一定实效。这一时期县自治财政对于中小学基础教育体系建立的促进作用尤为显著。从清末至20世纪30年代中期，由于县自治财政的形成使得各地的教育经费得到了稳定的来源和可靠的保障。以直隶（河北）为例，各县均先后设立了公立高小或完小一至数所，公立初小数所，乡村师范一至数所，村立初小数十所至数百所不等，不少县还设立了多所业余民众学校（一般为村初小之夜校）和一些职业学校，中小学生在校人数普遍均在数千人以上，有些县且达到一万数千人之多，奠定了此后直至今天县乡村教育体系的基础。至1935年，全省130个县已建立了初级中学9所，简易师范138所，完全小学1096所，初级小学27923所，民众学校和识字处11754所，职业学校、幼稚园等其他类学校59所，由县自治财政拨出的教育经费总额每年达7370911元，平均每县56699元[①]，这在当时是一个相当可观的数目。县自治财政也支持了地方社会在政治、行政体制方面的近代化改革。清末民初和国民政府初期所实行的地方自治，当时被称为"地方公益机关"的实业、教育行政机构，以及各地建立的近代区乡行政，其经费无不是来源于县自治财政。县自治财政还保证了近代警政的建立。当时的县乡警察虽然普遍存在扰民问题，而且地方保卫团队在国民政府初期大多成为国民党的内战工具，但就形式而言，新式警察和地方保卫机制的建立乃是中国社会政治体制近代化的一项重要内容。在一些地方，警察和地方保卫团队也确实在维护社会治安、修筑公共道路等方面程度不同地取得了成效。以河北省为例，《满城县志略》认为该县自清末30年

---

① 据1935年河北通志馆修《河北通志稿》经政制，教育册，未刊印本。

中，"几经变迁，遭兵燹，地方倍受涂炭，而土匪不起，比户安然，端赖警察维持之力也"；成安县清末民初"五区巡警巡逻站岗，昼夜勤劳，土匪敛迹"；枣强县民国初年土匪横行，而"巡警局器械整饬，士马精研，不惮与之周旋，以角胜负"；元氏县"城关道路年久失修，高低不平"，经警察与商会联合修治后，"道路平坦"；又该县向来偷伐公共树木现象严重，"嗣经警察严厉禁止……恶习渐除，林业日渐发达"。①

第二，县自治财政作为当时地方自治的一个重要组成部分，体现了地方自治作为一种近代行政体制而具有的机构科层化和运作法制化特点。它以公共机构代替了士绅和地方官个人对于地方财务的把持，以普遍性地方捐税代替了私人捐资，它的财政经理机构须按照法定程序经地方推举产生，财政收支一般均须经某种形式的公共议决。所有这一切，不仅改变了清代地方社会的"有财无政"局面，也与清代州县财政的封建家产制管理形成了鲜明的对照。再者，县自治财政的生成意味着中国传统的中央集权财政体制被打破，是中国县级地方财政的最早形式。它的各项财政收入和支出，均具有鲜明的地方性，也更具有近代地方行政的因地制宜特点。县自治财政的这种系统化、法制化、地方化，鲜明地体现了一种行政体制近代化改革的积极意义。当时的县自治财政还试图对国家财政进行某种制衡。民国初年，县国家财政仍前清之旧，依然由县知事一人负全责，县自治财政形成后则试图对它进行某种监督。如1919年顺直议会议决的《财政所单行条例》规定，"凡关于正税、杂税以及未免差徭陋规等款，县知事征收之始，须将各种细数知会财政所，以杜混弊"②，税款上解后，财政所还要"检查省解款回批"③。

清末至国民政府初期的县自治财政也存在着某些消极性。

首先，县自治财政极大地加重了劳动人民的负担。前文已经阐明，当时县自治财政收入的主要来源是征自于农民的田赋附加和田亩捐，这在工商业不发达地区尤为明显。对此河北省《无极县志》记载说：

---

① 民国《满城县志略》卷五，县政；民国《成安县志》卷七，行政；民国《枣强县志》卷三，行政组织；民国《元氏县志》，行政志。

② 林儒翰纂：《藁城县乡土地理》下册，县公署。

③ 民国《新河县志》，经政考四。

民国二十年来，国无一日安宁，内战相继，莩莩遍野，政府帑库空虚，则坐催提解；地方图谋自卫，亦需款孔繁。至兴办教育，增设自治机关，莫不在在需款。而县区荒僻，无工商业以资挹注，杂捐而外，只有随粮带征之一途。极邑额赋五万五千余元，而附加警款等捐，竟达五万余元，其保卫团款、建设经费依粮附摊者尚不在焉。①

清末民初许多大大小小的"民变"，往往就起源于县自治财政的捐税加征和经费摊派。

其次，在清末至国民政府初期的地方自治中，散漫无序的地方社会中兴起了一种在形式上已经科层化、法制化的地方公共权力，它包括议、参"两会"和教育、警政、实业、财政等"四局"。然而就内容而言，这种公共权力却并非全体人民均能够平等享有的"民权"，而是主要为一个新的士绅阶层所分享的"绅权"。这个新士绅阶层是由当时的县议、参"两会"成员、"四局"首长、县农会、商会、教育会的会长、中学校长以及各村长佐组成的（详见第八章）。在清末民初"官治"相对衰弱的社会形势下，他们与地方自治制度相为里表，在相当大程度上成为地方社会的支配力量。在有些地方、有些时期，他们借经理县自治财政之机，与官府相互勾结、横征暴敛、中饱私囊。在当时农村经济凋敝，农民经济承受能力极低的情况下，这一问题的严重性就更加显得突出。

---

① 民国《无极县志》，财赋志。

第三节 县统一财政的生成

一、财政机构的整合

在中国近代史上，地方财政这一概念有两种涵义：其一是指国家财政中的地方层面，即相对于中央国家财政而存在的省国家财政、县国家财政；其二是指相对于国家财政而存在的地方自治财政。在清代，这两种意义上的地方财政都是不存在的。当时各州县在履行财政职能时，只不过是国家统一财政的一个征收和出纳机关，它们没有自己独立的财政收支，只是代国家征收地丁等赋税，并从中坐支本应由国家拨发的行政经费。至于地方自治财政，则更是无从谈起。当时地方社会存在一些地方公产公款，或在办理某些公益事务时临时募捐一些款项，它们一般属于各乡村、各宗族、各团会，或按习惯收支，或由经办有关公益事务的绅董管理，没有常设财务机构。上文已经述及，在清末至国民政府时期，各地产生了与国家财政并存的县自治财政，然而国家财政系统内部却依然没有省与县之间的划分，没有独立的县财政，县公署（政府）仍然如清代一样，一方面代国家经征田赋等赋税，另一方面从国家支领（或坐支）额定的办公经费。国民政府取得全国统治权时，在县财政体制方面面临的就是这样一种局面。按照《建国大纲》和《县组织法》，县政府一身而二任，既为自治机关，同时又兼办国家行政事务。因此，它在财政制度建设方面的目标，就是要建立一个统一的县地方财政体系。这种财政体系同样须具备双重性质，一方面属于国家财政的县级层面，另一方面属于与国家财政相对的地方自治财政。显然，这一改革的完成需要进行两方面的工作：一是整合县财政机关，改变清末以来履行国家财政职能的县公署（政府）与地方财政局所分立并存的局面，同时建立健全法制化的预算、税收、金库制度。二是整合财政收支系统，在国家财政中进行中央与地方、省与县的收支划分，并在此基础上将县国家财政与县自治财政合而为一。

在整合县财政机构方面，当时国民政府面临的首要任务是完成县自治财政系统内部的机构整合。前文已经述及，在清末至国民政府统治初期，不少地方虽有县自治财务局所的设置，但同时教育、警务、实业、自治等各机关又往往自开财源，自筹经费，自行开支，也有些地方则根本没有统一的财务机关。例如：

> 河北平山县，教育、公安、建设、财务等局所及各区公所所需经费"向系自抽自用，漫无标准，流弊所在，有款者则因种种之扩充无法裁减，无款者因捐税之复杂不能加抽。民国十七年，虽经财政整理委员会厘定办法，期收统一之效，然因畸轻畸重，积久难返，削足适履，终成画饼"。①

此外如山东馆陶县除教育经费在税契项下动支外，其他如团务、自治等经费，"均由县督饬各区里长等就各该管区域现时情形按亩摊办，以资支用"②。这种情况在当时相当普遍，1932年12月"豫鄂皖三省剿匪总部"在制定《剿匪区内整理地方财政章程》时描述说：

> 现有县地方公款机关，大抵由地方团体任意设置，不但一县境内不相统率，即在一乡一区之内，亦皆人自为政，机关歧出，弊窦丛生，几成为普遍之现象……地方公款，大抵由地方自收自支，其所收入，固不遵政府之规章，其所支出，亦不经正当之审核，遂致无论个人或机关团体，皆可自由筹款，豪强土劣因之操纵把持，图私自利，流弊所至，不可胜言。③

针对这种情况，国民政府曾采取措施加以整顿，以求将各县地方财政统一于财政局管理。1928年12月内政部举行的第一次民政会议即提出了整理各县地方财政问题。会后，内政部会同财政部制定了《县财政整理办

---

① 民国《平山县志料集》卷七，行政志。
② 民国《馆陶县志》，政治志。
③ 中华民国史事纪要编辑委员会编：《中华民国史事纪要》（初稿），民国二十一年册，第980—981页。

法》七条，其中规定各县地方财政必须实行"统筹统支"，"均由县财务局掌管之"，"除财务局外，无论何种机关，均不得自行筹款"；"财务局之收入，若有意外减少时，应即速行筹划，不得使其他机关政务停顿，各机关亦不得巧立名目自行弥补"；"各县已成立之经理地方款产机关"可以继续存在，但必须"隶属于县财务局"①。但问题并没有得到解决。至1931年1月全国内政会议召开，又有议案提出"地方教育、建设、警察各种经费，似应一律仍归县财政局统一征管收支"。这一议案经审查后通过，有关决议说："以后各县财政，应统一于财政局。所有教育、建设、警察等项保管委员会，均应撤销。但原来指定之教育、建设、警察等经费，系属专款，财政局不得变更分配。"②鉴于各县财政局难以在事实上统一地方财政收支，1932年12月"豫鄂皖三省剿总"颁布《剿匪区内整理县地方财政章程》，令豫鄂皖等省成立各县财务委员会，其宗旨仍在于"统一各项公款机关""矫正自收自支旧习"。该章程规定，各县设立由7—11名委员组成的财务委员会，受县长监督办理地方财政；全县所有教育、团防、自治、慈善各款，及一切县有公款公产均归管理，实行统收统支，此外任何机关团体不得自行筹款；如确有必要征收款项，"须由财委会决议，召集各法团讨论后，呈由县政府转呈财政厅核准后施行之"。③

各县财政局、财务委员会等组织的设立，在一定程度上统一了县自治财政的收支，但有些地方各机关、法团、乡镇自收自支的问题仍未能杜绝。如1933年7月，湖北宜昌县覃汉章等65名保长联名呈控该县公安局滥征苛捐杂税，其情况之严重令人吃惊。诉状说：

> 该县公安局按月征收娼妓捐、乐户捐、条捐、乐灯捐、猪捐、人力车捐、自行车捐、鲜牛皮捐、普通罚款、旅栈捐、临时戒烟照、妓女许可证、建筑照、旅栈领照费、迁移证费、医师领照费、补发门牌等20种捐、费；此外还有钉挂铁、纸两种门牌

---

① 李景汉编：《定县社会概况调查》，大学出版社，1933，第584页，

② 中华民国史事纪要编辑委员会编：《中华民国史事纪要》（初稿），民国二十年册，第118页。

③ 中华民国史事纪要编辑委员会编：《中华民国史事纪要》（初稿），民国二十一年册，第980页；民国二十四年册，第99页；国民政府时期湖北省政府档案，卷号LS1—7—6499。

费、渣桶捐、妓女执照、更换人力车牌费、青果捐、烟灯捐、特税附加捐、商埠捐、清理特业会补助等其他名目的捐、费。以上各项苛捐杂费合计每月收数达12000元之多。在这些苛捐杂税的背后是严重的贪污中饱和职务废弛。诉状说该县公安局的实际开支，即使算上"呈报备查未蒙批准"者也不过每月9000余百元，其他全为局长吞入私囊，"历任公安局长办理局务，莫不倬有余裕，饱囊归田"。为了勒索罚款，该公安局不执行禁烟令，"烟灯捐阳则奉令停顿，阴则该局长及各分局长暗中包庇，较正式收捐时倍加严厉，稍有迟滞，即将各烟馆上好烟具烟膏连同馆主带局，说项十元以上百元以下之罚金，不名凡几。受罚者不但不受拘役，且可恢复营业，返还物具。故馆主对该局罚金，只求脱罪复活，不敢求发收据"；"更巧立侦缉队名目，专招流氓承充，借侦缉窃盗为名，实则专任烟馆调查"。①

在致力于统一县自治财政机构的同时，国民政府也进一步谋求县自治财政机构与国家财政机构的整合。《县组织法》规定各县财政局为县政府的"下设"机构，事实上加强了县长对于县地方自治财政的干预权。至1932年底"鄂豫皖三省剿总"命令各县设立财务委员会，其主要宗旨虽然在于统一各县的自治财政，但同时也含有使自治财政与县政府互相制约、监督的用意。对此蒋介石阐述说：

> 县长综收付之柄，而一切现款之出纳，系由县财委会经管；而县预算之是否适当，是否核实，其审核之责，又属于县财委会；同时县财委会经管之现款，县长仍得加以监督，随时检查。且财委会各委员，规定必须该县城乡各地之公正士民充任，对于地方款项，自必重视。故财委会与县长之间，彼此分权，互相监督，则已往侵吞捏报，及亏空公款诸弊，自不难渐臻廓清。②

当时各地的县财务委员会一般都以县政府分管财政的科长为当然委员，其

① 国民政府时期湖北省政府档案，卷号LS1—7—6499。

② 中华民国史事纪要编辑委员会编：《中华民国史事纪要》（初稿），民国二十四年册，第99页。

他由地方推举的委员也要由县长聘任。①

在整合县自治财政与国家财政机构的过程中，国民政府所采取的更为主要的办法是上文已经叙述的"裁局改科"。通过这一改革，各地经理县自治财政的财政局被裁撤，其所掌事务改由各县政府设科管理。经过上述努力，县长对地方财政的管理权大大加强。首先，在一些地方，地方税捐的征收改由县政府经管。例如1933年湖北利川县某县长的一份呈文说：前县长张××"来宰下县为时六月之久，地方种种税捐，纯由县政府代收代付，故意含混，借以挪动"②。又如前文所述豫鄂皖各县财务委员会成立后负责各种公款的保管和出纳，而征收则由县政府负责③。其次，这一时期县长即使不直接经手地方财政事务，也须负监督责任，卸任时须进行一定形式的交代。例如：

> 1933年湖北宜昌县长萧×到任伊始，"即召开联席会议，凡关地方临时开支、县政府预备费，由联席会议公推商会常委罗××、第一区联保主任王××办理，由县政府负责监督，但不经手收支"，奉令交卸后，"召开党政军警及各公法团第二次联席会议，饬各经手人员将地方开支细数单据公开，审核无讹，造具清册，由到会审核人员署名盖章"，向后任移交。④

"裁局改科"后，县长更是须对地方财政负全责。清末和北洋政府时期，县知事卸任时只须对任内经手的国家财政收支作出交代，此时县长卸任则须同时交代地方财政收支情况。例如，1935年1月至1936年3月，孙××担任河北新河县县长，其各种离任交代文书中即含有"第二科财政股经管县地方款"的交代清册。这种关于地方财政收支的交代，须经"地方教育监管委员会"审核，还须经经管地方财政的第二科科长具结，证明其真实无误。⑤不过，由于20世纪30年代中期县自治财政和国家财政在财

---

① 湖北省政府民政厅编：《湖北县政概况》（民国二十三年），第893、915、1257、1170页。

② 国民政府时期湖北省政府档案，卷号LS1—5—4282。

③ 如湖北随县"田赋亩捐商捐等项，统由县政府核收"，见湖北省民政厅编：《湖北县政概况》（民国二十三年），第591—592页。

④ 《卸任兼任宜昌县长萧干呈》，国民政府时期湖北省政府档案，LS1—5—4282。

⑤ 国民政府内政部档案，全宗第12，案卷第3401。

政收支方面尚没有融为一体（详见下文），所以此时县地方财政机构与国家财政机构的整合还未能彻底完成。"裁局改科"后，经理地方财政的机构与经理国家财政的机构往往只是机械地归并于县政府之中，而仍旧各自履行其旧有的职能。例如1935年河北省政府制定通过了《各县政府组织规程》，规定县政府设四科，其中第二科内部分省款股和县款股两股，分别掌管国家财政和县自治财政，其中"省款股"掌省财政收入的经征、督察、保管、支拨呈解、编造县政府预算和县政府经费拨支等事项；县款股掌县地方款收支保管及编造预决算、县地方款各机关收支簿据的稽核、地方公产保管、处置以及其他有关地方款产的事项。[①]据河北《磁县县志》记载，该县1934年2月"裁局改科"后，原财务局直接改为县政府第三科，仍"经管地方财政统收统支"。[②]又如山东馆陶县1933年1月"裁局改科"后，财政局改为县政府第三科，"专管地方财政"，而"原设之第二科掌省财政事项"。[③]这种情况相当普遍。直至"新县制"实行后，县政府各个履行财政职能的科局一律裁撤，统一设立自治财政科，县自治财政与国家财政在机构方面的整合才真正完成。

二、征收机构和公库的建立

国民政府初期承清代和北洋政府（州）县财政制度之弊，不论是县政府经理的国家财政还是财政局等机构经理的地方财政，均没有建立起职能独立的征收、保管、出纳制度，往往三者混一，由县长、县政府有关科局或其他机关各就自己所掌管的财政收支负其全责。有鉴于此，国民政府在统一县财政机构的同时，也在这方面采取了改革措施。

国民政府在这方面所进行的尝试，最早可以推至1934年5月召开的全国财政会议。在这次会议上，财政部长孔祥熙提交了关于整理地方财政的提案，其中提出各县应设立地方税局作为统一的征收机关，"所有营业

---

① 《大公报》，1935年10月2日，第四版。

② 民国《磁县县志》，第十五章。

③ 民国《馆陶县志》，政治志，财政。

税、牙税、当税、屠宰税及其他省县税捐，均由该局统一征收报解，而直接受财政厅之指挥监督"。这次会议通过的议案规定，各县田赋征收"经征机关与收款机关应分立，由县政府指定当地银行、农业仓库或合作社收款"①。此后，有些地方在办理清丈田亩的同时设立了田赋处、田赋经征处等专门机构。同年12月军委会南昌行营颁布的《剿匪省份各县府裁局设科办法大纲》在规定各县应征之省县正附税捐一律归县政府统一经征的同时，强调县财政保管和出纳的独立性，规定设置县金库以办理各县财政收支及保管事项。②在1939年"新县制"颁行前，有些地方的县财政机构已经较为健全，开始有了征收、保管、会计、出纳和监督的分工。例如：

> 湖北省于1938年制定发布了《湖北省各县地方非常时期财政支出办法》（后于1940年2月修正）。这一文件规定："凡已设立税务局各县之地方财政"，各项财政收入应由县长和税务局长督饬主管人员"随时解交县库"；在县金库已经成立的县份，经常经费开支"由县长按月依案填发支付命令，交库拨领；其未成立县金库县份，仍应由县长照法定手续填具命令，送由财务委员会按月照案拨发"；"各县报销临时用费，应由县政府编造计算，检齐单据，交财务委员会审核后呈由该管专署核明，转呈省政府核办"。③

次年，在全省县长会议上，省政府会计处又提出了《改进各县会计事务案》，规定对各县现有财政机构的职能进行明确分工：

> 由县政府会计室负责县总预算、县总决算和省款收支预算、决算，并负责监督、指挥县属各机关年度的会计事务和会计人员；由县政府第二科负责整理省县各项收入，办理财务行政事宜，并指挥金库；由县财委会负责审核县各级预算、决算，在县金库尚未专设的县份办理县款的保管和出纳；由县金库负责办理县款的收纳和支付。④

---

① 中华民国史事纪要编辑委员会编：《中华民国史事纪要》（初稿），民国二十三年册，第1092—1095页。

② 同上书，民国二十三年册，第1147—1151页。

③ 国民政府时期湖北省民政厅档案，卷号LS3-1-379。

④ 国民政府时期湖北省民政厅档案，卷号LS3-1-548-2。

1939年《县各级组织纲要》颁布后，各县县政府除设置财政科外还设置职能独立的会计室，并设立田赋征收处、自治税征收处等专项税收的征收机关，不少县还根据《金库法》设立了各县金库。例如：

湖南至1942年底设立县金库72个。

福建省各县"于县政府内部设财政科，外部设征收处，由财政科长兼任该处主任……（征收处）外部业务依各县情形分区设立经征处，每县以五个为限。除经征处所在乡镇外，每乡镇设立经征所"。1941年8月设省田赋管理处，同年9月成立各县（区）田赋管理处，县以下每一粮区均设征收分处，与田管处征收分处相配合，办理田赋征实。

陕西省至1942年"县市公库已正式成立者，有长安等五十二县，分别由各该县县银行或驻在各该县之省银行办事处代理"。

甘肃省至1942年"除各县府均设有财政科外，计设有税捐征收处五十县，县公库三十六县，会计室四十二县，财务委员会五十三县"。①

三、财政预算制度的建立

没有预算制度而滥征滥支，是国民政府初期承自清代和北洋政府时期县财政制度的又一弊病，它导致各地苛捐杂税多如牛毛，官绅中饱肆无忌惮。因此，国民政府在致力于统一、健全财政制度的过程中，也着手建立县市财政预算制度。

1932年9月国民政府公布了《预算法》，但其中没有关于县市预算的规定。同年12月，"豫鄂皖三省剿总"颁发的《剿匪区内整理县地方财政章程》提出："从前地方收支各公款，大抵仅有随时记载之账簿，或并账簿而无之，此地方讼争之所由多，而民众不满之所由起"，因此必须"厉行预算决算制度"。章程规定：

① 行政院编：《国民政府年鉴》（民国三十二年度七月），地方之部，第40、41、86、182—183、271、293页。

　　　　凡县地方附加捐税及其他一切之收入，与一切经费之支出，
统应依照规定制编预算决算。凡预算已列之项目，不得移作他
用；凡预算外之支出，及预备费之动用，暨捐税之增减，非经省
政府核准，财委会即将拒绝执行。则向来之滥收虚耗，与机关团
体在地方自由筹款之弊，即无由再逞。①

1934年全国财政会议议决《办理县市地方预算规章要点》六项，会后由财
政部通行各省遵照办理，限于民国二十四年度内将全国县预算一律成立。
1935年9月，又制定各县市办理预算的具体办法，要求各地执行，其主要
内容是：

　　　　1. 县市地方预算核定后由县市政府印刷多份公布城乡，并在
当地发行或销售之报纸披露全文，俾人民一体周知。

　　　　2. 地方所有收支，均须绝对遵守预算范围，如有在预算或法
案之外征收者，依据刑法有关条款惩处；在预算或法案之外支付
者，责令赔偿，并予以处分。

　　　　3. 人民对于预算或法案之外之征收，除不负输纳义务外，并
得向上级官厅告诉。

　　　　4. 预算公布后，非有重大特殊情形，不得呈请修改。②

1939年《县各级组织纲要》颁布，其中也有关于县预算的规定，并有乡预
算的规定：

　　　　在县参议会未成立时，县预算及决算，应先经县行政会议审
定，再由县长呈送省政府核准。在县参议会成立后，县预算及决
算，应先送交县参议会议决，再由县长呈送省政府核定之。但有
必要时，得由县长先呈送省政府核准施行，再送县参议会。

　　　　乡（镇）财政之收支，由乡（镇）公所编制概算，呈由县政
府审核，编入县概算。

县财政预算制度在当时基本得到了实行，并对于县财政的法制化起到了积极

―――――――――

　　① 中华民国史事纪要编辑委员会编：《中华民国史事纪要》（初稿），民国二十一年册，
第981页；民国二十四年册，第99页。

　　② 同上书，民国二十四年册，第459页。

作用。1935年11月，财政部长孔祥熙在国民党五全大会第二次会议上做关于《整理地方财政简要报告》，其中谈到各地办理县市预算的实际情况说：

> 本会计年度开始以后，各省各县之地方预算，全省统经省政府核定者，有江苏之61县，安徽之61县，山东之108县，察哈尔之15县，湖北之70县，陕西之92县，宁夏之10县；其多数县份已经核定者，计河南有110县，广西有84县，江西有82县，福建有13县，湖南有16县，共计有722县。其正在审核之中者，有374县，正在编送者有685县，造报情形未详者，计东北四省及察省之多伦，凡160县。总计全国1941县中，截至本年9月中旬止，已完成及正在审核者，凡1096县，约当全国县份总数57%，预料最短期内，其正在编送各县，亦可一律完成。[1]

此外，有当事人回忆说，浙江省在1937年建立县财政会计制度后，"各县财政交代的麻烦大为减少，会计上各项收支均有根据，随时入账，随时可以结清"；"县政府经费，按县的大小列有预算，每项支付都须合于手续，县长不得任意支付"；原来各县以"征收公费"名义征收田赋附加，其用途"除开支征收员工薪给，及其他必要费用外，悉为县长所得"，此时则"将是项收入及应支费用，均列入县预算，收支有余不归县长私囊……从此县长无此项生财之路"。[2]

四、统一收支系统的建立

将清末以来的县自治财政收支与县政府经理的国家财政收支进行整合，进而实现县地方财政与省地方财政的收支划分，是建立独立县地方财政的关键。在这方面，国民政府经过十几年的努力，取得了实质性的进展。

1928年11月，国民政府通令实行《划分国家收入地方收入标准》和《划分国家支出地方支出标准》，其中规定现行地方收入为以下各项：田

---

① 中华民国史事纪要编辑委员会编：《中华民国史事纪要》（初稿），民国二十四年册，第191—194页。

② 《浙江文史资料选辑》第21辑，第109—112页。

赋、契税、牙税、当税、屠宰税、内地渔业税、船捐、房捐、地方财产收入、地方营业收入、地方行政收入和其他属于地方性质之现有收入；将来新增地方收入为营业税、所得税和所得税附加税。地方支出为以下各项：地方党务费、立法费、行政费、公安费、司法费、教育费、财务费、农矿工商费、公有事业费、工程费、卫生费、救恤费和债款偿还费。①上述所谓"地方收入"和"地方支出"，均包括县财政收入和支出在内（不仅包括当时县政府经理的省财政收支，而且包括县自治财政收支），但这两个文件却没有对省与县之间的财政收支划分做出规定。在同年颁布的《县组织法》中，含有县政会议负责审议县预算决算、县公债、县公产处分和县公共事业经营、管理事项的规定，这意味着在财政体制中应有独立的县级财政，但它同样没有对县财政的收支项目作出规定。这样，在国民政府初期的财政体制中，县级财政实际上就仍然没有法定地位。于是，各地依然因袭北洋政府时期的传统，不论是县自治财政还是县政府经理的国家财政，均靠滥征苛捐杂税来维持既定开支。这一时期，国民政府三令五申，要求减轻田赋附加，废除苛捐杂税，但由于各地县政府和地方机构及事业单位没有合法而稳定的财源，只能是纸上谈兵。

1934年5月，第二次全国财政会议召开，其重点内容即是整顿地方财政。财政部长孔祥熙在其提案中，除了提出整理田赋、废除苛捐杂税和编制预算外，还提出了要在省与县市之间进行财政收支划分的问题。他提出，这种收入划分的标准，"当以税捐种类分别归属，不宜以正税附税为区分，如不能完全归省或县者，宜按成数分配，使省与县市财政，各得相当稳固之基础"；支出划分的标准，"当以其机关及事业设施目的之所属为依归。县市及其区乡镇等，则宜合为一体，使县市与区乡镇之财政，归于统一"②。显然，这意味着要打破县自治财政与县政府经理之国家财政分立的传统格局，建立统一而独立的县财政收支系统。

这次会议通过的议案规定：立即着手办理土地测量，完竣后即按地价的百分之一征收土地税，40%归省，60%归县，同时取消一切田赋附加名

---

① 《国民党政府政治制度档案史料选编》下册，第207—208、210—211页。

② 中华民国史事纪要编辑委员会编：《中华民国史事纪要》（初稿），民国二十三年册，第1093页。

目。次年7月，国民政府公布了《财政收支系统法》，对于中央与地方、省与县市的财政收支进行了划分。文件规定县财政收入为以下各项：

（1）课税收入，包括土地税、房产税、营业牌照税、使用牌照税、行为取缔税、由中央分得之所得税、由中央分给之遗产税、由省分给之营业税；（2）特赋；（3）惩罚及赔偿收入；（4）规费；（5）代管项下收入；（6）代办项下收入；（7）物品售价；（8）租金使用费及特许费；（9）利息及利润；（10）公有营业及事业之盈余；（11）补助；（12）赠与及遗赠；（13）财产及权利售价；（14）收回资本；（15）公债；（16）长期佘借；（17）其他收入。

县财政支出为以下各项：

（1）政权行使支出；（2）行政支出；（3）立法支出；（4）教育及文化支出；（5）经济及建设支出；（6）卫生及医疗支出；（7）保育及救济支出；（8）营业投资及维持支出；（9）保安支出；（10）财务支出；（11）公务人员退休及抚恤支出；（12）债务支出；（13）损失支出；（14）信托管理支出；（15）普通协助及补助支出；（16）其他支出。①

1937年3月，国民政府又公布《财政收支系统法施行条例》，对于与财政收支划分有关的问题做出进一步的具体规定，其中规定了如何将各县原来征收的各种杂税分类融入新税制：

"各地方原有之牙税、当税、屠宰税及其他有营业税性质者，应改征营业税。其牙贴税、当贴税、屠宰户执照税及其他有营业牌照税性质者，改办营业牌照税。""各省市县原有之船捐及车捐，应改征舟车牌照税。""各省市县对称中央现行各税重征或征收附加税捐者，应即废止。"②

1939年《县各级组织纲要》颁行，根据《财政收支系统法》并结合当时实际情况对县和乡镇的财政收入项目作出了扼要规定。它规定县财政收

---

① 《国民党政府政治制度档案史料选编》下册，第236—256页。

② 中华民国史事纪要编辑委员会编：《中华民国史事纪要》（初稿），民国二十六年册，第303—304页。

入为以下几项：

（1）土地税之一部（在土地法未实施之县，各种属于县有之田赋附加全额）；（2）土地陈报后正附溢额田赋之全部；（3）中央划拨补助县地方之印花税三成；（4）土地改良物税（在土地法未实施之县为房捐）；（5）营业税之一部（在未依营业税法改定税率以前，为屠宰税全额及其他营业税20%以上）；（6）县公产收入；（7）县公营业收入；（8）其他依法许可之税捐。

"新县制"还规定，凡经费足以自给之县，其行政费及事业费，由县库支给；收入不敷之县，由省库酌量补助；人口稀少、土地尚未开垦之县，其所需开发经费，除省库拨付外，不足之数，由国库补助；"县政府应建设上之需要，经县参议会之决议及省政府之核准，得依法募捐县公债"。它规定乡（镇）财政收入为以下几项：

（1）依法赋与之收入；（2）乡（镇）公有财产收入；（3）乡（镇）公营事业收入；（4）补助金；（5）经乡（镇）民代表会决议、县政府核准后征收的临时收入。

1941—1942年，国民政府进行了一次重要的财政税收改革。

1941年，国民党召开五届八中全会，通过了《改进财政系统案》；同年国民政府召开第三次全国财政会议，并颁布了《改进财政收支系统实施纲要》。在此期间和之后，又有一系列有关财政改革的法规颁布。在整理公款公产、实行乡镇造产方面，行政院于1942年5月公布了《乡镇造产办法》，财政部拟订了《整理自治财政纲要》《清理各省县市公有款产暂行通则》《县市财政整理委员会组织规程》《各级清理公有款产奖励举发办法》《各县市公款租佃办法》等草案，呈请行政院核定。在清理旧税方面，行政院于1941年5月颁布了《房捐征收通则》，8月公布了《屠宰税征收通则》；在征收新税方面，1941年8月公布了《营业牌照税征收通则》，1942年2月公布了《使用牌照税征收通则》，4月公布了《筵席及娱乐税法》等。经过这次财政税收改革，县财政体制出现了几点重要变化：

第一，确定了县财政的独立地位。北洋政府时期和国民政府初期，国家财政分为中央与省两级，县公署（政府）在财政方面只是省财政的收支机关；各县事实上存在着自治财政，但却没有制度依据。1935年的《财政

收支系统法》，将地方财政分为省与市县两级，与中央财政同属于国家财
政，县自治财政被并入县国家财政。1939年颁布的"新县制"，将地方财
政分为省、县、乡镇三级。这次财政改革则将全国财政划分为国家财政与
地方自治财政两大系统，省财政被划为国家财政，县和乡镇财政被定位为
地方自治财政，彻底取得了独立地位。①

第二，实行田赋由中央征收后返还省、县的制度。由于土地测量陈报
是一件十分复杂的工作，进展十分缓慢，所以1934年第二次全国财政会议
关于将田赋改为土地税、按地价1%征收的决定基本没有得到执行，直至
"新县制"颁行后各地实际上仍按过去制度征收田赋。至国民党五届八中
全会召开，决定将原由地方征收的田赋改归中央征收。决议说：

> "我国田赋向为国税，自民国十七年颁行《国地收支划分标
> 准》，以田赋划归地方，各省遂视为收入之大宗，每有需用，大
> 都增加田赋，以供支应，遂致赋则纷歧，附加杂出，轻重失其平
> 衡，人民病其烦扰……战时财政利在统筹，中央地方原为一体，
> 分之则力小而策进为难，合之则力厚而成效易举。故为调整国地
> 收支并平衡土地负担起见，亟应仍将各省田赋收归中央整顿征
> 收，以适应抗战需要。"田赋由中央接管后，"凡中央核定之省
> 县预算内所列田赋收入，仍由中央如数拨付"。②

第三，正式税课成为了各县的主要收入。土地税、营业税、印花税、
遗产税等由国税分成，屠宰税、房捐、营业牌照税、使用牌照税和筵席及
娱乐税为县地方税；"此外对于各种行政收入及公款公产，亦经切实整
理，结果各县收益均有激增"。③

对于这次财政改革，各省大多采取措施予以落实。例如：

> 湖北省于1940年订有《湖北省建立县乡财政办法大纲》，
> 第三次全国财政会议后将之修正为《湖北省建立自治财政办法
> 大纲》，对于清理公产、厉行造产、倡办公营事业、整理旧税
> 和推行新税等，均做出了规定，"实施以来，尚见成效"。

---

①　行政院编：《国民政府年鉴》，中央之部，第一编，行政，第75—76页。
②　《中国国民党历次代表大会及中央全会资料》（下），第688—690页。
③　行政院编：《国民政府年鉴》，地方之部，第53页。

至1942年，具报实施清理公产者34县；厉行造产方面"已据呈报实施公耕、造林、养畜、种菜并有估计可靠收入者"计有34县；倡办公营事业方面呈报遵照规定创设简易工厂、公营牙行、摊贩场、农业仓库及公共厕所并有估计可靠收入者，计有24县。屠宰税1940年预算收入为158.7万余元，1941年预算收入为380.8万余元，自1942年8月1日改为从价征收后，全省各县每年可征1470余万元；房捐自1941年度开征，预算为21万元；商捐1941年度预算为140余万元，1942年度预算为180余万元，"各县实征数，约在八成左右"。对于营业牌照税、使用牌照税、筵席及娱乐捐等均制定了《征收章程》，令各县于1942年1月1日起普遍实行，1943年据报已开征营业牌照税者32县。①

河南省共111县，"全部为游击区者四十一县，部分为游击区者七县，完整者六十三县"。实行新的财政收支系统后，各县设立自治税征收处，统一征收县财政收入，截至1942年9月底，68县共收房捐、营业牌照税、使用牌照税、筵席及娱乐税777万余元，较上年度实收数增加5倍以上。对于现有公学田，一律重行招标改租。1942年预计68县共可收租金1600余万元，较上年度实收3倍以上；同时积极清查各县的隐匿公产公款。各级行政机构的经费得到增加，1942年，县政府月经费最低者6004元，最高者7355元，较上年度增2倍以上3倍以下；区经费月816元，乡镇经费月245元，各较上年度增近1倍；保长办公处月支30元，较上年度增加7元。②

湖南省1942年县预算岁入为68893206元，其中课税占47.65%，补助收入占26.33%，财产及权利收入占16.15%。③

福建省1942年"将县地方收入之各种临时摊派，各项进口税、土产产销税、房地宅地税等，一律废除。一面依照中央命令，举办房捐、警捐、营业牌照税、行为取缔税等项税捐。……

---

① 行政院编：《国民政府年鉴》，地方之部，第70页。
② 同上书，地方之部，第236、238页。
③ 同上书，地方之部，第85、86页。

订收乡镇自治捐之办法，其捐款系按住户财富及负担能力核实比例征收，凡所有财产价值在二千元以下者准免捐纳。同时停止以前临时摊派，一面积极清查地方公款公产，发展公共造产，以期自治捐款总额逐步减少。"1942年度开始整理地方公款公产，已清查各县平均每年可增收益141747元。[①]

四川省1942年度营业牌照税、使用牌照税、筵席及娱乐税等预算421.9万元，屠宰税预算为10409.66万元；公学产收益共计田土913613亩有零，房屋17327座，租谷租米杂粮1395100市石有零，较整理前田土增27%弱，房屋增25%强，租谷增8%强。1941和1942年，各县市预算编制已开始采用《财政收支系统法》所规定的新科目。[②]

表6.7　四川省1941年度、1942年度各县市地方预算岁入（单位：元）

	科目	民国三十年度预算	民国三十一年度预算
经常门常时部分	总计	203731183	556049940
	税课收入	89079267	213187525
	特赋收入	182660	1188228
	惩罚及偿赔收入	109519	527661
	规费收入	704847	1459890
	代办项下收入	1200	2500
	物品售价收入	160404	679118
	租金使用费及特殊费收入	73532774	147089573
	利息及利润收入	285410	1380238
	公有营业之盈余收入	5326585	9511849
	公有事业收入	——	90500
	补助及协助收入	119906626	178667313
	其他收入	22351891	2247818

① 行政院编：《国民政府年鉴》，地方之部，第181页。
② 同上书，地方之部，第101、102—104页。

续表

科目		民国三十年度预算	民国三十一年度预算
经常门临时部分	总计	8395848	13222224
	惩罚及偿赔收入	773000	918260
	补助及协助收入	504784	——
	捐税及赠与收入	1716116	3260283
	其他收入	5401948	9043681
特殊门	总计	734566	827864
	财产及权利售价收入	669019	776900
	收回资本收入	65547	50964
总计		221861597	570100028

资料来源：行政院编：《国民政府年鉴》，地方之部，第102—104页。

表6.8　四川省1941年度和1942年度各县市地方预算岁出（单位：元）

科目		民国三十年度预算	民国三十一年度预算
经常门常时部分	总计	164029378	277265066
	政权行使支出	1378063	1707845
	行政支出	42843767	58015734
	教育及文化支出	64290372	99959099
	经济及建设支出	4275170	8379052
	卫生及医疗支出	1995894	4745832
	保育及救济支出	3639906	10378145
	保安支出	16760766	19314905
	财务支出	7326441	19139120
	债务支出	72668	341240
	普通协助及补助支出	80734	110112
	其他支出	170644	1595075
	预备金	21194953	53587907

续表

科目		民国三十年度预算	民国三十一年度预算
经常门临时部分	总计	44698575	285113269
	行政支出	16761747	21414830
	教育及文化支出	3716868	7384440
	经济及建设支出	841928	4970572
	卫生及医疗支出	726790	1428300
	保育及救济支出	25600	2797926
	保安支出	3897266	8206473
	财务支出	576600	612213
	其他支出	18151776	238298542
特殊门	总计	4133644	7721693
	行政支出	32000	10000
	教育及文化支出	165250	836069
	经济及建设支出	520760	3085500
	营业及投资维持支出	2868846	3736124
	财务支出	182233	50000
	债务支出	364555	4000
总计		212861597	570100028

资料来源：行政院编：《国民政府年鉴》，地方之部，第102—104页。

　　由于缺乏稳定、独立的财源，乡镇建自治财政在大部分地区始终未能建立。但各地仍进行了一些努力，抗战结束前后少数地方乡镇财政已具雏形。如四川1942年有75个县呈报了乡镇造产计划；福建省订立了《征收乡镇自治捐办法》，"其捐款系按住户财富及负担能力核实比例征收，凡所有财产价值在二千元以下者准免捐纳，同时停止以前临时摊派"。①湖

---

① 行政院编：《国民政府年鉴》，地方之部，第100、101、181页。

北省1941年以后开始实行县乡财政划分，但乡镇预算决算"多因人事不健全及事变之故"未按照规定编造，"纵有造报者亦复不合规定"。抗战结束后"经严加限制并由县政府遵照奉颁乡级人员待遇标准令发表式，确定开支款项科目，饬各县遵办，现因监督綦严，多已造报收支清册暨预算书"。其县乡财政之划分，屠宰税系县乡各半，乡公学产收入全部由乡公所变价作为乡财政收入，其他如中代金提成、公营事业收入、造产收入，亦由乡公所自收自支；县财政则以各乡解县之屠宰税及自治商捐、营业牌照费、田赋分拨等为主要收入。①该省竹溪县1941年5月依据省颁《建立乡镇财政办法大纲》与《实施程序》，拟定了本县《建立乡镇财政实施办法》，并通饬各乡镇公所遵照《公营牙行办法》，"各择适中地点筹设牙行一所或二所"②；松滋县对乡镇公有财产进行了清理，征收经营公荒、公湖、堰荡，祠庙产收益提成、不动产买卖中用代笔金提成和粉坊、榨坊、纸厂、窑厂捐③；石首县清理了地方公产，"已成立清理公学产款委员会，分别清理，及乡财政保管委员会督催各乡次第清出公荒地亩"，"已清出公产计有六百余亩"；"各乡交易场所一律由乡公所经营公营牙行"④。

国民政府通过上述各项改革，使得县财政制度日趋法制化，统一的县财政基本形成，少数地方乡（镇）财政也开始具备雏形，这不能不说是一个很大的历史进步。当然，由于财政收入的匮乏和传统势力的影响，苛捐杂税问题、县财政管理中的家产制管理问题都没有得到根本解决。

---

① 《督导枝江县整理自治财政成果总报告》（1945—1947年），国民政府时期湖北省财政厅档案，卷号LS19-1-1377-2。

② 《民国三十年度政绩比较表》（1942年1月），国民政府时期湖北省人事处档案，卷号LS67-1009-1。

③ 国民政府时期湖北省人事处档案，卷号LS67-1009-1。

④ 国民政府时期湖北省人事处档案，卷号LS67-1009-2。

第七章

县政人员的人事制度

清制，作为州县一般行政人员的州县官幕友和"六房"书吏不属于正式职官，因此没有统一的人事管理制度，而州县官任用制度在清代后期也已经开始出现紊乱。入民国后，北洋政府和国民政府都曾试图将县知事（县长）乃至县普通行政人员纳入文官系统进行统一管理，但由于国家长期处于军阀割据和内外战争环境中，其有关制度设计与实际执行情况之间存在很大差异，对于县政人员的人事管理始终未能真正实行文治运作。

第一节　北洋政府时期的县知事任用制度

一、县知事任用和试验制度的颁行

清代后期，督抚"违例更调州县官视同传舍"，州县官的任用权实际已经落入地方大吏手中。至清末"预备立宪"停止州县官吏部铨选，州县官不分题缺、选缺，全部由督抚委任分发候补人员或调任现任官员署理，经试署称职后奏请补授，正式承认了督抚对于州县官的实际任用权。尽管如此，州县官的任用仍须遵从法定程序和资格，实缺州县官的补授须中央批准，督抚更无权在吏部分发候补人员和现任州县官员之外任用私人。

辛亥革命爆发后，文治系统运作中断，县知事的任用在1912至1913年间处于混乱状态。针对这种情况，袁世凯于1912年11月通令各省都督和民政长要加强对州县官的择选和考核，要求他们"嗣后任用府厅州县各知事，务当慎择贤能，分别保荐，其资格标准，悉以夙有政治经验及政治学识者为限"；对于现任各府厅州县知事"一律严加考核"，其"毫无学识经验，而服官后又一无成绩者，即行撤任。无论何人，不得率以有功民国为词，稍涉瞻徇"。袁世凯强调要规复州县官员由中央任命的制度，他说：

> 自民国初建以迄于今，现任府厅州县地方各长官，尚多未及任命者，似此拥官吏之职权，而不具任命之形式，实非统一国家所宜，应由各省都督、民政长，于此次遵令考核后，除佐治各员准其就近核办外，迅将胜任知事各员开具详细履历，并分别加具切实考语，汇案呈由国务院呈请本大总统补行任命。以后如有调

任之员，均应依次程序，分别办理。①

袁世凯还同时发布命令强调，官制官规的制定权必须归大总统，"无论各省行政长官及地方议会，均不得稍逾范围"。当时直隶省拟定了一个《考试府厅州县官暂行办法》，准备送顺直临时省议会议决实行，袁世凯指责这种做法违背约法。②此前不久，北洋政府铨叙局已咨行各省区军政、行政长官，要求他们在外省官制尚未公布之前，"将县知事以上之实缺，署任各官姓名、年岁、籍贯，先行汇造简明履历咨送本局，以备查考"③。

在此之后，北洋军阀势力控制的一些省区最高军政长官在自行委署州县官后，按季汇总向中央呈报，而补署者大多仍为在前清取得州县候补资格的人员。当时的《政府公报》中曾载有这类文件。如1912年11月，奉天都督张作霖具文报告是年第三季度委署州县官的情况，其中说道："至委署各厅州县员缺，均悉按季汇报，历办在案……本年七八九等月份委署厅州县员缺应即并案汇报。"随后开列清单，"七月份：署法库厅同知国璋调省，遗缺委山东补用知县李××署理；署西安县知县李××撤省，遗缺委江苏补用知县周××署理……"等。④

在南方各省，这一时期不少人以革命起家担任了州县行政官员，被认为素质低下，导致了吏治的混乱腐败。对此署四川民政长陈廷杰在一道电文中说：

> 光复之始，以胜国肉食未足与谋，尽力麾斥，靡有孑余；少年新进弹冠相庆，顾盼自豪，甚至走卒贩夫、贱隶之徒，亦因缘附会，忝然民社，品流之杂，殆未有甚于此时者矣。上年军民之治既经划分，持政者又偏徇党私，不问其才，惟问其党，而因党以得官者，更借党以自雄，上下勾结，并为一气，枉法贪贿，恣

---

① 中华民国史事纪要编辑委员会编：《中华民国史事纪要》（初稿），民国元年册，第626—627页。

② 中华民国史事纪要编辑委员会编：《中华民国史事纪要》（初稿），民国元年册，第627页。

③ 《铨叙局通咨各省都督（顺天府府尹、热河都统）文》，载中国第二历史档案馆整理编辑：《政府公报》第214号，1912年12月1日。

④ 《奉天都督咨国务院报明委署道府及各厅州县员缺请查照备案（附单）》，中国第二历史档案馆整理编辑：《政府公报》第192号，1912年11月9日。

其所欲，是非颠倒，法令无灵，其败坏更胜于往时。[①]

袁世凯在镇压"二次革命"时发布的一道命令也指斥当时各地的县吏治腐败，说"旧章已替，新章未颁，上无考成，下无顾忌，纪纲堕坏，廉耻沦亡，贤俊销声，阘茸竞进。甚至如广东、安徽等省，土棍匪目，亦绾铜符；走卒伶人，并膺墨绶"。他命令各省民政长在一月之内，对县知事严行考核，"抉别贤否，秉公去留，勿分省界，惟毋得以本县人充本县知事，致滋弊窦"。[②]

就是在这种情况下，北洋政府于1913年12月颁布了《知事任用暂行条例》及《知事试验暂行条例》（1914年4月修订后称《修正知事试验条例》），规定在全国实施统一的县知事任用制度和考试制度。

《知事任用暂行条例》的主要内容是：

1. 县知事由各地方民政长官荐请中央任命；

2. 被荐请任命为县知事的人员必须具备以下两种资格之一：（1）参加知事试验及格；（2）经现任官员保荐并在内务部注册。

3. 此前已经正式任命或尚未经正式任命的现任县知事，必须分期送内务部参加知事试验；在没有试验及格之前，一律改为署理或代理。

4. 经试验及格或经保荐注册的知事，依照以下两种形式任用：（1）分发各省候补；（2）回任原任。

《知事试验暂行条例》（及《修正知事试验条例》）的主要内容是：

1. 知事试验的应试资格。条例规定凡年满三十岁以上，具有以下资格之一者，可以参加知事试验：

（1）本国、外国大学或专门学校修法律学、政治学、经济学三年以上毕业。

（2）在本国、外国专门以上各学校或本国讲习所修法律学、

---

① 《署四川民政长陈廷杰呈大总统暨国务院等电》，中国第二历史档案馆整理编辑：《政府公报》第543号，1913年11月7日。

② 《大总统令》，中国第二历史档案馆整理编辑：《政府公报》523号，1913年10月18日。

政治学、经济学一年半以上，并曾办行政事务满二年以上。

（3）曾任简任或荐任文官（包括实缺和署缺）满三年以上。

（4）曾有相当于简任或荐任文官资格（即曾经候选候补简任、荐任文官），历办行政事务满三年以上（即以候补人员身份任差和署缺）。

（5）曾有相当于简任或荐任文官资格，在本国、外国专门以上各学校或本国法政讲习所修法律学、政治学、经济学一年半以上，并曾办行政事务满一年以上。

（6）由国务总理、各部总长和各地方最高民政长官特送应试。

2.考试程序：（1）甄录试；（2）第一试；（3）第二试；（4）口试。

3.考试内容：论文，现行法令解释，国际条约大要，地方行政策问，设案判断，文牍草拟，就地方民情风俗习惯进行问答，就其经验进行问答。

4.成绩的判定：以考试各科平均满60分为及格；平均满80分以上者为甲等，70分以上者为乙等，60分及60分以上者为丙等。

5.考试及格者的任用：取列甲等乙等者，分发各省或回任；取列丙等者，送入官吏讲习所肄业，待学有成绩，再行分发。

6.关于免试："各部总长暨各地方最高民政长官，认为有富于政事学识及政事经验之人，胪列事绩，特加保荐，经由内务总长查明，会同国务总理呈请大总统核准者，得免知事试验。"①

二、知事试验的举行和分发、甄别

《知事试验暂行条例》颁布后，知事试验于1914年2月至1915年5月在北京举行，前后共四届。其历次试验参试和录取结果见表7.1、表7.2。

----

① 中华民国史事纪要编辑委员会编：《中华民国史事纪要》（初稿），中华民国二年册，第609—612页；中华民国三年册，第614—618页。

表7.1 北洋政府知事试验录取情况

届别	参试人数								录取	
	总计		其中						人数	及格率
			报名参试		现任知事各省调送参试		各部各省报送参试			
	人数	%	人数	%	人数	%	人数	%		
第一届	2418	100	2068	85.5	21	0.9	329	13.6	619	25.6
第二届	2600余	100							472	18.0
第三届									786	
第四届	9700余	100	6560余	67.6	200余	2.0	2950余	30.4	928	9.6

资料来源：《政府公报》第664号、第738号、第864号；刘昕等编《中国考试史专题论文集》，高等教育出版社，1999，第331页。

表7.2 第一至第三届知事试验录取人员年龄结构

届别		第一届	第二届	第三届	合计
30—34岁	人数	247	179	316	742
	%	39.9%	37.9%	40.2%	39.5%
35—39岁	人数	180	133	216	529
	%	29.1%	28.2%	27.5%	28.1%
40—44岁	人数	104%	92%	138%	334%
	%	16.8%	19.5%	17.3%	18.0%
45—49岁	人数	57	55	85	197
	%	9.2%	11.6%	10.8%	10.4%
50岁以上	人数	31	13	31	75
	%	5.0%	2.8%	0.3%	4.0%
合计	人数	619	472	786	1877
	%	100%	100%	100%	100%

资料来源：《政府公报》第664号、第738号、第864号，刘昕等编《中国考试史专题论文集》，高等教育出版社，1999，第331页。

从表7.1和表7.2可以看出这样几个值得注意的情况：

第一，知事试验规模极大，应试人数近2万人。

第二，应试者以自己报名经审查合格者为大多数，但各部各省也保送了大量按学历、资历衡量并不符合条件者应试。

第三，全国一千数百个现任知事本应按照《知事任用暂行条例》的规定参加考试以取得正式资格，但实际上参试者寥寥。

第四，考试及格者以年龄30—40岁者居多，占全部及格者的67.7%，年龄在50岁以上者仅占4%。

经知事试验和保荐注册确定参试参保人员的知事资格后，下一步即依程序予以分发任用。前文已经述及，《知事任用暂行条例》规定经知事试验及格者和经保荐注册者通过"分发各省候补"和"回任原任"两种程序任用为县知事。北洋政府发布的《知事任用暂行条例施行细则》进一步规定"分发"有两种形式：一是"指分"，即由内务总长根据地方需要指定分发省份；二是"请分"，即由地方民政长官根据地方需要呈请内务总长分发本省。

"施行细则"规定了县知事分发、赴任的具体程序：首先是"颁照"。凡参加知事试验及格者和保荐人员经大总统核准者，均由内务部发给"知事凭照"；此外分发者发给"分发凭照"，现任知事调送试验及格者发给"回任凭照"。与此同时，由内务部将分发和回任决定通知有关省份民政长官，回任者由内务部呈请大总统任命。此后，分发知事和回任知事均须在规定限期内抵分发省份或原调送省份报到，呈验"知事凭照"和"分发凭照"或"回任凭照"。分发知事报到后"作为候补知事，各地遇有缺出该民政长官应就前项候补知事荐请任命"；回任知事报到后即日回原任，如因回避须改分他省，则由改分地方民政长官"尽先叙补呈请荐任"。[1] 1914年3月，北洋政府又发布《知事指分令》，对知事分发作出补充规定：每次知事试验后分发各省区的名额，要根据应分发人员的总额与各省区县知事缺额的比例来确定，各省区请分知事须占该省应分发的数额；各员指分的去向，或为本员曾任实缺或曾候补并办理过行政事务的省

---

① 中国第二历史档案馆整理编辑：《政府公报》第575号，1913年12月9日。

区，或为"因地方需要而认为人地相宜"的省区；如分发者因养亲养老等原因请求改分时，"以交通便利或邻近该员本籍省份为其改分省份"。此外还规定，"地方民政长官对于决定指分他省之人员，得呈请调用"。[①]当时，前后四届知事试取列甲等、乙等的合格人员，除个别人因亏空公款或原任职机关咨请留用外，全部分发至各省，合计约2280余人。此外录取丙等人员入地方行政讲习所学习，1915年6月第一届学员全部毕业，列为最优等的145人也以知事分发任用。

值得注意的是，各部各省保荐免试人员在第一、第二届试验时人数尚少，后来则人数激增。至第四届试验时，保荐免试人员竟达3460人，经审查，有870人因"年资不足、学识无征"，不符合免试条件，仍需考试；另有部分人或已经考取，或已经病故，或"声名素劣"。除此之外有2408人取得了免试资格，多于通过试验取列甲、乙等而获得知事资格的人员。[②]

保荐免试制度弊端严重，在当时是人所共知的问题。安徽都督兼署民政长倪嗣冲谈该省有关情况说："（保荐免试知事）此端一开，夤缘干进者接踵而来，就皖省而论，此等资格不合之员，或具呈请求，或持函干谒，其中虽不乏可用之才，而心术是否纯正，操守是否廉洁，殊难断定。"[③]担任首届知事试验委员长的朱启钤也呈文袁世凯，指出知事"保荐过滥"，有的官员"甚或一人保至数十员"；而"审查保荐各员，其富于政事学识经验者固不乏人，而并未充任重要职务，或所送著述与政事无关者，实亦不少"。[④]

为了解决京外官员滥保免试知事的问题，北洋政府内务部于1914年4月拟定《保荐免试县知事资格限制办法》，对保荐知事在"著述"和"成绩"方面的资格做出具体规定，以避免保荐者"以宽泛浮词滥列荐牍"。该文件规定，以"著述"为资格申请保荐者，其著述须属以下内容："叙述地方民情风俗习惯者；剖析法律精义狱讼情伪者；抉摘漕粮盐法河防利

① 中国第二历史档案馆整理编辑：《政府公报》第671号，1914年3月21日。
② 中国第二历史档案馆整理编辑：《政府公报》第1104号，1915年6月4日。
③ 中国第二历史档案馆整理编辑：《政府公报》第706号，1914年4月25日。
④ 中国第二历史档案馆整理编辑：《政府公报》第664号，1914年3月14日。

弊者；规划警察教育实业方法者；纂述古人旧籍发挥新意者；演绎列国成法引合实用者。"以"成绩"为资格申请保荐者，须是"曾任京外差缺三任以上或在事五年以上者；曾任京外差缺三任以上著有特别劳绩者"，而这些人"在差缺任内"在兴利除弊、平狱治盗等方面的成绩和获得的优奖，均"以案牍可稽者为限"。①由于知事试验委员会对于保荐免试人员的审查"但能以履历、成绩、著述、考语为断，且履历间有含糊，事实难尽证明"，北洋政府还规定实行考询制度。②所谓考询，即保免知事经审查合格领取部照之日，"由内务总长分班传见"，就其履历等加以询问。这种考询不过是走过场，如第三、第四届免试知事考询，将被考询者分为若干班，每天考询人数多至60人。③内务总长朱启钤指出，考询时除就其所具履历、著述等情况加以询问外，"仅能就其器宇言论逐加评定。但使安详谨饬，应对无讹，即不得不认为及格"④。事实上，就连这种走过场的考询也往往无从进行，原因是作为免试知事保荐者的各省官员，经常以被保荐者"现任要差"为理由请求免予赴京参加考询而直接分发任用。对于这类请求，内务部全都照准不误。在这种情况下，有大批免试免考询人员分发各省。⑤各省呈准免试免考询人员，基本为本省现任官员，其分发除少数因籍隶现在任职省份例应回避外，基本上仍分发原保荐省份。例如1915年10月免考询人员分发256人，其中分发回原保荐省份者248人，仅8人改分他省。⑥

除试验和保荐外，北洋政府还于1914年拟定《地方行政讲习所校外修业章程》，规定在京各官署可以咨送本机关荐任官在职学习，优秀者也可以取得县知事资格。1915年1月部分官员入学，同年5月届满，其中最优等

---

① 中华民国史事纪要编辑委员会编：《中华民国史事纪要》（初稿），民国三年册，第693—695页。

② 中国第二历史档案馆整理编辑：《政府公报》第862号，1914年9月28日。

③ 中国第二历史档案馆整理编辑：《政府公报》第1148号，1915年7月19日。

④ 中国第二历史档案馆整理编辑：《政府公报》第1178号，1915年8月18日。

⑤ 中国第二历史档案馆整理编辑：《政府公报》第1237号，1915年10月18日；第31号，1916年2月6日；第80号，1916年3月26日；第134号，1916年5月19日；第201号，1916年7月26日；第330号，1916年12月6日。

⑥ 中国第二历史档案馆整理编辑：《政府公报》第1237号。1915年10月18日。

学员143名经内务部考验后依照《知事任用暂行条例》取得了知事资格，暂留原任，如有愿分发各省候补者，由本人具禀申请。①

北洋的知事试验原计划举行四届，但至第四届举行前，前三届知事试验及格及免试分发各省者已有2300余人。内务部认为，待第四届试验结束分发后，各省候补知事"已足敷用"，因此建议按原计划"停止试验"。鉴于试验停止后相当一部分尚未调验的现任知事将无从取得知事资格，内务部规定凡在1913年12月以前曾奉任命的县知事，以及1915年4月以前曾经委署县缺、在任办事得力人员，可以限期送内务部考核以取得知事资格（1915年9月北洋政府公布《高等文官考试令》后，内务部呈文认为此项考试与之不合，停止实行）②。各届保荐免试人员未能通过审查者，"由部专册记存，俟将来举行高等文官考试时咨送考试"③。

1914年11月，北洋政府决定仿效前清建立分发知事的甄别制度。内务部拟定的《县知事甄别章程》规定，"凡试验合格，审查免试及劳绩保准分发之县知事"，均须按章甄别。对县知事的甄别分为两种，一为到省甄别，二为期年甄别，其前者于任用前进行。章程规定，分发各省知事到省一年后由省行政长官认真考核，合格者照章补用，"才具稍次之员"留省学习一年再行甄别，"堪以胜任者照章补用，才识短绌或不堪造就者，分别以县佐改用，或咨送回籍"；"凡未经此项甄别人员，应不得呈请试署县缺"。该章程规定，有三类人员可以免行到省甄别："曾任实缺州县以上人员""曾因在差在缺著有成绩，得赏勋章及奉令嘉奖人员"和"曾经高等文官甄别委员会甄别合格人员"。此外，应行甄别人员，"如该管长官认为才具优长"，可以不经甄别"呈请大总统破格录用，补署县缺"。④根据这一章程，直至1920年，北洋政府权力所及各省大都例行对到省知事的甄别，由行政长官出具考语，呈报大总统。期年甄别是对在任县知事的考核。该章程规定，在任的实缺和署理县知事，任职一年后由该管道尹进行考核，分别优劣，出具考语，报省巡按史转呈大总统分别给予奖惩。

① 中国第二历史档案馆整理编辑：《政府公报》第198号，1916年7月23日。
② 中国第二历史档案馆整理编辑：《政府公报》第1297号，1915年12月17日。
③ 中国第二历史档案馆整理编辑：《政府公报》第1062号，1915年4月23日。
④ 中国第二历史档案馆整理编辑：《政府公报》第975号，1915年1月25日。

随着试验合格和保荐免试人员向各省区的分发，各省区候补知事人员壅塞、出路狭窄的现象日趋严重。例如：

> 至1915年初，奉天分发到省县知事"已达二百余人，原充差缺暨陆续任用各员，为数百余，此外皆暂难位置"。河南地处中原，交通便利，"前清末年道府州县候补人员常近三四百名之多，当道无法应付，因屡有请停分发之举。民国肇始，时局变更，任用之法未备，登进之途益多"，历届分发试验保免知事"波连云涌，接踵而来，手版纷投，应接不暇"，截至1914年底，"除现在任署各缺不计外，到省知事共有二百四十余名，陆续到省者仍复络绎不绝"。直隶至1915年初，三届分发知事来省报到者二百数十人，除补授试署者外，"未经得缺尚有百数十员"。①

在前清，候补人员往往被委以各个局所的临时差事，一方面可以取得收入，另一方面也可以得到锻炼。但民国初年各省临时局所大多裁撤，因此无法位置。在这种情况下，直隶、山东、陕西、山西、河南、湖北等省纷纷设立政治研究所或吏治研究所，令分发候补知事入所学习。政治（吏治）研究所设专员管理，开设与县行政有关的实用性课程，入所学习的候补知事经考核优秀者，可以优先补用。有的省还委派候补人员办理或襄办审判、警政、清乡等事务，借资锻炼。不过设立政治（吏治）研究所并未能有效解决候补知事壅塞的问题，例如河南在设立吏治研究所后，对在所学习的候补知事择优派差委缺，"而得者一二，赋闲者什百"，因此向中央政府请求停止向该省分发候补知事②。各地军、政长官大量任用私人为县知事和办理临时差事，也使得候补知事的壅塞问题更加严重。1920年10月，分发安徽任用县知事张钟武等36人，因为候补无望，呈请内务部救济，文中称："皖省厘卡三十余处，仅有合格之知事一人……至通省六十余缺，本籍人占三分之一，其中不合格及全无资格者居多。此外即

---

① 中国第二历史档案馆整理编辑：《政府公报》第1029号，1915年3月21日。

② 中国第二历史档案馆整理编辑：《政府公报》第37号，1915年2月12日。

有合格人员，亦多系简任职及他处咨调而来。"①1924年7月14日江苏省长韩国钧在给内务部的一个咨文中说："查一、二、三、四等届考分江苏县知事，除病故及改分他省者不计外，现在苏省候补尚有二百余员。"②

三、县知事的任用

北洋政府时期承袭清末制度，各省遇有县知事缺出，先由省区行政长官任用有关人员补缺或暂时代理。各省区委任分发候补知事等人员补缺称委署，代理称委代，调任其他现任县知事补缺称调署。当时，各省区往往大量委署调署县知事，这意味着县知事更调非常频繁。例如：

河南省1917年1—2月，委署县知事33人，调署8人，合计41人；7月—10月，委署41人，调署3人，合计44人；1918年1—3月份委署35人，调署9人，合计44人；1918年7—12月份委署28人，调署17人，代理1人，合计46人；1919年委署37人，调署32人，合计69人；1920年1—2月和9—12月，共委署25人，调署5人，合计30人；1921年1—4月委署13人，调署9人，合计22人。③

山西省1916年委署县知事86人（不含10月14日至11月），1917年5月至12月共委署县知事33人；1918年1—8月份委署县知事73人。

1917年10月，黄家杰接替倪嗣冲任安徽省长，上任后即委用16名县知事。

---

① 北洋政府内务部档案，全宗1001，卷宗291。

② 转引自刘昕等编：《中国考试史专题论文集》，第334页。

③ 中国第二历史档案馆整理编辑：《政府公报》第429号，1917年3月22日；第580号，1917年8月27日；第664号，1917年11月21日；第797号，1918年8月4日；第984号，1918年10月23日；第1073号，1919年1月28日；第1161号，1919年4月29日；第1242号，1919年7月22日；第1468号，1920年3月16日；第1786号，1921年2月11日；第1996号，1921年9月13日。

刘镇华1919年4月到任陕西省长，立即委署县知事13人。①
各省区委署县知事后，就其符合资格者呈请中央正式任命，任用令由大总统发布，内阁副署。例如：

1917年4月30日北京政府发布《大总统令》："兼署湖北省长王占元呈请任命周××为钟祥县知事……（其他14人分别任郧西、兴山、咸丰、鹤峰、黄梅、云梦、夏口、鄂城、大冶、光化、均县、石首、宜都、长阳县知事），应照准，此令。"

（大总统印）中华民国六年四月三十日

国务总理段祺瑞 内务总长范源廉②

1914年7月，内务部采纳江西巡按使戚扬的建议，经大总统袁世凯批准后实行县知事试署制度。内务部的呈文说：前清"任用州县有即予补授，有先令试署"，以后各省区任用县知事可仿照这种制度，对于"曾经历任地方，政绩素著者"，委署后可立即向中央"呈荐实授"；对于"学识优长而经验或有未逮者，一律先行呈请试署一年。期满如果称职，再当列举成绩，出具考语，呈荐实授并报本部考核"。③

在袁世凯统治时期，县知事的任用大致是朝向规范化发展的，各省大多能按时汇报委署委代县知事的情况；在所委县知事中，分发人员占据了相当比重。例如：

浙江省1914年7月至1915年1月共分发到省知事59人，其中27人被委署为县知事；

京兆1914年5月至1915年9月，分发知事共46人，其中11人被委署为县知事（京兆特别行政区仅辖20个县）；

山西省1915年7月至1916年3月到省候补知事有27人被委署为县知事；

① 中国第二历史档案馆整理编辑：《政府公报》第130号，1916年5月15日；第204号，1916年7月29日；第290号，1916年10月25日；第369号，1917年1月19日；第565号，1917年8月12日；第1317号，1919年10月5日；第710号，1918年1月13日；中国第二历史档案馆整理编辑：《政府公报》第833号，1919年5月19日。
② 中国第二历史档案馆整理编辑：《政府公报》第468号。
③ 中国第二历史档案馆整理编辑：《政府公报》第775号，1914年7月3日。

江西省1915年6月至9月到省候补知事共51人，其中10人被委署为县知事。①

在此期间，有的省区请求违制任命县知事，也不被批准。如1914年，热河都统姜桂题请将"右翼巡防队司令部书记官"张绥缩"以县知事记名荐存"，内务部即以不符合《知事任用暂行条例》为理由加以反对，认为"如果该都统认为该员富有政事经验"，只能通过保荐交第三届知事试验委员会审查，以决定其是否可以免试而取得知事资格，袁世凯批示按内务部意见办理。②

但另一方面，各省行政长官滥用私人补任县知事的现象依然十分严重。袁世凯因此于1914年5月发布命令，饬各省优先任用知事试验分发到省人员。《大总统令》说：现任知事中"庸劣不职之员""仍居多数"，但各省长官"或耳目未周，失于觉察，或情关亲故，曲予优容，甚或当调考知事之时，辄以毫无学识经验之人率行委代"，因此令各省加强对县知事的考核，"如有劣员，立时撤换，勿稍瞻徇；其人地相宜之员，务令久于其任，勿轻更调"，各项差缺，"应先就分发到省人员分别酌量荐委，勿任滥用亲私"。③

在以知事资格分发各省区的人员中，被任命或委署、委代为县知事者，以试验中保荐免试人员和停止试验后经京外官员保荐特准免试人员为多数，这些人往往在清末民初曾经担任或署理过州县官员或在官场办理过各种差事，被认为具有实践经验，其中不少人同省当局有各种裙带关系。而通过参加知事试验取得资格的人员往往被认为缺乏实践经验，因而较少得到任用。例如：

山西省1916年1月至1917年2月（不含1916年11月）共委署县知事96人，其中通过历届知事试验及格或试验取列丙等入地方行政讲习所毕业分发者共27人，仅占28.1%；除此之外实

---

① 中国第二历史档案馆整理编辑：《政府公报》第46号，1916年2月21日；第256号，1916年9月20日；第488号，1917年5月21日；第261号，1916年9月25日；第774号，1918年3月20日。

② 中国第二历史档案馆整理编辑：《政府公报》第743号，1914年6月1日。

③ 中国第二历史档案馆整理编辑：《政府公报》第734号，1914年5月23日。

际上均为在任官员或曾经担任前清和民国政府官员的人员，其中保准免试者57人，"奉政事堂存记分发任用"者2人，特保免试者3人，根本没有试验及格或保荐免试资格者6人（其中4人系前清知县和候补知府，2人曾任民国县知事），以"道尹分发"者1人。①

湖北省1915年10月以前分发到省知事共73人，被委署县知事者不过7人，而这7人当中且有5人系保荐免试人员，经知事试验合格者仅2人。1915年10月至1916年3月期间到省县知事中有11人委署实缺，其中知事试验合格和取列丙等入行政讲习所毕业分发者3人，其余8人均为保荐免试人员。②

护国战争爆发后，尤其是1917年护法战争爆发后，各地陷于军阀割据和混战之中，县知事任用制度因此严重紊乱。在战乱严重的省份，县知事更换频繁，任期甚短。以四川为例：

荣昌县1912年至1927年间前后共有60任县知事，其中16人任期不到一个月，任职时间最短的只有三天，任职在一年以上的只有一人（13个月）。1920年6月滇军入城旋又退出，一个月就更换了四次知事。③

璧山县在1912—1927年间共有51任县知事，其中只有两人任期将满1年，其余均为数月甚至数天。④

相反，在战乱较少省份县知事更换较少，任期较长，但平均也不过一年左右。例如：

1912—1927年间，贵州省罗甸县县知事共14任，其中10人任期为一年左右，一人任期二年，三人任期不足一年；开阳县县知事共14任，其中3人任期约2年，10人约1年，1人不满1年；瓮安县知县、县知事、县长15任，任职4年者一人，2年者二人，

① 中国第二历史档案馆整理编辑：《政府公报》第130号、204号、290号、369号、418号。
② 中国第二历史档案馆整理编辑：《政府公报》第300号、474号。
③ 《荣昌文史资料选辑》第1辑，第129—136页。
④ 《璧山县文史资料选辑》第4辑，第148—153页。

约1年者7人，数月者5人。①

这一时期，县知事的任用途径呈现多元特征，有省行政长官任命者，有军队委派者，有地方公推者，有"民选"者，不一而足。例如：

贵州正安县1912—1927年县知事共18任，全部为贵州省都督、民政长、巡按使、省长任命。②

福建省上杭县1912—1927年县知事共20任，其中由省政府委派者4人，委派代理者6人，公推后由省政府加委者1人，民选者1人，由军队委派者7人，本身即为军官者1人。③

福建省泰宁县1912—1927年县知事24任，其中由省政府委派者17人，军队委派者2人，公推代理者2人，任用途径不明者3人。这24人中，正式任命者3人，署理者18人，代理者3人。④

在战乱频繁的地方，多有军队委派县知事的情况，这些人也往往随其委派者而进退。四川富顺县即是这方面的一个典型，1912—1927年间，有22任县知事、县长系军阀所委任：

（1）李经权，1916年11月滇军委任；1918年11月"川军入城，李被撤换"。

（2）陈述祖，1918年川军委任，不久川军撤走，陈"弃职逃走"。

（3）章武，滇军军官，滇军1918年12月入城后委任，"时仅一月，随滇军撤走"。

（4）廖奇蔚，川军营长，1919年1月由川军委任为代理县知事，"仅一月左右，随部队撤退离职"。

（5）曾琳，1919年2月滇军委任，后川军反攻，"随军离去"。

---

① 《罗甸文史资料》第1辑，第142—144页；《开阳文史资料》第2辑，第50—51页；《瓮安文史资料》第1辑，第152—153页。

② 《正安文史资料》第1辑，第65—66页。

③ 《上杭文史资料》第5辑，第34—36页。

④ 《泰宁文史资料》第1—3辑合订本，第249—251页。

（6）廖英，1919年6月川军委任，同月"滇军再占富顺，廖英随军撤走"。

（7）谭虎，滇军军官，1917年7月滇军委任。

（8）刘增富，1920年滇军委任，不久"滇军败走，刘随军退出"。

（9）王德熙，1920年11月川军杨森委任，曾为杨森秘书。

（10）唐思顺，1922年9月杨森委任，原为杨森部团长。

（11）阳浚，杨森部队军医，1922年12月杨森委任。

（12）何英，1923年5月驻富顺川军第七师委任。

（13）冷载阳，1923年7月驻富顺川军第七师委任。

（14）邓和，刘文辉部团长，刘部驻防宜宾后于1923年11月委任。

（15）文和笙，刘文辉部驻自流井提款员，1924年4月委任。

（16）郑之祥，1925年2月刘文辉委任。

（17）杨壁成，1925年杨森委任，"不久杨森战败，杨壁成随部队撤离"。

（18）程泽润，赖心辉部"参谋长兼步二旅旅长"，1925年11月赖部委任。

（19）秦子寿，原为赖心辉部属，1926年6月赖心辉委任。

（20）杨公甫，冷熏南部驻富顺时委任。

（21）易光从，1927年刘文辉委任，原为编遣团团长、马路局局长。

（22）李保卿，刘文辉部团长，1927年刘文辉委任。[①]

北洋政府曾规定实行县知事任用回避本省的制度。1914年颁布的《知事任用暂行条例施行细则》规定，经试验及格和保荐注册的知事，其"指分请分之地方不得在原籍民政长官所辖区域以内"；须回任的调验和保荐现任知事，"其原任地方系属本籍者应改分其他地方"。从实际执行情况

---

① 《富顺文史资料选辑》第11期，第22—29页。

看，当时经试验及格取得知事资格的人员确无一人分发原籍省份，且除因需要养亲外，一般也不分发本籍邻省。但有些地方行政长官以保荐免试的现任知事经验丰富为理由，公然请求允许他们继续在本省任职。例如1914年安徽督军兼巡按使倪嗣冲就曾呈文说：

> 此次所保现任知事免试各员，均系经验宏富，治术优长，到任以来勤求治理，卓有政声，实为通省知事中不可多得之选，若令久于其任，必能尽心民事，于地方确有补益，拟恳明发命令各以原缺补授，以裨吏治而励后来。惟其中多有籍隶本省之人，将来实行回避时再请调任他省，以符定制。

对于这种请求，袁世凯曾予以批准。[①]不过大致说来，袁世凯统治时期，县知事回避本省的制度处于逐步落实的过程中。至护国战争爆发后，南北各省县知事及分发候补人员均出现大量"弃职潜逃"或"请假回籍"现象，各省于是纷纷"就地抢才""取材就地"，任用本籍人为各县知事。[②]护国战争结束后，北洋政府于1917年初下令继续实行县知事回避本省制度。内务部在有关文件中说：

> 近据各省咨报委署县知事履历，遵章任用分发人员者固多，而参用籍隶本省人员者亦复不少。当军事倥偬之秋，为一时权宜之计，原难以定章相绳。现在大局敉平，若仍省自为政，既违行政统一之义，且开用人冒滥之端……嗣后补署县缺，仍应遵照定章，不得参用本省人员，以示限制。[③]

然而，这种命令形同具文，各省区往往不予理睬。面对难以改变的县知事在本省任职现状，北洋政府不得不做出妥协，于1923年宣布变通《现行知事改分条例》关于分发知事只有因养亲等原因才能申请改分的规定，宣布"因水土不服或其他不得已事故"者，均可申请改分邻近省份。[④]

　　从实际情况看，在北洋政府统治的1912—1927年间，各省区普遍大量存在任用本省人为县知事的情况。例如：

① 中国第二历史档案馆整理编辑：《政府公报》第820号，1914年8月14日。
② 中国第二历史档案馆整理编辑：《政府公报》第370号、428号、466号。
③ 中国第二历史档案馆整理编辑：《政府公报》第406号，1917年2月24日。
④ 中国第二历史档案馆整理编辑：《政府公报》第2656号，1923年8月4日。

贵州正安县共18任县知事，其中外省籍8人，本省籍10人（无本县籍）；遵义县共15任县知事，其中外省籍7人，本省籍8人（无本县籍）；丹寨县共14任县知事，其中外省籍6人，本省籍8人（内本县籍1人）；炉山县共16任县知事，其中外省籍7人，本省籍9人（内本县籍一人）。①

广西崇善县共18任县知事，其中本省籍9人（内本县籍3人），外省籍9人；容县共26任县知事，其中本省籍19人（内本县籍5人），外省籍6人，籍贯不明者1人；靖西县府长、县知事共22人，其中本省籍14人（内本县籍3人），外省籍6人，籍贯不明者2人；上林县共18任县知事，其中本省籍16人（内本县籍4人），外省籍2人；隆山县1914—1927年共24任县知事，其中本省籍20人（内本县籍7人），不明者2人，外省籍仅2人。②

浙江省开化县共12任县知事，其中本省籍5人，外省籍7人；黄岩县共14任县知事，其中外省籍6人，本省籍8人（内本县籍1人）。③

福建省罗源县共18任县知事，其中外省籍8人，本省籍10人；福鼎县共21任县知事，其中本省籍7人，外省籍12人，不明籍贯者2人；长乐县共9任县知事，其中外省籍3人，本省籍5人，不明籍贯者1人。④

至1925年，北洋政府被迫承认县知事在本省任职为合法，只是要求各省不得任命县知事在原籍所隶属之道区内任职。内务部的文件叙述这一改革的

① 《正安文史资料》第1辑，第65—66页；《遵义文史资料》第9辑，第230页；《丹寨县文史资料》第1辑，第168—169页；《凯里文史资料》第1辑，第35—36页。

② 《崇左文史资料》第2辑，第53—54页；《容县文史资料》第2辑，第65—66页；《靖西文史资料》第1辑，113—114页；《上林文史》第2辑，第67—68页；《马山文史资料》第2辑，第14—16页。

③ 《开化文史资料》第4辑，第116—117页；《黄岩文史资料选辑》第1辑，第114—115页。

④ 《罗源文史资料》第3辑，第59—60页；《福鼎文史资料》第3辑，第24—25页；《长乐文史资料》第2辑，第36—37页。

背景、原因和具体政策说：

> 查各省区所委署之各县知事，就本部照章分发人员中遴选委用者固多，而参用本省人员者亦复不少。在各该省区长官，或因县治僻远，感借才异地之为难，或以军事纷繁，求人地相宜之非易，原各具有不得已之情形。惟长此便宜任用，不守定章，窃恐群流并进，品类不齐，转与整饬吏治之本旨相背。本部体察情形，以为与其泥守旧章以致有名而无实，不如变更成例，转可责实而循名。况自治潮流既日趋膨胀，似知事回避本籍之旧例亦应略事变通。嗣后凡试验及格及经保荐由部注册之知事，如有自愿服务本省区者，拟准其呈请本部酌予改分。各省区行政长官亦得随时咨部调用。但委署县缺仍不得在该员原籍隶属之道区以内，并仍须遵照依类轮补办法办理。①

关于北洋政府时期县知事的出身情况，据有些地方文献记载，有相当一部分为科举士人和前清官吏，其他则为新学堂毕业生、留学生、军人和其他人员。例如：

> 1912—1927年福建省清流县县知事19任，其中举人、优贡、拔贡、增生、廪生出身者10人；泰宁县县知事24任，其中进士出身者1人，举人出身者1人，贡生出身者4人，生员出身者4人，监生出身者3人，合计13人；长乐县县知事共9任，其中进士出身者1人，举人出身者1人，贡生出身者3人，科举士人出身者合计共5人。此外政法专门学校毕业者1人，出身不明者3人；平谭县县知事共11人，其中进士出身者2人，贡生出身者5人，日本留学出身者1人，出身不明者3人。②

> 广东连山县1912—1924年历任县知事共26人，其中贡生等清代科举士人出身者7人，清代候选候补官员出身者4人，清代学堂毕业者3人，民国学堂毕业者1人，留学出身者1人，分省任用官

---

① 中国第二历史档案馆整理编辑：《政府公报》第3413号，1925年10月1日。

② 《清流今古》，第44—45页；《泰宁文史资料》第1—3辑合订本，第249—251页；《长乐文史资料》第2辑，第36—37页；《平谭文史资料》第2期，第72—73页。

员2人，军人4人，不明出身者4人。①

江苏淮安县1912—1926年县知事共17人，前清实缺和候补官员出身者5人，科举出身者3人，新学堂（大学和政法学院）出身者3人，大学毕业通过文官考试者1人，讼师1人，老军务人员1人，民国官员（司法承审）1人，出身不明者2人。②

四、县知事的考核和奖惩

北洋政府建立之初，即试图建立官员的考核和惩戒制度。1913年1月，袁世凯发布《关于文官任免执行令》，公布了九种有关文官制度的法案草案，其中即包括《文官保障法草案》和《文官惩戒法草案》。1913年底，北洋政府公布了《知事奖励条例》和《知事惩戒条例》。前者规定对于有功劳政绩的县知事给予五等奖励：奖励勋位和勋章、记名和进等、进级和加俸、奖励金质棠荫章和银质棠荫章、记大功和记功；后者规定对于有过失的县知事给予三种惩戒：褫职和免官、降等和减俸、记大过和记过。③上述奖励和惩处条例与清代有关制度相比较，有几点值得注意：第一，清代对于州县官的功过，虽然有督抚经常考察的制度，但所重者乃为三年一次的"大计"；北洋政府制定的上述奖惩制度，则主要通过日常考察进行。第二，奖励的实行除采用进级、记功、加俸等传统方式外，增加了颁给勋位、勋章、奖章等具有西方色彩的做法。第三，奖惩事项同清代一样，仍以官吏个人操守、奉职勤惰和赋税征收、司法治安情况为主。第四，某些条款具有近代特色，或系针对当时政治社会形势而制定，如奖励事项中的"缉获叛逆重要首犯""缉获叛逆重犯"；惩处事项中的"办理有关系于外交事件贻误事机致酿他项交涉"等，即属于这种情况。

总体说来，这两个条例传统色彩较强，重"除弊"而不重"兴利"，没有强调县知事在地方建设方面的责任（涉及这方面的条款只有一条，即

---

① 《连山文史资料》第2辑，第30—33页。

② 《淮安文史资料》第1辑，第97—99页。

③ 中国第二历史档案馆整理编辑：《政府公报》第598号，1914年1月1日。

奖励事项中的"应办之新政有一项成绩昭著")。针对这种情况，北洋政府曾颁布其他文件以进行补充，如1915年2月颁布的《知事办学考成条例》和1918年12月颁布的《县知事劝业考成条例》，规定就县知事在教育和农工商事业方面的功过进行奖惩。[①]从实际情况看，由于政治动荡，更调频繁，任期短暂，北洋政府统治期间对于县知事在教育、实业等建设性事务方面的考核和奖惩，基本没有进行。实际考核和惩戒较多较力者，一为赋税征收，二为司法治安，三为吏治廉腐，四为卸任交代，每年均有县知事因这些方面的原因受到惩戒。[②]

在赋税征收方面，袁世凯统治时期开征验契税，规定数额，驱使各县知事亲自下乡征收，对于征收超额者给以奖励，征不足额者给以惩处。在民国二、三年（1913、1914年）的《政府公报》中，载有大量关于此类奖惩的文告。田赋征收考成具有经常性，1914年9月北洋政府财政部制定公布了《征收田赋考成条例》，对考成办法作出了十分详细的规定，此后经常有县知事因田赋短征而受到惩处。例如：

> 1917年9月，福建省对1914年分各县田赋征收情况进行考成，55员县知事完成定额或短征不足一分，考成合格或不予处分；19员县知事短征一分以上，3员短征二分以上，分别给以减俸处分；1员未完三分以上，给以撤职处分。[③]

> 1925年7月，安徽前桐城县知事阮武仁等10人，因1922年分田赋短征一分以上，受到文官高等惩戒委员会减俸3个月十分之二的惩戒处分；其余短征二分以上者，受到减俸6个月十分之二的处分。[④]

县知事因在司法和治安事务方面失职而受到惩戒处分的情况也经常发生，试举几例：

> 1. 四川大足县知事胡济舟，自1914年9月起至12月任职期间，境内"共出抢劫拉撕案"59起，他"讳匿不报"，受到文官高等惩

---

① 中国第二历史档案馆整理编辑：《政府公报》第640、650、671号。
② 中国第二历史档案馆整理编辑：《政府公报》第1415号，1920年1月21日。
③ 中国第二历史档案馆整理编辑：《政府公报》第607号，1917年9月23日。
④ 北洋政府内务部档案，全宗第1001，案卷第929。

戒委员会"褫职并夺其官，非满八年不得开复"的惩戒处分。①

2. 广西省恭城县知事葛春元1915年3月至7月任职期间，境内"共出抢劫拉生之案六十四起，破获不愈十案"，"册报仅数案，且多不符"，被巡按使呈请交付惩戒。②

3. 1914年11浙江黄严县境内樊川高小被盗匪劫掠，劫走校长、教员、学生共24人（后救出18人），知事方××因此受到减俸一年三分之一的惩戒。③

4. 1915年1月，广西省藤县前知事姚克让受到"私罪"褫职惩戒，原由是对于因奸谋杀亲夫判处绞刑犯黄李氏，在奉到复判书后没有按照法律规定给与十天上诉时间即予行刑。④

县知事因本人及属下腐败贪赃等而被交付惩戒的情况也较为常见。试举几例：

1. 奉天盘山县知事马俊显，下乡勘灾期间委派承审员祥×代其勘验杀人案件，祥×与检验吏张××勾结，向郑××等索诈，经高等审判厅讯实，县知事马俊显因失职被交付惩戒，以"公罪"解职。⑤

2. 湖北通城县知事李继尧，"不依法律，擅罚匪产，并以罚作捐，任意将罚款处分，使法警、承发吏、卫队、探警超过原额，致令向当事人需索"；"于驻防兵士及县署办事人员卖烟吃食不予设法禁止，传达收发不能禁其需索"，被交付惩戒后受到降等处分。⑥

---

① 《文官高等惩戒委员会议决书》1915年第138号，中国第二历史档案馆整理编辑：《政府公报》第1244号，1915年10月25日。

② 中国第二历史档案馆整理编辑：《政府公报》第1252号，1915年11日。

③ 《文官高等惩戒委员会议决书》1915年第79号，中国第二历史档案馆整理编辑：《政府公报》第1071号，1915年5月2日。

④ 中国第二历史档案馆整理编辑：《政府公报》第933号，1914年12月9日。

⑤ 《文官高等惩戒委员会议决书》1915年第113号，中国第二历史档案馆整理编辑：《政府公报》第1159号。

⑥ 《文官高等惩戒委员会议决书》1919年第462号，中国第二历史档案馆整理编辑：《政府公报》第1349号。

3. 河南沁源县知事潘灏，"性情执拗，任用非人，遇案苛罚，屡被控告，且信任警备队长李×过专，借端滋扰，尤为众所侧目"，于1915年被交付惩戒，以"私罪"给以褫职处分，"非满六年不得开复"。

4. 河南睢县知事岳福，"使酒任性，办事颠顸，经收三年分公债，余洋三百七十余元不退还，乃以抵付钱店垫解之息，办理诸多不合。且团警薪饷派捐过重，而抢案时有所闻，于捕务毫无实际，审理词讼耽延拖累，罔恤民艰"，于1915年被交付惩戒，以"私罪"给以褫职处分，"非满六年不得开复"。

5. 河南沈丘县知事××，"被控借案需索，虽均查无实据，而经收三年分公债余洋七百九十元，以之抵拨验契金，并未一律发还现洋，手续不清，疑谤因之而起。又办理验契烦苛殊甚，民间啧有怨言"，以"公罪"给以解职处分。①

县知事贪赃枉法情节严重者，经发现后被处以刑罚者也时有所闻。1914年9月京兆霸县知事刘鼎锡因贪赃被判死刑的案件，即是这方面的一个典型。刘鼎锡于1914年2月被委任代理霸县知事，随带堂弟刘鼎芬、家丁杨华甫、马××、刘×、王×、黄×等赴任。他到任后即委派杨华甫管收发，刘鼎芬管禁烟处，以禁烟为名进行敲诈勒索，共7案，其中5案涉案金额在1000元以上；2案在1000员以下。经大理院审判，前5案每案均应以贪赃罪判处死刑，后2案每案均应以贪赃罪判处有期徒刑12年，决定执行死刑，"褫夺公权全部终身"，追缴赃款4100元。杨华甫也被判处无期徒刑，"褫夺公权全部终身"，追缴赃款200元。②

北洋政府时期沿袭清代交代制度，县知事卸任时须就任内赋税征收、上解和库存情况向接任官员进行交代，交代时如有亏空，照例会受到惩戒，甚至受到刑事惩罚。例如：

1915年4月，新疆巡按使杨增新电劾6名已经卸任的县知事

---

① 第3、4、5案见《文官高等惩戒委员会议决书》1915年第117号，中国第二历史档案馆整理编辑：《政府公报》第1160号，1915年7月31日。

② 《大理院刑事判决书》，1914年特字第四号，中国第二历史档案馆整理编辑：《政府公报》第855号，1914年9月21日。

亏欠公款，"均系利令智昏，有意侵蚀"。高等文官惩戒委员会因此议决："各该员等任意私亏数皆累万，实属蚀公肥私，罪无可逭"，以"私罪"褫职；除惩戒外，且"交法庭严重究追归款"。①

县知事因其他原因，也会受到惩处。如甘肃省在1918年禁烟过程中，皋兰县知事梁××"报称境内确无寸茎寸亩"，后经兰山道尹孔××检查，在该县境内三十里铺等处发现烟地多亩，甘肃兼省长张广建据此认为该知事"实属有心欺朦，请予褫职示儆"，咨达内务总长转呈大总统批准执行。②

在北洋政府时期由文官高等惩戒委员会办理的官员惩戒案中，县知事惩戒案占了绝大多数。例如，1919年文官高等惩戒委员会结案77件，其中县知事惩戒案即占71件；未结13案，其中县知事惩戒案占11件；"停止会议"惩戒案共12件，均为县知事案。

五、县佐治人员的任用

清末颁行的《直省官制通则》规定各州县置警务长、视学员、劝业员、典狱员、主计员等"佐治各官"，其任用程序为州县推荐、司道考录、督抚委任、各部备案。这一制度在清末没有得到实行。入民国后，北洋政府没有建立明确的县公署佐治人员人事制度。1913年1月北洋政府公布《文官任用法草案》，规定文官任用分为特任、简任、荐任、委任四种；几乎同时颁布的《划一现行各县地方行政官厅组织令》规定科长、科员、技士等均由省行政长官委任。据此，县公署科长、科员等佐治人员似应属于委任官员。但1914年5月颁布的《县官制》又规定县知事可以自委掾属，同年12月颁布的《文官任职令》在规定县行政人员的任用方式时，也仅将县佐列为委任官，而不及科长、科员。这样，北洋政府时期县公署科长、科员等佐治人员，虽然已经属于国家正式行政组织中的公职人员，

---

① 《文官高等惩戒委员会议决书》，1915年第78号，中国第二历史档案馆整理编辑：《政府公报》第1071号，1915年5月2日。

② 中国第二历史档案馆整理编辑：《政府公报》第934号，1918年8月31日。

不应再被视为县行政长官个人的幕友，但就任用方式而言却没有被纳入公务员序列，仍似前清的州县官幕友一样由县知事自辟。当时人记载或回忆民国初的县公署组织情况时，往往认为科长、科员不过是前清幕友的"改称"，这虽然一方面反映了当事人看待县署组织时的传统观念，另一方面也反映了当时县公署科长、科员等佐治人员的任用仍在沿用传统的幕友征辟方式。

从实际情况看，北洋政府时期只有个别省份将县公署的佐治人员正式纳入了公务员管理序列。如山西1918年以后实行"六政人员"制度，在县知事之下设承政员一人，秉承县知事意志，协助处理一切政务；承审员一人，负责一切民刑诉讼事务；主计员一人，负责财政税收事务；实业技士一人，负责农工商实业事务；视学员一人，负责教育事务；宣讲员一人，秉承上级指示，宣传各项政策。这些人员由省公署选择各专门学校毕业生或具有相当学识者入省政治研究所学习培训，然后任命分发到各县任职，已经基本没有了幕僚色彩，即如当时有人所指出的，他们"均须呈请委任，与逊清由本官自行延聘者不同"[①]。此外北洋政府时期的帮审员、承审员、管狱员等履行县司法职能的人员，实现了由省司法官厅的程序化委任，对此前文已经述及。作为国家正式公务员，这些人任职均实行回避本县制度。如直隶《威县志》记该县自1913年至1924年承审员共8人，均为外县籍人；[②]《邯郸县志》列该县民国初年承审员12人，管狱员8人，也均为外县籍人。[③]

除上述情况外，北洋政府时期县公署的科长、科员等佐治人员一般均由县知事自辟，随之进退，而没有被纳入国家行政人员的管理系列；在有些地方、有些时段，或许须由省公署在形式上履行批准程序。例如有记载说：

> 当时浙江仙居县县知事卸任后，其下属各机关的科长、科员
> 等或被带走，或行辞职。后任知事……接任后，下属科长、员得

① 民国《临晋县志》，卷六，职官谱。
② 民国《威县志》，政事志下。
③ 民国《邯郸县志》，职官志。

自行重委，可谓一朝天子一朝臣。民国十三年仙居知事王××卸任，其所属政务、财政、教育、实业四科的主任、助理、收发、行政管卷各员均先后辞职，许××接任知事后，重行遴选所属四科的主任、助理、收发、行政管卷等属员，呈报浙江省省长公署鉴核，其呈文如下："署理县知事许××，今将委任缘属各员姓名、考语开具清折呈请鉴核：政务主任王××，操守谨严，践履笃实；收发兼政务助理丁×，事理通达；财政主任王×，经验宏富，品学兼优；财政助理王××，长于计学；教育主任吴×，办事稳健，热心教育；教育助理应××，办公勤敏，处事安祥；实业主任江×，才具谙达；实业助理曹××，人尚谨慎；行政管卷丁××，熟谙公牍。"①

---

① 《仙居文史资料》第3辑，第174—175页。

第二节　国民政府时期的县政人员人事制度

一、县长的任用、考绩和奖惩

（一）县长任职资格和登记检定

国民政府时期的县长任职，除年龄条件外，还须具备一定资格。这些资格或为法定考试及格，或为一定的学历，或为一定的任职资历，或为考试及格再加一定的任职资历，或为一定的学历再加一定的任职资历，或为政治面目再加一定的履历。国民政府统治初期尚未建立统一的县长任用制度之前，各省对于县长的任职资格即有这类规定。例如1928年山东省颁布的《任用县长暂行条例》规定：

> 县长任用"须经县长考试及格者，但于举行县长考试前，得可采用荐举方法"；而被荐举者除年龄须在25岁以上外，须具备下列资格之一：（1）国内外大学或法政专门学校毕业，曾在国民政府所属各机关服务，卓著勤劳者；（2）有荐任官或与荐任官相当之资格，深明党纲党义，办理行政事务二年以上，可资证明者；（3）本党忠实党员，有政治学识与经验，曾任行政职务二年以上，并努力革命工作者。①

1929年内政部、铨叙部宣布在《公务员任用条例》施行前，县长作为荐任官须具备《现任公务员甄别审查条例》第六条规定的如下资格之一：

---

① 吴树滋、赵汉俊编：《县政大全》第二编，上册，第48—49页。

（1）对党国有勋劳，或致力于革命七年以上；（2）国内外大学或大专毕业；（3）曾在国民政府统治下任荐任官一年以上；（4）曾参加国民政府统治下各地方高等考试及格。①

1933年6月国民政府公布了《修正县长任用法》，对县长的任用资格作出了正式规定：

担任县长者除年龄须在30岁以上外，还须具备下列资格之一：

（1）依法参加县长考试及格；

（2）高等考试行政人员考试及格并任荐任官一年以上；

（3）依法举行县长考试以前各省考取之县长，经考试院复核及格并曾任荐任官一年以上；

（4）国内外大学、大专毕业并曾任荐任官二年以上，甄别审查合格成绩列甲等；

（5）曾任简任官一年以上，甄别审查合格成绩列甲等；

（6）曾任荐任官三年以上，甄别审查合格成绩列甲等；

（7）现任县长曾经内政部呈荐、铨叙部甄别审查合格成绩列甲等；

（8）曾任最高级委任官五年以上，甄别审查合格成绩列甲等。②

根据孙中山的"五权宪法"思想，当时国民政府认为经县长考试及格乃是县长任用的根本条件，而将学历、资历和政治面目等方面的条件作为县长的任职资格，只不过是在县长考试不能提供数量足够的合格县长之前的权宜之计。1928年，江苏、浙江、江西、湖南等省曾先后自行拟定章程举行县长考试，为划一起见，是年10月国民政府公布了《县长考试暂行条例》。1929年8月《考试法》公布，包括县长考试在内的各种官吏考选依法应归考试院执掌，但由于《考试法》的施行日期尚未决定，所以1930年1月将《县长考试暂行条例》中的几条略加修正后重新公布，

---

① 内政部编：《内政年鉴》，第343页。

② 国民政府文官处印铸局编辑：《国民政府公报》，第1148号。

有效期至同年3月底为止；2月，通令在3月以后各省不得再举行县长考试，统一等待考试院高等考试的举行。1928—1930年各省自行举行的县长考试，一般自行任命典试委员，但须经内政部备案；根据《县长考试暂行条例》分别举行的县长考试，一般由国民政府简派典试委员，由考试院派襄校委员，聘任地方官员为监试委员（各地录取的情况见表7.3）。至1935年9月，国民政府公布实行《县长考试条例》，该条例规定：

> 在县长候选人考试未实行前，县长考试依该条例进行；县长考试分省进行，每三年举行一次，有特殊情形时可联合两省举行；考试程序分第一试、第二试、第三试；考试内容为党义、国文、宪法、行政法规、民法及刑法、经济学及财政学、地方自治及地方行政、地方财政、本省实业、本省教育。①

县长考试作为国民政府考试院的特种考试之一，级别高于高等考试，参试者须具备一定的条件。这些条件归纳说来一为年龄，二为学历或资历。对于参加县长考试者的年龄条件，1928年苏、浙、赣、湘等省规定为25岁，1935年国民政府公布的《县长考试条例》规定为30岁。关于参加县长考试者的学历或资历条件，《县长考试条例》规定为七种资格之一。这七种资格可以分为三类：

> 其一，教育部承认的学历再加上一定的任职履历，即符合《修正考试法》（1933年2月公布）第七条第一、二款的规定，在国内外大学、学院或专科学校毕业，并曾任荐任职或相当职务一年以上，或委任职二年以上者。

> 其二，曾参加较县长考试低级的公务员考试（高等考试行政人员考试、各省荐任职考试）及格者，而这两种考试本身也有它们关于学历或资历的参考条件。

> 其三，较低的学历条件加上要求更高的任职履历，即曾任县长一年以上，或曾任简任职，或曾任荐任职二年以上，或曾任高级委任职四年以上。

《县长考试条例》公布后，"各省依照呈准举办者，在1936年内有江

---

① 国民政府文官处印铸局编辑：《国民政府公报》，第1840号。

西一省，及格9名；1937年四川、贵州、云南三省，及格者四川9人，贵州12人，云南26人；1940年湖南一省，及格10人；1941年江西一省，及格8人。共录取74人"①。

表7.3　国民政府统治初期各省举行县长考试情况

省份	举行时间	应考（报名）人数	录取（及格）人数
江苏省	1928.9；1930.8	1477	30
安徽省	1929.2	500余人	52
江西省	1928.2；1928.7；1930.5	955（1930.5）	53
湖北省	1928		40
湖南省	1928.7；1929	1979	91
山东省	1929	900余人	19
河北省	1928		124
浙江省	1928；1929；1930	1960	56
广东省	1929.10		10
广西省	1927.6		1
云南省	1928.8；1929.6	360余人	53
新疆省	1929.3		未报部
察哈尔省	1929.5		26
绥远省	1930.4	173	25
山西省			173
豫、陕、甘			49
合计			802

资料来源：《内政年鉴》，第303—306页。云南省1928年8月取录荐任文官41名；福建省曾举行行政官吏考试，录取47名。

由于《县长任用法》对于县长资格的规定复杂，当时社会上和政府

---

① 行政院编：《国民政府年鉴》，中央之部，第四编，第22页。

内究竟有多少人具备这种资格，没有精确的统计。在这种情况下，"各省每借口于合格人才不敷遴用，因而任用县长不拘资格，滥竽竿数，漫无标准，即有合格人才，亦无登庸途径"，而"边远省分，尤有人才缺乏之虞"。有鉴于此，1932年的第二次全国内政会议就曾提议举办全国合格县长总登记。1934年1月，行政院公布《内政部登记法定合格县长办法》，令各省执行，要求对于志愿前往宁夏、甘肃、新疆、青海、察哈尔、绥远等六省充任县长者实行登记，准备有成绩后将这一做法在全国推广。该办法规定，依据《修正县长任用法》规定的条件将法定合格县长分为试署合格与实授合格两种，在内政部登记，经审查合格后随时咨送宁夏等六省任用；这些省份在内政部咨送登记县长人数足敷任用时，即不得再任用其他人员。自1934年2月至12月底，共登记合格县长327人，呈报行政院考试院核准，将这些人员编印详细名册，通咨各省省政府存备选用。[①]为了增加合格县长的人数以便使各省逐渐在这个群体内选任县长，国民政府又将这种县长登记制度进一步推广。1934年9月，行政院公布了内政部拟定的《补充县长任用资格标准实施办法》，令各省组织县长检定，"以补中央登记之所未备"。该办法规定今后各省任用县长，除依据《修正县长任用法》外，还可以参用《公务员任用法》第三条所规定的荐任职公务员资格，以及《剿匪区内县长任用限制暂行办法》第二条的有关规定，适当放宽县长任职在学历、资历和政绩方面的条件[②]。此后，各省组织了县长检定委员会，一般以省政府委员为委员，以省政府主席为委员长，负责审核被检定者的资格，考询其经验及学历。经县长检定合格人员，由省政府发给检定合格证书，发交本省民政厅登记候用。[③]

（二）县长任用程序

根据国民政府有关制度的规定，县长合格人员经登记检定后，须经过训练才能试署和实授。

① 内政部编：《内政年鉴》，第309—310页；国民政府文官处印铸局编辑：《国民政府公报》，第1336号，1934年1月15日。

② 国民政府文官处印铸局编辑：《国民政府公报》，第1529号，1934年9月3日。

③ 钱端升等：《民国政制史》下册，第193页。

1928 年 10 月，国民政府在公布《县长考试暂行条例》的同时还公布了《县长考试及格人员学习规则》，它规定县长考试及格者成绩分为甲、乙、丙三等，由省政府分配至各县政府学习 4 个月至 1 年，及格者由省政府分别任用或予以相当差委①。这是国民政府关于合格县长任职前须先经训练的最早规定。1930 年 7 月，内政部公布了《地方行政人员训练所章程》，这一文件规定，各省设立地方行政人员训练所，由省主席任所长，省民政厅长任副所长；依《县长考试暂行条例》考试及格人员，除已按照《县长考试及格人员学习规则》学习期满甄别及格者外，应一律入所训练；训练及格的县长，由省政府造具详细名册，咨请内政部转呈行政院和考试院备案。②1934 年，内政部以这一章程"施行日久，于各省实际情形多不适合"为由将其废止，另行颁布《县行政人员训练办法大纲》。该大纲规定县长任用之前的训练目的在于增进行政效能，"不以训练而造成某种之资格"；"受训练人员之训练成绩，应由民政厅严加考核，评定等第，于训练期满后列榜公布之，并造具名册呈报省政府，转咨内政部查核备案"；"已受训练人员，应依照榜列名次，次第任用，不得无故投置闲散"。③

县长合格人员经检定和训练，即可以任用。根据孙中山制定的《建国大纲》，经过训政时期而完成县自治后，即实行县长民选。但是在"训政"时期，国民政府实行县长由省行政当局任用、然后由中央铨叙部门审查资格并由中央政府正式任命的制度。

1928 年公布的《县组织法》中规定县长"由省政府任用之"，此后召开的五省民政会议认为这一规定过于简单，通过了县长任用先由各省民政厅提名，然后由省政府任用的提案。1929 年 6 月《县组织法》再次公布，规定县长"由（省）民政厅提出合格人员二人至三人，经省政府议决任用"。《县组织法》的这一规定，只是反映了县长任用的实质权限，并不意味着县长任用不须经中央政府核准。事实上，北洋政府时期各省委署县知事后须报中央政府审查资格和发布正式委任状的制度，仍为国民政府所

---

① 中华民国史事纪要编辑委员会编：《中华民国史事纪要》（初稿），民国十七年册，第 809—810 页。

② 国民政府文官处印铸局编辑：《国民政府公报》，第 540 号。

③ 同上书，第 1506 号。

承袭。例如1928年山东省制定公布的《山东省任用县长暂行条例》规定，县长任用分为实任、署理、代理，"代理县长遇有特殊情形不及呈请省政府任命者，民政厅长得迳行委任"，署理县长"由省政府任命"，"实任县长须经署理六个月以上确有成绩者，由民政厅提请省政府委员议决，荐请国民政府任命"。[①]1931年2月，国务会议根据行政院长蒋介石的提议，议决关于县长任免的三项办法，其中明确规定，在《公务员任用条例》施行前，各省县长由民政厅提出合格人员2—3人，请省政府遴委；须申送有关材料经内政部转铨叙部审查资格，然后由内政部呈请荐任；县长调任、免职由省政府咨请内政部呈行政院任免。[②]1933年6月国民政府公布《修正县长任用法》，其中规定县长任用须首先经过试署，试署期为一年，期满考核成绩优良者予以实授，成绩不良者免职；符合资格并曾任县长二年以上著有成绩经奖叙有案者，可以不经试署即予实授；实授后以三年为一任。县长不论试署还是实授，均由省政府咨内政部转咨铨叙部经审查合格后，由内政部呈行政院转呈国民政府任命；县长因故离职或出缺时，省政府可以派员代理，但其代理期不得超过三个月。[③]次年内政部命令，凡未经国民政府正式发布命令任命的各省现任县长，均应作为代理县长。

（三）县长的保障、考绩与奖惩

国民政府曾尝试建立县长的保障制度。首先，县长在当时的公务员制度中被定为较高级的荐任官，其正式任用权属于国民政府，对此上文已经述及。其次，对于县长的行政级别和薪俸数额作出了规定。根据1933年颁布的《暂行文官官等官俸表》，一等县县长的官等为荐任四级至简任八级，官俸为340元—430元；二等县县长的官等为荐任五级至荐任一级，官俸为320元—400元；三等县县长的官等为荐任六级至荐任二级，官俸为300元—380元。《暂行文官官等官俸表》于1946年第五次修正公布时，将县长的最高官等提高至简任五级，官俸520元，最低官等仍为荐任六

---

①　行政院编：《国民政府年鉴》第二编，上册，第48—49页。

②　内政部编：《内政年鉴》，第343页。

③　国民政府文官处印铸局编辑：《国民政府公报》，第1148号。

级，官俸300元。①第三，通过《修正县长任用法》规定上级官厅对县长不得随意免职、调任：

> 县长试署期间，如省政府认为应予免职或停职时，应先开具事实咨经内政部核定；情节重大者得由省政府先予停职再行报部。实授县长者在任期内除自请辞职，或遇县治合并外，非依公务员惩戒法交付惩戒或付刑事审判依法应停职免职者，不得停职或免职。实授县长者在任期内不得调任。

第四，通过《修正县长任用法》规定了县长任期届满后的待遇："实授县长任期届满成绩优良者，应予连任或升任等级较高之县"，"任期满六年已支荐任最高级俸而成绩特别优异者，得以简任职待遇"。

国民政府对于县长的考绩，没有制定过专门制度。1929年11月，国民政府公布《公务员考绩法》，定于1932年开始实行。1931年10月，考试院制成县长等官吏的考绩表草稿，送内政部征求意见。内政部认为，这种考绩表格系对官吏所办事务进行分项考察，而县长职责头绪繁多，难以列举；而各地的经济文化发展水平又差异甚大，"关于各种事业之进行，每因实际上是否需要而异其缓急"，因此县长考绩不应使用按统一标准列举政绩的方法。它建议中央对于县长的考绩内容应仅列大纲，其具体项目可由各省根据本省情况自定。在此前后，一些省份自行制定了县长考绩方面的法规。例如，河南省1931年6月定有《考核县长暂行办法》，广西省1932年定有《县长考成暂行规则》，安徽省1934年2月定有《各县县长考绩办法》，河北省这一时期定有《考核县长章程》（具体日期不详）。有些省份这一时期还定有就某些专项事务对县长进行考核的法规，例如安徽省定有《各县县长办理水利考成规则》，江西省定有《各县县长协助工赈考成规则》《各县县长协助办理林业行政考成暂行条例》《各县县长办理建设考成暂行条例》《各县县长及筑路人员办理干支公路考成条例》等②。1935年7月，国民政府修正公布《公务员考绩法》，规定公务员考绩分为年考和总考两种，前者考核其一年成绩，后者考核其三年成绩。

---

① 《国民党政府政治制度档案史料选编》下册，附表。
② 内政部编：《内政年鉴》，第346—350页。

在县长奖惩方面，国民政府曾于1928年10月公布《县长奖惩条例》（次年1月修正公布）。此后考试院、监察院先后成立，国民政府于1931年6月公布了《公务员惩戒委员会组织法》和《公务员惩戒法》，《县长奖惩条例》因此废止。《公务员惩戒委员会组织法》规定设立中央公务员惩戒委员会和地方公务员惩戒委员会，掌管一切公务员惩戒事务。《公务员惩戒法》规定：公务员有违法、废弛职务或其他失职行为时，应受惩戒；惩戒处分分为免职、降级、减俸、记过、申诫等五种[①]。1935年11月，国民政府公布《公务员考绩奖惩条例》，规定公务员考绩奖励分为升等、晋级、记功三种；考绩惩处分为解职、降级、记过三等；年考一等晋级、二等记功、三等不予奖惩、四等记过、五等降级、六等解职；总考一等升等、二等晋级、三等记功、四等不予奖惩、五等记过、六等降级、七等解职。[②]1945年10月，国民政府又公布《公务员考绩条例》，规定对公务员进行平时考核和年终考绩，根据成绩分别给予奖惩。[③]这些法律法规均适用于县长。

二、县长人事制度实况

王奇生先生在《民国时期县长的群体构成与人事嬗递——以1927年至1949年长江流域省份为中心》一文中，对于国民政府时期县长的出身、任用、待遇等情况曾作出过较为深入的分析。本研究拟在吸取该文成果的基础上，对于国民政府时期县长人事制度的实际实行情况作进一步阐述。

国民政府制定的县长人事制度，部分地得到了实行，但实际实行情况与制度设计之间又存在很大差异。兹分述如下：

（一）县长任用情况。

关于县长任免均由国民政府发布正式命令的制度在一定程度上得到了

---

① 《国民党政府政治制度档案史料选编》下册，第39—40页。

② 国民政府文官处印铸局编辑：《国民政府公报》，第1885号。

③ 《国民党政府政治制度档案史料选编》下册，第106—109页。

实行，当时国民政府时有关于正式任命县长的命令发布。例如：

> 1929年年10月17日，国民政府发布指令："行政院院长谭延
> 闿呈：据河北省政府主席徐永昌呈请任命孙××为河北濮阳县县
> 长……（共15县县长）应照准。此令。"①

> 1938年3月4日国民政府发布指令："行政院长孔祥熙呈，据
> 内务部部长何键呈，请将江西东乡县县长谭××、江西万年县县
> 长章××免职，应照准。此令。"

> 同日，"行政院长孔祥熙呈，据内务部部长何键呈，请任
> 命袁×署江西东乡县县长……"（共免县长5人，任命署理县
> 长11人）。上述命令均由国民政府主席林森、行政院长孔祥熙和
> 内政部长何键签署。②

曾长期在浙江省民政厅任职的茹管廷先生记述说，浙江省政府任用县长
"先是命令'代理'，经报由内务部呈行政院，以国民政府名义任命发给
任命状。初任县长皆为'试署'，曾经'试署'者命令'实授'"。③另有
当时人回忆四川省县长任用的程序说，县长经省政府派充到职后，须"检
具学历证件、服务证件，送请审叙，经铨叙部铨叙合格，叙荐任县级或高
于、低于县级，决定代理或署理及实授。由国民政府颁发荐任状，荐任状
由国民政府主席、行政院长、内政部长署名签发"④。

但一般说来，国民政府对于县长的正式任命只是走过场，县长的任用
权实际上操于各省，具体说是各省的省主席和民政厅长。对此有当时人记
述说：

> 现在的事实是县长大都是由省政府（省政府主席或民政厅
> 长）遴选向中央政府（内政部）"呈荐"，除非显然有不合格情
> 事，内政部一定呈请行政院转呈国民政府任命。加之，各省政府
> 以前还有根本不将其所遴选的县长向中央"呈荐"，因此有许多

---

① 国民政府文官处印铸局编辑：《国民政府公报》，第297号。
② 同上书，渝字第28号。
③ 《浙江文史资料选辑》第21辑，第108页。
④ 《简阳文史资料》第14辑，第29页。

县长是没有经过国民政府任命的。[1]

各省在任用部分县长时之所以不履行向内政部呈荐的手续，是因为呈荐后即须由铨叙部、内政部审查资格，而"许多人都是明明不合格的"。中央政府对于各省不经呈荐而自行任用县长的做法，一般也持漠视态度，其原因一方面在于当时各省拥权自重，中央政府鞭长莫及；另一方面也在于县长人才的缺乏，边远地方尤其如此，因此不得不默许各省破格任用县长。抗战发生后，放宽了县长的任用资格，在各战区任用具有一定军事学识和经验者做县长，这些人往往没有《县长任用法》所规定的资格。由于破格任用县长成为合法，经各省呈荐而由国民政府正式任命的县长便"日渐增多"。[2]

对于各省任用县长的程序，《县组织法》虽有"由各省民政厅提出合格人员人选，经省政府议决任用"的规定，但国民政府初期各省的实际做法各不相同。山西、河南等省曾效仿清代吏部铨选的办法，将合格人员分为若干班次，轮流补缺。如山西省1932年11月公布《县长归班任用暂行办法》，规定将本省候补县长人员按照不同的出身与资格分为四班：轮委甲班、轮委乙班、酌委班、插委班；各班之内也按一定标准排出次序。遇有县长职位空出，四班人员按照轮委甲班每轮两人，其他三班每轮各一人的顺序轮流任用。[3]河南省1931年制定《任用县长办法》，规定将"地居冲要、政务殷繁"的开封等23县作为"特别县份"，将"共匪时常出没"的商城等26县作为"临时特别县份"，将其他63县作为"普通县份"。"普通县份"县长职位空出，"以历次甄用及格县长，按照名次，轮流提委"；"特别县份"和"临时特别县份"县长职位空出，"随时由民政厅长秉承省政府主席察核该地情形，酌提相当人员委用"。1932年，该省取消轮委、酌委县份的区别，将所有合格人员按资格分为四班，排定顺序，

① 陈之迈：《中国政府》第三册，第113页。

② 同上书，第113页。

③ 山西省民政厅编：《山西民政刊要》（民国二十二年），法规，台湾文海出版社有限公司《近代中国史料丛刊》本，1995，第12—15页。

轮流任用；次年又将四班改为六班。① 应该说，这种任用办法较为规范，人治因素较少。但参加轮委的人员出身复杂，大多不符合《修正县长任用法》《内政部登记法定合格县长办法》和《补充县长任用资格标准实施办法》等法律法规的规定。所以各省办理县长资格检定后，这种分班轮委的办法一般不再实行，而由各省民政厅统一遴选补用县长。

在民政厅提出合格人员人选、省政府议决任用的制度下，县长的任用权实际上操于各省民政厅长、尤其是省政府主席之手。例如茹管廷先生记述浙江省的有关情况说：

> 《浙江省省政府组织条例》规定县长任用"由省政府委员兼民政厅长提议，经省府会议决定任用"，"在省府主席兼民政厅长时，亦由民政厅办理提案送府委会讨论决定。主席夹袋中有人拟任县长，亦须由民政厅长提出。因此认为民政厅是任用县长的权力机关"。而抗战开始后，省主席黄绍竑对阮××任民政厅长不满，"县长调动由主席在省府委会口头提出通过，阮××多事先不知道，只在会议时将主席提出的人临时写出提案附卷而已。但阮××如欲任用县长，非经主席同意难以提出。……自此县长的任用，民政厅不预作提案，在省府会议时，主席提出人，由民政厅在会上报告后，即决议任用"。②

由于县长的任用权实际掌握于各省民政厅长、省主席之手，所以不少县长或与他们有私人关系，或是得到他们信任的人员。例如：

> 贵州省贵筑县1941年置县，曾在山东邹平乡村建设研究院从事研究工作的吴×，为贵州省主席吴鼎昌所赏识，1942年放贵筑县长，1945年春吴鼎昌去职，吴×也随之去职；杨森继任省主席后，委任自己的老乡、省政府秘书胡××任县长；继任者汪×，曾任贵阳市警察局长；再继任者唐×，上任前是杨森的外事秘书。③

① 河南省政府秘书处编：《五年来河南政治总报告》，民政，台湾文海出版社有限公司《近代中国史料丛刊》本，1993，第1—59页。
② 《浙江文史资料选辑》第21辑，第108—109页。
③ 《花溪区文史资料选辑》第七辑，第2页。

中央与地方的党军政官员也经常通过私人关系向各省民政厅长、省主席推荐县长人选。抗战初期，张治中就任湖南省政府主席，通过各方面推荐介绍谋求县长职位者多达500余人。[①]在国民政府时期湖北省民政厅的一卷档案中，存有各方人士向民政厅长介绍私人出任县长的信函或复函，为时仅一个月就有62件，签写时间为1949年3月2日—3月31日。试举两例：

> 国防部民事局官员余正东向湖北省民政厅厅长彭旷高介绍雷×任县长，彭复函说：
>
> 正东吾兄勋鉴：二月廿八日大函敬悉。承介雷×君已交科存记，俟有适当缺出，自当借重，借副雅嘱。于此奉复，并颂公祺。
>
> 弟彭○○敬启　三月　日

曹振武的介绍函为被介绍人指名点要肥缺，称被介绍人方×系其"旧部"，"嘱以江南县长任用"。因此致函新任民政厅长说："兄莅任伊始，用人惟才，用特介绍赐予推爱，于江南公安、石首、嘉鱼一带畀一县缺"。[②]在县长任命权操于各省民政厅长、省主席个人之手的情况下，买卖县长的腐败、违法现象不可避免。例如：

> 张××曾河南省教育厅长，"与韩复榘关系甚密"。1929年，他保荐自己的同学周××任河南巩县县长。此后，周××又"贿赂刘峙（省主席）太太杨壮丽，买得安阳县长"。[③]

> 郝××，岭南大学毕业，出身富豪，母亲是顺德的"名门闺秀"，妻子是陈济棠时代"海军司令"陈庆云之妹，父亲与广东国民党军政要员乃至宋子文均有交往。他通过请客送礼于1932年冬出任乳源县长，当时刚刚大学毕业，22岁，根本没有任事能力。"在几个老于'官场'的秘书、科长、出纳和几个体格强壮

① 张治中：《张治中回忆录》，中国文史出版社，1993，第184页。
② 国民政府时期湖北省民政厅档案，卷号LS3—5—5699。
③ 《巩县文史资料》第7辑，第96页。

的武装人员陪同下"乘坐轿子上任。①

在军阀战争地区，各派军阀往往同北洋政府时期一样，任用自己的私人或部属作县长。例如：

> 1930—1931年"川军援陕"，四川军阀刘存厚就给陕西镇巴县先后委派了四个县长。1932年一年，镇巴换了5个县长。1931—1935年，王三春盘踞镇巴，害死了由陕西省政府委派的县长石××。陕西省政府委任王××为镇巴县长，王"刚到汉中就受到王三春的威胁，来到镇巴不敢就职"。②

> 1933年冬福建事变后蒋军入闽讨伐，"是时闽北为56师刘鼎和的防地，刘在其势力范围内推荐了八县县长"。宋××是刘鼎和的同乡，在原籍杀人后逃亡在外，投刘做秘书，此时出任建瓯县长。③

国民政府时期，各省任用的县长到底有多少符合法定资格，难以有精确的统计。但可以肯定的是，在县长任用大权操于各省民政厅长和省主席个人之手的情况下，相当大一部分县长不具备法定资格。据茹管廷先生的一个统计，在被列入统计范围的浙江省各县378名县长中，经浙江省1928—1930年间三次县长考试录取者、考试院高等文官考试及格者以及1947年浙江省办理县长检定及格者合计为66人，占16%；"曾在本省各单位任职人员"106人（"一部分县长是原在浙省任职的中级官吏，因工作多年提升为县长。这样的人，省政府各厅处及专员公署都有，省党部与各县党部也有"）占28%；其余"均系各方介绍的人"，占56%。④与此同时，符合法定资格的人员，反而大多得不到任用。1946年6月，内政部拟定《改进吏治办法》，令各省"县长之任用，应依照县长任用法及其补充各法规办理，非经审查合格后，省政府不得派用，其有急迫情形，必须先派者，亦应就合于资格者遴派，并应即送部审查"，经审查合格任用之县长"非有法定原因，不得停职或免职"。由此可以看出，直至国民政府统

---

① 《韶关文史资料》第3辑，第16—17页。

② 《镇巴文史资料》第1辑，第95—96页。

③ 《建瓯文史资料》第5期，第49页。

④ 《浙江文史资料选辑》第21辑，第102、107—108页。

治后期，各省违法违规任用县长的问题仍然十分严重。①

（二）县长的实际出身与资历

大体说来，国民政府关于县长任用的制度设计，对县长任职资格的要求重学历而轻任职资历，因为以考试而获得资格者一般来说必有较高的学历，而以任职资历取得资格者，也须具备一定学历。但在实际实行过程中，由于不少以高学历而取得县长任职资格者缺乏任事能力，再加上各省行政长官违法违规任用私人，遂使得这一时期的县长出身情况呈现复杂。王奇生先生的有关研究得出了如下一些可以信服的结论：抗战前的县长绝大多数受过新式教育，科举出身者已为数极少；其资历参差不齐，来路五花八门；各省县长的资历情况彼此差异很大。抗战期间和抗战结束后，县长资历趋于整齐，省际的差别也趋于缩小。高等教育成为县长出身的主途，"科举出身者已全然引退，行伍白丁更一扫而光。'其他'和'不明'所占比例已微不足道，'吏治训练'出身者也为数极少"；抗战期间军校出身的县长占较大比例。表7.4、表7.5、表7.6、表7.7是他得出上述结论的依据。②

表7.4　长江中下游六省县长各种资历的百分比统计（1931—1932年）

省别	年度	大学毕业	政法专科毕业	军警学校毕业	考取	其他	不明
江苏	1931	60.0	17.2	13.3		9.5	
	1932	57.3	12.0	14.7	2.7	13.3	
浙江	1931	40.9	24.4	11.0		22.8	0.8
	1932	33.7	20.2	20.2	11.5	14.4	
湖北	1931	20.3	38.6	34.8		0.6	5.7
	1932	21.4	20.2	35.8	1.2	21.4	

---

① 国民政府文官处印铸局编辑：《国民政府公报》，第2584号。

② 王奇生：《民国时期县长的群体构成与人事嬗递——以1927年至1949年长江流域省份为中心》，《历史研究》1999年第2期。

续表

省别	年度	大学毕业	政法专科毕业	军警学校毕业	考取	其他	不明
湖南	1931	3.2	24.8	4.0		54.4	13.6
	1932	1.5	15.4	8.7	12.4	62.0.	
江西	1931	24.6	37.7	10.5		17.5	9.6
	1932	23.6	24.2	14.6	3.2	34.4	
安徽	1931	23.9	18.2	27.1	17.6	13.2	

表7.5　湖南湖北两省县长各种资历的百分比统计（1935年）

省别	大学			专科			中学	其他
	国外	国内	小计	国外	国内	小计		
湖南	5.3	21.3	26.6	2.7	46.7	49.4	16.0	8.0
湖北	7.1	27.1	34.2	7.1	54.3	61.4		4.3

表7.6　江西省长出身情况统计（1926—1938年）

	总计	大学			专科			军警学校毕业	中学毕业	吏治训练	科举	行伍	白丁
		国外毕业	国内毕业	国内外肄业	国外毕业	国内毕业	国内外肄业						
人数	1113	95	132	22	13	158	70	214	124	209	37	22	17
%	100	22.4	21.7	19.2	11.1	18.8	3.3	2.0	1.5				

表7.7　长江流域七省县长各种资历的百分比统计

省别	年度	大学	专科	军校	考试	吏治训练	中学	其他	不明
四川	1939—1945	58.1	16.8	10.7			5.6	5.9	2.8
湖北	1939、1943	32.9	14.3	37.9	0.7	5.0	1.1		7.8
湖南	1940	42.7	18.7	36.0	1.3			1.3	

续表

省别	年度	大学	专科	军校	考试	吏治训练	中学	其他	不明
安徽	1939	44.7	12.3	31.6				0.9	10.5
江西	1939—1940	46.7	20.6	17.3	4.7	4.7	5.6		
	1946—1947	51.2	16.7	7.2	18.7	3.1	0.6	1.8	0.6
江苏	1946	54.1	14.8	8.2		1.6	18.0	1.6	1.6
浙江	1946	57.9	15.8	13.2	9.2		3.9		

（三）县长的任期和考核奖惩

按照《修正县长任用法》，县长的任期为试署一年、实授三年，但实际上各地县长更调频繁，能够任满者甚少。王奇生先生在《民国时期县长的群体构成与人事嬗递》一文中所引用和作出的统计较为充分地证明了这一点（见表7.8、表7.9、表7.10）。

表7.8 1931—1932年全国各省县长更动与任期统计

	年份	江苏	浙江	江西	安徽	湖南	湖北	全国平均
本年内县长更动县份占全省所辖县份的百分比	1931	55.7	61.3	37.0		58.7	86.8	54.8
	1932	21.3	37.3	70.3	88.5	68.0	89.7	63.9
本年内去职县长每人平均在职天数	1931	384	407	380		414	227	393
	1932	374	486	349	241	442	237	376

表7.9 长江流域省份历年县长更动人数统计

省别	县数	统计年度	县长更动总数（人）	全省县长年平均更动人数（人）	全省县长年平均更动率（%）
江西	81	1928—1949	1176	62	76.5
安徽	62	1927—1939	926	71	114.9

续表

省别	县数	统计年度	县长更动总数（人）	全省县长年平均更动人数（人）	全省县长年平均更动率（%）
湖南	75	1937—1942	230	38	50.7
四川	142	1940—1944	336	67	47.2
湖北	70	1938—1943	348	58	82.8
江苏	61	1927—1934	416	52	85.2

表7.10   长江流域省份县长任期的百分比统计

省别	年度	0.5年以下	0.5—1年	1—1.5年	1.5—2年	2—2.5年	2.5—3年	3—3.5年	3.5—4年	4—4.5年	4.5—5年	5年以上
江西	1926—1940	22.2	28.1	19.8	9.0	6.2	4.7	4.7	1.8	1.3	1.3	0.8
	1946	32.9	31.7	7.3	12.2	4.9	4.9	6.1				
江苏	1946	18.1	36.1	24.5	8.2		6.5					6.6
浙江	1946	35.3	36.8	4.4	10.3		8.8	2.9				1.5
湖南	1946	35.3	17.5.	30.2	4.8	9.5	1.5	3.2				
四川	1939—1944	51.9		26.3		15.0		4.1				0.3
平均		57.3		26.2		10.4		3.8		0.8		1.5

关于县长任期短暂、更动频繁的原因，王奇生先生认为有以下几点：其一，"省厅长官掌握县长的任免更调大权，每借频繁的更调安插私人。而政治不安定，省厅长官新旧交替之际，更是县长大换班"；其二，"迫于土豪劣绅的压力"；其三，因感觉"县长难为"而辞职；其四，因"政风不佳"而被免职、撤职（县长更调原因参见表7.11）。当时局内人的回忆证明这种看法大致符合事实：

　　县长调动的原因甚多：一部分出于县长自身，如县长在职亡

故，与请准辞职，必须有人接充，或被控贪污有据，或任内发生

风潮处置不当，不能再任其位而调动。亦有被日寇俘掳，或潜逃投向日伪，此种情况亦必须调人接任……其次：有为工作需要而调动，如将久任小县的县长调任大县，以示奖励；或因地方士绅反对，另调他人；或因工作繁剧调派能力精干者接任。又有一部分，则因省主席或主管厅长提拔亲信将原任小县调任大县……亦有因省主席应付人情而调动，如党政军要员介绍来人，应即予安排以酬人情，因此调动。此种情形甚多，不胜枚举。①

这里还需要补充的是，当时经常发生的县长与地方势力的矛盾与冲突，有时是由于县长的贪墨、残暴引起的。在这种矛盾与冲突中，有影响的地方人士不能简单地被视为土豪劣绅，他们虽然有自己的既得利益，但同时也能够在一定程度上代表普通民众的意愿和利益。例如：

1931年，聂××任安徽南陵县县长，大肆搜刮民财。商团团长桂××与之矛盾激化，被诱捕软禁于看守所，"并加以劣绅之名申报省府。一时城关沸然，罢市抗议，南陵各界发动声援"。聂××挂印潜逃。桂××被放出后，"立即召集商团自卫队，跟踪追缉"，追回后软禁于商会。"第二天，南陵各界拖出聂××游街示众，高呼打倒贪官聂××！群众拍手称快"。李××接任县长后，"勒令商团将聂××送到县衙，办理交卸手续，实则商量对策，压制地方，暗地行文上告桂××是恶霸劣绅，不剪除，无法贯彻政令"。桂××被传入省城拘禁，后以4000元保外就医，自杀。②

而导致一些县长丢官的所谓"政风不佳"，有时则是县长与土豪劣绅狼狈为奸的结果。例如：

1934年，福建建宁县县长林××"伙同当时商会会长胡××，借发通行证之机，每本勒索工本费壹角，百姓不堪其苦，乃向驻军司令汤恩伯控告，方得取消……胡××畏罪潜逃江西，百姓称快"。③

---

① 《浙江文史资料选辑》第21辑，第113页。

② 《南陵文史资料选辑》第9辑，第69—70页。

③ 《建宁文史资料》第1辑，第48页。

表7.11　长江流域省份县长更调原因统计[①]

省别	统计年度		调升专员	调任他县	调省	辞职	免职	停职	撤职	殉职	病故	其他
江西	1928—1946	人数	8	210	497	208	98	52	80	11	12	0
		%	0.7	17.9	42.3	17.7	8.3	4.4	6.8	0.9	1.0	0
湖南	1937—1942	人数	0	50	64	30	50	1	33	0	2	0
		%	0	21.7	27.8	13.0	21.7	0.4	14.4	0	0.9	0
湖北	1938—1943	人数	0	72	66	68	21	12	71	0	0	38
		%	0	20.7	19.0	19.5	6.0	3.5	20.4	0	0	10.9
四川	1940—1944	人数	5	121	67	43	41	4	39	2	4	10
		%	1.5	36.0	19.9	12.8	12.2	1.2	11.6	0.6	1.2	3.0
总计		人数	13	453	694	349	210	69	223	13	18	48
		%	0.6	21.7	33.2	16.7	10.0	3.3	10.7	0.6	0.9	2.3

国民政府时期，县长考核和奖惩制度在不同时期、不同省份的实行情况不尽相同，或较为认真，或流于形式。

由于县长更调频繁、实际任期较短，三年任满考核只能施之于少数人，但也间有实行。例如有人回忆浙江省的有关情况说，该省对于县长进行三种形式的考核，即平时考查、年终考核和对于任满三年县长的"三年考成"。"三年考成"的内容、程序和奖励办法是：

> 省政府将其三年中的政绩，全面考查，成绩优良者报内政部铨叙部审定后，呈行政院核准。凡原是"试署"者改为"实授"，已经"实授"者，升任简任官职务。如一时无简任官职

---

①　引自王奇生：《民国时期县长的群体构成与人事嬗递——以1927年至1949年长江流域省份为中心》。

者，以简任官"存记"，遇缺任用。浙江县长如鄞县县长陈××
升任会计长（后调为财政厅长），龙游县长周××、分水县长钟
××，先后升为行政督察专员，即由此而来。[①]

年度考核的实行较为普遍，其一般做法是将成绩分为若干等，分别给
予奖惩，而各省所采取的形式又互有不同。例如：

　　山西省在20世纪30年代初每年由省民政厅对县长进行考核，
将成绩分为上、上中、中、中下、下五等，上等记大功一次，加
俸一级；上中等记功一次，加俸一级；中等加俸一级；中下等严
予申诫；下等撤职；"其代理已满三月考列在中等以上者，一律
请改署理"。1929年度的考核结果，平定县县长李兆麟等17人
考列上等，阳曲县县长杨楷等34人考列上中等，洪洞县县长柳蓉
等23人考列中等，朔县县长曲著勋等9人考列中下等，安泽县县
长杨世瑛等7人考列下等，均按制度规定给予奖惩。[②]

　　河南省1931年"举行县长年终考核"，嘉奖4员，记
过2员，申诫4员；1932年"考核县长成绩"，将成绩优秀者
与差劣者"分别殿最列入金、红、白、黑榜，计金榜11人，红
榜18人，白榜15人，黑榜19人"；1934年依据上年制定的《县
长考绩及奖惩办法》"举行县长总考核"，"分民、财、建、
教、保安、司法专项详细考核，分别奖惩"。[③]

　　广西省制定《县长奖惩暂行章程》，规定对县长实行年度
考核，其奖励分为升叙、晋级、记功、嘉奖四等，惩罚分为免
职、降级、记过、申诫四等，"其有特殊情形，并得予以罚俸
处分"。1933年度考核结果：晋级者23人，记功者27人，嘉奖
者7人，撤职者4人，免职者22人，降级者7人，记过者101人，
申诫者10人。[④]

---

①　《浙江文史资料选辑》第21辑，第112—113页。

②　山西省民政厅编：《山西民政汇刊》（民国二十年），公牍，第280页。

③　河南省政府秘书处统计室：《河南省政府五年来施政统计》，民政，第2页。

④　广西省政府编辑室编：《广西省施政纪录》（民国二十二年），台湾文海出版社有限公
司，1995，第90页。

浙江省的县长年终考核"年年办理成为例案，以至省与县均不重视"。其办法，由省政府各厅处供给资料，对将任满一年的县长评定优劣，其成绩合格者，报铨叙部审核后，准予升级加俸。"在浙久任县长者，逐年考核升级晋至荐任一级者颇多"。①

这种评定等级的年终考核，往往还要给被考核者下考语，而这种考语可以反映考核对于县长的要求与评价标准。试举1929年山西县长年度考核的考语为例：

上等县长考语包括"老成练达，政通人和""勤政爱民，事无贻误""才识兼优，措施妥当""清廉勤慎，办事有方""秉性果敢，勇于负责等"。

上中等县长考语包括"富有经验，任事勤劳""胆识兼优，尚能负责""才具优长，力能胜任""性情活泼，热心任事""清廉自持，尚能勤慎等"。

中等县长考语包括"才具平庸，尚能勤苦""性情诚实，办事尽心""才识尚可，供职亦勤""能力中常，实心任事"等。

中下等县长考语包括"听断尚可，余皆敷衍""讼案拖累，人多怨言""办理要政，不甚尽力""秉性粗率，计划欠周""精神不振，遇事柔情""办事尚勤，驭下欠严"等。

下等县长考语包括"才能短绌，不堪胜任""遇事优柔，诸多废弛""精神欠佳，办事不力""诸事敷衍，难期进行""经验缺乏，办事无方"等。②

从以上考语可以看出，当时的考核要求县长既要有操守，又要有能力；既要有主观方面的优良素质，又要有客观上的良好政绩。

有的省份尝试将年度考核量化，考核时就县长应做的各项工作分别给出分数，在此基础上计算总分，评定政绩。例如1941年6月福建省在考核上年各县县长工作成绩时即采用这种办法。见表7.12。

---

① 《浙江文史资料选辑》第21辑，第112页。

② 山西省民政厅编：《山西民政汇刊》（民国二十年），公牍，第281—290页。

表7.12　福建省1940年度县长工作考绩百分比率表

类别	工作摘要	百分比率	备考
民政	推行新县制	8	包括调整县区乡保机构，推行地方自治工作等
	办理户口壮丁总复查	2	
	其他	3	包括战时救济、禁革民间陋习、整理人民团体等
财政	整理税务	8	包括调查办理税收，司法登记，田赋改征实物等
	推行节约、建国储蓄	2	
	其他	3	包括查缉私运现金出口，防止物品资敌等
教育	推行国民教育	6	设立中心学校、国民学校、分配发放教费等
	其他	2	筹设社教机关等
	新生活运动	2	包括精神总动员等事项
建设	各县沿河现有房屋应逐渐拆除，将地收归公有	3	
	建设或改善各县区间各种道路沟渠	3	
	推行各县农田水利	3	
	推行度量衡新制与工业标准	3	
保安	办理警政	7	包括推行乡村警察三原则，成立第一区署警察所等
	维持治安	5	执行冬防治安议决案，整编县保安队等
保安	其他	2	办理人民自卫、枪械登记，造报登记册及办理借用等
兵役	推行役政	8	

续表

类别	工作摘要	百分比率	备考
军训	办理国民组训	4	编组成立国民兵团及各级队等
粮政	推行粮政	7	仓储积谷，查报余粮余缺供应及取缔囤积私运等
农业	推行冬耕及造林	5	
卫生	推行卫生事业	5	增筹卫生院，药品费限期办理，医药人员领证，改组区卫生组织机构及办理各种卫生事业等
计政	推行计政	4	造送十七年度省地方岁入决算及造送三十年度县地方概算
地政	整理地政	5	包括办理土地编查、地籍管理等
合计		100	

资料来源：国民政府内政部档案，全宗第12，案卷第51。

　　除了年度考核外，一些省份有时还就某些特殊政务对县长进行考核，给予奖惩。例如，广西省除年终考核外，还依据《田赋考成条例》对县长"考其殿最，分别奖惩之"。①20世纪30年代初，山西省平时根据各县县长的"剿除盗匪功过"分别给予记大功、记功、记过、记大过的奖惩，每半年"结算"一次，功过相抵后视情况分别给予奖惩。对于1932年10月至1933年3月期间有关情况的"结算"结果是：

　　　　徐沟县县长孟子英等5人功过相抵后记功2次，"传令嘉奖"；交城县县长张维敬等9人功过相抵后记功1次，"免予奖惩"；榆次县县长杨如梅等3人功过两抵"免予奖惩"；洪洞县县长孟元亮等7人无功无过，"免予奖惩"；平遥县县长周敦信等23人功过相抵后记过1次，"免予奖惩"；太原县县长陈乃蓉等18人功过相抵后记过在2次以上，"各减一月俸十分之一"；介休县县长周毓宣等7人功过相抵后记过在4次以上，"各减一月

① 广西省政府编辑室：《广西省施政纪录》（民国二十二年），第90页。

俸十分之二";解县县长郭象蒙等2人功过相抵后记过在6次以上,"各减一月俸十分之四";大同县县长严廷扬功过相抵后记大过1次,记过6次,"应予降调"。①

县长的奖惩除了结合年度或任满考绩进行外,还通过任免调职和平时记功、记过等形式来进行。对此茹管廷先生记述说:"省政府曾将若干县长由原任小县调任大县(如林×由汤溪调余姚,高××由遂安调衢县,汪××由开化调临海等等),或对个别县长调任免职,含有奖惩之意……此外因县长闯出事故,受到记过处分(如庄××在永嘉对米风潮处理不善,洪××在泰顺因演戏军警枪杀学生等);而因早年对禁烟禁毒认真办理,土地陈报、征收田赋成绩优良的县长,予以记功嘉奖,则为对县长奖惩的另一面。"②1928年7月至1929年6月,河北省各县县长记大功2人次,记功23人次,嘉奖21人次,撤任27人次,记大过22人次,记过155人次,申诫31人次。③当时,县长因各种过失和能力欠缺而被撤职、免职、停职是经常事。例如:

> 1932年9月至1933年8月山西省更调县长73人,其中"因案撤职""因案撤省"者23人,"因办事不力"调省者1人,"因久旷职守调省"者1人,"因办事敷衍调省"者1人,"因二十一年度考绩中下调省"者5人,"因办事操切不洽舆情调省"者1人。合计32人,占41.1%。④

> 湖北省1938年1月至1942年7月共更掉县长258人,其中有94人系因过失和能力问题撤职、免职、停职或调省。⑤

县长过失严重的,交付中央或地方公务员惩戒委员会惩戒。在国民政府时期中央惩戒委员会办理的1400余宗惩戒案中,县长惩戒案件占了相当大一部分。1938年7月至1939年6月,湖北省有47名县长因疏脱人犯、征兵不

① 《山西民政刊要》(民国二十三年),图表,第85—86页。

② 《浙江文史资料选辑》第21辑,第113页。

③ 河北省民政厅编:《河北民政统计》(民国十九年),台湾文海出版社《近代中国史料丛刊》本,1995,第59页。

④ 《山西民政刊要》,图表,第67—73页。

⑤ 《湖北档案史料》第三辑,第32—48页。

力等原因受惩戒，其中申诫5人，记过7人，记过2次2人，记大过2人，撤职13人，减俸2月9人，撤职查办、讯办、拿办者9人。①

三、普通行政人员的人事制度

在北洋政府时期，各地县公署秘书、科长、科员、技士等普通行政人员，很大程度上是由清代的幕友、书吏转化而来，始终没有被纳入国家行政人员的管理系列。国民政府取得全国统治权后，则尝试将这些人员纳入公务员系统，统一建立县普通行政人员的人事管理制度。

将县普通行政人员纳入国家公务员管理系统的意向，实际上在1928年《县组织法》颁行时已经确定。这一法律规定：县政府科长由县长呈请省民政厅委任，科员由县长委任，局长"由县长就考试合格人员中遴选，呈请省政府核准委任"；并规定对于"县政府所属局长、分局长、科长、科员及其他佐治人之资格任用及待遇保障"等问题，将另外制定法律进行规定。此后，国民政府于1933年公布《暂行文官官等官俸表》，明确将县政府秘书、科长、科员、技士、技佐等普通行政人员列为国家正式文官，对其薪俸等级作出了具体规定。其中，县政府秘书定为委任官五级至荐任官六级，县政府科长定为委任官五至一级，科员定为委任官九至四级，技士定为委任官六至一级②。此外，1930年内政部公布的《地方行政人员训练所章程》和1934年行政院公布的《县行政人员训练办法大纲》，均将县政府局长、科长等"佐治员"列为"地方行政人员"或"县行政人员"。至1935年12月，国民政府公布了《县行政人员任用条例》，正式对县政府行政人员的任职资格、任用程序和待遇保障等作出了规定。这一条例的主要内容是：

1. 县行政人员指县政府秘书、科长、局长、科员和技术人员。

2. 县政府科长、局长须"具有与其所任职务相当之学识或经

---

① 《湖北省各县县长惩戒一览表》，国民政府时期湖北省统计处档案，卷号LS2—1—11—1。
② 《国民党政府政治制度档案史料选编》（下册），附表。

验"，并须具备下列资格：（1）普通考试或与普通考试相当的特种考试及格、曾任委任职一年以上；（2）经相当于普通考试的考试复核及格、曾任委任职一年以上；（3）现任或曾任委任职一年以上、经甄别审查或考绩合格；（4）现任或曾任县政府科员三年以上且成绩优良；（5）各省县政训练机关毕业、并曾任委任职一年以上；（6）专科以上学校毕业，并曾任委任职一年以上；（7）"曾致力于国民革命五年以上"、中等学校以上毕业。

3. 县政府科员须"具有与其所任职务相当之学识或经验"，并须具备下列资格：（1）具有上述科长、局长资格之一；（2）普通考试或与普通考试相当的特种考试及格；（3）经相当于普通考试的考试复核及格；（4）"曾致力于国民革命五年以上"并有相当学识；（5）现任或曾任县政府办事员或书记三年以上且成绩优良；（6）中等以上学校毕业曾任行政事务一年以上；（7）曾任小学教职员二年以上；（8）曾办地方自治二年以上、确有成绩并有相当学识；（9）各省行政训练机关毕业。

4. 县行政人员的任用：县行政人员由县长遴选合格人员、呈请省政府委任；应就考试及格分发人员尽先任用；应就本县合格人员尽先任用；其资格审查由铨叙部委任各省省政府组织公务员任用资格审查委员会办理。

5. 县行政人员的薪俸由各省政府参照国民政府关于委任职公务员俸给的规定执行；经考试合格、依法任用的县行政人员，"非依法律不得停职或免职；其违法失职者，得由县长先令停职、派员暂行代理，仍呈省政府核准，依法交付惩戒。"①

上述关于县行政人员人事制度的规定，其大意有二：一是县行政人员任职须具备法定资格；二是县行政人员的任免权归省政府。而其根本意义在于确定县行政人员的身份属于国家正式文官，而不能再像在清代或北洋政府时期那样属于（州）县行政官员个人自辟的掾属。

与县长人事制度相比，上述县普通行政人员人事制度与其实际实行情

---

① 《国民党政府政治制度档案史料选编》下册，第47—49页。

况之间的差异更大。

首先，当时中央和各省从未办理过县普通行政人员的资格检定，各地所有县政府的秘书、科长、科员在其任用时都没有正式的资格依据。即使在有秩序的情况下，至多也只能做到由县长任用后在呈请省政府审查资格，正式委任。例如：

> 在抗战时期的四川省，县政府"秘书、科长、科员、事务员、雇员、农业技士、工业技士、督学、指导员等官吏由县政府委派。被委派者交具学历证件、服务证件，送省府核委、省府交考铨处审查叙级合格叙委任定级，再由省政府根据审叙结果，颁发委任状，委予代理、试署或实授。委任状由省政府主席署名签发。如果经审叙不合格的，由省政府令饬县政府另检合格人员审叙。县政府事务员只叙级，省府不颁发委任状；雇员由县政府委派后不叙级，省府也不发委任状。"①

> 有人回忆贵州省的有关情况说："国民党政府的公务员，有个送审制度。主任科员以上的要把学历、资历等文凭填表报送省或中央审核，合格者才取得正式公务员的资格，科员级以下的就由伪县长决定任免。"②

其次，当时各地普遍存在县政府秘书、科长甚至科员、公务员由县长任用包括兄弟妻子女婿等亲戚在内的私人担任，与县长同进退的现象。一方面，由于县政府组织的扩充，国民政府时期的科秘人员不可能完全由县长任用私人。例如在有的地方，"秘书以及办理机密事务人员多与县长同进退。旧任的各科长如舆论良好者，多被留用，否则由新县长派人接充。科员及雇员多为本地人，更换的很少"③。"新县制"实行后，一些省的军事科科长、警察局长和会计、户籍、统计、会报等室的主任且由省委派，县长无权委派。但另一方面，县长任用私人担任县政府秘书、科长甚至科员、公务员的现象仍十分普遍。对此有人记述说：

---

① 《简阳文史资料》第14辑，第29页。

② 《清镇文史资料选辑》第2辑，第76页。

③ 《浙江文史资料选辑》第21辑，第115页。

在旧政府的县行政机制里，无所谓人事制度……县长上任后有权撤换科秘等工作人员，用上与自己有关的亲信者……每当更换一任县长，当其接受任命之时起，即有上司和有关部门塞给他任用县政府科秘人员的介绍便条函件若干，县长到任时，那些人就随县长而上任。因此，每当更换一任县长，必然要将上届主要科秘人员撤换。其中最主要的是秘书、民、财两科人员和收发、总务负责人员。秘书是县长的得力助手，县长公出时的代理者；民科直接掌管乡镇长的去留，是县长出巡时的进财之道；财科、总务、收发，都是为县长掌管财源金库等主要机构的当家人，因而必须是由县长的亲信人员担任。①

这方面的例子不胜枚举：

1929年丘××任山东曹县县长，"上任时带来一班亲信，首先把他的哥哥安排在民政科当科长。为回避同姓，他哥哥自称姓张"。②

1935年，兰××任福建建宁县长，"上任时带了族亲、走卒多人，安插在本县税务机关、区、乡政府，充其耳目"。③

陕西省西乡县1938年王××任县长，"在由流亡教师和大中专学生组成的'教育服务团'中挑选河北同乡十余人，分别委派担任县政府秘书、科长等职务，其余人员，分派在县属机关工作。除教育、建设科长系本县人外，其余均为河北人"。1941年，赵××就任县长，除教育、建设科长未更换外，"其余科、室主要人员，一律安排他带来的亲信人员担任"；次年温×由略阳调任县长，"带来一批三亲六眷，将原任各科室负责人员一律撤换，安排随行人员接任"；1948年王××由汉阴县调任县长，"对县府内部主要人员，变动频繁"，主任秘书、秘书、财政科长等均系从汉阴带来的心腹、亲戚。④

---

① 《花溪区文史资料选辑》第七辑，第2—4页。

② 《曹县文史资料》第3辑，第45—46页。

③ 《建宁文史资料》第1辑，第49—50页。

④ 《西乡县文史资料》第2辑，第19—21、22—23、29页。

连次青1941年任浙江临安县长，"用人唯亲……当时曾流传一首打油诗："连公次青，满门学生，姘头出纳，女儿监印，小婿建设，妹夫民政"。①

贵州清镇县"每换一个县长，旧县长的亲信必然带走，新任县长要带几十人来，主任秘书、秘书、收发、庶务主任、财务科长、田粮处长、警察局长、督察长、督学、指导员、国民兵团副团长、军法承审员、档案室、保警大队副等要害职位，都要安插他的私人，一般科室如民政、教育、建设等则利用本地人工作"。②

1937年谢××任湖北远安县长，"上任随带全班人马。首先是财政大权把握在手，安排亲信执掌。爱人姚××任财政科会计，岳父姚××任财政科出纳，舅子姚××任县政府秘书。甚至县政府一般工作人员，公务员等多为姚门中人"。③

在这种情况下，很难想象省政府的资格审查和任命有什么实质意义，甚至实际上是否例行公事地履行这种手续也很难说；而县政府秘书、科长、科员的出身也就必然因此而呈现复杂状况。国民政府时期各地县政府科长、科员、技士等普通行政人员的编制，"新县制"实行前一般不少于三四十人，"新县制"实行后至20世纪40年代末一般扩充至五六十人乃至上百人。以此计算，全国一千数百个县，共需普通行政人员数万人甚至十万人，在1927—1949年的20余年中，曾前后担任这类职务的人当有数10万。而中央和各省普通考试自1934年4月首次举行至1947年底，总共仅录取各类行政人员6000余人，他们中的大多数且是在中央各机关和各省政府担任低级公务员，真正在各地县政府谋职者为数不多。历年经特种考试取得县普通行政人员任职资格者，也同样人数寥寥。据统计，1933年至1942年9月，各地特种考试仅录取县普通行政人员22人，县财政行政人员4人，县建设行政人员8人，县军事行政人员8人，县警察行政人员12人，县各级干部训练员15人，县市教育视察人员142人。④其他以专

---

① 《临安文史资料》第2辑，第166页。

② 《清镇文史资料选辑》第2辑，第76页。

③ 《远安文史》第2辑，第124—125页。

④ 行政院编：《国民政府年鉴》，中央之部，第四编，第23—24页。

科、高中毕业生资历担任县普通行政人员的人数不得而知。而可以肯定的是，在当时的县政府秘书、科长、科员中，资格不符合《县行政人员任用条例》规定者不在少数。例如"新县制"实行后云南省报告说，该省"各县政府秘书科长，曩多旧日书幕之习"，1942年完成了26个县的县级行政人员资格审查，"合格叙委者"仅150余人。①

上述情况表明，不论从任用资格、任用程序还是从薪俸保障的角度看，国民政府时期县普通行政人员层面的职业化文官制度均没有能够建立起来，县政府秘书、科长、科员号称是国家的委任职文官，但究其实际，仍在很大程度上属于县长个人的掾属。由于这些人员不能做到职业化而往往随县长而进退，就使得县政府的文书、档案、簿记失去了正常保管、传承的载体，而这意味着县政府的行政运作仍基本处于人治状态，仍不能具有现代行政运作所必须具备的持续化、专业化、文牍化的特征。从某种角度说，这一时期县政府普通行政人员的职业化程度尚不及清代的六房书吏。直至20世纪40年代，县长去职还须办理交代，而且其交代事务范围之广，甚至甚于清代的州县官。这充分说明当时的县政运作还基本没有建立在常设科层机构和职业文官制度基础之上。试举二例：

其一，1936年河北省新河县县长办理卸任交代，其交代内容除包括各种财务收支册簿和库存现金外，还包括以下各类人、财、物：

> 铜印；监狱人犯名册；男女看守所羁押已决未决人犯；戒毒所现有施戒毒犯；所有本县政府行政司法各职员，并政务警察看守所丁；省政府令发府密电本一册；河北全省保安司令部令发安密电本一册、表一纸；民政厅令发冀密电一本、表纸；全省保安司令部河北剿匪司令部发靖密电本；陆军司令部发密电本一册；审理未结民刑烟毒各案件；前任扣案之赃物及本任因案扣押之烟毒各种赃物；保安司令部训令一件；财政厅上忙粮银训令一件；省政府训令一件；关于各县附加税不得超过正赋丝毫的文件；行政、司法、经征处经费；财政股经管地方款；近数日来收到未及办竣各项公文；上忙田赋所用收据；未用之契税收据、捐款收据、田赋附加收据；前解摊永定河工款；行政法规一本、现

---

① 行政院编：《国民政府年鉴》，地方之部，第190页。

行地方自治法规一本、验照须知一本；机要文卷一本、机要文簿一本；库款；保卫团第七督练处令发地图八份；民政厅发县长须知一本；财政厅颁发现行章则一册；民政厅发民政法规一本；民政厅颁发编辑出巡专刊，各县概况一览；宁枪一支，子弹二十九粒；经售官制婚书价款；摊报费；杂税收据、屠宰收据、牲畜税单；酒照牌税；司法印纸、民刑状纸及印刷行政呈纸；司法罚金银；结亏囚粮洋400元；押标金，保证金；诉讼存款；省政府令发民枪执照三百张，验照费，区公安局填发枪照；购团私款罚金；区村制地图、村政章程及各种浅说；民政厅令发国籍法一本；民政厅令发户口统计表一本；仓谷款项；度量衡旧器罚款。①

显然，这些交代内容的保管和使用，在以常设科层机构和职业文官制度为基础的现代行政制度中，完全属于科层机构的经常性职责，根本无须行政首长负责。

其二，1942年5月湖北《均县县长贺理华接收蒋伯玉移交清册》，其内容除包括各种财务册簿、库存现金、"各种卷宗"、"枪支弹药"外，还有"财产及物品"，其具体项目包括：官有房屋、桌椅、床、盆、砚、算盘、门帘、痰盂、台灯、茶壶、国旗、茶杯、黑板、注射器等。尤其值得注意的是，就连县政府的现有机构也在交代范围之内，对此交代册中列县长室、秘书室、庶务室、会计室、监印室、军法室、档案室、办公厅、石印室、收发室、代办所、政警室、传达室、二堂、电话室、公安科等。②这说明，就连县政府内部组织机构的设置，在当时也被认为是由县长个人负责的事情。

综上所述，国民政府时期在建立县长和县普通行政人员人事制度方面，曾尝试作出努力。但实际情况很不理想，直至国民政府在大陆的统治终结，县级职业化文官制度仍未能建立，地方行政中的"文治"仍未能实现。

---

① 国民政府内政部档案，全宗第12，案卷第3401。
② 国民政府时期湖北省财政厅档案，卷号LS19—1—988。

第八章

县制演进背后的社会变动

在中国历史上，一种政治制度的兴革损益往往与某种深层的社会变动相为表里，20世纪上半期的县制演进也不例外。这一时期中国县制的演进过程，其主轴是"官治"与"自治"两种模式的相互排斥与结合。在这种演进的背后，蕴藏着乡村社会的某种结构变化。从清末至北洋政府时期，由于政治动荡，国家权力对于乡村社会的控制力减弱，而"绅权"却在"地方自治"的旗帜下恶性膨胀，在某种程度上成为乡村社会的主导力量，它不仅侵害吞噬着普通民众的权益，也削弱了"官治"的国家行政。随着国民革命的进行，这种"绅权"开始得到抑制。国民政府建立统治后，采取措施强化县级国家政权并统一建立县以下区乡政权，尝试以国家组织取代士绅、宗族等势力来控制乡村社会。而士绅作为一种社会势力却不可能骤然消失，只是失去了独立性，开始在国家政权体制之内寻找栖身之地，依托这一体制谋求自己的特殊利益。抗战时期和战争结束后，推行"新县制"，对乡镇民代表、乡镇长和县参议员实行民选，地方土劣于是沉渣泛起，操纵把持，明争暗斗，不少地方官员且与之狼狈为奸，遂造成乡村社会的极度混乱。这种情况与国民政府的军事失败、财经崩溃一起，构成了它统治瓦解的重要原因。

第一节 清末至北洋政府时期的"绅权"

一、地方自治与"绅权"的组织化

在清代,虽然朝廷设治止于州县,且职官设置极为简单,但对于乡村社会的政治统治权却基本操于中央集权的国家手中,州县行政官员能够通过书吏、差役和里甲、乡地、保甲等各种职役组织在税收、诉讼、治安等方面对乡村社会实行有效控制。而以科举士人和致仕官僚为主体的士绅阶层,主要是承担倡导和办理各种地方公共事务的社会职能,如筑桥铺路、修葺祠堂庙宇、修补水利村防设施、救济灾民贫民、兴办社学义学、调解田土财产纠纷等。至于在政治职能方面,他们虽然经常能够以"中间人"的身份协调国家政权与地方社会、"官"与"民"之间的关系,但却不足以形成独立于"官"的一极权力,绅与官公开发生对抗,只是个别的事例。相反,士绅是国家政治统治的基础,"官"借助于他们的声望和权势来实现对于"民"的统治和维护辖区内的政治秩序。

清代士绅之所以没有能够在地方社会中形成足以同国家行政相抗衡的一极权力,存在三个原因:其一,他们不主持和参与州县的税收、诉讼、治安、农工商、教育等经常性、主体性政治、经济、文化活动,只是在各种临时性地方公共事务中起主导作用;其二,他们没有经常性组织,或者说没有通过某种常设性的机构实现自己的组织化;其三,他们对于地方社会的影响力只是基于传统性声望和源于社会关系、财产方面的权势,而不是基于法定的政治权力。然而,这一切在19世纪中叶、特别是20世纪初以后全都发生了变化。

在倡办公共事务的同时更多地介入地方政治事务本来就是士绅阶层

的一种本性，顺治九年（1652年）颁布的晓示生员的"卧碑文"禁止生员"干求长官、交接权势"；"轻入公门""干预他人词讼"，规定"军民一切利病，不许生员上书陈言"，"生员不许纠党多人，立盟结社，把持官府，武断乡曲"，"所作文字，不许妄行刊刻"，违者处罚治罪。[①]总之，不许生员议论、干预国家和地方政治，不许生员以各种形式建立组织，防止他们形成一种足以同"官治"相制衡甚至相对抗的社会权力。然而，"卧碑文"的颁布恰恰说明，其所禁事项是经常发生的。在这方面，绅士与生员也没有太大区别，在当时社会看来，劣绅之"劣"就在于他们"出入公门"、干预行政，"武断乡曲"欺压良善。清代后期，在科举考试持续进行二百余年后又广开捐例，因而造成仕途壅塞，不能进入官僚队伍的在籍士绅因此更加希望在官场之外、在地方社会谋发展。而就在此时，历史为士绅提供了这方面的机遇。

前文已经述及，太平天国战争为士绅提供了通过办理地方武装而履行部分行政职能的机会。至19世纪末20世纪初，地方社会的近代化起步，一些士绅开始投身近代实业和教育事业。更为重要的是，在清末"预备立宪"开始后，清政府决定推行地方自治，这使得士绅不仅可以涉足地方社会的经济和文化领域，而且可以进一步涉足其政治领域，公然在"官治"之旁形成另一种公共权力。长期以来，清朝统治者对于士绅哪怕是在极小范围内的干政和组织性集结都十分警惕，防微杜渐，设禁极严，而此时却通过推行地方自治的煌煌上谕，允许和要求士绅以组织化、制度化的形式参与地方政治，主导地方教育、实业、财务和其他公共事务，这种政策转变不可能不导致地方社会结构发生变化。

从实际情况看，在清末和北洋政府时期的地方社会，除了县议（事）会、参事会、城镇乡议（事）会、董事会、乡董外，还有以下几种组织、机构也同样在履行地方自治职能，也同样具有"自治"公共权力的性质：[②]

其一是当时存在于各县的教育、警务、实业和财务等四类局、所，它

---

① 商衍鎏：《清代科举考试述录》，生活·读书·新知三联书店，1958，第46页。
② 民国《宁晋县志》地方自治志（1929年）说："按自治机关所概甚广，于参议两会、农商两会外，远如保甲守望，戒烟各局，近如理财、财政、公议各所，亦皆系地方自治性质。"

们在国家行政之侧形成了一个自治行政系统（详见第三章）。

其二是县、区、乡保卫团等地方保卫机构。这类组织一般由地方自行组织，自筹经费，自募团丁，控制权操于地方人士之手（详见第三章）。

其三是商会、农会、教育会等社会自治组织，它们在当时往往同时兼有地方自治行政的职能。对此一家地方志评论说："农工商学地方庶政，帝制时期专治于官，则有公署；共和时期分治于民，则有会所。会所者，用辅公署之不及，所谓自治机关也。"[①]

其四是教育、警务、自治等各种形式的区乡行政机构（详见第三章）。

其五是各地乡村长副、正佐等村治组织。前文已经述及，清代向有由乡里保举后经官府佥任的村正、村长等人员，其性质属于"役"，社会地位低下。清末推行地方自治以后，教育、警务、保卫、筹款、选举等各种事项，最终都要通过村庄来办理，乡村首领于是经过重新选举，"其责任日益加重"[②]，具有乡官性质。有一家地方志比较该县此时"村长"与旧时"乡长"的性质差异说："村各有长，为一乡领袖；乡长一职，为承差催粮之人，与地甲同等。"[③]

这几类组织，在当时都是依据国家有关法律法令建立的，都具有普遍性、科层化的特点，都具有办理地方社会经常性、主体性公共事务的行政职能，而它们的首领人员，都不是"官"而是本地社会的"绅"。例如：

"四局"方面。"四局"首领一般由士绅担任，第三章已有阐述，不赘。

地方保卫方面。1914年5月北洋政府颁布的《地方保卫团条例》规定，地方保卫事宜由县知事"遴委地方公正绅商协筹办理"。[④]其实际实行情况也正是如此。有人回忆说，四川省金堂县清朝末年的团总"由县正堂直接委任当地的士绅充任"，"当团总的都是秀才、监生和大地主等"；直隶昌黎县1914年设立

---

① 民国《临榆县志》，建置篇，会所。

② 民国《重修蓟县志》，官师志，民国机关。

③ 民国《柏乡县志》卷二，村镇。

④ 中国第二历史档案馆整理编辑：《政府公报》第732号，1914年5月21日。

中区保卫团，"委绅士为团总"；1919年，张××任山东蒙阴县县长，到任后即召集"坦埠团总公巍东、北乡大张团总'房大吹'、南乡大庄团总'孙偏头'"等"各区团总乡绅到县衙会面"。①

区乡行政方面。如1915年北洋政府令各县治划分区域，编查户口，区置"编查长"由警、团首领或"公正绅士办公益事务者充任"；奉天省1922年实行区村制，"区长由县知事择地方士绅保送二人，省长面询，指定一人充任"。②

乡村基层组织方面。山东省昌乐县保留旧乡地组织20厂，"厂设厂长，类以本区城内素负乡望之绅士充之"。奉天安东县清代存在乡地组织48牌，1909年知县"裁撤乡保，遴选正绅以董其事，为地方自治之基础"；安徽省繁昌县1927年以前分12个都，"每都设都统二人，皆是本都的宦绅任之"。③

这样，在清代长期处于分散状态、各自以私人身份倡办公共事务的士绅，就被上述各类自治性组织连为一体，实现了组织化。

二、新官绅阶层的形成

需要指出的是，在清末民初实现了组织化的士绅，乃是一个在成分和群体特征等方面不同于传统士绅的新阶层。

"士绅"一语，就是在清代和民国年间也是一个比较模糊的概念，现在学术界对于它应如何定义，其外延为何，也没有统一意见。严格说来，清代的"士"是指通过科举考试和捐纳取得生、监、贡、举等各种功名而尚且在籍、没有入仕的士人（士人考取进士后几乎没有不入仕而回籍者，

---

① 《金堂文史》，第383—384页；民国《昌黎县志》，行政志；《蒙阴文史资料》第4辑，第121页。

② 中国第二历史档案馆整理编辑：《政府公报》第1181号，1915年8月21日；民国《奉天通志》，民治志，自治。

③ 民国《昌乐县续志》，民社志；民国《安东县志》，卷四，区村；《繁昌文史资料》第1辑，第169页。

故"士绅"中的"士"基本上不含进士），"绅"是指因各种原因致仕在籍的官僚。就此而言，士绅的身份可以明确判定。但事实上，由于上述"士"和"绅"的根本特征在于他们有着为一般民众所没有的政治地位和特权，并因而在地方社会拥有威望和权势，因此那些虽不属于科举士人和致仕官僚但却同样拥有这种特权、威望和权势的人，往往也被视为士绅。这些人包括：（1）严格意义上的"士绅"们的主要家庭成员。清代士绅家庭除正赋外不纳差徭，被称为"绅户"，职衔、功名较高的士绅即使过世，其家庭往往仍享有这种特权，其主要成员也必然在地方社会有较大影响，因此仍被称为士绅。（2）有财产且热心公益，因而同官府有一定联系、在地方社会有较大影响的人。（3）品德高尚、"急公好义"，因而在地方社会有很高威望的人（这种人一般也必然有一定财产）。在清末民初，这种传统的士绅仍具有较大的社会和政治影响力，有些人还以传统的方式活跃于地方社会。例如有人记述说：

> 清末民初四川南部县的地方势力"以梅××、宋××、谢××为盛"。梅××是廪生（或武举）；宋××是贡生，其二弟是武举，三弟是监生，四弟捐武秀才；谢××是贡生。他们"联络了廪生杨××、王××、谢××等一批有功名的人，堪称县中一霸"。梅、宋、谢三人勾结"县正堂""操纵县事达18年之久。借修河堤、太平池等公益事业之名，大量筹款，既敬官方，亦饱私囊。伙谋公开在粮税上附加'廉政酬劳金'，作为给地方官吏的奖励，以献媚官府。轮流掌握学田局，弄权舞弊。包揽词讼，从中索贿；诉讼双方谁能得到他们三个人的支持，谁就能打赢官司。他们大肆勒索，各置三四千挑田谷的私产，成为南部当时的巨富。"①

但总的说来，由于清末科举制度的废除和清王朝的覆亡，传统的士绅阶层后继乏人，儒家纲常名教的崩溃也动摇着他们在地方社会中的精神领袖地位。而与此同时，随着地方自治的推行，传统士绅主导地方公共事务的角色被一个新的群体所取代。这个新的群体由各种"新政"和自治机

---

① 《南部文史资料选辑》第3辑，第9页。

构的首领人员组成，其中包括县议（事）会议员、议长，教育、警察、实业、财务等局所的首领，商会、农会、教育会会长，地方保卫团局首领，各类区乡行政首领以及中小学校长等。由于这些人员扮演着传统士绅的社会角色，所以仍被地方社会称为"士绅"。在我们看来，传统士绅是一个社会地位群体，他们赖以成为地方社会"上层"和"名流"的资本，是他们的科举功名和作为致仕官僚的声望；而新的士绅则是一个权力群体，他们的基本身份特征是在现行公共组织机构中的职权，因此我们称之为新官绅阶层。

与清代的士绅阶层相较，清末民初新官绅阶层的出身成分有自己的特点。可以肯定，当时有部分旧士绅参与各种新政和自治机构，转化成为了新官绅，试举直隶新城县有关人士为例：

刘凤昌，庠生。筹拨公益捐创立初等学校，"邑令聘为社长，任警董，被选县议员"。

李陵春，举人。清末任县议员，1914年"众举为公益会会长"。

王涵，廪生。清末被"公举为理财所董事，任事十余年"；民国初年"县署改组，任财政科科长"。

孟昭鉴，廪生。清末任高等小学堂堂长；在本镇创警局、设学校、立工厂，后被举为第四区区长。

于镇有，廪生。"清季设县议会，被举为议员。"

王字义，庠生。清末民初"充村长"。

朱蓬峰，贡生。清末以来"充联庄社长、巡警区董、劝业所长、拒毒会长、中区区长，凡三十余年。民国初自费入津埠自治研究所，毕业后襄办地方自治，历任县令深资倚畀"。

张若瑾，光绪副贡。民国初被"公举为民团局局长"；1914年被举为商会会长；1918年被举为农会会长。①

但是，在清末民初的新官绅中，更多的却是新式学堂的毕业生、肄业生以及其他一些同新式教育有联系的地方人士；即使是由旧士绅转化而来者，

---

① 民国《新城县志》，地物篇，人物。

也往往重新接受过新式教育。例如：

> 直隶完县自 1908—1928 年历任劝学所长、教育局长者共14人，其中纯系新式学堂毕业者11人，纯系科举出身者1人，科举兼新学堂出身者2人。

> 直隶高邑县1906年至1929年县学务机关首长14人，全部系新式学堂及留学生出身；警务机关首长30人，标明出身者15人，均系各类警校毕业；实业机关首长5人，均系新学堂出身；财务机关首长5人，其中2人为科举出身，3人为新学堂出身。①

1919年，直隶省颁发《各县劝业所办事通则》，规定劝业所长须由以下三类人员充任：一是"办理地方各项实业事务确著成效有事实证明者"；二是"办各种实业学校三年以上者"；三是"在甲种实业学校以上毕业者"。②大致反映了当时社会和国家对于新官绅的出身要求。作为新官绅阶层下层人员的乡村长副正佐，则为热心地方公益的人士，其中不乏新旧士人，也有不具备任何功名和学历的人士。

同清代士绅相较，新官绅同国家组织及传统文化的一体化程度均较低。在清代的社会政治制度下，"士"和"绅"乃是国家官员的预备队与退役者，同官僚阶层之间存在着上司座师、门生故旧、同乡同年等千丝万缕的联系，且在徭役、诉讼等方面享有国家给予的特权，所有这些，使得他们与国家组织形成了水乳交融的一体化结构。而新官绅阶层同国家组织的联系要疏松得多。他们在当时的国家制度中没有法定的特权，其担任地方公职的身份不能直接成为进入官僚阶层的资格，他们同官僚阶层之间的人际关系也较薄弱。此外在文化背景方面，旧士绅乃是当时社会正统意识形态的代表，并因此获得其他社会阶层的敬畏。新官绅阶层则缺乏这种文化背景，如前文所说，他们只是一个权力群体，地方人民对于他们畏则畏之，敬则不足。民初一家地方志描写当时农村民众看待新旧两种知识分子时的心态说：

> 农村人称科举人士为先生，"二十年前乡间子弟得一秀才，

---

① 民国《完县新志》，行政志第二上，文献志第四；民国《高邑县志》卷三，行政。
② 民国《威县志》，政事志下。

初次到家，不特一家人欢忻异常，即一村合邻村人皆欢迎数里外。从此每一事项，惟先生之命是从。先生一从都邑回家，则必聚而请教，即先生有不法事项，亦无敢与抗者。自科举停，功名人不出，其视旧功名人又如彝鼎图书，以为不可多得，亲敬更甚于前。至此一般新界人，其自命亦颇觉与旧功名人相抗，然其敬心终不若。盖一般乡民皆不知其读书与否，故其心常不信服也。然老民常畏势力，以为凡剪发留须者皆势力中人，未可侵犯。故虽心不甚敬之，而未尝不畏之，其外表较对于旧功名人相等也。"①

在中国传统社会中，"士绅自重者率以常至偃室为耻，其乐与公事者，非弄权以为奸利，即龌龊以希宠荣"②。换句话说，当时有兴趣出入公门参与地方公事者，往往以劣绅居多。在这种文化传统下，清末地方自治令士绅在"官治"之外普遍而合法地组织地方公共权力，必然导致劣绅的活跃。因此，当时积极投入地方自治而成为新官绅者多为奔竞钻营之辈。在最早办理地方自治的直隶，一些地方选举开始后"宵小闻之而不寐，争先而恐后，清流望而窃叹避焉"③；"所选两会议员，资望夙著者年老而不进行，狡黠聪慧者投机而结长官。宣三犹能瑜不掩瑕（瑕不掩瑜），民十二演成一家私产，结果民未享其利，而官绅反发财矣"④。这种情况绝非直隶所独有，而是具有一定的普遍性。清末一位御史揭露说：

> 各省办理地方自治，地方委其责于州县，州县委其责于乡绅，乡绅中公正廉明之士，往往视为畏途；而劣监习生，运动投票得为职员及议员与董事者，转居多数。以此董事习生劣监，平日不谙自治章程，不识自治原理，一旦逞其鱼肉乡民之故技，以之办理自治，或急于进行而失之操切，或拘于表面失之铺张，或假借公威为欺辱私人之计，或巧立名目为侵蚀肥己之谋，甚者勾通衙役胥差，交接地方长官，借端牟利，朋比为奸。⑤

---

① 民国《霸县新志》，礼俗志。
② 民国《盐山县志》法制略，设官篇。
③ 民国《盐山县志》法制略，设官篇。
④ 民国《顺义县志》，建议志。
⑤ 故宫博物院明清档案部编：《清末筹备立宪档案史料》下册，第757页。

三、"自治"制度下"绅权"的膨胀

清末至北洋政府时期，新官绅通过结成（或进入）公共权力网络而实现的组织化，使得他们可以在一县范围之内采取步调一致的行动，可以通过系统的组织、机构和成文的法令、决议，强制性地贯彻自己的意志，这是过去散居各乡的旧士绅们所做不到的。正因为如此，绅权在这一时期急剧膨胀，成为了国家组织之外的另一极社会权力。

第一，由新官绅所领导和支配的各种自治性组织机构，在当时都是依法设立的，都有国家权力作支撑、作依托，其警、团机构且自身就有武装。通过这样一种法定的公共权力来推行各种符合自己意志的教育、警务、财税、实业和公共设施建设方面的措施，较之传统的私人性"绅权"来说，在名义上具有更大的合法性，在运作上具有更大的强制性、不可违抗性。

第二，通过各种自治性机构，新官绅们还往往能够在法定职权之外取得更为广泛的权力。例如，湖北枝江县在国民政府统一建立县保安队以前，控制地方保卫武装的新官绅们"至为显要，各区团长有直接抽收亩捐、处办盗匪之权，势力甚为优越"[1]。再如有人回忆说，广西平南县1931年以前"各团局总揽辖区内军政、民政、财政大权"，团局的权力比后来的区乡公所大得多，"它可以设卡收捐，独立收支；可以自建武装起团剿匪；可以开设公庭、押人罚款；可以决定地方公事，仲裁一切纠纷，俨然小县政府"[2]。

第三，在有些地方，士绅虽然不能全部直接担任各类自治性组织机构的首领，但却立于背后控制和影响着这些机构的首领人选和其他事务。例如广西省平南县1931年以前保卫团"总局、分局的团总由当地绅士推选，每两三年选举一次"。[3]又如吉林省吉林县1921年杨×等人组织"士绅联合会"，"拉拢各区乡警保团各队长"，操纵选举。[4]贵州省榕江县寨蒿镇

---

[1]　湖北省民政厅编：《湖北县政概况》（民国二十三年），第1039页。

[2]　《平南文史资料》第5辑，第72页。

[3]　《平南文史资料》第5辑，第72页。

[4]　《内务总长至吉林省长电》，中国第二历史档案馆整理编辑：《政府公报》第1801号，1921年2月27日。

的李德隆和张洪拔，分别于1914年和1924年就任"团董"，均出于"地方绅士推荐"。①

第四，当时只要在各种自治性机构中担任首领，就被社会认同为士绅、绅董（例如，保卫团团总也被称为"团绅"②）。在这种情况下，新官绅们除了在各种自治性组织机构中分别行使各自的职权外，往往还以"绅董"的身份和资格组织起来，以自己的群体行为来参预县乡地方的社会政治事务，这一点尤能体现当时"绅权"的膨胀。

早在清末推行"新政"之时，有些地方负责办理某项事务的绅董，就已经取得了集体会议本州县地方各政的权利。如直隶香河县1904年办理警政，由十六保各举分董一人，县知事选任总董一人，"设公民局于城隍庙，凡关于警政和地方各政，由县署知会总董，总董召集各保分董，到局公议施行"③；又如顺义县，"清季兴学，×知县筹捐学款，分请十路士绅择精练望重者聘为总董，无事则居家务农，有事分赴县中会议，各村乡长副半赴总董家解决村事。久之，村中冲突亦经总董了结，各路总董，渐负各路地方责任"④。后来新官绅阶层在地方自治过程中形成，也经常利用这种县乡绅董会议的形式来处理各种地方性事务，其与会者的范围则较过去更为广泛，议参两会的议长、议员、各局所首领、商会、农会、教育会会长、中学校长以及各村村长，往往都有资格参加。换句话说，县乡绅董会议成为了新官绅阶层借以联合起来控制地方事务的特殊形式。大致说来，新官绅们通过这种形式可以行使以下几种权力：

1. 筹备自治选举。清末民初由选民选举地方自治议决机构，这在中国历史上事属首创，其选举结果很大程度上其实是决定于筹备机构，而这种机构一般是由新官绅们组成的。清末直隶各州县在县议事会正式成立之

① 《榕江文史资料》第2辑（1986年）。

② 民国初年，广西省宾阳县有"大阮、洪塘两甲团绅阮××""北区团局各员绅"等（《大理院复广西高等审判厅电附〈广西高等审判厅来函〉，中国第二历史档案馆整理编辑：《政府公报》第1205号，1919年6月13日）；20世纪20年代初，湖北随县有"团绅乔××"，又称"乔团总"，另有"团绅张××"（见《文官高等惩戒委员会议决书》，1922年第668号，中国第二历史档案馆整理编辑：《政府公报》第2455号，1923年1月10日）。

③ 民国《香河县志》，行政组织。

④ 民国《顺义县志》，建置志，自治区。

前，全都首先设立了自治预备会来筹备主持选举，有些州县系由各学区劝学员组成之，有些州县系由各村村正选举产生之。①1922年直隶省为进行第二届县议会选举而颁布《修正直隶自治预备会简章》，明确规定自治预备会可经由两种方式产生：一是由地方公益机关（即各局所）首领直接组成；二是以警区为单位，每区由村正佐选举二人组成②。

2. 推举地方公益机关首长。如前所述，教育局、实业局、财务局等地方公益机关首长的产生须经"地方公举"，不过这种"公举"却并非由全体选民投票进行，而是由新官绅阶层以某种方式自行推举。1919年，顺直议会议决《财政所单行条例》，规定各县财政所的组织程序为：先由各村长佐和各公益机关首长选举财政检查员，再由检查员和各公益机关首长选举财政所长。③这种做法具有相当的普遍性，如《顺义县志》记载，该县1925年劝学所改为教育局，局长即是由"各局及各高小学校教育会、教育馆、各区区长选举"产生的，1928年成立财务局，其区长则是"由各局各区及各高小、商会选举"产生的。④可以说，新官绅阶层在地方公益机关中所担当的职务，有不少是由他们通过县乡绅董会议的形式互相推选产生的。

3. 参议和处置区内治安事务。例如，民国初年广东梅县发生劣僧滋闹县中佛教会事件，"各堡绅"即通过团保局董要求严办；⑤广西省宾阳县属大阮团发生高门十三村与洪塘七村争夺水利事件，县知事责成"团绅阮××等"调解，后来又令地方绅士"邀同保卫总所暨北区团局各员绅"进行调解。⑥20世纪20年代初，湖北随县"团绅张××及第九区绅董王××等数十人开会议决"，对唐镇保董张××、副保董丘××罚款。⑦

――――――――

①　民国《景县志》政治志；民国《文安县志》，治法志。

②　民国《威县志》，政事志下。

③　民国《威县志》，政事志下。

④　民国《顺义县志》，行政志。

⑤　《文官高等惩戒委员会议决书》，中国第二历史档案馆整理编辑：《政府公报》第1249号，1915年10月30日。

⑥　《大理院复广西高等审判厅电》，中国第二历史档案馆整理编辑：《政府公报》第1205号，1919年6月13日。

⑦　《文官高等惩戒委员会议决书》，中国第二历史档案馆整理编辑：《政府公报》2455号，1923年1月10日。

4. 议决地方财政措施。在清末民初的地方自治中，地方财政由理财所、财政所、公款局、财务局等机构经理，而各种财政措施的议决权则属于县乡议（事）会。然而在清末县乡议事会未成立之前，以及在1913年议事会被解散之后，一些县地方财政措施的出台往往是由新官绅阶层在一定范围内决定的。试举直隶省的几个事例：

> 广宗县1908年因教育、警察等经费不足，"知县召集各厂厂正及绅董筹商议定，将新政经费与旧日差徭合并征收，按亩摊派"。①

> 威县1915年成立县乡农会，经费实行"按亩摊捐"，乃是由"各村正副表决"决定的；1920年，该县各区保卫团绅董要求建立全县统一保卫团并以田赋附加的形式筹措经费，经县知事"邀集城乡绅董开会公议"后，即付诸实行。同年，该县为赈灾和筹集警费发行"威县救济债券"，也是"经全县官绅议决"后实行的。②

> 新河县1920年为抵御土匪，由劝学所长、高小校长、财政所长倡议，"商同县长邀集全县二十四保长共同磋商，由地亩加捐成立保安队以谋自立，多数赞同"，遂付诸实行。③

5. 在某些情况下，新官绅们还以一定形式联合起来，行使本县的议政和行政权。例如：

> 1912年，陕西宝鸡的"地方绅商界人士自动筹设"了一个名为"虢镇事务所"的机构，所长"由地方绅士充任"，"其职能范围是协助县佐掌管地方兵、警、团防、城内商事及郊区乡约、保正人事更迭"。④

> 直隶涿县于1919年成立了一个名曰"自治联合会议"的机构，负责议决县内各种地方要政，"各区正副区董为当然会员，劝学所长、商会会长、警察所警佐、会计处正副经理均可到会陈

---

① 民国《广宗县志》，财政略。
② 民国《威县志》，政事志下。
③ 民国《新河县志》，经政考，军警门。
④ 《宝鸡文史资料》第6辑，第37页。

述意见"①。据该县县志记，这个组织系奉当时京兆尹公署的命令而成立，京兆地区他县亦当有之。

直隶高邑县1926年因国民军与晋军在境内开战，县长逃跑，县政无人负责，遂由地方各自治机关组织"自治委员会"，主持县政，其成员为县参事会董事4人和县议会正副议长、县教育局局长、教育会会长、女子小学校长、高小校长、农会会长和商会会长。②

直隶东明县1927年"大军过境，支应浩繁，参议两会维持乏术，遂乃宣告解散，所有一切事务，当即移交临时维持会办理。该会系全县11区每区各选代表若干人组成，正会长一由县长兼任之，副会长一由全体会员公推之"。该县县志说，这一组织的主要任务虽系支应往来军队，"而其性质确系地方上辅助行政之代议机关，大非支应兵差之临时组织可比"。③

广东大埔县在民国初年地方自治停顿期间，"各区替代之人民机关"为民团局、保安局、保卫团。这些机构"名义上似一团练机关，实际上并无若何团保，不过为一方之绅士机关"。1916年后，"每遇科派军饷，则军政当局惟责之各区绅董，绅董则负其责，就区内摊族派户，如额上供"。④

在自治旗帜下膨胀起来的绅权，在当时的社会结构中处于"官"与"民"之间。它同"官"和"民"两者之间的关系，全都既有矛盾冲突的一面，又有依存联合的一面。

由新官绅把持的地方机构借办理"新政"和各种自治性事务而向农民、小商贩滥征税捐、强行摊派财物，并从中贪污中饱，是清末至20世纪30年代初的普遍现象。清末有官员揭露当时地方自治中的这种情况说：

（办理地方自治的劣绅"苛捐扰民"）不思负担若何，惟恐搜刮不尽，农出斗粟有捐，女成尺布有捐，家蓄一鸡一犬有捐，

---

① 民国《涿县志》，党政组织，自治。
② 民国《高邑县志》，卷十，故事。
③ 民国《东明县新志》，自治志。
④ 民国《大埔县志》，经政志上。

市屠一豕一羊有捐，他如背负肩挑瓜果菜蔬鱼虾之类，莫不有捐，而牙行之于中取利，小民之生计维艰，概置弗问。其开销经费也，一分区之内在局坐食者多至一二十人，一年度之间由局支出者耗至二三千元，以一城数区合计之，每年经费不下万金。①

此外有人记述北洋政府时期担任保卫团团总的士绅，"无固定薪俸，但从税捐、公产中可得到优厚的报偿。至于劣绅，凭借权力，利用剿匪、办案之机，上下勾结，勒索敲诈，分赃自肥就不必说了"②。新官绅的苛征当时曾引起无数次大大小小的"民变"，然而士绅们的意志仍然能够得到贯彻。分析其原因，就在于组织化的绅权有"官"做靠山，对于它的任何反抗都会被视为是对朝廷或政府的冒犯，都会遭到国家武力的镇压，轰动全国的1910年山东莱阳抗捐就是典型的一例。

这一时期的组织化绅权，对于国家、官吏对地方社会的压榨，有时也进行抵制和斗争。例如：

清末民初直隶的新官绅以县议、参两会为基地，普遍对官府的差徭摊派进行了清理和削减。威县经参事会公议"将行差地亩一切差徭名目概行取消"，改为按地亩出京钱22文，不仅减少了差徭数额，还取消了清代士绅土地"不行差"的特权；③安次县1912年"由县会议决全县差徭减免二成"；④望都县同年由议参两会议决，取消清代班车、路车等五项差徭，其余差徭也减免二成；⑤广宗县于清末议参两会一成立，便提议"裁改旧日县署陋规、官价采买，减纳县署差徭"。⑥

围绕某些涉及地方权益的问题，新官绅们同国家官吏之间有时甚至发生激烈冲突。如清末顺天府尹周××袒护其族人周承先把持贪污房山县煤矿税收，自治预备会成立后，会长约集其他会员和警董向官厅提出交涉，"乃

① 故宫博物院明清档案部编：《清末筹备立宪档案史料》下册，第757页。
② 《平南文史资料》第5辑，第72页。
③ 民国《威县志》，政事志中。
④ 民国《安次县志》，赋役志。
⑤ 民国《望都县志》，建置志，交通。
⑥ 民国《广宗县志》，法制略。

官厅或情面所关，或轻视自治，呈数十上而莫能决。彼时民气盛，警务皆归地方筹办，于是一面遣警驱逐周承先，一面向高级官厅力争"，终于将矿山税收争归自治局所有。① 又如，直隶完县劝学总董高登瀛民国初年提议自聘教官办自卫社，与官府争夺地方自卫武装的指挥权，引起县署疑忌，"几酿大祸"，后自卫社改为官督绅办。② 再如，1924年李××就任山东曹县县长，"银粮税收加重，百姓怨声载道，十三区、五方团总（地方士绅组织）等地方封建势力，对李也深为不满"，乃组织农民结队进城砸衙门、打县长。③

---

① 民国《房山县志》，政治志，财政。
② 民国《完县新志》，行政志，治安。
③ 《曹县文史资料》第3辑，第42页。

第二节 国民政府县制改革中的"绅权"消长

一、国民政府的抑制"绅权"政策

国家对于社会日趋专制，中央对于地方日趋集权，是中国秦汉以后社会政治结构演变的基本趋势。19世纪末，维新人士为了矫正君主专制、国家专制的弊病而大倡"兴绅权"，遭到清统治集团顽固势力的严酷镇压。然而仅仅两年多后，历史似乎就发生了转向，清政府因在义和团运动和八国联军侵华战争后陷入了统治危机，为扩大统治基础而推出了地方自治政策。清政府推出这一政策等于执行戊戌变法的遗嘱，使得它自己曾经十分仇视的"兴绅权"主张得到了超常的贯彻。如前文所述，清末至20世纪30年代初，"绅权"得到了前所未有的扩张。然而，"绅权"扩张的结果却不如维新派所想象的那样具有建设性，它不仅严重侵害着一般民众的利益，也同中国强势国家行政的政治文化传统相悖，因此遭到了社会各方的激烈反弹。

对于"绅权"膨胀的最早社会反抗，乃是清末民初由下层群众发动的大大小小的"民变"。由于这种"民变"对于"绅权"的反抗不涉及县制的演变，这里不做展开。紧接着，便是来自国家组织方面的反弹。前文已经述及，袁世凯政府于1914年下令将各级地方自治取消，这从社会政治结构的角度看，即是"官权"对于"绅权"膨胀的一种反弹。当时各省军政长官在要求取消地方自治时提出的理由，除了某些地区的自治机构同国民党"二次革命"有牵连外，其他还有自治机构"把持财政，抵抗税捐，干预词讼，妨碍行政"，"违反省行政长官命令，把持税务，非法苛捐，冒支兼薪"，"侵权越法，屡行滋扰"，"私设法庭，非刑考讯"，"私受词讼，滥用刑罚"，等等。[①]而所有这些归结到一点，无非是说自治危害了"官治"，"绅权"危害了"官权"。

但是，各地县议、参两会和城镇乡议、董两会及乡董的取消并没有从根本上使得"绅权"削弱，原因在于这些机构在当时并不是绅权的唯一（甚至也不是主要的）附着体。"绅权"膨胀对于民众利益的侵害在20世纪20年代中期至30年代初受到了更大的报应，国共两党领导的国民革命，尤其是中共领导的土地革命高揭"打倒土豪劣绅"的旗帜，使新旧士绅势力在经历这些运动的地区受到沉重打击。例如30年代初湖北各县报告有关情况说：

崇阳县士绅因"近年匪氛甚炽，常受打击，更多不愿问世"。

阳新县"公正士绅或惨死匪手，或逃生外方，在籍人士，多畏缩不敢负责工作"。

大冶县"遭匪乱之后，地方士绅或避他方，或公职在外"。

鄂城县"前清时代，科甲鼎盛，人才众多。近因匪患关系，逃避一空，散处各大都会，有一部分寄居县城。……对于地方保卫事宜，除有职务者外，大多数持冷观态"。

黄安县"世家大族，因近年匪灾关系，或在外经商，或为国家社会服务……至在乡士绅无几，匪灾之后，亦各消极。求一区长以下之人材，殊不易得"。

麻城县"自民十六年以后，被匪共之压迫，四乡士绅多逃避武汉，现虽逐渐归来，但老诚者因环境关系，多抱消极主义，对于地方事务，不愿负责"。

南漳县士绅"对于地方事，操纵把持，长县政者，亦无法制止"，"匪难惨杀之后""不如从前之甚"。[②]

长期以来的中共党史研究，往往将土豪劣绅指为国民政府的统治基础，指国民政府实行依靠、包庇土豪劣绅压迫农民的政策，这种观点没

---

①　中国第二历史档案馆整理编辑：《政府公报》第627号，1914年2月4日。

②　《湖北县政概况》（民国二十三年），第192、231、260、458、518、225、1565页。

有正确、全面地反映历史真实。不言而喻，在当时的反共、"剿共"活动和战争中，国民党同受到土地革命沉重打击的土豪劣绅们有着某种共同利益。但是，国民党是一个以新知识分子和新军人为基础、在布尔什维主义影响下兴起的新式政党，而并非一个以传统社会势力为基础的旧政治集团。它在取得全国政权后实行"党治"，谋求将自己的政党组织变为国家组织的核心，为此它不仅试图"剿灭"与自己政纲不同、但却同属新式政党的共产党，而且必然要采取措施扫除阻碍这一目标实现的旧社会势力。而当时妨害"党治""官治"的旧势力，主要就是"土豪劣绅"，尤其是清末至北洋政府时期形成的组织化"绅权"。正因为如此，"打倒土豪劣绅"成为国民革命中国共两党的共同口号，只是共产党的做法更为激进。"分共"之后，国民党也没有放弃打击土豪劣绅的主张和政策。1927年8月，国民政府公布《惩治土豪劣绅条例》，一方面禁止"挟嫌诬告"，另一方面也坚持"为发展党治精神、保障民众权益"而对土豪劣绅实行严厉惩治。①这种政策在有些地方导致了绅权的衰落，例如湖北省潜江县"以前地方绅权颇重，甚至把持官吏，干涉县政。自（民国）二十年县城克服后，政府力制豪劣，予以重大打击，势遂消沉"；浠水县劣绅"自民国十六年以后，所受打击甚深，现尚各自敛迹，不敢与闻地方事件"。②

不过，由于缺乏经验，国民政府统治初期以地方自治为基本取向而建立的地方体制，实际上仍同清末和北洋政府时期一样可以成为"绅权"的附着体。这主要表现在三个方面：

第一，根据地方自治制度的规定，区长和乡镇长均实行民选（即使在当时民选未能实行的情况下，这些人也均属于"自治人员"），必须由本地人担任。因此，"地方民众之视区长，无异昔日之团董、庄头，绝不特加尊重。于是"地方士民之贤良者，多趑趄引避，不肖者奔竞而进。结果各地区长，大多为贪污土劣所把持，助行政令则不足，压迫民众则有余"③。

---

① 国民政府文官处印铸局编辑：《国民政府公报》，宁字第12号。

② 湖北省民政厅编：《湖北县政概况》（民国二十三年），第889、323页。

③ 中华民国史事纪要编辑委员会编：《中华民国史事纪要》（初稿），民国二十三年册，第1119—1127页。

第二，各县保留实际上是由当地士绅主持的财务、建设、教育等局、所，使得清末以来士绅借地方机关滥征苛征税捐的现象继续严重存在。前文已经述及，1932年12月"豫鄂皖三省剿总"在制定《剿匪区内整理地方财政章程》时描述说："地方公款，大抵由地方自收自支，其所收入，固不遵政府之规章，其所支出，亦不经正当之审核，遂致无论个人或机关团体，皆可自由筹款，豪强土劣因之操纵把持，图私自利，流弊所至，不可胜言。"①

第三，1929年的《县保卫团法》命令将"各县地方原有之乡团及其他一切自卫组织"改组为保卫团，除了规定以县长为一县之总团长外，对于当时掌握在士绅（绅董、团绅）手中的地方武装没有触动，实际上承认了这些武装为合法。这种由士绅掌握武装的情况，在北洋政府时期就是"绅权"膨胀的主要原因和表现，此时也不例外。对此1932年8月"三省剿总"司令蒋介石指出，《县保卫团法》不区分"团"与"练"，笼统规定凡壮丁均须编入保卫团受训，致使"各县团丁名额少者数千，多者竟逾万人，假借国防经费之名，日事剥削，土劣利以自肥，人民益不堪命"②。

针对这些情况，国民政府于20世纪30年代实行了几项源于"鄂豫皖三省剿总"的制度，全都含有抑制、削夺"绅权"的意义。

其一，以保甲制度取代地方自治，并实行分区设署。这一制度实行后，明确区长属于国家行政官员，不由民选而由省政府任命，回避原籍，"承县长之命"办理区内行政；有些地方还采取了以县督导员取代区长、训练青年学生担任区长和联保主任等措施。所有这些，无疑全都削弱了士绅对于地方社会的影响和控制。例如：

> 1935年冬，河南省第五行政专员公署举办"师资训练班"，招收600个青年学生进行为期6个月的培训，结业后受训人员各回各县，一律分配为联保主任，这种措施当时受到士绅们的敌视。一位参训者回忆说："我们都是二十来岁的学生娃娃，地方豪绅

---

① 中华民国史事纪要编辑委员会编：《中华民国史事纪要》（初稿），民国二十一年册，第980—981页。

② 同上书，民国二十一年册，第343页。

们就没把我们放在眼里"，"我们回县后不久，全县的联保主任全部由我们接替了"。①

1937年11月张治中任湖南省主席后，宣布衡山为实验县。"原来县府下面设置的8个区公所，一律裁撤，重新规划为28个乡镇公所，另由县府派县长督导员，分区巡回督导……当时担任县政督导员的没有一个是本县人，'远来的和尚好念经'，乡镇长、保长、小学校长、教员等，对督导员的巡回督导，奉命惟谨，多数表示'敬而畏之'，不敢横行无忌。"②

1938年，江西省政府主席熊式辉设江西省政治讲习所，以9个县为试点，招收1000余名青年学生进行严格训练，结业后分配做区、乡（镇）工作。一位参训者回忆说："这批所招训的青年，质量较优，大部分年纪轻、知识广、热情高、能吃苦。加之得到良好教育和严格训练，所以这批新血液的注入，使上述九县区、乡政治面貌，有着很大的改变。""当时笔者年20岁，经省政府分配来浮梁，担任第三区民政指导员，与全区同来同学保持学习期间艰苦朴素作风，工作深入下层，直接接近农民群众，草鞋赤脚，没有官僚习气，在短短8个月中，走遍全区38个保，踏上毗连休宁、祁门、婺源等县边界的崇山峻岭……我记得当时派到浮梁的同学100余人。除乡（镇）多系本地人外，在区、妇两组中大部分是外地青年。这些人原有学历多具有高中以上文化水平，经过学习与随后工作上的锻炼，在当时都作出了一定成绩。"③

其二是"裁局改科"，它使得担任"四局"首领的士绅逐渐被纳入国家行政的轨道，这连同当时进行的财政整顿措施一起，都对"绅权"起到了抑制作用。其具体实行情况在第四章、第六章已有说明，不再赘述。

其三是整顿地方武装，将其控制权从地方士绅手中收归地方军政当

---

① 《鲁山文史资料》第5辑，第73—74页。

② 《衡阳文史资料》第5辑，第61页。

③ 《景德镇文史资料》第2辑，第43—45页。

局。1932年"三省剿总"在推行保甲制度时强调要区分"团"与"练"，其目的之一就是要将地方武装适当集中，以便军政当局对它们的控制。为此，"三省剿总"于1933年4月修正公布了《剿匪区内各省民团整理条例》，规定各县武装民团一律改编为各县保安队，其武装不健全者和没有武装的壮丁，一律改编为"壮丁队"或"铲共义勇队"；各县上述自卫团队受各省保安处、各行政督察区专员兼保安司令和各县县长的"逐级监督、管辖或指挥"①。国民政府军委会南昌行营于1934年7月公布了《各省保安制度改进大纲》，其基本精神与《剿匪区内各省民团整理条例》相同。②此后，各地对于掌握在绅董手中的地方武装进行了整编，统一了指挥权，士绅势力因此而受到削弱。例如：

> 湖北枝江县报告说，该县"在团队未统一以前，士绅阶级，至为显要，各区团长有直接抽收亩捐、处办盗匪之权，势力甚为优越。嗣团队集中，改变为保安队，训练指挥，直隶县政府。此项势力，失其依据，士绅阶级，乃退于无能"。

> 湖北来凤县报告说，该县"前当团阀盘据，政治混乱之时，地方士绅，多系豪劣，县长职务，不过拱守印信而已。现因政治日渐清明，此种劣绅，多已改头换面，不敢公然为非"。③

各地县长在施政过程中，也往往对于士绅势力进行抑制和打击。例如：

> 1927年周文炳任山东蒙阴县县长，"当时县内某些豪强和不法之徒，肆虐乡里，文炳严查捉拿首恶分子，置之以法。前任县长曾三领灾荒赈款，均为邑绅分存未放，文炳查清后，严令收集，当即放施"。④

> 1930年代初，安徽涡阳县的"恶霸"、"地头蛇"倪××、马××、张××、王××等人，"有的操纵运输，有的开行设市，有的贩卖毒品，无一不是勾结官府，欺凌百姓，敲诈勒索，强取豪夺。人民深受其害，称此四人为'四山'"。县长朱××

---

① 《国民党政府政治制度档案史料选编》上册，第451页。
② 《国民党政府政治制度档案史料选编》下册，第349—355页。
③ 湖北省民政厅编：《湖北县政概况》（民国二十三年），第1039、1631页。
④ 《蒙阴文史资料》第4辑，第123页。

到任后，将倪××关押，以毒品案将马××枪毙，张××、王××也逃离涡阳。该县地方派系斗争激烈，一派以教育局长武××为首，一派以第一区长王××为首，"双方结党营私，势均力敌，斗争激烈，大大影响地方事业之发展"。朱××到任后，毅然将王××、武××等撤职关押，"派系斗争遂获平息"。士绅刘××向朱××行贿，朱婉言拒绝，并乘机令他捐款修路。①

1936年黄恺元任福建省永安县县长，"到任不久，把各乡区有民愤的绅士先后拘捕，甚至对被拘者，施以体罚打屁股，以儆效尤。有畏罪潜逃者，被拘捕后，均处罚架设区乡电话线"。"西洋乡的林××罪恶多端，民愤极大，由第三师部队押往宁化枪决"。②

但另一方面，县长打击正绅，或勾结劣绅而与正绅发生冲突的情况也时常发生。例如：

1931年，湖北通山县"公正士绅张孝侯先生，因能一贯为人伸张正义，敢于抨击贪官污吏，便无故被县长派保安中队长在杨劳枪毙，使全县人民为之痛惜"。③

1939年，刘××任广东省乳源县县长，为了控制县内互相对立的两派士绅，让国民兵团团副刘×与"地头蛇"杨××等十人结拜兄弟，反而"被这些恶霸包围、利用"。这些人"在刘××的支持、纵容下，仍为地方上的恶势力"，后来当上了"省参议""县参议长""国大代表""县参议"等，都是横行乡里的恶霸。④

1932年，谈××任河南临颍县县长，与劣绅曹××相互勾结，"贪污肥己，政务废弛"。职业学校校长田××、县师范校长胡××"发动学生将宣言张贴在街上，揭露谈、曹劣迹，掀起了驱谈运动"。谈××诬指田、胡为共产党，请驻军予以逮捕，

① 《涡阳史话》第1辑，第304—305页。
② 《永安文史资料》第7辑，第59页。
③ 《通山文史》第4辑，第45—46页。
④ 《韶关文史资料》第3辑，第20—21页。

田、胡逃跑，赴省城告状，并胜诉。年底谈××离任，"田××
率学生当街拦住，令其清算账目，归还赃款，谈无奈，留一随员
清理账目，始得离去。此事轰动全城，观者如堵。"①

还应指出的是，国民政府对于"绅权"的抑制并非完全依赖于各种正
面性削弱措施，笼络和吸纳士绅进入国家主导的地方自治和保甲制度，也
同样具有对他们实行抑制的意义。例如内政部1934年颁布的《各省县市地
方自治改进办法大纲》，规定可以择用有声望且热心办事的地方人士担任
区长，选取"各当地之成年，而有相当资格"者参加自治人员训练，就含
有笼络士绅参加地方自治工作的意向。此外如1939年湖北省召开的县长会
议作出决议，要"强迫贤明公正之士绅轮流服务"，担任保甲长，"避不
受任者，处以五十元以上五百元以下之罚金"，也显然是要将士绅纳入政
府施政的轨道。②

二、新地方精英群体的形成

在国民政府执掌全国政权后，对于清末至北洋政府时期独立于"官
治"行政之外、由县乡（镇）议（事）会、地方"四局"和地方武装等组
织机构组成的地方自治系统，采取了取缔和融合的政策；与此同时，它先
后通过《县组织法》和"新县制"将国家政权体制向乡村社会延伸。而隐
藏于这种县制改革和演变背后的一个重要社会变动，就是在清末和北洋政
府时期主导地方社会的那个新官绅阶层逐渐被一个新的地方精英群体所
取代。

简单说来，国民政府时期新地方精英阶层的生成，是两种社会政治
因素因缘合和的结果。这两种因素，一是当时将国家政权体制向乡村社会
延伸的政治改革；二是这种改革赖以进行的社会环境。透视这一问题，只
需将国民党政权与中共的有关情况加以比较，就可以看得十分清楚。当
中共在民主革命过程中和1949年后将政治体制延伸至市县、乡镇乃至村

---

① 《临颍文史资料》第6辑，第47页。

② 国民政府时期湖北省政府民政厅档案，卷号LS3—1—548—1。

庄时，一方面能够从它所领导的党组织和军队中吸取充分的干部资源，另一方面旧社会中的国民党党团、士绅、地主、会道门等各种势力已被革命战争、土地改革和政治整肃涤荡一空。因此可以建立起一种大政府、小社会甚至有国家、无社会的社会政治体制。而国民政府当年试图进行这一工作时，却缺乏自己的干部资源，不能不吸收延用地方社会人士。而当时的地方社会，又到处盘踞着豪绅、土劣、宗族、会党等各种纵横交错的旧势力。于是，地方社会形成了一个新的精英群体：他们均属于本籍人士；凭借一定的特殊身份有资格担任根据国民政府有关法律必须由本籍人担任的县、区、乡（镇）政权公职（《县组织法》体制时期的区长、正副乡镇长、联保长，"新县制"体制下的县参议员、县政府科长、乡镇长、乡镇民代表、保长等）；拥有控制、影响地方社会的权势或声望。这个新精英群体，就其成员均属本籍人士和拥有控制、影响地方社会的权势、声望而言，同以往的士绅有着相同的性质，当时社会也称他们为士绅或新士绅。

国民政府时期新地方精英群体的生成，主要与当时离职官员和新知识分子的乡居风气有关。在中国传统社会，因疾病、养亲、丁忧、处分等各种原因离职的官员回籍居住，是一种不成文的社会制度，生员、贡监和未曾出仕的举人一般也居住在原籍。20世纪初以来，中国的近代城市文化兴起，近代工商活动和新式教育都是以大小城市为基地进行的，城市在就业门路、收入、居住、交通、通讯、医疗、娱乐等方面，条件也大大优于乡村。在这种情况下，包括地主、商人和新学堂学生在内的大批农村精英流向城市，许多离职官员往往也不再回籍而寄居异地城市，旧士绅移居城市者也不罕见。不过，由于在北洋政府和国民政府统治时期，均不存在人民政府曾长期实行的那种对各级干部终身包养和对大中专学生统包分配的制度，因此在20世纪上半期，离职官员和大中专学生回籍居住和谋生，仍是十分普遍的。这里，就笔者接触的资料举例如下：

1. 河南省嵩县：

（1）李迁春，清末拔贡，1920年代初曾任陕西省财政厅长，1925年卸任回籍。

（2）庞文仲，清末秀才，1920年代初曾任周至、岐山县长，1930年任省政府秘书，下野后回籍。

（3）宋天才，1931年后历任36师师长、75师师长、南阳警备司令、漳厦警备司令、第一战区官部中将高参、县参议会议长。1938年回籍。①

2. 湖北省竹溪县：

（1）李燕申，1940年27岁，哈尔滨工科大学肄业，回籍任县文献委员会和兵役协会会员。

（2）梁友于，1940年30岁，湖北省立第五中学、乡村师范毕业，任本县中心小学教员、教务主任、校长。②

3. 湖北襄阳县：

（1）龚学浚，1940年55岁，河南省高等学校毕业，历任县知事、县长、军队执法官、秘书长等职，后回籍。

（2）陶柏青，1940年60岁，保定军官学校毕业，历任陆军团长、旅长等职，后回籍。③

尊崇国家、尊崇文化是中国的文化传统，明清时代的士绅之所以能够成为地方社会的一个特殊阶层，第一在于他们作为离职官僚和预备官僚的地位优势，第二在于他们作为科举士人的文化优势。上述乡居各地的离职官员和新知识分子，在新的历史条件下继承了传统士绅的地位优势和文化优势，从而为国民政府时期新地方精英群体的形成提供了人员基础。

国民政府时期新地方精英群体的生成，又同当时县、区、乡（镇）公职人员任职资格的法定制度有关。从20世纪20年代末至40年代，国民政府在建立县和县以下政权体制的过程中，对于县参议员、县政府科长、区长、乡镇长等公职人员的任职资格作出了规定。这些具体规定可以归纳为三种：其一，受过中等以上教育；其二，在国家及地方自治组织中担任过各种公职；其三，政治面貌属于国民党人。例如：

1. 1929年10月国民政府公布的《区自治施行法》规定，区长和区监察

① 《嵩县文史资料》第1辑，第20—21页。

② 《竹溪县遴选公正士绅及优秀青年姓名简历表》，国民政府时期湖北省民政厅档案，LS3—1—85。

③ 《襄阳县遴选公正士绅及优秀青年名册》，国民政府时期湖北省民政厅档案，LS3—1—85。

委员的任职资格包括：

（1）经候选公务员考试或普通考试、高等考试及格；

（2）曾任中国国民党区党部执、监委员或各上级党部重要职员满一年；（3）曾在国民政府统属之机关任委任官一年或荐任官以上职务；（4）曾任小学以上教职员或在中学以上毕业；（5）曾办地方公益事务著有成绩；（6）曾任乡长副乡长、镇长副镇长或乡镇监察委员一年以上。①

2. 1929年9月国民政府公布的《乡镇自治施行法》规定，正、副乡镇长及乡镇监察委员会委员的任职资格包括：

（1）候选公务员考试或普通考试、高等考试及格；（2）曾在中国国民党服务；（3）曾在国民政府统属之机关任委任官以上；（4）曾任小学以上教职员或中学毕业；（5）曾办地方公益事务著有成绩。②

3. 1939年9月颁行的"新县制"规定，乡镇长、副乡镇长的任职资格包括：

（1）普通考试及格者；（2）曾任委任职以上者；（3）师范学校或初中以上学校毕业者；（4）曾办地方公益事务著有成绩者。③

4. 1943年5月公布的《省县公职候选人考试法》规定，公职候选人考试分为试验与检核两种（当时试验没有进行，只是进行检核），县参议会议员须经甲种公职候选人检核及格，参加这种检核的条件包括：

（1）曾任县参议员；（2）曾任乡镇民代表或乡镇长2年以上；（3）有委任职之资格；（4）有普通考试应考资格（中学以上学校毕业或具有同等学力经检定考试及格），并有社会服务经历三年以上；（5）曾办理地方公益事务三年以上。④

在当时的社会历史条件下，这类规定与现代公务员制度中的技术性

① 国民政府文官处印铸局编辑：《国民政府公报》，第285号。

② 同上书，第272号。

③ 同上书，渝字第189号。

④ 同上书，渝字第571号。

资格限制绝不相同，它具有赋予一定社会阶层以特定政治权利的性质和意义。因为，第一，在当时接受中等以上教育须有一定财产基础，尚属于一种社会特权；第二，在秦汉以来的中国，官僚政治不仅是一种技术性行政体制，更重要的是一种社会体制；官僚本身就是一个社会阶级，而并非只是代表其他经济性阶级的政治集团。在这种制度下将过去曾经担任公职作为后来担任公职的资格，使得这些公职人员趋于阀阅化；第三，所谓"曾办理地方公益事务"即在清末以来的各种自治性组织中担任首领，如前文所述，这些人本来就属于一个新官绅阶层。

国民政府为县、区、乡（镇）公职人员规定的三种任职资格，也就是新地方精英群体的三种资历和成分，即居住本籍的受过中学以上教育的新知识分子、党政军离职官员和清末以来在自治性组织机构中任职的人员。国民政府时期，这三种人垄断了县参议会等民意机构和区、乡（镇）行政，担任了县（临时）参议会议员、县政府科长、自治区区长、乡镇长乃至乡镇民代表和保长等各种公职。兹举以下例证：

1. 广西平南县：临时参议会共5届，133人先后当选议员，"各届议员大都是在野的贡生、秀才、团总、知事、县长、团长、局长、科长、乡长，也有几名在职的中学教师。县农会选出的议员，先是议长卢××的族侄大学生卢××，再是县国民兵团政工室主任陈××"。①

2. 湖南临湘县：抗战胜利后成立参议会，第一任议长方经国，系湖南省政法学校毕业；副参议长王××，系国民党湖南省党校毕业；秘书王××，系国民党中央干部学校毕业；第二任副议长何××，系抗战时期第九战区第七纵队司令部参谋长。②

3. 湖南会同县：抗战后改选乡镇长，唐××参加竞选洪江镇镇长，他自认为可以当选的有利条件之一是："既是CC系的中统调查员，又是国民党会同县党部洪江办事处总干事，曾在抗日战

---

① 《平南文史资料》第5辑，第78页。
② 《临湘文史资料》第4辑，第140页。

争时期，当过中校军官，符合所规定的镇长候选人资格。"①

4. 贵州习水县磁新镇：实行"新县制"后第一任镇长罗××，系师范学校毕业，曾任小学教员，土城完小校长，磁新联保副主任等职；继任者袁×，"曾在部队任过军职，接镇长前任接兵连连长"；1947年当选的镇长罗××，是"挂牌大学生"，曾任土城小学校长、土城区和复兴区区长、土城商会会长、赤水县参议员等职；副镇长曹××，中学毕业后任过军职、镇干事、镇调解主任等职。1948年当选的镇长袁××，系中学和贵州省区训团毕业，做过镇长、镇民代表。1945年10月各保选出代表28人组成镇民代表大会，"代表中具有大学学历的4人，中学学历的10人，曾作过区乡镇长的也有几人"，还有"在县府作过科长，任过中学教师甚致（至）有工程师头衔的"。②

5. 湖北省孝感县：1947年县参议会议员37人，其中25—29岁1人，30—39岁9人，40—49岁17人，50—59岁9人，60岁以上1人，绝大多数人在民国时期接受学校教育，担任公职则全部是在民国时期；大学大专毕业肄业8人，中学中专毕业23人，乡政人员训练所、军特训练班、团干班、干训团5人，无学历1人；全部曾在军、政、党、团、学校、社会团体中任职，其中曾任军职者9人，曾在中央、省和外埠县市行政、司法机构任职者15人，曾在国民党、三青团中任职者3人，曾在本县任参议员和县、区政府公职、联保主任、乡镇长及商会、工会、渔会等社会团体负责人者19人，曾任校长、教务长、教员者6人，曾任编辑、律师、中医者3人。兹列举几名有代表性者的履历以增强有关的感性知识：

（1）陈补勤，62岁，山东中学、山东警察专门学校、山东法官养成所毕业；历任武昌、光化、竹山、广济等县知事、县长。

（2）朱澄宇，53岁，陆大函授第一届卒业，中央军校高教班

---

① 《洪江市文史资料》第3辑，第36页。
② 《习水县文史资料选辑》第7辑，第102、103页。

毕业；历任营、团、旅长、参谋长、副师长、军委会少将参谋。

（3）丁建藩，52岁，湖北私立法政专校、湖北区政训练所毕业；历任县政府科长、军法承审、督学、区长。

（4）李云溪，46岁，北平国立政法专门学校毕业；曾任河北官产局副局长、县政府秘书、军法承审、法院检察官、×纵队支队长、副司令。

（5）李增训，43岁，湖北省第五中学及省训团六期毕业；历任政治指导员、小学校长、区长、中学主任。

（6）叶子廷，40岁，湖北乡政人员训练所毕业；历任联保主任、乡镇长、副官。

（7）万民，33岁，北平成文法政学校毕业；曾任河北永年、武清、天津等地方法院书记官。

（8）徐炎甫，31岁，国立湖北师范学院毕业；曾任科长、校长、指导员、教育长、主任、干事长。

（9）丁伟华，26岁，军校十八期步兵科毕业；曾任少尉、中尉分队长、上尉中队长、少校参谋、军事教官、三青团干事兼书记。①

6. 湖北省荆门县：1948年在任乡镇长43人，其中25—29岁者11人，30—39岁者27人，40—45岁者5人，大多数出生于民国年间，全部在民国时期接受学校教育；其中大学肄业1人，高中和中专毕业、肄业24人，初中毕业4人，军校、军队培训毕业6人，各级干部训练所毕业7人，私塾出身1人；全部曾担任公职，其中曾任本县公职（如参议员、县政府科长、区长、联保主任、乡镇长、乡民代表会主任、自卫队长、团副、商会会长等）者37人，曾在外埠担任公职军职者13人，曾任校长、教导主任等教职者9人。②

对于这些人士属于一个取代旧士绅而崛起的新地方精英群体，当时社会有着充分的认同。传统士绅历来都是一个无形的"声誉群体"，他们对于地方社会的影响，首先是靠声誉而不是靠权力实现的。对于他们，一般地方人民或心存尊敬，或心存畏惧，认同他们是本地的精英，是在道德、才识、门第等方面优越于自己的一群"贵族"。因此可以说，得到人们的精神认同是士绅阶级的一个基本特征。在这方面，国民政府时期的新地方精英们与旧士绅一样，被地方社会认同为一个地位特殊的阶层，而不仅仅是政权机构中的公职人员，人们仍称他们为士绅。例如：

> 有当时人回忆20世纪40年代河南嵩县的地方情况时，称该县当时曾在外做过较高级官员的为"首席士绅"（如前面提到的曾做过陕西省财政厅长的李××、曾做过县长和省政府秘书的庞××、曾做过高级军官的宋××），称曾做过县政府教育科长、田粮科长、建设科长、兵役科长、军事科长、社会科长、保安团长、县银行经理、县党部书记长、三青团书记的孙××、刘××、李××等为"中层士绅"，称曾做过区长、乡长、镇长、游击队大队副、保安大队长、镇长的阮××、程××等人为"乡镇士绅"。①

> 一位作者在记述自己亲身经历的20世纪40年代湖北安陆县地方选举情况时说，曾任国民党湖北省财政厅秘书科长、县参议员、四区五联保主任兼武装队长的周××，"是安陆县小有名气的士绅之一"。②

1940年，湖北省民政厅令各县遴选"公正士绅"和"优秀青年"，各县当选者的履历也反映了在当时人心目中具有相当学历、曾在政界、军界或在本县担任公职、教职的人员即属于"士绅"的观念：

> 来凤县遴选的5名"公正士绅"是：
>
> （1）熊铁华，56岁，两湖优级师范毕业，历任议员、教务长、清产专员、股长、主任、校长。

---

① 《嵩县文史资料》第1辑，第20—21页。
② 《安陆文史资料》第2辑，第109页。

（2）周养元，57岁，两湖文普通毕业，文高等肄业，内政部行政讲习所毕业；曾任秘书、军法处长、县长等职。

（3）吴实炬，64岁，两湖书院及湖北法政学校毕业；历任军校监督、司令及江西、湖北十余县知事、县长。

（4）杨少芹，48岁，湖北私立法政毕业，历任科长、局长、司法委员、县长、秘书。张光伟，59岁，前清生员，历任区长、财务委员等职。

郧县遴选的5名"公正士绅"是：

（1）任素，53岁，两湖师范毕业；曾任湖北省立11中校长，郧县参事。

（2）曾民介，51岁，湖北省立第二师范毕业，曾创办郧县东区完全小学，任私立进化小学董事长，均县商会常委。

（3）张伯纲，46岁，小学毕业，家道殷实，藏书甚富，新旧学尚有根底，现任均县财委会主任。

（4）余协进，37岁，武昌中华大学毕业，曾任区长、县党部书记长、县政府科长，现任郧西第一区区长。

（5）高东屏，曾任平汉路郑州段党部干事，现任房县民教馆馆长、参事。①

还须特别提出的是，在国民政府的"党治"下，国民党虽然不在县政府中设立组织，不直接参与县、区、乡行政，但基层党团人员都是本籍人士，他们依托县党部及其控制的群众团体，往往对于地方社会也有较大的影响力，也构成了新地方精英群体的一部分。他们也同旧士绅一样，可以在很大程度上影响县长和县政府的施政。例如：

1928年夏，宁×任山东曹县县长，"感到国民党县党部及其所属的工会、农会、青年会、妇女会等一时都有实权，对他威胁很大"，借机离任。后任县长洪××"行事须依靠国民党县党部的势力"。20世纪30年代中期，魏××任县长，"国民党县党

① 《来凤县公正士绅五人简历表》，《湖北省第八区行政督察专员公署遴选公正士绅简历表》，国民政府时期湖北省民政厅档案，卷号LS3—1—85。

部委员李子仪等却暗中进行反魏活动。事泄，李子仪被魏××扣押，解往济南，请求韩复榘处理。后经国民党山东省党部委员李文斋（李子仪的堂兄弟）营救获释。之后，魏××逐渐感到时局不稳，请求调动"，离职。①

国民政府时期的新地方精英们本来就是附着于基层政权而孳生的，因此多为豪劣自私之徒。对此胡次威先生有真切的记述：

> 在实行新县制过程中，大批在省和各县训练所受训结业后的人员，"遍布于全省各县的区、乡镇、保每一个角落，以同学的名义互相勾结，狼狈为奸，其流毒之深那就更不堪设想了。"

> 新县制搞"管、教、养、卫"四位一体制，以乡镇长兼任中心学校校长、合作社联合社主任和自卫大队队长，以保长兼国民学校校长、合作社主任和自卫队队长，"乡镇保长身兼数职，大权在握，他们要干什么就干什么，成了大大小小独霸一方的'土皇帝'"。

> "我就全省各县2000多名临时参议会参议员做过统计，其中90%以上是当地的土豪劣绅、袍哥大爷、党棍（指国民党员）和团棍（指三民主义青年团团员）。"②

三、覆灭前的活跃：新地方精英的活动

国民政府时期的新地方精英之所以被视为一个就社会角色而言系与传统士绅相同的社会群体，原因在于他们同后者一样拥有对于地方社会的强大影响力。不过，他们影响和控制地方社会的方式却与后者不同。传统士绅对于地方公共事务的影响力，是他们作为私人势力而在国家行政范围之外的社会领域中发挥的；而国民政府时期新地方精英们对于本地公共事务的影响，主要是依托国家基层机构来实现的。当时在基层政权中担任各种公职的新地方精英们，不同于以个人身份受雇于公共机构的现代公务员，

---

① 《曹县文史资料》第3辑，第44—45、48页。
② 《文史资料选辑》第129辑，第208页。

他们往往同时具有超越国家公职人员身份的社会属性，往往是作为各种地方社会势力的代表来担任地方公职的。他们的公务活动也不像现代公务员那样，仅仅局限于履行职务所赋予自己职责；相反，他们要结成或参与一种超越法定公共组织的地方势力，以谋求个人和同党的私利。由于新地方精英多豪绅土劣之辈，所以他们的活动已经很少具有积极意义和建设性，在国民政府统治的最后几年尤其如此。当时新地方精英们的活动大致可以分为三个方面：一是勾结起来欺压百姓；二是作为地方势力而与县长、县政府相抗衡；三是党同伐异，彼此之间角逐争斗。

关于新地方精英欺压百姓的情况，胡次威先生记述说：

> 实行"新县制"后，"全省十几万乡镇长、副乡镇长和乡镇民代表在'自治人员'外衣的掩盖下，名正言顺地骑在人民头上作威作福，为所欲为。我曾亲眼看见有很多乡镇私设公堂审理民刑案件，自造监牢卡房关押'人犯'，有无数的劳动人民憔悴呻吟于刑杖与铁窗之下，敢怒而不敢言，他们经手办理征兵、征粮、征工、征税，敲诈勒索，无所不用其极。有数不清的人做了几年乡镇长、副乡镇长和乡镇民代表，尤其是乡镇长，即田连阡陌，富甲一方，由穷光蛋一变而为富家翁。"

> 踞在县参议会的土豪劣绅、袍哥大爷、党棍和团棍"打着'民意代表'的招牌，人数多，串连广，神通大，作恶的机会和办法就更加广泛而深入。他们的主要财源是：经征粮食、代购军粮、包征捐税和包揽词讼。也有某些县参议员洁身自好，有所为而不为，可是这样的人毕竟不多"。①

新地方精英尽管依托国家基层政权来从事政治社会活动，但也如同传统士绅一样，时常与作为国家行政代表的县长、县政府发生矛盾和争斗。20世纪30年代初一些省份设立的各县财务委员会，除县政府财务科长外，包括委员长在内的全部委员由县长聘任地方人士担任。每当换届选聘时，面对激烈的地方派系争夺，县长总要"选聘和自己接近的派系人物充任，

---

① 《文史资料选辑》第129辑，第211—213页。

这样便于指挥，免得掣肘"①。抗日战争期间国民政府颁行"新县制"，其主要目的之一就是要通过某种形式的地方自治来"让地方绅士豪宿能分享权力，以笼络这些人并利用他们的影响来推行有关抗战的政令和法规，以利于完成征兵、征粮、征工等重大任务，并消除或削弱地方有力份子对国民党政府的不满"②。尽管如此，地方精英阶层与以县政府为代表的国家行政之间仍有矛盾、有冲突。例如：

　　1932 年 9 月，福建省仙游县县长陶××卸任时，"地方人士之间没有矛盾，大家一致向他清算，在他的行李中搜出现钞三万元"，后来的县长都吸取这一教训，对本县"乌派与白派"在乡镇长、参议员选举中的纠纷"求之不得"。③

有时候，地方精英与国家行政之间的冲突可以达到十分激烈的程度，例如：

　　1939 年程××任江西乐安县县长，"到任不久就与退职回乡的团长王××不和，程唆使省视察员胡××以吃鸦片烟之罪捉拿王××，但被王走脱，因之结怨更深。王××除联络各乡绅士如丁××、詹××等联名向省府控告外，并指使其旧部组织数十名武装黑夜进城，包围程××的公馆和自卫队第一中队队部"，程逃脱，其妻和中队长廖××被俘，廖××被枪毙。④

　　1947 年，湖南省置隆回县，引起地方精英们的争斗。"内四乡""曾经任过县长、与省政府的人交往密切"的欧阳×（省参议员）、魏××（自卫队总队副）、孙××（中学校长）和县党部书记长张××等人，拥护置县；"外五乡镇"的县参议员刘××、刘×、张××、范××等人，反对置县。第一任县长李萼到任后，张××等策划游行示威，对他进行围攻殴打，将之赶走。第二任县长程守仁偏向"外五乡镇"一方，魏××"当时任自卫队总队副，调遣自己的部队围攻县政府，程××被迫出

① 《景德镇文史资料》第 2 辑，第 101—102 页。
② 《成都文史资料》第 3 辑，第 35 页。
③ 《莆田市文史资料》，第 117—118 页。
④ 《乐安文史资料》第 4 辑，第 9 页。

走"。后来的第三、第四任县长也均不能立足。①

　　1947年，山东曹县县长魏××因贪污撤职查办，专员晁
××"召集曹县各区区长、县党部委员、地方士绅开会"，选举
王××为县长。后王因供应征派不力，引起专员晁××不满，勒
令将县印交给军官王茂亭。王"拖了半个月才办理移交，随即奔
赴南京告状"。而"王茂亭虽接任县长，但不敢进曹县县城，甚
至连曹县南边境老黄河故道也不敢当作存身之地，一直跟随专员
晁××，困坐商丘道南"。这件事发生于地方公推县长与官方任
用县长之间，反映了国家行政与新地方精英之间的矛盾冲突。②

值得注意的是，不少地方的国民党基层组织人员这一时期已经成为
一种地方势力，在新地方精英同县长、县政府的争斗中扮演着重要角色。
例如：

　　1940年庄××任福建建宁县县长，到任后"清查积欠公粮的
士绅，召集开会限期交清，并对国民党县党部党霸廖×为首的土
劣集团，包揽诉讼的土棍和操纵物价的商会长等，极感痛恨，把
他们赶走"，"被当时国民党人诬为有异党行为，任职仅数月"
就被免职。③

　　1931年张××任江苏宿迁县县长，与县党部矛盾很深。
1933年春，县党部接省党部来电，告知张已被撤换，"当时决定
把他扣下来，等他交代清楚再准他走"。张闻讯逃往徐州。县党
部几个负责人马上乘车追赶，张逃上火车，最后，"在路警和乘
客的大力支持下"，将张捉住带回，由接任县长软禁。与县府人
员一起参加城内卫生大扫除，狼狈不堪，"恰似一次游街示众，
观者如堵，路几为塞。后来，由家里寄来几千块钱，还清贪污款
项，办好移交手续"，方得离开。④

由于新地方精英们多豪劣自私之徒，因此他们与县长、县政府之间的矛盾

①　《隆回文史资料》第1辑，第20—24页。
②　《曹县文史资料》第3辑，第64—66页。
③　《建宁文史资料》第1辑，第51页。
④　《宿迁文史资料》第2辑，第49—50页。

冲突，已经很少以往那种"正绅"抵制贪官而维护地方利益的性质。相反，他们往往同贪官污吏勾结串通，狼狈为奸。"新县制"实行时正值抗战期间，乡镇长选举一时难以实行而由县政府任命，官绅勾结买卖乡镇长成为相当普遍的现象，其事例在第五章中已经述及，不再赘举。

在一些地方，新地方精英们结成帮派或者以各种地方势力为靠山，互相争斗、互相倾轧。例如福建省长汀县清末民初存在"以功名门第形成的郑、康、张三姓封建势力"，后"被土地革命狂飙一扫而光"。国民政府统治初期，形成以复兴社黄×为首的地方势力，后瓦解。抗战初期，国民党长汀县党部书记长黄××"纠合解甲归田的旅长卢新铭，具有经济实力的商会主席曾玉霖和在职的保安旅长易启基"，形成新的地方势力。后黄××调省，这一势力分化为"土著卢、曾、易三派"，他们各种地方选举中争夺角逐，"左右地方政局十年"。①有些时候，新精英们甚至直接就是作为某种地方势力的代表参与县、区、乡（镇）政权的。如安徽桐城县，"地方封建势力相当浓厚，家族观念很强。各族都有一定的封建代表人物，即所谓'户长'，在当地就是豪绅。这些人，后来多半是县参议员或是乡代表会主席"②；在江西一些地方，"乡长多由地方士绅向县长推荐"，甚至保长也是"巨绅的代理人，完全听巨绅的指使"；③在四川，"实行'新县制'以后，各县地方派系团体蜂起，哥老会社组织大大发展"，很多人在取得民意机构和基层政权的公职时，是"运用帮会组织的力量来进行竞争"的。④

大量当时人所作的回忆表明，在"新县制"实行后的乡镇民代表、乡镇长和县参议会选举中，各地的新地方精英们结成地方势力、派别激烈争斗，成为了一种十分普遍的现象。有人回忆四川的情况说：

> 罗江县有新派旧派之争，绵阳县有左派廖派之争，渠县有南派北派之争，南部县有汪派陈派之争……还有不少县的派系名称为某某社、某某会。总之是想当权者聚集一帮人来争夺所在

---

① 《长汀文史资料》第17辑，第112—113页。

② 《枞阳文史资料》第2辑，第171—172页。

③ 《景德镇文史资料》第2辑，第74—77页。

④ 《成都文史资料》第3辑，第35页。

县的各项职位，尤其是争夺县参议会的正副议长以及由县参议会
选举产生的省参议员。把这些职位争到手，就能大大影响和控制
县政，可把县里其他重要位置例如中小学校长、县银行经理、县
捐税、田粮管理等方面大有油水的职务，均抓到自己一派人的手
中……如果一个派系在一个县拥有控制力量，则可操纵国大代
表、立法委员的选举，使自己的人充任，得到这些头衔，其活动
能量当然就更大了。所以，各县的派系斗争，其着眼点往往不仅
限于一个县区。①

有记载说，经过"新县制"下的乡镇长、保长和省、县参议员及乡镇民代
表的选举，"派别愈加明显"。②而已经取得地方公职的新精英们，则往
往要结成跨机关、跨级别、跨地区的派别、集团，以便维持和继续争夺既
得利益。例如四川荣县1939—1949年先后存在4届参议会，前两届为临时
参议会，参议员不经选举，由党政当局"采纳合法团体推荐当时所谓德高
望重的名流耆宿"担任。1944年正式参议会产生，存在三大派系：一是
"元老派"，又称"夕阳派"，其成员"多是晚清王朝有功名顶戴的，当
时所称的知名人士。他们好似已退隐山林，富有闲情逸致，每天荟萃于小
有天茶馆，以怡养天和。县人视为德高望重，在县中已是桃李满门的老师
宿儒，在社会上颇受人推崇。他们虽已无大兴趣参与政治活动，而在参议
会舞台上，仍能取得自然的少量席位"。二是"和益派"，它"组织了一
个能参与政治活动的'政治研究社'，吸收大量成员，网罗多数乡镇长、
乡镇民代表主席及一些在机关法团内能举足重轻（轻重）的骨干分子"，
"在三个派系中声势最大"，"竞选参议员时，摄取了半数以上的席位，
基本控制了议会"。三是"民治社"，也"采取同和益派一样手段，在乡
镇之间和机关法团里，拉拢一些实力人物，充实其阵容"。③新地方精英的
派系争斗，有时甚至同样发生在国民党党团势力的内部。例如：

1946年刘××任江苏海门县县长时，"海门国民党县党部分

① 《成都文史资料》第3辑，第35—39页。
② 《永安文史资料》第7辑，第63页。
③ 《荣县文史资料》第3辑，第129—130页。

东西两派，争权夺利，互不相让。刘××暗中勾结西派，企图独揽党、政、军大权，甚至把三青团、妇女会、青工队、工会、县立中学等各单位的领导权集于一身。以县党部书记长姚×为首的东派不甘示弱，与刘××明争暗斗，遭到刘××的严重打击。姚×的心腹黄××被刘××以'煽动工潮'杀死后，刘还扬言要暗杀姚×。姚见势不妙，避居江南"。①

新地方精英们的倾轧，有时甚至发展为武装火并。前文（第五章第四节）所述四川南部县富驿乡 1948 年乡长选举中的武装冲突即是一个十分典型的例子。

当国民政府卵翼下的新地方精英们在乡村社会肆无忌惮地欺压百姓并互相倾轧时，中共领导的解放战争正取得节节胜利。不久后，随着新政权的诞生，国家组织和新型政党组织直接深入乡村社会的最基层，20 世纪初以来近 50 年的县制演变，以新型的"官治"（国家统治）告终。与此同时，新旧士绅也在革命战争、土地改革和政治整肃中被扫荡无遗，中国地方社会中传统的官、绅、民互相依赖和制约的社会结构，也由此而发生了根本性变化。

---

① 《海门文史资料》第 7 辑。

结 语

一、20世纪上半期中国县制的演变脉络和改革得失

自清末至20世纪40年代中国的县制改革和演变，是以"官治"与"自治"两种基本模式的相互排斥与结合为主轴进行的。当清末"预备立宪"刚一开始谋求建立近代化州县和乡镇体制时，就面临两种选择：一是官治，二是自治。所谓官治，就是由国家派官设治，一方面扩充和健全州县国家行政，在公署内增设正式的职能机构；另一方面建立乡镇一级国家行政，从而将地方社会各种经济、文化、社会事务的兴办和管理纳入统一的国家行政，由国家办理。所谓自治，即"以本地人、本地财办本地事"，建立地方自治的区乡行政和州县行政。当时清政府决定，采取一种介于上述两种模式之间的折中方案，实行融"官治"与"自治"为一体的州县乡镇行政体制。其具体设计是使知州、知县"一身二任"，一方面担任州县级国家行政长官，另一方面又担任地方自治系统中的州县参事会会长，同时对上级官厅和州县地方自治的议、参两会负责。但是在清末和北洋政府时期，这样一种体制并没有能够真正实施，这一时期中国县制的实际状况是"官治"与"自治"并行的双轨制，（州）县公署仍然同清代一样只是属于"官治"机构，而各地同时又存在教育、实业、警察、财务等办理自治行政的局所和各种地方保卫武装。至国民政府统治时期，县制又经历了一个从自治到官治、再到官治与自治相结合的演变过程，即先是在《县组

织法》框架下推进地方自治，接着又通过"裁局改科"、编建保甲和"分区设署"，以"官治"取代了当时已经陷于停顿的地方自治。至1939年颁布实行"新县制"，一方面规定实行县和乡镇两级地方自治，另一方面又规定县长由省政府任命，同时办理地方自治和国家行政事项，并规定县与乡镇之间可以设置"官治"性质的区和区署。

20世纪上半期的这种县制改革和演变，有它成功的一面，也有它失利的一面。大致说来，其主要成就是：

1. 建立了现代性质的县行政组织。清代州县实行正印官"独任制"，靠幕友、家丁、胥吏、差役等民役和私人雇员来履行公共职能。经过20世纪上半叶的持续改革，由县长、各科、局、室等职能部门和正式国家行政人员所组成的县政府组织建立并逐步得到完善，幕友为科、局、室等职能部门官员所取代，胥吏为秘书、科员、书记等一般行政人员所取代，家丁、差役为行政、司法警察所取代。县长（知事）兼理司法的制度至20世纪30年代也基本结束。

2. 建立了区乡一级行政。清末、北洋政府时期和国民政府时期，全都改变了中国古代在县以下不设治的制度，它们不论是采取自治还是官治的形式，均在县以下建立了区、乡（镇）一级（或两级）行政，同时也建立了准行政性质的村里（闾邻、保甲）组织。这为国家行政深入农村基层、改变乡村社会的无序状态提供了组织保证。

3. 对地方自治实行了不同模式的探索。清末民初、20世纪20年代初、南京国民政府统治初期和1939年"新县制"颁行后，曾四次实行地方自治，体现了要将现代民主机制引入县乡地方制度的历史趋势。而这四次地方自治模式互不相同，也分别显示了各自的利弊。

4. 对强势国家行政与民主制度的结合进行了探索。强势国家行政是中国传统政治文化的优势，而引入民主制度机制则是县制现代化所无法回避的问题。清末地方自治和国民政府的"新县制"均在这方面进行了探索。其基本做法是"以官治统率自治"，"以自治补官治之不足"，建立有分有合的地方自治与国家行政系统：一方面建立县、乡镇民意机构作为地方自治的议决机构，另一方面使县公署（政府）和乡镇公所同时办理地方自治和国家行政事务。

这一历史时期县制改革中出现的主要问题是：

1. 没有能够解决对"官治"县政的民主监督问题。没有民主监督机制是中国传统县政的主要弊病之一，它不可避免地导致吏治的腐败。20世纪上半期的县制改革虽然试图通过地方自治制度解决这一问题，但并不成功。原因在于一般民众缺乏政治参与意识（当时的各种地方自治制度也不利于一般民众参与），愿意积极参与地方自治事务者则多为地方豪劣，官绅勾结通同作弊的现象较为普遍。

2. 地方自治使得"绅权"通过组织化而得到扩张。在实行地方自治的过程中，新旧士绅纷纷进入各级民意机构和地方自治执行机构，向来主导地方社会的"绅权"因而进一步实现了组织化。对于这种组织化的"绅权"，一般民众更加无力与之抗衡，国家行政对于它的制约也大大减弱，豪劣横行乡里、欺压良善的现象因此更加严重。

3. 始终未能建立现代的县行政人员人事管理制度。清末民初至20世纪30年代，各地均陆续裁革县幕友、胥吏、差役，而代之以各科、局、室的正式国家行政人员。在国民政府时期，从制度上讲这些人员需要国家铨叙部门认定资格，有固定的行政级别和薪资保障。但实际上，直至国民党政府在大陆的统治终结，很多地方的县政府秘书、科长、科员等主要行政人员仍由县长个人任用，随县长进退。换句话说，许多地方实际上仍然实行的是县长"自辟掾属"制度。这些人因此只对县长个人负责，而不对国家法律、制度负责，严重影响了县政的法制化。

4. 县政府组织机构开始出现膨胀的倾向。以科层化、制度化的县政府组织取代幕友、胥吏等势力来承担县行政，本是历史进步。但近代性质的县政府组织建立后，随即就开始出现膨胀的倾向。国民政府实行"新县制"后，县政府科、室、局增设至十几个，加上垂直隶属于省的县田粮、税务、国民兵团等组织机构以及在度量衡、教育、卫生、金融、农林等方面履行行政职能的事业单位，有些地方的县级机构达20多个。此外还有各种由县长兼任首长的临时性机构不断产生，抗战期间县长的这类兼职曾多达30多个。抗战胜利后，各地由县财政负担经费和薪资的行政事业人员，多在数十人，甚至百余人（不包括警察、保卫团丁）。

5. 始终未能建立起统一的县财政系统。自清末始，各项地方自治事务由地方自筹款项办理，此后至20世纪30年代，各地县财政始终分为国家与地方两个收支系统，而地方各机关还往往自收自支。"新县制"实行后，国民政府力图对这两个系统加以整合，但未能彻底完成。乡镇一级财政在大多数地区是个有名无实的空架子，乡镇、保经费以及部分县办事务的经费始终靠临时或固定性摊派维持。

二、影响中国县制建设的中长期因素

年鉴学派的历史学家们指出，历史的构成有三项要素：长时段的结构、中时段的事态和短时段的事件，或者说有地理时间、社会时间和个别时间。任何一种作为历史学家研究对象的宏观或微观的历史事实，都是这三项要素的结合。如果我们将这些宏观或微观的历史事实比为剧作演出的话，那么短时段的事件好比活跃于舞台上的剧组，而长时段的结构和中时段的事态则好比是舞台，后者是前者赖以发生的基础，在很大程度上决定着前者的发生方式、进程和结局（当然，事件的屡屡进行也缓慢地、逐渐地改变着结构和事态）。然而，结构和事态——尤其是结构——却是隐性的，它如同地心引力一样，虽然是地球上所有物理运动的最大制约因素，但却一般却不为人们所觉察。要察觉、把握它们在历史中的重要作用，需要中国古代史家所强调的"史识"。

中国的县制问题也是如此。表面看来，县制问题完全属于政治、行政制度范畴，有着十分具体的、经验的内容，其运行结果似乎也完全取决于制度设计的良窳。但实际却不然。任何一种县制都是根植于一定的社会文化传统之中，并在一定时期的历史态势之中运行的。这种社会文化传统和历史态势就构成了县制问题上的长时段结构和中时段事态，它们在相当大程度上制约和决定着一种县制的实际运行状况。如果不能把握县制问题中的这种长时段结构和中时段事态，历史学家就不能得其研究对象的实相，政治家就不能在进行有关的制度设计时将失算、失误减少到最低程度。法国启蒙思想家孟德斯鸠认为，一个国家政治制度的选择应有利于矫正由地理环境所决定的不良民族性格。抛开其"地理决定论"外，这种观点之中包含着合理因素。就中国的县制而言，一种良好的制度应有利于矫正、抑制社会文化传统中的劣根性；反之，如果一种制度会导致这种劣根性的膨胀和泛滥，它就必然会失败。因此，在为县制改革和建设进行制度设计时，必须慎重考虑制约其运行的长时段社会文化传统。

在笔者看来，影响和制约中国县制运行的长时段社会政治文化传统因素主要有以下三点：

第一，中国社会具有较强的宗法色彩。中国与西方社会结构的根本差异，在于后者系以原子式个人和个体家庭为基本单元，而前者则是一种群体社会，所有社会成员都处于各种相互交错的宗法性关系网络之中。这种社会结构差异，滥觞于文明诞生时期。当时，作为西方文明的希腊、罗马，以血缘为纽带的氏族组织彻底瓦解，形成了以个人和个体家庭为基本单元的地缘国家；作为中世纪封建制度和基督教文明起源的日耳曼文明，在原始部落共同体解体后也演变成为一种私有权发达的多元社会。日耳曼人将他们这种社会多元的文明基因带进罗马帝国，并以此为基础复制出了同样具有多元特点的西欧封建制度。在中世纪的西欧，存在着几百个甚至几千个诸如公国、伯国、子爵、男爵封地、城邦以及主教国等封建实体，所有这些封建实体都是各自独立的；在每个封建实体内部，各个社会成员（包括农奴）也都具有独立的人格和明确的法定地位、契约地位。正是这种多元主体的社会，孕育出了近代西方的个人主义社会。在古代中国，文明的诞生和地缘国家的建立没有伴随血缘氏族组织的彻底瓦解，而是形成了"家国同构"、地域国家组织与血缘宗法组织相为表里的社会结构，建立在宗法制、分封制基础上的商周国家就是典型。战国、秦汉以后，"天下"一体的系统化宗法制度虽然瓦解，但取而代之的家族制度仍具有很强的宗法性。更为重要的是，其他各种本来并非血缘性、宗法性的组织——如国家甚至近代的政党、社团、企业、单位——也往往被强劲的宗法传统所渗透，依宗法原则来维系和运转，"君臣如父子""师生如父子"。在这种社会中，社会成员缺乏神圣不可侵犯个人财产权，缺乏受到法律保护和社会尊重的个人公民权，也缺乏独立人格观念（包括个人的宗教信仰、伦理信念和政治理念）。正是由于这种情况，中国社会经常存在各种以人身依附、结党营私、党同伐异为原则的宗法势力，诸如宗族、士绅、官僚政客集团、军阀、会党等，正人君子往往至多能够做到洁身自好、不党不群，而无力与这些宗法性帮派相抗争。秦代君主专制的政治制度，本来就是作为商周宗法封建制度的对立物而产生的，而这种政治制度之所以在后来的历史发展中日趋集权，一个大的背景就在于社会乃至国家组织之中的这些宗法势力需要得到遏制。

第二，国民精神中存在自私、散漫、侥幸等问题，根深蒂固。这些问题的形成主要有以下几个原因：在宗法性社会结构中国民不论是在权利还是在义务方面全都群己界限不清，人我界限不清；根植于农业文明的实用主义排斥超越性的宗教信仰；秦以来的专制政权出于维护自身统治的一己之私而实行愚民、弱民、散民甚至嬉民、堕民的政策。鲁迅指出，"中国在昔，本尚物质而疾天才"，儒家的先哲先贤们两千多年来长期大讲"重义轻利"，恰恰说明一般中国人是功利、物质主义的。19世纪中叶以来西风东渐，一般中国人看不到西方的个人主义系以个体灵魂观念为核心，而片面地将之理解为中国传统的损人利己，结果导致"二患交伐""往者为本体自发之偏枯，今则获以交通传来之新疫"（鲁迅语），物欲横流的恶果较之欧美更加严重。由于自私，进一步导致散漫，不能合群致力于公共事务，而往往以参与政治和公益事务作为谋求私利的途径和手段。而中国在战国秦汉以后世袭身份制废除，社会日趋均平化，"朝为田舍郎，暮登天子堂"，王侯将相"无种"，助长了人们的侥幸、投机、奔竞心理和习气。

第三，以国家强势行政为政治理想态。秦汉以来的中国各王朝，国家和社会摇摆于兴盛与衰落，安定与动乱两端之间，呈现出显而易见的"周期律"。从现象上看，一端表现为经济繁荣、政治清明安定、民风淳朴，另一端则表现为经济衰退、政治腐败动乱、礼崩乐坏。对于到底是什么力量在背后左右着这强劲的历史之摆，人们可以作出不同的解释，而前一端同国家的强势行政起码在现象上具有关联性是不言而喻的。所谓国家强势行政有这样几个表现：其一，国家具有强大的经济财政力量，对社会经济能够实行有效控制。其二，国家在政治方面有能力"循名责实""令行禁止"，最大程度地保障中央制定的各项基本制度和临时政策能够贯彻实施，有效防止地方政权"末大不掉"，保证官吏的相对廉洁和行政高效。其三，国家对社会实行有效的控制和管理，将一切社会事务直接或间接地挂靠在国家行政之树上，防止国家组织之外的各种社会势力通过组织化来挑战国家政权。

近代以来影响和制约中国县制运行的中时段因素主要有以下三点：

第一，国家主导型的现代化模式要求政府广泛介入经济、文化和社会事务，因而造成了"大政府"。在政府职能问题上，中国传统政治文化中存在两种相互对立的理念。儒家追求社会公正、繁荣、圣洁，主张国家应积极干预社会、组织社会、建设社会，为民兴利；法家主张政府应约束自身，"无为而治"，认为"兴一利不如除一弊，多一事不如少一事"。在秦以后，历代王朝虽然大多推崇儒家思想，但在政府职能和运作方面实际上奉行法家的原则，官少政简，县级政权尤其如此。但19世纪中叶以后中国国门洞开，渐渐融入世界，为了自立自强，不得不步西方国家后尘追求国家的现代化。由于这种现代化不是原发于本土，而是舶来于异域，因此缺乏社会基础和自组织机制，只能由国家出面倡导和组织实施，因此必然导致政府职能的泛化和机构的扩张。清末以来县行政机构的逐步扩张就是在这种背景下发生的。

第二，人民接受民主价值观已经成为一种政治现实。中国先秦儒家反对君主专制的民本思想本来就对传统士人和民众有很大影响，19世纪末20世纪初以来，西方的民主观念传入中土，渐为人们所接受。辛亥革命后民国建立，民主观念已取得正统地位，人民要求享有各种政治和社会权利，要求建立民主政治体制，要求各级政权建设中都应体现民主原则，这已成为一种与日俱强的历史大势，成为一种政治家在进行政治活动时不能不将之计算在内的现实力量。在这种情况下，包括县制在内的任何一种政治、行政制度设计，如果不恰当地引入民主机制，都是行不通的。

第三，现代化使得中国面临严重且深刻的资源和环境危机。中国人均自然资源短缺，同时现代化起步阶段对资源造成浪费和对环境造成破坏，这种情况已为人们所熟知。要摆脱这种严重的资源和环境危机而谋求可持续发展，在"重利轻义"文化传统下运行的市场机制效力有限，诉诸国民素质的提高则"远水不解近渴"，最容易奏效的救急之方唯有加强政府管理。这一现实，必然会对县制建设产生重要影响。

20世纪上半期中国县制的改革和演变有得有失，其中的经验和教训可供后人借鉴；长时段社会政治文化传统则会对中国县制的现代化方式产生重要影响，这一问题也值得人们认真思考。

征引和参考文献

一、资料部分

（一）档案

1. 故宫博物院明清档案部编：《清末筹备立宪档案史料》，中华书局，1979。

2. 中国第一历史档案馆户部、度支部档案。

3. 中国第二历史档案馆北洋政府内务部档案。

4. 中国第二历史档案馆国民政府内政部档案。

5. 国民政府时期湖北省秘书处、统计处、民政厅、财政厅、人事处档案。

6.《国民党政府政治制度档案史料选编》，安徽教育出版社，1994。

（二）正史、典制

1.《左传》，《十三经注疏》本。

2.《史记》，中华书局点校本。

3.《汉书》，中华书局点校本。

4.《后汉书》，中华书局点校本。

5.《隋书》，中华书局点校本。

6. 《新唐书》，中华书局点校本。

7. 《宋史》，中华书局点校本。

8. 《元史》，中华书局点校本。

9. 《清史稿》，中华书局点校本。

10. 朱寿朋编：《光绪朝东华录》，中华书局，1984。

11. 《通典》，浙江古籍出版社，2000。

12. 《文献通考》，浙江古籍出版社，2000。

13. 《续文献通考》，浙江古籍出版社，2000。

14. 《清朝文献通考》，浙江古籍出版社，2000。

15. 《清朝续文献通考》，浙江古籍出版社，2000。

16. 《清朝通志》，浙江古籍出版社，2000。

17. 《元典章》，《续文献通考》本。

18. 《大元通制条格》，浙江古籍出版社，1986。

19. 《明实录》，台湾"中研院"史语所1962年影印校勘"红格本"。

20. 《明会典》，《万有文库》本。

21. 《光绪大清会典》，商务印书馆，光绪三十四年。

22. 《户部则例》，同治十二年刻本。

23. 孙逢吉：《职官分纪》，中华书局，1988。

（三）文集、文编

1. 叶适：《水心集》，上海中华书局《四部备要》本。

2. 顾炎武著、黄汝成集释：《日知录集释》，岳麓书社，1994。

3. 《顾亭林诗文集》，中华书局，1983。

4. 徐栋辑：《牧令书》，道光二十八年刻本。

5. 徐栋辑：《保甲书》，道光二十八年刻本。

6. 张集馨：《道咸宦海见闻录》，中华书局，1981。

7. 贺长龄、魏源：《皇朝经世文编》，点石斋石印本。

8. 宜今室主人：《皇朝经济文编》，上海宜今室石印本。

9. 《龚自珍全集》，上海人民出版社，1975。

10. 冯桂芬：《校邠庐抗议》，中州古籍出版社，1998。

11. 夏东元编：《郑观应集》，上海人民出版社，1982。

12.《康有为全集》，中国人民大学出版社，2007。

13. 梁启超：《饮冰室合集》，中华书局，1989。

14.《谭嗣同全集》，中华书局，1981。

15.《孙中山全集》，中华书局，1984。

16.《孙中山集外集》，上海人民出版社，1990。

（四）官书

1.《学部奏咨辑要》，宣统元年刊本。

2.《北洋公牍类纂》，宣统二年铅印本。

3. 政学社印行：《大清法规大全》，台湾考正出版社，1972。

4. 中国第二历史档案馆整理编辑：《政府公报》，上海书店，1988。

5. 中华民国史事纪要编辑委员会编：《中华民国史事纪要》（初稿），台湾中华民国史料研究中心印本。

6.《中国国民党历次代表大会及中央全会资料》，《光明日报》出版社，1985。

7. 内政部编：《内政年鉴》，商务印书馆，1936。

8. 山西政书编辑处编印：《山西现行政治纲要》，1921年印本。

9. 国民政府文官处印铸局编辑：《国民政府公报》，台湾成文出版社有限公司影印本。

10. 行政院编：《国民政府年鉴》，中心印书局，1943。

11. 山西村政处：《山西村政汇编》，1928年刻印本。

12. 山西省民政厅编：《山西民政汇刊》（民国二十年），台湾文海出版社有限公司《近代中国史料丛刊》本，1995。

13. 安徽省民政厅：《安徽民政工作纪要》，台湾文海出版社有限公司《近代中国史料丛刊》本。

14. 河南省政府秘书处统计室：《河南省政府五年来施政统计》，台湾文海出版社有限公司《近代中国史料丛刊》本。

15. 陈果夫主编：《江苏省政述要》，台湾文海出版社有限公司《近代中国史料丛刊》本。

16. 湖北省民政厅编：《湖北县政概况》（民国二十三年），台湾文海出版社有限公司《近代中国史料丛刊》本。

17. 广西省政府编辑室编：《广西省施政纪录》（民国二十二年），台湾文海出版社有限公司，1995。

18. 河北省民政厅编：《河北民政统计》（民国十九年），台湾文海出版社有限公司《近代中国史料丛刊》本，1995。

19. 中国国民党河北省党部编：《党务丛刊》，不著印行单位、时间。

（五）地方志

1. 嘉靖《藁城县志》，台湾成文出版社影印本（以下未注版本者均同此）

2. 雍正《井陉县志》

3. 乾隆《鸡泽县志》

4. 乾隆《南和县志》

5. 乾隆《东明县志》

6. 乾隆《沧州志》

7. 道光《内丘县志》

8. 道光《定州志》

9. 道光《武强县新志》，道光十一年刊本

10. 同治《元城县志》

11. 同治《武邑县志》

12. 同治《栾城县志》

13. 同治《灵寿县志》，同治十三年刊本

14. 光绪《故城县志》

15. 光绪《蠡县志》

16. 光绪《南乐县志》

17. 光绪《新乐县志》，1939年铅印本

18. 光绪《容城县志》

19. 光绪《邢台县志》

20. 光绪《宁津县志》

21. 光绪《井陉县志》

22. 光绪《安国县新志稿》

23. 光绪《乐亭县志》

24. 民国《密云县志》，1914年铅印本

25. 民国《清苑县志》

26. 民国《交河县志》

27. 民国《磁县县志》

28. 民国《南宫县志》

29. 民国《冀县志》

30. 民国《广宗县志》

31. 民国《望都县志》

32. 民国《雄县新志》，1929年铅印本

33. 民国《沧县志》

34. 民国《雄县乡土志》

35. 民国《定县志》，1934年刊本

36. 民国《广平县志》

37. 民国《盐山县志》

38. 民国《景县志》

39. 民国《青县志》

40. 民国《东明县续志》

41. 民国《大名县志》

42. 民国《重修蓟县志》

43. 民国《宁晋县志》

44. 民国《元氏县志》

45. 民国《安次县志》

46. 民国《威县志》

47. 民国《徐水县志》

48. 民国《文安县志》

49. 民国《邯郸县志》

50. 民国《内丘县志》

51. 民国《东明县新志》

52. 民国《顺义县志》

53. 民国《房山县志》

54. 民国《宝坻县志》

55. 民国《南皮县志》

56. 民国《无极县志》

57. 民国《高邑县志》

58. 民国《任县志》

59. 民国《霸县新志》

60. 民国《静海县志》

61. 民国《新城县志》

62. 民国《香河县志》

63. 民国《昌黎县志》

64. 民国《柏乡县志》

65. 民国《完县新志》

66. 民国《成安县志》

67. 民国《清河县志》

68. 民国《临榆县志》

69. 民国《枣强县志》

70. 民国《高阳县志》

71. 民国《涿县志》

72. 民国《新河县志》

73. 民国《临晋县志》，1923年排印本

74. 民国《萧山县志稿》，1935年排印本

75. 民国《川沙县志》，1937年铅印本

76. 民国《固安文献志》

77. 民国《灌县志》，1932年排印本

78. 民国《金堂县志》，1921刊本

79. 民国《续安阳县志》，1933年铅印本

80. 民国《临清县志》，1935年排印本

81. 民国《阜宁县新志》，1934年铅印本

82. 民国《嘉定县续志》，1930年铅印本

83. 民国《开原县志》，1929年铅印本

84. 民国《沈阳县志》，1917年铅印本

85. 民国《续修盐城县志》，1936年铅印本

86. 民国《江都县续志》，1921年刊本

87. 民国《海龙县志》，1937年铅印本

88. 民国《宁国县志》，1936年铅印本

89. 民国《平谷县志》，1934年铅印本

90. 民国《呼兰县志》，1930年铅印本

91. 民国《南陵县志》，1924年排印本

92. 民国《桂平县志》，1920年铅印本

93. 民国《南江县志》，1922年铅印本

94. 民国《西华县续志》，1938年铅印本

95. 民国《德清县志》，1932年铅印本

96. 民国《鄞县通志》，1951年铅印本

97. 民国《翼城县志》，1929年铅印本

98. 民国《临汾县志》，1933年铅印本

99. 民国《浮山县志》，1935年铅印本

100. 民国《重修信阳县志》，1936年铅印本

101. 民国《阳武县志》，1936年铅印本

102. 民国《辽阳县志》，1928年铅印本

103. 民国《续修广饶县志》，1935年铅印本

104. 民国《续武陟县志》，1931年刊本

105. 民国《景宁县续志》，1933年刊本

106. 民国《麻城县志》，1935年铅印本

107. 民国《阳朔县志》，1936年石印本

108. 民国《崇庆县志》，1926年铅印本

109. 民国《东平县志》，1936年铅印本

110. 民国《昌乐县续志》，1934年排印本

111. 民国《简阳县志》，1927年铅印本

112. 民国《青浦县志》，1934年刻本

113. 民国《安东县志》，1931年铅印本

114. 民国《寿光县志》，1936年排印本

115. 民国《阜新县志》，1933年铅印本

116. 民国《铁岭县志》，1944年铅印本

117. 民国《绍兴县志资料》，1937年铅印本

118. 民国《襄垣县志》，1929年铅印本

119. 民国《真如里志》，《中国地方志集成》影印本（江苏古籍出版社，1996，下同）

120. 民国《真如志》，《中国地方志集成》影印本

121. 民国《嘉定疁东志》，《中国地方志集成》影印本

122. 民国《法华乡志》，《中国地方志集成》影印本

123. 民国《盛桥里志》，《中国地方志集成》影印本

124. 民国《濮院志》，《中国地方志集成》影印本

125. 民国《佛山忠义乡志》，《中国地方志集成》影印本

126. 民国《翟城村志》，《中国地方志集成》影印本

127. 民国《月浦里志》，《中国地方志集成》影印本

128. 民国《济阳县志》，1934年铅印本

129. 民国《江湾里志》，《中国地方志集成》影印本

130. 民国《大埔县志》，1942年印本

131. 民国《顺德县志》，1929年刻本

132. 民国《安达县志》，黑龙江省图书馆油印本

133. 民国《绥化县志》，黑龙江省图书馆油印本

134. 民国《馆陶县志》

135. 民国《三台县志》，1931年潼川新民印刷公司印本

136. 民国《上海县续志》，1918年刻本

137. 民国《平山县志料集》，1932年铅印本

138. 《湖北通志》，1921年刊本

139. 《奉天通志》，东北文史丛书编辑委员会1983年点校本

140. 《河北通志稿》，1935年印本

141. 《浙江新志》，1936年杭州正中书局本

142. 林儒翰纂：《藁城县乡土地理》，1923年印本

（六）各地文史资料（各地政协文史资料研究委员会编辑刊印）

1. 《常山文史资料》

2. 《汉阳文史资料》

3. 《千阳文史资料选辑》

4. 《文史选刊》（北京通县）

5. 《巩县文史资料》

6. 《临颍文史资料》

7. 《文山壮族苗族自治州文史资料选辑》

8. 《汉中市文史资料》

9. 《天全文史资料》

10. 《文史资料选辑》（四川江油）

11. 《怀仁县文史资料》

12. 《达县文史资料》

13. 《漆园古今》（蒙城）

14. 《平南文史资料》

15. 《合江县文史资料选辑》

16. 《遵义县文史资料》

17. 《桐乡文史资料》

18. 《武进文史资料》

19. 《南陵县文史资料》

20. 《中山文史》

21. 《六安县文史资料》

22. 《盂县文史资料》

23. 《陇县文史资料选辑》

24. 《亳州文史资料》

25. 《绍兴文史资料选辑》

26. 《金堂文史》

27. 《金坛文史资料》

28. 《平南文史资料》

29. 《武都文史资料选辑》

30. 《西乡县文史资料》

31. 《温岭文史资料》

32. 《铜山文史资料》

33. 《奉节文史资料》

34. 《清镇文史资料选辑》

35. 《简阳文史资料》

36. 《建瓯文史资料》

37. 《涡阳史话》

38. 《永安文史资料》

39. 《洋县文史资料选辑》

40. 《平塘文史资料》

41. 《楚雄文史资料选辑》

42. 《互助文史资料》

43. 《贺兰文史资料》

44. 《茶陵文史》

45. 《盐池文史资料》

46. 《新县文史资料》

47. 《南部文史资料选辑》

48. 《江北县文史资料》

49. 《文史资料选辑》（江苏南通）

50. 《花溪区文史资料选辑》

51. 《贺兰文史资料》

52. 《宝鸡县文史资料》

53. 《南部文史资料选辑》

54. 《南溪县文史资料选辑》

55. 《绥阳县文史资料选辑》

56.《南平文史资料》

57.《东光文史资料》

58.《浙江文史资料选辑》

59.《宿迁文史资料》

60.《太仓文史资料辑存》

61.《泰安区文史资料》

62.《荣昌文史资料选辑》

63.《璧山县文史资料选辑》

64.《罗甸文史资料》

65.《开阳文史资料》

66.《正安文史资料》

67.《上杭文史资料》

68.《泰宁文史资料》

69.《富顺文史资料选辑》

70.《丹寨县文史资料》

71.《凯里文史资料》

72.《崇左文史资料》

73.《容县文史资料》

74.《靖西文史资料》

75.《开化文史资料》

76.《黄岩文史资料选辑》

77.《罗源文史资料》

78.《福鼎文史资料》

79.《长乐文史资料》

80.《清流今古》

81.《平潭文史资料》

82.《连山文史资料》

83.《淮安文史资料》

84.《仙居文史资料》

85.《韶关文史资料》

86.《镇巴文史资料》

87.《巩县文史资料》

88.《建宁文史资料》

89.《远安文史》

90.《临安文史资料》

91.《繁昌文史资料》

92.《鲁山文史资料》

93.《衡阳文史资料》

94.《景德镇文史资料》

95.《蒙阴文史资料》

96.《通山文史》

97.《嵩县文史资料》

98.《临湘文史资料》

99.《洪江市文史资料》

100.《习水县文史资料选辑》

101.《安陆文史资料》

102.《成都文史资料》

103.《莆田市文史资料》

104.《乐安文史资料》

105.《隆回文史资料》

106.《长汀文史资料》

107.《枞阳文史资料》

108.《荣县文史资料》

109.《海门文史资料》

110.《文史资料选辑》（合订本），中国文史出版社，1999。

（七）其他

1. 李景汉编：《定县社会概况调查》，大学出版社，1933。

2. 张坚石等编：《地方政府的职能和组织机构》，华夏出版社，
1994。

3. 田翰皋:《京兆自治文牍录要初编》,国家图书馆藏稿本。

4. 吴树滋、赵汉俊编:《县政大全》,世界书局,1930。

5. 《中华年鉴》,《中华年鉴》发行社,1948年。

6. 《申报年鉴》(民国二十四年),台湾文海出版社有限公司,1974。

7. 李伯元:《官场现形记》,人民文学出版社,1979。

8. 李伯元:《文明小史》,花山文艺出版社,1996。

9. 李伯元:《活地狱》,花山文艺出版社,1996。

二、论著部分

1. 江士杰:《里甲制度考略》,商务印书馆,1944。

2. 程方:《中国县政概论》,商务印书馆,1939。

3. 闻钧天:《中国保甲制度》,商务印书馆,1935。

4. 胡次威:《民国县制史》,大东书局,1948。

5. 陈之迈:《中国政府》,商务印书馆1945年重庆版。

6. 钱端升等:《民国政制史》,商务印书馆,1946。

7. 杨天竞:《乡村自治》,曼陀罗馆,1931。

8. 黎文辉:《中国地方自治之实际与理论》,商务印书馆,1946。

9. 董修甲编著:《中国地方自治问题》,商务印书馆,1937。

10. 钱实甫:《北洋政府时期的政治制度》,中华书局,1984。

11. 乔志强主编:《近代华北农村社会变迁》,人民出版社,1998。

12. 从翰香主编:《近代冀鲁豫乡村》,中国社会科学出版社,1995。

13. 章开沅等主编:《中国近代史上的官绅商学》,湖北人民出版社,2000。

14. 韩延龙、苏亦工等:《中国近代警察史》,社会科学文献出版社,2000。

15. 赵秀玲:《中国乡里制度》,社会科学文献出版社,1998。

17. 于建嵘:《岳村政治——转型期中国乡村政治结构的变迁》,商务印书馆,2001。

18. 张鸣:《乡村社会权力和文化结构的变迁(1903—1953)》,广西人民出版社，2001。

19. 马小泉：《国家与社会：清末地方自治与宪政改革》，河南大学出版社，2001。

20. 王先明：《近代绅士——一个封建阶层的历史命运》，天津人民出版社，1997。

21. 王奇生：《民国时期县长的群体构成与人事嬗递——以1927年至1949年长江流域省份为中心》，《历史研究》1999年第2期。

22. ［美］黄宗智：《华北的小农经济与社会变迁》，中华书局，1986。

23. ［美］黄宗智：《长江三角洲小农家庭与乡村发展》，中华书局，1992。

24. ［美］孔飞力：《中华帝国晚期的叛乱及其敌人：1796—1864年的军事化与社会结构》，谢亮生等译，中国社会科学出版社，1990。

25. ［美］杜赞奇：《文化、权力与国家——1900—1942年的华北农村》，王明福译，江苏人民出版社，1994。

后 记

　　这部关于20世纪上半期中国县制研究的著作最初于2004年由商务印书馆出版，这次经修订后再版，得到了广东人民出版社的大力支持，十分感激。这部学术著作在选题和撰写的过程中，得到了师长、朋友和亲人的鞭策、支持和帮助，我至今铭记于心。

　　1981年我在山西大学历史系攻读硕士研究生毕业，被分配到河北大学历史系任教。由于天性疏懒，毕业后十余年间很少写东西，也很少与外界进行学术交流，只是怡然自得于无拘无束的读书、教书生活，与学生们作忘年交。至1993年去西安参加社会史年会，见到了我的导师——已经分别十二年的乔志强先生。他在了解我的工作情况后，委婉地批评我学无专长，鼓励我选择一有兴趣的领域作具体研究，并邀我参加他主持的国家社科基金项目"近代华北农村社会变迁"的研究工作。后来回想起来，自己在不惑之年后转将主要精力投入清代和民国时期县制的研究，契机实在于此。

　　本书是在我主持的国家社科基金项目"20世纪前期中国县乡行政制度研究"的结题报告基础上完成。这一结题报告虽然由我主持和执笔完成，但同时也是集体工作的结果。在课题研究过程中，我的同事董增刚、陈建堂、郗志群，我的学生丁海秀、黄东、余华林、郭丽芬、祖秋红、曹志敏、林欢，在收集资料等方面都帮我做了大量工作。本书的第一章第二节和第三章第三节，分别吸收了郭丽芬、丁海秀硕士论文的部分内容。此外，在这项课题研究中，董增刚老师独立完成了"中共领导下革命根据地的县政和乡政"部分，全文共近10万字。由于受到结构、体例的限制，本书出版时未能将董老师的成果收入，但这一成果对于我研究清末、北洋政府和国民政府的县制有很大的启发意义。对于这些曾给予我极大帮助的同事和学生，我由衷地感激。我的妻子邢红霞因单位效益不好于1995年提前退休，此后她除了帮我整理、录入资料外，还承担了几乎全部家务，从而使得我能够将时间和精力集中投入于教学和科研工作之中，我的同事们因此而开玩笑说我"享受民国教授的待遇"。在本书这次修订再版之际，也向她表示感谢。

最后，还要向广东人民出版社李敏和罗丹编辑表示由衷的感谢，感谢她们为本书修订再版做出的工作。

魏光奇

2023年2月

学 人 文 库

总策划：肖风华　主　编：向继东

《葛剑雄文集》

❶《葛剑雄文集　普天之下》
❷《葛剑雄文集　亿兆斯民》
❸《葛剑雄文集　悠悠长水：谭其骧传》
❹《葛剑雄文集　南北西东》
❺《葛剑雄文集　追寻时空》
❻《葛剑雄文集　史迹记踪》
❼《葛剑雄文集　冷眼热言》

《陈思和文集》

❶《陈思和文集　巴金的魅力》
❷《陈思和文集　新文学整体观》
❸《陈思和文集　告别橙色梦》
❹《陈思和文集　星空遥远》
❺《陈思和文集　营造精神之塔》
❻《陈思和文集　在场笔记——新世纪文艺评论集》
❼《陈思和文集　名著新解》

《魏光奇文集》

❶《官治与自治：20世纪上半期的中国县制》
❷《有法与无法：清代的州县制度及其运作》